民生・文化・區域・制度：

多角度透視
中國社會經濟史

陳衍德◎著

昌明文化

中華文化思想叢書　**A0100030**

民生・文化・區域・制度：多角度透視中國社會經濟史研究

作　　者　陳衍德
版權策畫　李　鋒

發 行 人　陳滿銘
總 經 理　梁錦興
總 編 輯　陳滿銘
副總編輯　張晏瑞
編 輯 所　萬卷樓圖書股份有限公司
排　　版　雙子設計公司
印　　刷　百通科技股份有限公司
封面設計　雙子設計公司

出　　版　昌明文化有限公司
桃園市龜山區中原街 32 號
電話 (02)23216565
發　　行　萬卷樓圖書股份有限公司
臺北市羅斯福路二段 41 號 6 樓之 3
電話 (02)23216565
傳真 (02)23218698
電郵 SERVICE@WANJUAN.COM.TW
大陸經銷
廈門外圖臺灣書店有限公司
　電郵 JKB188@188.COM

ISBN 978-986-94616-4-1
2017 年 8 月初版二刷
2017 年 4 月初版
定價：新臺幣 500 元

如何購買本書：

1. 劃撥購書，請透過以下郵政劃撥帳號：
   帳號：15624015
   戶名：萬卷樓圖書股份有限公司
2. 轉帳購書，請透過以下帳戶
   合作金庫銀行　古亭分行
   戶名：萬卷樓圖書股份有限公司
   帳號：0877717092596
3. 網路購書，請透過萬卷樓網站
   網址 WWW.WANJUAN.COM.TW

大量購書，請直接聯繫我們，將有專人為您服務。客服：(02)23216565 分機 10

如有缺頁、破損或裝訂錯誤，請寄回更換

國家圖書館出版品預行編目資料

民生.文化.區域.制度 ： 多角度透視中國社會經濟史研究 / 陳衍德著. -- 初版. -- 桃園市 ： 昌明文化出版 ; 臺北市 ： 萬卷樓發行, 2017.04　面 ;　公分
ISBN 978-986-94616-4-1(平裝)
1.經濟史 2.經濟社會學 3.中國
550.92　　106004333

內容簡介

本書多角度多層面地探索了中國社會經濟史的一些重要問題，以區域、制度作為具體論述的實體，以民生、文化作為蘊涵其間的靈魂，試圖通過區域經濟與制度經濟的變遷及其對社會的影響，追尋其更具深層意義的內涵。

上編論述了唐代消費經濟新的發展趨勢、全面開發之下唐宋福建各社會經濟領域的活躍與進步、明清至近現代浙閩粵社會經濟文化中的一些獨特現象、澳門港市誕生和發展過程中的社會經濟興衰與宗教文化嬗變。從環顧全國範圍到聚焦東南區域，探察了民生與文化在不同時空條件下的要素作用。

下編論述了唐政府在變革漢制的基礎上如何控制食鹽的生產、銷售與分配；唐政府對酒業和茶業的掌控；唐代鹽酒茶專賣的推行與國計民生的相互作用；遼、元兩朝賦役制度的推行及其對農業社會的適應。從國家與社會互動的視角，探究了作為內外兩大要素的文化與民生對制度的張揚和規約。

序

鄭學檬

一

衍德同志的《民生・文化・區域・制度：多角度透視中國社會經濟史》一書獲廈門大學國學研究院資助，即將出版。他請我作序，我欣然同意。他本科階段曾聽過我的課，算是我的學生；本科畢業後，繼續師從韓國磐先生，攻讀碩士學位，和我同在韓先生麾下的唐史研究集體裡。研究生畢業留校工作後，也隨我從事過幾項科研工作。這樣，我們便成為亦師亦友的同事。他為人質樸，言行無飾，文如其人。20世紀90年代中期，一個偶然的原因，他轉至世界史教研室，從事東南亞史、華僑華人史的教學與研究，其後成績頗為矚目。

歷史本來就是互相聯繫的，他先從事唐史研究、中國社會經濟史研究，再轉攻東南亞史、華僑華人史，都有所成，真所謂「機緣萬途，化跡非一」[1]。一個人若事致於自己熱愛的事業，總是會有所獲有所成的。他的成功印證了「有志者，事竟成」這句古話。我還想起了宋人謝枋得的詩句：

---

1 《法苑珠林》卷一〇，〈述意第一〉。

十年無夢得還家，獨立青峰野水涯。
天地寥寂山雨歇，幾生修得到梅花。[1]

二

我對《民生・文化・區域・制度：多角度透視中國社會經濟史》一書的幾組論文，是有所了解的，深感其蒐集資料之勤和論事視野之寬廣。

第一組關於唐代消費經濟的三篇論文，圍繞當時的「消費經濟」展開討論，其論點頗得學術界同仁們的注意。如他在〈唐代消費經濟的發展趨勢〉一文，提出「價格與銷售量成反比關係」問題，認為這是反映了「供求規律」的內容，對消費價格波動做出經濟學分析。另外，他注意到唐代文化性消費，有助於了解唐代「文化產業」興起和盛唐文明的關係。

第二組關於唐宋的福建社會經濟，涉及農業、手工業、人口等方面，也提出一些值得重視的論點，如人口壓力推動農業生產力向廣度、深度發展，使得粗放經營比較快地向集約經營過渡；同時，南宋時即有遷出人口，以減輕生存壓力之議論（葉適提出「分閩浙以實荊楚」），閩人遷臺，也從這時開始；對福建手工業布局中的自然資源、人口資源和市場空間的關係做了深入分析，印證了作者在〈緒言〉中提出的「將不同視角的映射迭加在一起，其總體的把握也許就不是不可能的了」之方法，比較客觀地概括了唐宋福建手工業發展的總體態勢。還應指出本組論文中，作者搜集了豐富的資料，為其論點提供了充足的證據。

1　謝枋得：〈武夷山中〉。

第三組關於明清和近現代浙閩粵社會經濟文化的一些獨特現象，如明代礦工農民起義與資本主義萌芽等。這一組文章出自作者之手，初看覺得有些不可思議，怎麼他的研究範圍如此「越界」？敢於班門弄斧？細想則理所當然。廈門大學歷史系在20世紀50—60年代是資本主義萌芽問題研究的重鎮，傅衣淩先生是這次論爭的標誌性學者。當時就有「越界」參加論爭者。衍德同志的相關文章應是此遺風之延續，其實我本人也曾「越界」，寫過幾篇這類文稿。歷史研究的科學方法之一是「通」。古人有「不讀三通，謂之不通」的箴言。國學大師陳寅恪亦是公認的魏晉南北朝隋唐史大師，而他的名著也包括揭露明末清初歷史隱情的《柳如是別傳》。此類例子不勝枚舉。所以，應該肯定作者在歷史研究中求「通」的努力和精神，何況他關於浙南閩北資本主義萌芽的論述言之成理。

第四組關於明清和近現代澳門的社會經濟與宗教文化。本組文章當是作者學術研究轉軌以後的成果。關於澳門史的研究，我知道中山大學歷史系黃啟臣先生等人有多種著作，作者的加入，以自己的特色豐富了這個領域的研究成果。如〈澳門的漁業經濟與媽祖信仰〉、〈澳門的商業經濟與媽祖信仰〉兩文，不僅提出一些新鮮觀點，還引入人類學分析方法，並以有福建特色的媽祖文化作為切入點。從這幾篇文稿看，作者轉軌後的研究方法在悄悄蛻變。應該說這是可喜的跡象，誰樂意「祖宗之法」不可變呢？

第五組關於漢唐食鹽專賣制度的演變。作者曾和楊權同志合作出版《唐代鹽政》（三秦出版社1990年版）一書，其〈序〉也是請我作的。這次收入本書的〈漢唐食鹽專賣之比較〉等文是上書的擴充，對唐代鹽的產銷和鹽利分割等問題，做了詳盡論述，是一組很好的教研參考資料。

第六組關於唐代的酒類專賣與茶法。關於酒類專賣一篇文稿對榷酒錢的由來和性質做了考證，可備一說。茶法一篇，作者注意到茶法和鹽、酒專賣比較的問題，以明茶利形成的依據。

第七組關於唐代的專賣制度與國計民生。本組除了論述專賣制度外，還專文論述唐政府和專賣商的關係，認為在專賣中形成一個有別於普通商人的專賣商階層，其具有特殊身分。其中〈專賣制度與唐後期階級矛盾〉則對鹽酒茶的專賣制度之弊做了政治結論，這在20世紀80年代的學術界，是認可的觀點。

第八組關於遼元的賦役制度與農村社會。這部分文稿應是作者參與我主編的《中國賦役制度史》（廈門大學出版社1994年初版，上海人民出版社2000年修訂版）的第二篇第三、四、五章寫作的遺珠。除了述論有關賦役內容外，還特別著重論述在這種賦役制度下的元代農村基層組織「社」的由來、性質及其與政府的關係，很有見地。

三

我特別感動的是他的敬業精神和不忘故舊。應該說他離開我們這個小小的唐史研究集體的時間，超過他和我們在一起的時間，但這些年來，不管陰晴圓缺，絲毫不減大家相互關心的情誼。結集出版以唐史研究成果為重要內容的論著，是對我們過去共同奮鬥學術生涯的最好紀念。

學術研究是無止境的，本集文稿大多寫於20世紀的80—90年代，時至今日，許多問題已有了新資料、新觀點，值得我們繼續關心，以便隨時彌補自己的不足，不斷完善、思考，以求止於至善。

2013年1月11日

於廈大點濤齋

目次

緒言 / 1

上編　社會經濟生活與區域經濟文化 / 1

一　唐代的消費經濟 / 9
唐代消費經濟的發展趨勢 / 9
唐後期奢侈性消費的特點 / 19
唐後期奢侈性消費的社會影響 / 31
二　唐宋福建的社會經濟 / 43
唐代福建的經濟開發 / 43
宋代福建人口問題 / 54
宋代福建各地農業經濟的區域特徵 / 63
宋代福建手工業布局的幾個問題 / 76
宋代福建礦冶業 / 90
三　明清和近現代浙閩粵的社會經濟與文化 / 107
明中葉浙閩礦工農民起義與資本主義萌芽 / 107
民國時期華僑在廈門經濟生活中的作用 / 120

閩南粵東媽祖信仰與經濟文化的互動 / 133
四 明清和近現代澳門的社會經濟與宗教文化 / 149
明清時期澳門商貿經濟的發展 / 149
澳門的興衰與人口變遷 / 159
澳門的漁業經濟與媽祖信仰 / 174
澳門的商業經濟與媽祖信仰 / 187
從澳門民俗看當地居民的媽祖信仰 / 199

下編 國家管控、制度變革與社會民生 / 215

五 漢唐食鹽專賣制度的演變 / 217
漢唐食鹽專賣之比較 / 217
唐代鹽業生產的發展 / 228
唐代食鹽專賣法的演變 / 244
唐代中央與地方分割鹽利的鬥爭 / 255
六 唐代的酒類專賣與茶法 / 267
唐代的酒類專賣 / 267
唐代的茶法 / 282
七 唐代的專賣制度與國計民生 / 293
唐代的專賣機構 / 293
唐代的專賣收入 / 311
唐政府與專賣商的關係 / 325
專賣制度與唐後期階級矛盾 / 336
八 遼元的賦役制度與農村社會 / 347
遼朝的賦稅制度 / 347
元代農村基層組織與賦役制度 / 358
後記 / 369

Contents

Introduction

Part One: Socio Economic Life, Regional Economy, and Religious Culture

1.Consumption in the Tang Dynasty

☆ The Trend of Consumption in the Tang Dynasty

☆ The Characteristics of Luxurious Consumption in the Late Tang Dynasty

☆ The Social Effects of Luxurious Consumption in the Late Tang Dynasty

2. Social Economy in the Fujian Area during the Tang and Song Dynasties

☆ The Economic Development of Fujian Area in the Tang Dynasty

☆ Population Problem of Fujian Area in the Song Dynasty

☆ Regional Features of the Agricultural Economy in Fujian Area in the Song Dynasty

☆ Notes on the Distribution of the Handicraft Industry in Fujian Area in the Song Dynasty

☆ Fujian Mining and Smelting Industry in the Song Dynasty

3. On Certain Social, Economic, and Cultural Phenomena in Zhejiang, Fujian, and Guangdong Provinces in Late Imperial and Modern Periods
☆ Uprising of Miners and Peasants in Zhejiang and Fujian Provinces as well as Sprout of Capitalism in the Middle of the Ming Dynasty
☆ Overseas Chinese Effects on Xiamen Economic Life during the Republic of China
☆ The Interaction between Mazu Belief and Economical: Cultural Activities in Southern Fujian and Eastern Guangdong
4. Society, Economy, and Religion in Macao from 16th Century to 20th Century
☆ The Development of Trade and Commerce in Macao during the Ming and Qing Dynasties
☆ The Rise and Decline of Macao and Population, Change in the City
☆ Fishery Economy and Mazu Belief in Macao
☆ Commercial Economy and Mazu Belief in Macao
☆ Mazu Belief of Local Residents in Macao: Seen from the Folklore

Part Two: State Control, Institutional Change, and People's Livelihood

5. The Evolution of Salt Monopoly from the Han to Tang Dynasties
☆ The Comparative researches in the Salt Monopoly in the Han and Tang Dynasties
☆ Development of Salt Production in the Tang Dynasty

☆ Development of the Salt Monopoly in the Tang Dynasty
☆ The Struggle for the Division of the Benefits Arising from the Salt Business by Central Government and Localities in the Tang Dynasty
6. The Liquor Monopoly and the Tea Control Regulation in the Tang Dynasty
☆ The Liquor Monopoly in the Tang Dynasty
☆ The Tea Control Regulation in the Tang Dynasty
7. Monopoly System, State Finance, and People′s Livelihood during the Tang Dynasty
☆ The Monopoly Organizations in the Tang Dynasty
☆ The Monopoly Income in the Tang Dynasty
☆ The Relationships between Tang Government and Monopoly Businessmen
☆ The Monopoly System and Class Contradiction in the Late Tang Dynasty
8. Taxation, Labor Service, and Rural Society during the Liao and Yuan Dynasties
☆ The Taxation System in the Liao Dynasty
☆ Primary Organization of Rural Area and Its Taxation and Labor Service in the Yuan Dynasty

Acknowledgement

緒　言

社會經濟生活就像一個萬花筒，光怪陸離而又瞬息萬變，然而也因此較難從總體上對其加以把握。不過萬花筒總有定格於一時的瞬間，此刻或許能從某一視角窺測其內涵。將不同視角的映射迭加在一起，其總體的把握也許就不是不可能的了。對中國社會經濟史的研究，似乎也可以用這樣的辦法。

本書就是從多角度透視進而剖析中國社會經濟史的一種嘗試。總體的思路是，從消費、開發、港市、專賣、賦役、信仰等幾個視角切入，然後匯聚於民生、文化、區域、制度這四個焦點，縱橫交錯地勾勒出某些時段、某些空間的社會經濟輪廓，之後再探討其動因與效應。希望這樣能描繪出中國社會經濟發展過程中的某些縱、橫切面，並由此引發一些思考。

就民生、文化、區域、制度這四個焦點而言，則有虛實之分。區域、制度為實，民生、文化為虛。區域、制度作為具體論述的實體，而民生、文化作為蘊涵其間的靈魂。當然，這裡的虛與實不是絕對的，在論述區域和制度時，也會涉及實實在在的民生和文化問題。但總體而言，民生和文化是作為更具深層意義的內涵而存在的。

本書上編論述了區域社會經濟的發展和演變。唐宋以來中國社會經濟在生產力發展和一系列變革的推動下邁上了一個新的臺階。生活消費在社會消費總量中的比重擴大並出現了商品性和奢侈性的趨向。經濟重心南移背景下東南地區人口增加，農業和手工業隨之快速發展。明清時期東南地區首先出現了資本主義萌芽。近現代東南海港城市在中外互動中應運而生。以此為大背景，上編第一部分論述了唐代消費經濟新的發展趨勢，著重討論了奢侈性消費的問題；第二部分論述了全面開發之下唐宋福建各社會經濟領域的活躍與進步，重點探討了人口、農業、手工業以及與此相關的生產力布局等問題；第三部分論述了明清至近現代浙閩粵社會經濟文化中的一些獨特現象，包括含有新要素的礦夫農民起義、華僑對城市經濟的推動、民間信仰與社會經濟的互動等；第四部分論述了澳門港市誕生和發展過程中的社會經濟興衰與宗教文化嬗變，涉及人口、民俗、商貿、漁業等領域的問題，並探究了媽祖信仰在其中的作用。

本書下編論述了國家制度的管控與民間社會的回應。漢代以來封建政府即對社會經濟予以強力干預，並出現拓展非農業稅源的趨勢。唐政府對事關國計民生的重要商品之壟斷性經營達到相當成熟的水準，寓稅於價的專賣制度對國家財政與社會民生均產生重大影響。而北方遊牧民族政權在與中原王朝對峙或入主中原時，既促生了混合型的社會組織形態以維繫各方利益，又模仿借鑒了以農立國的賦役制度以適應經濟的發展。以此為大背景，下編前三個部分論述了唐政府在變革漢制的基礎上如何控制食鹽的生產、銷售與分配；唐政府對酒業和茶業的掌控；唐代鹽酒茶專賣的推行與國計民生的互動。貫穿此三部分的主線乃是制度調適、機構效率、民間回應三者對資源配置之正、負面效應。最後一個部分探討了遼、元兩朝賦役制度的推行及其與社會組織形態的關係。此一部分之主線則是，少數民族政權的經濟制度與中原農業社會的傳統是如何在衝突與妥協中相互適應的。

下面試圖以虛實相交、互為表裡的方法，簡要闡述民生、文化、區域、制度這四個要素，是如何形構本書總體思路的。

首先，民生與文化是如何成為區域經濟史之要素的？

中國東南地區一般指今江蘇南部、浙江、福建、廣東（以上為沿海），以及安徽南部、江西、湖南（以上為內陸）。本書討論區域問題時，以沿海的福建、廣東為對象，間或也涉及浙江。漢晉時期北方人口開始南遷，至唐宋時期移民規模進一步擴大。這些南來的勞動力，與東南沿海獨具特色的農業資源結合在一起，發展起精耕細作的農作方式，加上山區和海洋資源的利用，兼有了山海之利，工商業隨之發展。這裡的關鍵是移民。「民生在勤，勤則不匱。」[1]

歷經淘汰又迫於生計的南來移民創造出了比在北方時更高的生產力。人們經常驚歎，近現代移居海外的華人為何能創造出如此巨大的財富，其中的道理同樣能用來說明唐宋乃至更早的南遷移民在發展生產力方面的作為。而海外華人實際上也是那些古代移民的後代。此種一脈相承的被環境逼出來的勤奮，實乃其被人驚歎之真正緣由。

在此一過程中，一種勇於進取的開拓精神油然而生。與北方那種守舊型的生活方式不同，傳統束縛較小加上沿海環境的誘導，不甘心走老路的思想擴散開來。明清以來，在人口繼續增加、人均耕地日益減少的情況下，工商業的比重越來越大了。在近海而實際上仍擁有陸地資源的地方，有人開始掙脫束縛開拓另類的生存之路，其中包含了某些生產關係新要素。雖然最後失敗了，但畢竟是一種探索。在海邊生活的人們，有許多乾脆離開本土奔向海外，這就是最早的華僑。接下來順理成章的是海港城市的形成。港市的出現當然有西人東來的因素，但本土的條件亦不可或缺，如華僑與港市的關係，因為當時華僑之根仍植於本土，並非連根拔起。最後但並非最不重要的是，海洋文化的形成。其中的海神信仰尤令人關注。在

1 《左傳・宣公十二年》。

沒有民權作保障時，民生是脆弱的。而在缺乏現代民權觀念的情況下，人們唯有求諸於神了。文化與民生成為區域經濟史之要素，在上述時段和空間均得以窺見。

其次，民生與文化是如何成為制度經濟史之要素的？

中國封建政府的財稅來源，歷來以農業稅為重，不過工商之稅也越來越重要。漢唐時期興起的以資源壟斷為基礎的專賣制度，則形成封建社會中後期的另一財稅支柱。在各項專賣品中，又以鹽最為大宗。自西漢鹽鐵會議以後，鹽作為一種特殊商品，便具有了政治色彩。鹽的人均消費量雖小，卻不可一日無之，而鹽業資源亦非無處不在。當中央政府不去壟斷它時，地方割據勢力便會去獨占它。經過反復變遷，到唐代，由中央政府掌握食鹽專賣的制度終於穩定下來。安史之亂以後，中國進入封建社會後期。在從前期到後期的一系列制度變革中，專賣首當其衝。鹽這種商品在此間可謂牽一髮而動全身。在農業稅被地方軍閥瓜分大半的情況下，鹽的收入變得無比重要。恰在此時，人才輩出的唐朝理財家群體應運而生，他們將官商混合專賣與鹽鐵轉運使這兩種制度結合起來，使全國大部分鹽利歸於中央。這種財政輸血，是使唐朝奇跡般地延續下來的重要原因。至於其利弊如何，雖歷來有爭論，但它使整個國計民生都深深捲入其中，卻無法否認。同時它又體現了封建後期的制度文化變更，亦即將使用行政干預手段與順應商品經濟潮流這兩種看似相悖的政策融為一體。

如果說農業稅關係到構成民眾主體的農村人口，那麼「專賣稅」更將其覆蓋面擴大到了城鎮人口，亦即它關係到了每一個編戶齊民。就此而言，專賣制度與國計民生的關聯是空前的。正因如此，其社會反應才會涉及每一階層，直至升斗小民。鹽價的起伏漲落關乎千家萬戶，「雖貴數倍，不得不買」[1]鹽利的多寡則關係到國庫盈虛甚

1 《漢書》卷二四下，〈食貨志下〉。

至王朝興亡。另一方面，鹽利的分配也事關每一個參與其間的利益集團：財稅系統與專賣機構、中央政府與各地藩鎮、特許專賣商與走私集團，等等。如果再把酒和茶這兩種被政府不同程度掌控的商品也考慮進去，那麼唐後期專賣制度與國計民生的關聯度之高，確為前代所無法比擬。然則這一系列現象背後隱藏著什麼社會文化要素呢？簡言之，由於國家的觸角伸展到了社會的每一個角落，從而形成了國家與社會的高度重疊；再者，社會經濟生活的一體化繼續得到加強，幾乎每一項基本的消費品都被納入了統一的國計民生體系之中。在這裡，家國同構的文化一統性，通過制度性的安排，得到了具體的體現。

概言之，當區域經濟史與制度經濟史被賦予了靈魂——民生和文化時，它們便不再是了無生氣的歷史，而是展現在人們面前的具體生動的物質和精神生活。當然，上文所言尚未完全覆蓋本書的所有內容，因此有必要再做些補充。

首先是消費經濟與民生、文化的關聯。就本書而言，就是唐代尤其是唐後期的消費生活是否反映或折射出這一歷史時期的民生和文化？答案應該是肯定的。消費既是生產的終點又是生產的起點，它與民生息息相關是不言而喻的，而消費方式本身就是文化模式的某種體現。雖然本書這方面的論述重點在於唐後期的奢侈性消費，但由少部分人參與的這一特殊的消費領域，卻是建立在同一歷史時期整個消費經濟發展變化的基礎之上的，因此它也就具有了由點及面的意義。

其次是賦役制度與民生、文化的關聯。就本書而言，就是遼代和元代的賦役及其相關問題是否反映或折射出此二時期的民生和文化？答案應該也是肯定的。遼、元二朝的特殊性在於，它們是與中原王朝對峙或最終入主中原的北方少數民族政權。然而也正因如此，其賦役制度體現了農牧混合型民間經濟與過渡形態的社會組織之特色。而民間經濟與社會組織則對應了民生與文化這兩個本書的焦點。這一部分的論述，可說是從一個獨特的角度去透視非傳統的經濟制度之嘗試。

萬千涓涓細流匯聚成江河湖海，萬千歷史細節支撐了宏觀大歷史。筆者希望，本書對區域經濟史和制度經濟史的微觀探討，將會對中國社會經濟史的宏觀論述，做出些許貢獻。

上編

社會經濟生活與區域經濟文化

一 唐代的消費經濟

唐代消費經濟的發展趨勢

處於中國封建社會轉型期的唐代，消費經濟出現了新的發展趨勢，大致而言，就是商品性、文化性和奢侈性的趨勢。以下分別論述之。

一、唐代消費經濟的發展趨勢之一：商品性消費

商品性消費是相對於自給性消費而言的。雖然整個封建時期自給性消費始終占主導地位，唐代也不例外，但商品性消費在唐代的異軍突起，則是前所未有的。商品性消費是商品生產者和非商品生產者的產品進入市場的結果，而這種消費反過來又促進了商品生產（廣義的商品生產）的發展。

唐代出現的大宗商品化消費品中，茶葉是最具代表性的。長慶元年（821年）李玨上疏反對榷茶時說：「茶為食物，無異米鹽，於人所資，遠近同俗。既祛竭乏，難捨斯須，田閭之間，嗜好尤切。今增稅既重，時估必增，流弊於民，先及貧弱 。」[1] 在廣大的茶葉消費者中，他特別強調了農村的和貧窮的消費者，這是最基本的消費者，而他們消費的茶葉都是購自市場，所以稅茶才會損害其利益。在

---

1 《舊唐書》卷一七三，〈李玨傳〉。

茶葉價格與銷售量的關係上，他指出：「價高則市者稀，價賤則市者廣。」[1]這裡他接觸到一個重要的經濟規律，即價格與銷售量的反比關係，這也是供求規律的基本內容[2]。而供求規律是在市場條件下才起作用的。這說明唐代茶葉的供給與需求完全是通過市場來實現的。

茶葉取得和米、鹽一樣的地位究竟始於何時？唐以前見於記載的飲茶者主要是上層人士；飲茶主要流行於南方，北方不產茶且飲茶者甚少；唐以前亦未見人工栽培茶樹之記載[3]。到了唐代情況大變。唐代茶葉產地遍布秦嶺—淮河以南各州，除南方盛行飲茶外，因茶葉自江淮以南源源運來，北方飲茶者亦極多，「自鄒、齊、滄、棣，漸至京邑，城市多開店鋪，煎茶賣之」[4]，「茶賤三文五碗」[5]。可見茶成為人們日常生活消費的大宗商品，是在唐代。這種情況對唐代的消費經濟具有什麼意義呢？首先，就消費品結構而言，商品性消費品的比重因茶的出現而增大了。其次，就消費品的商品化程度而言，茶顯然勝過米，茶的自給性消費的比率是很低的。最後，就消費對商品生產的刺激而言，茶葉消費對茶葉生產的刺激，也是其他商品難以比擬的。

任何時候，除了有以物品形式存在的消費品外，還有以服務形式存在的消費品，亦即消費服務[6]。唐代的社會化消費服務發展迅速，而社會化消費服務亦屬商品性消費。隨著城市消費量的增加和商品貨幣經濟的發展，唐代城市的飲食、娛樂等行業發展十分迅速。飲食業的發達，既表現為店肆樓堂裡的綜合服務，又表現為承辦酒席，送菜上門等新的專項服務。德宗時，長安「兩市日有禮席，舉鐺釜而取之，

1 《舊唐書》卷一七三，〈李珏傳〉。
2 胡寄窗：《中國經濟思想史簡編》，北京：中國社會科學出版社，1986年，第299～300頁。
3 張澤咸：〈漢唐時期的茶葉〉，《文史》第11輯，北京：中華書局，1981年。
4 《封氏聞見記》卷六。
5 《敦煌掇瑣》上輯，瑣一四。
6 馬克思：《剩餘價值理論》第1冊，北京：人民出版社，1975年，第160頁。

故三五百人之饌，常立可辦也[1]」。娛樂業方面，唐代城市中聚居著眾多的樂工、舞姬以及擊球、鬥雞之徒，為有閑階級提供內容廣泛的服務。一些高度專門化的與娛樂有關的服務行業也應運而生，如製作、修理樂器的行業；製作球杖的行業等等[2]。

唐代商品性消費服務的發展特點是開始突破封建城市對商業經營的時間與空間的限制。從突破時間限制來看，揚州有「夜市千燈照碧雲，高樓紅袖客紛紛」之景；金陵有「煙籠寒水月籠沙，夜泊秦淮近酒家」之狀；汴州有「水門向晚茶商鬧，橋市通宵酒客行」之景；成都有「錦州夜市連三鼓，石寶書齋徹五更」之狀[3]。夜市的出現，使禁止夜間經營的規定成為具文。商品性消費服務的增加，構成夜市繁榮的主要動因與內容。

從突破空間限制來看，以洛陽為例，除東、北、南三市外，新的消費場所正不斷出現。如殖業坊有酒家、客舍（旅店）；修善坊有酒肆、車坊；綏福坊有飲食店；毓財坊、履道坊有酒肆；清化坊、歸德坊有旅店；會節坊有裁縫店等等。地處三市之外的這些經營場所，為洛陽居民及過往客商提供各式各樣的商品性消費服務。此外，會節、立德、修善三坊皆有波斯胡寺，為商胡祈福之所，祈福時「烹豬殺羊，琵琶鼓笛，酣歌醉舞」，坊間必然為其提供相應的服務[4]。市外經商的動力與內容，商品性消費服務同樣是重要的構成因素。

從以茶葉為代表的大宗商品化消費品，到以突破坊市制度為特徵的商品性消費服務，可見唐代的商品性消費趨勢之一斑。以往，人

---

1 《唐國史補》卷中。

2 妹尾達彥：〈唐後期的長安與傳奇小說〉，《日野開三郎博士頌壽紀念論集》（日文版），福岡：中國書店，1987年；妹尾達彥：〈唐代長安市場的繁榮（上）〉（日文版），載《史流》第27號，1986年。

3 張鄰：〈唐代的夜市〉，載《中華文史論叢》1983年第1輯。

4 陳有忠：〈隋唐時期的洛陽商業〉，載《鄭州大學學報》1983年第2期。

們在考察歷史上新的大宗商品的出現時，多從商品生產的角度加以闡述。但若不從消費的角度論述其市場需求，就無法解釋這些商品是如何在供與求的互動中應運而生的。而人們在探索經濟制度的變遷時，亦鮮有從消費經濟的角度考慮問題的，這也就忽略了需求動力在經濟史上的重要作用。

二、唐代消費經濟的發展趨勢之二：文化性消費

文化性消費，或曰精神性消費，是相對於物質性消費而言的。隨著封建經濟的發展和物資的充裕，文化生活必然趨於活躍，人們既追求物質上的滿足，也追求精神上的滿足，從而導致文化性消費的增長。唐代是科舉制興盛、文學藝術繁榮、宗教生活豐富多彩、中外文化交流頻繁的時代，其文化性消費大大勝過前代，是毫無疑問的。以下僅就唐人在書籍、字畫等方面的消費略述一二，以窺其文化性消費之一斑。

唐代藏書之風甚盛，公私購求圖書秘笈的耗費均十分巨大。太宗、玄宗曾廣泛搜集圖籍，「購求至寶，歸之如雲，故內府圖書謂之大備。或有進獻以獲官爵，或有搜訪以獲錫賚」[1]。隋朝曾遣人搜訪圖書秘笈，每獲一卷，賞絹一匹，由此可以推想唐朝這方面耗資之巨大。秘笈既奇貨可居，價格遂扶搖直上。而官僚士大夫亦以藏書萬卷為榮。如王方慶「聚書甚多，不減秘閣，至於圖畫，亦多異本[2]」；李範「多聚書畫古跡，為時所稱[3]」；韋述「家聚書二萬卷」，「雖御府不逮也」，其「古碑、古器、藥方、格式、錢譜、璽譜之類，當代名公尺題，無不畢備[4]」；王涯「書數萬卷，侔於秘府[5]」。其他如李

1 《歷代名畫記》卷二。
2 《舊唐書》卷八九，〈王方慶傳〉。
3 《舊唐書》卷九五，〈李範傳〉。
4 《舊唐書》卷一〇二，〈韋述傳〉。
5 《舊唐書》卷一六九，〈王涯傳〉。

元嘉、李襲譽、吳兢、蔣乂、蘇弁、韋處厚、柳仲郢、段成式等人，或藏書數萬卷，或多奇篇秘笈。甚至連武人如田弘正亦「於府舍起書樓，聚書萬餘卷[1]」；羅威亦「聚書至萬卷[2]」。可見購書藏書在唐代已蔚為風尚。官僚階級如此，民間亦未必不如是。在洛陽、成都這樣的大城市裡，商業區中都少不了書肆、書齋[3]，可見書籍消費亦根植於民間，而不局限於社會上層。

書法作為一門藝術，至唐已日臻成熟。唐人購求珍藏書法作品蔚然成風，遂使前代、當代名人作品身價倍增，所謂「書即約字以言價[4]」是也。官僚士大夫中有不惜破產傾資購求前代珍品者，如尚書鍾紹京「不惜大費，破產求書。計用數百萬貫錢，唯市得右軍行書五紙，不能致真書一字[5]」。當代名家作品也是一字千金。如褚遂良的作品為世人所珍愛，被譽為「貴千金[6]」之作，然尚有超乎其上者。一次褚遂良問虞世南：「吾書何如智永？」虞答曰：「吾聞彼一字直五萬，君豈得此？」[7]上述諸例都反映購求書法名品的花費之巨大。請名家題寫碑頌，是追求珍稀墨蹟的另一種形式。此時雖不似約字言價那樣公開買賣，但饋贈碑頌書寫者的花費亦頗鉅。如著名書法家柳公權「為勳戚家碑板，問遺歲時鉅萬」[8]。用於購求書法作品的花費，構成唐代文化性消費的相當突出的一個部分。

繪畫作為一門藝術，至唐亦進入一個新階段，而鑒賞品評收藏繪畫作品，亦為朝野上下所普遍愛好。名畫之價因而大增，正如張彥遠

1 《舊唐書》卷一四一，〈田弘正傳〉。
2 《舊唐書》卷一八一，〈羅弘信傳附羅威傳〉。
3 《全唐詩》卷三七一，呂溫：〈上官昭容書樓歌〉；《方輿勝覽》卷五一，〈成都志載古詩〉。
4 《歷代名畫記》卷二。
5 張懷瓘：《書估》。
6 《新唐書》卷一九九，〈孔若思傳〉。
7 《新唐書》卷一九八，〈歐陽詢傳附歐陽通傳〉。
8 《舊唐書》卷一六五，〈柳公綽傳附柳公權傳〉。

《歷代名畫記》所說：「必也手揣卷軸，口定貴賤，不惜泉貨，要藏篋笥。則董伯仁、展子虔、鄭法士、楊子華、孫尚子、閻立本、吳道玄屏風一片，值金二萬，次者售一萬五千。其楊契丹、田僧亮、鄭法輪、乙僧、閻立德一扇，值金一萬。」[1] 除了私人購買收藏的繪畫外，唐代的宗教壁畫也盛極一時，這些壁畫大多是高官顯宦、富商巨賈捐資繪製的，費貲亦以千萬計。如寶應時越州觀察使皇甫政之妻陸氏為「祈一男」，以錢百萬募畫工繪神仙像[2]。而僅以晚唐蜀中佛寺壁畫而言，即「皆一時絕藝，格入神妙」，「度所酬贈，必異他工，資費固不可勝計矣」[3]。其勢之盛，為崇尚佛教的南朝所不能比[4]。購求繪畫作品及製作壁畫的費用，同樣構成唐代文化性消費的令人矚目的一個部分。

以書籍、字畫消費為代表的唐代文化性消費，展示了如下事實，即相對於物質性消費而言，精神性消費的比重有所上升。本來對書籍、字畫的愛好和追求是文化素養提高的表現，但當這種「愛好準則被染上了金錢榮譽準則的色彩[5]」時，書籍、字畫的價格被無限地抬高，從而使這種文化性消費帶上了濃厚的商業色彩。研究消費經濟領域內這種文化性與商業性的交滲互動，有助於理解唐代文化性消費趨於擴張的錯綜複雜的原因與背景。

三、唐代消費經濟的發展趨勢之三：奢侈性消費

奢侈性消費是相對於必要性消費而言的。雖然整個封建時期都存在著奢侈性消費，但唐代的奢侈性消費有其自身的特點。首先，地主階級的消費有公共消費與個體消費之性質上的區分。在唐代，公共性

---

1 《歷代名畫記》卷二。
2 《太平廣記》卷四一，〈黑叟〉。
3 天啟《成都府志》卷四三，引李之純〈大聖慈寺畫記〉。
4 潘天壽：《中國繪畫史》，上海：上海人民美術出版社，1983年，第60頁。
5 凡勃倫著，蔡受百譯：《有閑階級論》，北京：商務印書館，1983年，第107頁。

質的奢侈消費趨於淡化，個體性質的奢侈消費則凸顯了出來。其次，地主階級作為奢侈性消費的主體，在各個歷史時期，其參與此種消費的人員和階層有著增減與更替之變化。在唐代，參與奢侈性消費的人員增多了，並出現了參與此種消費的新的階層。

地主階級的公共消費除了官俸、軍費及例行禮儀之外，有許多是不必要的奢侈性消費，如以炫耀、享樂為目的的土木工程及巡遊活動。唐前期雖國力強盛，統治階級間或亦大興土木，但比之秦、漢、隋等王朝已稍遜色。唐後期國力已衰，興建大型工程已非必需亦無可能，故此舉更屬罕見。至於巡遊活動，唐代亦不如前代。另一方面，具有個體消費性質的地主分子的侈靡耗蠹，唐代則略勝前代一籌。這種情況與公共消費轉化為個體消費密切相關，其中既有必要的公共消費轉化為奢侈的個人消費；也有奢侈的公共消費轉化為奢侈的個人消費。

在封建官僚機構中，個人既可充分享用組織所占有的權力，那麼利用其組織成員資格占有組織擁有的消費資料，便成必然之勢。這樣，公共消費轉化為個體消費的情況便屢見不鮮。以皇室消費而言，唐前期隨著皇室開銷的增大，國庫中供其支取的部分不敷所需，玄宗時便出現的天子的私藏，以「額外物」的名義「貯於內庫[1]」。玄宗後期的揮霍浪費，便是以此為財源的。安史之亂後，又連續二十年出現了「以天下公賦為人君私藏[2]」的局面。皇室個人消費既與國家公共消費混淆不清，遂給最高統治者的驕侈淫逸大開了方便之門。如代宗於「七月望日，於內道場造盂蘭盆，飾以金翠，所費百萬」[3]；為「資章敬太后冥福」，「盡都市之財不足用」[4]。後雖經楊炎改革，公賦復

1 《舊唐書》卷一〇五，〈王鉷傳〉。
2 《舊唐書》卷一一八，〈楊炎傳〉。
3 《舊唐書》卷一一八，〈王縉傳〉。
4 《資治通鑒》卷二二四，代宗大曆二年。

歸左藏庫，形式上恢復了國家消費與皇室消費的區別，但直至唐末，實際上前者仍不斷轉化為後者。如僖宗「荒酣無檢，發左藏、齊天諸庫金幣，賜伎子歌兒者日鉅萬，國用耗盡[1]」。所以皇室個人消費在許多情況下是從國家公共消費轉化而來的。

以官僚消費而言，官俸作為官員本人及其家庭生存性消費的來源，本屬必要的公共消費。但當它超過一定限度時，會部分地轉化為享受性的個人消費。而當官俸低於維持生存的水準時，則意味著必要的公共消費之減少。在唐代，上述兩種情況成為官僚消費的一體兩面。一方面是高官顯宦和要劇之官俸祿豐厚，生活闊綽；另一方面是中下級官員和閒散之官俸祿微薄，生活拮据。史載「權臣月俸有至九千貫者，列郡刺史無大小給皆千貫」[2]，中下級官員則「俸薄」[3]，「料錢絕少」[4]。再者，「閑劇之間，厚薄頓異」[5]，「官秩等而祿殊」[6]，差別亦甚。而居高位者尚能獲不時之賞，如玄宗賜其寵臣，肅、代、德各朝賞平叛諸將，皆無所吝惜。居要職者或「將闕官職田祿粟入己費用」[7]，乃至利用「名存職廢，額去俸存」[8]之機侵吞空額；或家人數百皆仰給官司[9]，乃至州錢百萬入為私藏[10]。當朝廷因財政困難而削減官俸時，高官厚祿者的奢侈消費並未因此稍減，而低職薄俸者的基本生活則會大受影響。可見部分官僚的奢侈性消費在不少情況下是以必要的公共消

1 《新唐書》卷二〇八，〈田令孜傳〉。
2 《舊唐書》卷一四，〈憲宗紀上〉。
3 《舊唐書》卷一三，〈德宗紀下〉。
4 《舊唐書》卷一八上，〈武宗紀〉。
5 《新唐書》卷一四六，〈李棲筠傳附李吉甫傳〉。
6 《白居易集》卷六四，〈策林三・使官吏清廉〉。
7 《舊唐書》卷一六八，〈馮宿傳附馮定傳〉。
8 《舊唐書》卷一四，〈憲宗紀上〉。
9 《舊唐書》卷一三三，〈李晟傳附李愿傳〉。
10 《新唐書》卷一六六，〈令狐楚傳〉。

費之減少為代價的。

以軍士消費而言，軍隊給養超過一定水準時，也會部分地由必要公共消費轉化為奢侈性的個體消費。唐前期軍費開支已逐漸上升，至後期更是十分浩大，成為國家財政支出的最大項目[1]。這當中，給養豐厚是一個重要因素。再者，唐後期鎮兵尤其是節帥親兵因截留財賦而所入頗豐，如浙西觀察使李錡的親兵皆「稟給十倍」[2]。朝廷還不時以大筆賞賜籠絡之。如元和七年（812年）魏博鎮獲賞錢一百五十萬貫；元和十五年（820年）成德鎮獲賞錢一百萬貫；長慶元年（821年）盧龍鎮獲賞錢一百萬貫[3]。朝廷每次調集諸道行營將士出征，亦必有豐盛犒勞。凡此種種，造成軍士的揮霍無度。而軍費激增之同時，必然是其他費用的減少。可見軍士的奢侈性消費在許多情況下也是以必要的公共消費之減少為代價的。

唐代雖然有不少沒落的士族地主退出了奢侈性消費的行列，但卻有更多的新興庶族地主加入了奢侈性消費的行列。史載「凡為度支胥吏，不一歲資累鉅萬，僮馬第宅，僭於王公」[4]；「及第登科，傾資竭產，屋地競逾於制度，喪葬皆越於禮儀」[5]，皆可為證。人數眾多的新興庶族地主登上歷史舞臺，使參與奢侈性消費的人員大大膨脹了。

唐代新出現的奢侈性消費的參與者中，有一個十分獨特的階層——節帥親兵。當安史之亂後藩鎮割據局面形成時，藩鎮將帥精心培植並賴以割據一方的親兵集團也漸次形成了。所謂「以錢買健兒取旌節」[6]，就是這一新興階層存在的特殊歷史條件。節帥以

---

1 《唐會要》卷二六，〈待制官〉。
2 《新唐書》卷二二四上，〈李錡傳〉。
3 《舊唐書》卷一五，〈憲宗紀下〉；《舊唐書》卷一六，〈穆宗紀〉。
4 《舊唐書》卷一二三，〈班宏傳〉。
5 《唐大詔令集》卷七二，僖宗：〈乾符二年南郊赦〉。
6 《舊唐書》卷一四五，〈陸長源傳〉。

豐給厚賜固親兵之心，卻養成其不勝驕橫之習。節帥動輒以巨額錢物賞賜親兵，如田悅「悉出府庫所有及斂富民財，得百餘萬以賞士卒」[1]；或縱容親兵恣意揮霍，如王思禮部數月間將其「豐實軍儲」、「費散殆盡」[2]。到後來親兵演變為一股異己的力量，以致以濫殺來無端索求時，節帥也只能以濫賞來應付濫殺，從而使親兵的侈欲進一步膨脹。節帥親兵作為地主階級的附屬階層加入奢侈性消費的行列，唐代奢侈性消費的主體因而進一步擴大了。

消費活動性質的轉化實際上是資源利用的轉化。封建國家的公共消費轉化為地主分子的個人消費，而且是奢侈性的消費，導致更多的資源無益消耗。而參與這種無益消耗的人員之膨脹、階層之增多，更說明社會人口與資源配置之間的錯位正進一步加劇。這就是從唐代奢侈性消費的發展趨勢中得到的啟示。

綜上所述，商品性、文化性和奢侈性是唐代消費經濟的三大發展趨勢。每一個時代的社會經濟都是推力和拉力綜合作用的結果，推力是推動社會經濟前進的力量，拉力則反之，是阻滯的力量。這在生產、分配、交換和消費領域，無不有所表現。而消費領域的表現，又可以折射出其他三個領域的情況。唐代消費經濟的發展趨勢所折射出來的，正是封建社會動盪轉折時期各經濟領域新舊交替、損益錯雜的種種側面和斷面。

（原載《中國古代社會研究：慶祝韓國磐先生八十華誕紀念論文集》，廈門：廈門大學出版社，1998年）

1　《資治通鑑》卷二二七，建中三年正月。
2　《舊唐書》卷一一〇，〈鄧景山傳〉。

唐後期奢侈性消費的特點

西元755年至907年，唐王朝的後半期，是一個充滿矛盾的動盪時代。中國封建社會前期的帷幕剛剛降下，後期的帷幕剛剛拉開，新舊交替，風雲激蕩。這一時期生產、分配、交換的特點，已為人們所關注並多有探討。但是，消費領域的情況卻鮮為人重視。

消費既是生產的目的和終點，又是重新引起生產的動力和起點。一個時期的消費特點，往往是該時期生產、分配、交換諸特點的綜合反映。不研究消費這個社會經濟鏈條上的重要環節，就難於全面地理解和把握其他經濟環節。

地主階級的奢侈性消費構成封建社會非生產性消費的重要部分。處於中國封建社會後期初始階段的安史之亂後的唐朝，其奢侈性消費已表現出種種不同於以往的特點。本文試圖對這些特點做一些初步探討，以期拋磚引玉，引起對這方面研究的重視。

一

封建社會地主階級的消費有其發展規律。首先，封建地主占有土地、坐享地租的經濟職能，使他們的收入除一部分用於購買土地以擴大地租來源外，其餘必盡耗於生活消費，而且所入愈多，侈欲愈旺。因此，奢侈化是地主階級消費的必然發展趨勢。其次，當一個封建王朝由盛轉衰後，地主階級及其政權的腐朽、它們對農民的無止境的盤剝，以及為它們服務的工商業的畸形繁榮，勢必造成一方面生產萎縮，一方面消費膨脹的奇特反差。

唐後期地主階級的消費除了受上述普遍規律的支配外，還受到表現在政治、經濟、思想文化諸方面的時代特徵的影響。其中以下幾點是應該特別注意的。

第一，租佃關係的普遍發展，使自給自足的農奴式莊園日益瓦解，地主經濟與市場的聯繫大大加強了。唐後期，地主出售糧食和其他農副產品的情況已相當普遍[1]。貨幣收入的增加，使地主的商品性消費相應擴大。與自給性消費相比，商品性消費更易於向奢侈化發展。另一方面，以兩稅法的制訂為中心的賦稅制度的改革；以推行專賣為重點的非農業稅源的拓展，使封建國家財政收入中貨幣部分所占的比例大為增加，從而使地主階級政權商品性消費的能力大為增強。這對奢侈化浪潮無疑起了推波助瀾的作用。

第二，庶族地主的廣泛崛起，最終取代了士族地主，成為地主階級的主要成分。唐後期庶族地主活躍於各經濟領域，積累了大量錢財，其社會地位也日益提高。與此相反，士族地主在經濟上、聲望上都日趨沒落。隨著士、庶勢力的消長和合流，經濟實力逐漸取代政治特權，成為地主階級擴大消費的主要依據。誰擁有更多的錢財，誰就可以過著比別人更奢華闊綽的生活，身分地位的貴賤與消費標準的高低之間不再有必然的聯繫。這樣，消費程度的提高及其所涉及的社會範圍的擴大，勢必突破舊有的種種限制而獲得空前的發展。

第三，中唐以後，社會文化由盛轉衰，道釋思想多方滲透，以儒學為核心的封建正統思想受到有力挑戰。儒家崇儉抑奢的消費觀念雖然仍作為地主階級治國安邦的指導原則，但對於身處黑暗政局、深感命運無常的士大夫們來說，已失去了往日的吸引力。他們耐不住心頭躁亂的欲火，止不住縱情享樂的企望，紛紛捲入了及時行樂的潮流之中。儘管唐後期還不曾有人公然打出異端的崇奢論的旗幟，儘管士大夫們口頭上仍然譴責奢靡，標榜節儉，但是，競相追求高水準的消費生活，卻已成為唐後期的社會風尚。

---

1 鄭學檬等：《簡明中國經濟通史》，哈爾濱：黑龍江人民出版社，1984年，第195頁。

二

安史之亂以後，侈靡之風愈熾。此所謂「世愈亂，奢侈愈甚」[1]也。皇室將相、武夫文人，乃至賈販走卒，驕奢淫逸者，有增無已。物欲橫流，潰決不止，耗蠹之甚，倍於往昔。唐後期奢侈性消費在不斷膨脹的過程中，表現了一系列不同於往昔的特點，以下分論之。

第一，從消費品和消費服務的來源結構來看，購自市場、得自交換的奢侈品，相對於自產自用的奢侈品，比重有所上升；社會化消費服務，相對於家內消費服務，比重也有所上升。魏晉南北朝時期地主階級消費的奢侈品，絕大多數是無償地取自受其奴役的農奴。謝靈運所說的「謝工商與衡牧」[2]；顏之推所說的「閉門而為生之具以足」[3]，典型地反映了這種自給自足的消費品來源結構。爰及隋代和唐前期，這種結構並無重大改變。到了唐後期，雖然產品仍是消費品的主要來源，但商品的比重明顯地增大了。

從飲食消費來看，唐後期地主階級對於這方面的奢侈性需求，有相當一部分是從市場上得到滿足的。比如酒，魏晉南北朝時期地主、官僚之家大多自釀美酒，以備飲用[4]。唐後期，地主階級對於酒類的需求開始越來越多地仰賴市場。當時長安等大城市「私釀至多」[5]，「酒價尤貴」[6]。這裡私釀主要不是為了自用，而是為了出售，所以才會與酒價的波動發生聯繫[7]。官府和豪門則是酒類的最大購買者和消費者，唐後期經久不衰的宴飲之風便可為證，史稱「自

1 呂思勉：《隋唐五代史》下冊，上海：上海古籍出版社，1984年，第856頁。
2 《宋書》卷六七，〈謝靈運傳〉。
3 《顏氏家訓》卷一，〈治家〉。
4 《太平廣記》卷二三三，〈酒〉。
5 《全唐文》卷七五，文宗：〈太和八年疾愈德音〉。
6 《唐大詔令集》卷一一二，〈禁京城釀酒敕〉。
7 參見陳衍德：〈唐代的酒類專賣〉，載《中國社會經濟史研究》1986年第1期。

天寶以後，風俗奢靡，宴處群飲……公私相效，漸以成俗」[1]。除了酒之外，盛宴所需果蔬魚肉，也有許多是購自市場的。有關此間各種奢華宴會的記載，往往都提及它們所花費的金錢。如郭子儀入朝，元載、王縉等人盛宴款待，「各出錢三十萬」[2]；及第進士宴請賓朋，「一春所費，萬餘貫錢」[3]。可見宴饗所需之物多以貨幣購自市場。

服飾消費方面，唐後期「長裾大袂」的寬博衣裙取代了窄袖胡服，成為上層社會的流行服裝。衣裳質地、裝飾也日益考究。玄宗和貴妃幸溫湯所御的飾以金烏的錦袍，至大和年間已是「富家往往皆有」[4]。此類高級服飾，自須專業化程度較高的工匠方能製作。而都市中往往聚集著這類工匠，為富家大戶縫製其所需服裝。如大和年間，汴州光德坊有名阿賀者，「以女工致利」，出賣縫紉技術為生，後移居洛陽會節坊，富人們多「雇其紉針」，縫製高級服飾[5]。據記載，長安等城市中分布著許多衣肆、鬻衣之店[6]，足見地主階級服飾消費依賴市場的程度有所增強。

再看住宅消費，唐後期許多地主不再住在鄉村的莊園中，而是常年居於都市，那裡豪華第宅的買賣因而興旺起來。有的官僚、軍閥甚至分別在幾個城市裡購置第宅。如憲宗時，許多藩鎮將帥除了在本鎮擁有私宅外，還動輒以數十萬貫錢幣於京師「競買第屋」[7]。唐後期，都市私宅轉讓易手的情況是屢見不鮮的。甚至一些為政清廉的官員也在都市內或近郊購置竹木池館、園林別宅。可以這麼認為，這些

---

1 《唐會要》卷五四，〈省號上・給事中〉。
2 《舊唐書》卷一一，〈代宗紀〉。
3 《唐大詔令集》卷一〇六，〈釐革新及第進士宴會敕〉。
4 《舊唐書》卷一七三，〈鄭覃傳附鄭朗傳〉。
5 段成式：《酉陽雜俎・續集》卷三。
6 《太平廣記》卷四五二。
7 《全唐文》卷六二，憲宗：〈禁私貯見錢敕〉。

耗資甚巨的不動產，實際上是作為奢侈品，通過交換的管道，成為地主階級的消費對象的。

任何時候，除了有以物品形式存在的消費品外，還有以服務形式存在的消費品[1]，亦即消費服務。魏晉南北朝時期，為地主階級服務的消費性勞務，基本上是家內勞務，其承擔者乃奴婢僮僕。所謂「僮僕成軍，閉門為市」[2]，便是典型寫照。隋代及唐前期亦大體如是。唐後期，社會化消費服務發展迅速，它在為地主階級提供的消費性勞務總量中所占的比例明顯增大。社會化消費服務也屬商品性消費，它的發展程度是與消費品的商品化程度相一致的。

這種消費服務在一些含有享受成分的行業中發展尤其迅速，如城市中的飲食、娛樂等行業。唐後期都市飲食業日趨發達，出現了承辦酒席、送菜上門的專項服務，如德宗時長安「兩市日有禮席，舉鐺釜而取之，故三五百人之饌，常立可辦也」[3]。飲食和消遣娛樂日趨結合，中晚唐詩人用大量篇幅描繪了酒肆倡樓裡擁妓行令、一擲千金的生活，為我們展示了一幅唐後期地主階級縱情聲色的行樂圖。顯然，這是一種建立在社會化消費服務基礎上的侈靡生活。此外，唐後期在各個城市中聚居的樂工、舞姬，以及擊球、鬥雞之徒，也比以往為多。他們為城居的官僚、地主、商人提供內容廣泛、耗資甚巨的消遣娛樂服務。社會上還出現了專門製作、修理樂器的職業，甚至宮廷樂器也有送往彼處修理的。製作球杖的職業也出現了，金塗銀裹、飾以雕文的球杖售價昂貴[4]。由於這些器具構成有關的消遣娛樂服務的一部分，因此不妨將其修造視為消費服務的一項內容。

1　馬克思：《剩餘價值理論》第1冊，北京：人民出版社，1975年，第160頁。

2　葛洪：《抱朴子・吳失篇》。

3　李肇：《唐國史補》卷中。

4　妹尾達彥：〈唐後期的長安與傳奇小說〉，《日野開三郎博士頌壽紀念論集》（日文版），福岡：中國書店，1987年；妹尾達彥：〈唐代長安市場的繁榮（上）〉（日文版），載《史流》第27號，1986年。

以上我們從消費品和消費服務來源的角度，考察了唐後期奢侈性消費的特點。應當指出，得自海外貿易和長途販運的奇珍寶貨，構成地主階級所享用的奢侈品之一部分，此乃唐後期與前代的共同點。超出正常生活和娛樂需要的消費品和消費服務，有越來越多的部分來自市場和交換，則是唐後期比較獨特的現象。其原因除了地主的貨幣收入增加，增強了其商品性消費的能力之外，還有工商業畸形繁榮，為地主階級提供了更多的享受資料和服務這一因素在內。

第二，從消費活動的內容結構來看，精神消費相對於物質消費，比重有所上升。魏晉南北朝時期地主階級的腐朽生活主要側重於物質享受。諸如裸身狂醉、與豬共飲；甕吹笛女伎、殺行酒美人等事例，均可反映此間地主分子心靈的空虛與精神生活的貧乏。魏晉人掇輯的《列子・楊朱篇》說：「為欲盡一生之歡，窮當年之樂，唯患腹溢而不得恣口之飲，力憊而不得肆情於色。」活生生地刻畫出地主分子以肉體享受為最高追求目標的形象。到了唐代，尤其是唐後期，這種單純追求物欲滿足的傾向，已逐漸被既追求物質享受又追求精神享受的傾向所取代。

唐後期官僚士大夫不吝千金地購求名人字畫，成為一時風尚，正如張彥遠《歷代名畫記》所說：「書即約字以言價，畫則無涯以定名……必手揣卷軸，口定貴賤，不惜泉貨，要藏篋笥。」[1] 比較典型的事例有：宰相王涯對於珍稀字畫「人所保惜者，以厚貨致之」[2]；尚書鍾紹京「不惜大費，破產求書，計用數百萬貫錢，惟市得右軍行書五紙」[3]。著名書法家柳公權「為勳戚家碑板，問遺歲時鉅萬」[4]。字畫購求者在這方面的開銷，構成其消費支出的重要部分。字、畫是由

1 《歷代名畫記》卷二，〈論名價品第〉。
2 《舊唐書》卷一六九，〈王涯傳〉。
3 張懷瓘：《書估》。
4 《舊唐書》卷一六五，〈柳公綽傳附柳公權傳〉。

精神生產領域提供的產品，因此它們的消費是一種精神消費。本來對字、畫的愛好和追求是文化素養提高的表現，但當這種「愛好的準則被染上了金錢榮譽準則的色彩」[1]時，字、畫的價格被無限地抬高，它們本身也就成了奢侈品。

除了私人收藏的字畫外，唐後期以道釋人物為主題的壁畫也盛極一時。這些壁畫大多是高官顯宦、富商巨賈捐資繪製的，費貲亦以千萬計。如寶應時越州觀察使皇甫政妻陸氏為「祈一男」，以錢百萬募畫工繪神仙像；[2]晚唐蜀中佛寺壁畫，「皆一時絕藝，格入神妙」，「度所酬贈，必異他工，資費固不可勝計矣」[3]。即便是佛教興盛的南朝，也不曾有這等情況[4]。此亦屬奢侈性精神消費的範圍。

以上主要通過藝術品製作和購求方面開銷的增長，論證了精神消費比重上升這一唐後期奢侈性消費的特點。應當指出，地主階級對精神產品的追求以往並非沒有，只不過遠不如唐代普遍罷了。唐後期精神消費領域的活躍及其奢侈化傾向的加強，是以地主階級物質消費力和精神消費力的提高為基礎的，同時也與唐代文化的多元化有關。

第三，從消費活動性質的轉化來看，由公共消費轉化而來的個體消費特別突出。封建國家的公共消費與個體消費並無不可逾越的界限。在封建官僚機構中，個人既可充分享用組織所占有的權力，那麼利用其組織成員資格占有組織擁有的消費資料，便成必然之勢。這樣，公共消費轉化為個體消費的情況便屢見不鮮。不過，在一般情況下，最高統治者雖然擁有支配任何消費資料的權力，但是皇室消費與國家消費畢竟在原則上有所區別[5]；官俸和軍費中雖有一部分會轉化

1 凡勃倫著，蔡受百譯：《有閑階級論》，北京：商務印書館，1983年，第107頁。
2 《太平廣記》卷四一，〈黑叟〉。
3 天啟《成都府志》卷四三，引李之純〈大聖慈寺畫記〉。
4 潘天壽：《中國繪畫史》，上海：上海人民美術出版社，1983年，第60頁。
5 胡寄窗：《中國經濟思想史》中冊，上海：上海人民出版社，1978年，第403～404頁。

為個人的奢侈性消費，但這部分還不至於失去控制地膨脹起來。然而，在唐後期特殊的歷史條件下，封建國家的公共消費資料卻漫無限制地轉化為統治階級各成員的個人消費資料，從而進一步加劇了奢侈性消費的膨脹。

安史之亂後，度支使第五琦懾於京師豪將的無節求取，乃自左藏庫悉移租賦入於大盈內庫，形成了此後二十年中「以天下公賦，為人君私藏」[1]的局面。由於皇室消費與國家消費連形式上的區別也不復存在，就給了最高統治者的揮霍以更大的便利。代宗在宰相王縉縱容下「減諸道軍資錢四十萬貫修洛陽宮」[2]，挪用軍費興建皇宮；又「七月望日，於內道場造盂蘭盆，飾以金翠，所費百萬」[3]，動用國庫錢物用於宗教儀式，都是國家消費轉化為皇室消費的典型事例。凡此種種，積習成風，雖經楊炎改革財政，公賦複歸左藏庫，形式上恢復了皇室消費與國家消費的區別，但最高統治者任意支取國家錢物的做法，並無根本改變。

肅、代之際興起的地方節度使進奉之風，使公共消費資料轉歸皇室的趨勢愈發不可遏止。所謂進奉，乃是地方軍政大員在克扣公賦、中飽私囊的基礎上，將部分所得進獻皇帝，以滿足其侈欲來換取其寵信。進奉之物，有相當部分本身即為奢侈品。如大曆元年（766年）十月，代宗生日，諸道獻金帛、器服、珍玩、駿馬[4]；大曆二年（767年）二月，汴宋節度使田神功獻名馬、金銀器、繒彩；同年六月，山南劍南副元帥杜鴻漸獻金銀器、錦羅、麝香臍[5]。這些奢侈品，既有額外搜刮來的，也有以正賦轉市而來的。至德宗朝，諸道節度使「皆競

1 《舊唐書》卷一一八，〈楊炎傳〉。
2 《舊唐書》卷一一，〈代宗紀〉。
3 《舊唐書》卷一一八，〈王縉傳〉。
4 《資治通鑒》卷二二四，大曆元年十月。
5 《冊府元龜》卷一六九，〈帝王部•納貢獻〉。

為進奉，以固恩澤」[1]。此風長盛不衰，使大量本應供給封建國家必要性消費的資金轉化為專供皇室奢侈性消費的資料。

官俸作為官僚機構費用的一部分，本屬必要的公共消費。但當它超過維持官員本人及其家庭生存的限度時，會部分地轉化為奢侈性的個人消費。而當它僅及或低於維持生存水準時，也意味著必要公共消費的不足或減少。唐後期高級官員和要劇之官的俸祿比中下級官員和閒散之官要高出許多，前者能過著闊綽奢華的生活，後者若僅靠俸祿只能勉強維持生計。一方面是「權臣月俸有至九千貫者，列郡刺史無大小給皆千貫」[2]，另一方面是「京官俸薄」[3]，「諸道正官料錢絕少」[4]。二者形成鮮明的對照。唐後期最高統治者常因財政困難而減省官俸，如大曆十四年（779年）七月德宗「詔國用未給，其宣王已下開府俸料皆罷給」[5]；建中三年（782年）正月又「減堂廚百官月俸，請三分省一以助軍」[6]。然而，皇帝對功臣權貴的賞賜卻毫不吝嗇。同是德宗，僅賜給平叛將領李晟就有京師永崇里第宅及涇陽上田、延平門之園林、女樂八人等[7]。居高位要劇者，還經常利用部下官員「名存職廢，額去俸存」[8]的機會，侵吞空額，中飽私囊。廣大中下級官員微薄的俸祿不斷受到侵削的同時，高官顯貴在高俸祿之外又得到大筆賞賜和其他收入，這一事實說明，唐後期維持官僚機構正常運轉的必要的公共消費正在不斷被轉化為高級官僚們奢侈性的個人消費。

軍隊給養作為軍費的一部分，本來亦屬必要的公共消費，但當它超過一定的水準時，也會轉化成個人的奢侈性消費。唐後期藩鎮將帥

---

1 《舊唐書》卷四八，〈食貨志上〉。
2 《舊唐書》卷一四，〈憲宗紀上〉。
3 《舊唐書》卷一三，〈德宗紀下〉。
4 《舊唐書》卷一八上，〈武宗紀〉。
5 《舊唐書》卷一二，〈德宗紀上〉。
6 《舊唐書》卷一二，〈德宗紀上〉。
7 《舊唐書》卷一三三，〈李晟傳〉。
8 《舊唐書》卷一四，〈憲宗紀上〉。

及其人數眾多的親兵不僅從截留中央賦稅中得到豐厚的收入和給養，而且還經常得到朝廷出於籠絡和姑息的目的而給予的大筆賞賜。如魏博鎮元和七年（812年）十一月得賞錢一百五十萬貫；[1]成德鎮元和十五年（820年）十一月得賜錢一百萬貫；[2]盧龍鎮長慶元年（821年）三月得賞設錢一百萬貫[3]。這些賞賜大部分都以各種形式揮霍掉了。朝廷每次調集諸道行營將士參與軍事行動，也必定以大批綾絹、銀兩進行宴賞犒勞。節度使及其親兵驕奢淫逸的生活，證明他們耗費了比一般士兵多得多的消費資料，而這又是在必要公共消費相應減少的基礎上實現的。

以上我們從消費活動性質的轉化這一角度考察了唐後期奢侈性消費的特點。安史之亂後，唐王朝由盛轉衰，以建大型公共工程來顯示國力的強盛和皇權的顯赫，已失去其必要性和可能性。地主階級各集團、各成員之間深刻的矛盾和錯綜複雜的關係，又必然導致它們競相把封建國家的資金和物質「化公為私」，乃至相互爭奪和轉讓。這就是此間公共消費轉化為個體消費特別突出的社會背景。

第四，從參與消費的人員和階層的變動來看，雖然有一些沒落士族喪失了奢侈性消費的能力，但是有更多的庶族地主乃至地主階級的附屬階層加入了奢侈性消費的行列。魏晉南北朝時期，士族地主政治、經濟上的特權給他們帶來了消費上的特權，因此士族地主的驕奢放蕩是那個時代的特徵。唐前期士族地主的政治經濟實力依舊強大，他們仍然是參與奢侈性消費的最活躍的階層。到了唐後期，儘管大部分士族出身的官僚地主依然過著驕侈淫逸的生活，但是他們當中正有越來越多的人在趨於沒落的過程中逐步喪失其維持奢華生活的能力。例如，魏徵的第宅被其子孫「質賣更數姓，析為九家」，元和四年

1 《舊唐書》卷一五，〈憲宗紀下〉。
2 《舊唐書》卷一六，〈穆宗紀〉。
3 《舊唐書》卷一六，〈穆宗紀〉。

（809年）憲宗訪知後，「出內庫錢二百萬緡贖之」[1]；德宗賜給段秀實的長安崇義坊宅諸院，被其子孫典在人上，「計錢三千四百七十五貫」，宣宗時乃賜錢收贖[2]。而朝廷未能賜錢收贖的名臣第宅，其數更多。至於隋代舊族第宅至唐後朝仍歸原主的，更是鳳毛麟角，誠如貞元時柳渾所言，「隋時舊第，惟田（季羔）一族耳」[3]。由於住宅消費最能顯示一個家族的榮辱興衰，所以上述事例典型地說明了沒落士族喪失其奢侈性消費能力的情況。

與此同時，大批庶族地主憑藉其積累起來的錢財，過著比以往更奢華闊綽的生活，不少人的消費水準甚至超過了世代為宦的勢家大族。出身卑微的中下級官員雖然俸祿微薄，但許多人通過貪污受賄等手段，卻能獲得超過俸祿幾倍乃至幾十倍的額外收入，因此他們也得以過起錦衣玉食的生活，例如，「凡為度支胥吏，不一歲，資累鉅萬，僮馬第宅，僭於王公」[4]。那些通過科舉考試而進入仕途的寒素子弟，儘管財力並不雄厚，也竭力與他人一比高低，「及第登科，傾資竭產，屋地競逾於制度，喪葬皆越於禮儀」[5]。至於那些發家致富的工商地主，更是頤指氣使地過著揮金如土的生活，「恣其乘騎，雕鞍銀鐙，裝飾煥爛，從以童騎，最為僭越」[6]。文宗在敕令中曾強調：「庶人所造堂舍，不得過三間四架，門屋一間兩架，仍不得輒施裝飾」[7]。社會上高水準的住宅消費之不可遏止，恰恰反映了廣大庶族地主日益成為參與奢侈性消費的最活躍的階層這樣一個事實。

安史之亂後的唐朝，還出現了一個新興的奢侈性消費集團——藩

1 《唐會要》卷四五，〈功臣中〉。
2 宋敏求：《長安志》卷七，〈崇義坊〉。
3 《舊唐書》卷一四二，〈柳渾傳〉。
4 《舊唐書》卷一二三，〈班宏傳〉。
5 《唐大詔令集》卷七二，〈乾符二年南郊赦〉。
6 《唐會要》卷三一，〈輿服上〉。
7 《唐會要》卷三一，〈輿服上〉。

鎮將帥的親兵。這些驕兵悍將是節帥精心培植並賴於割據一方的核心力量。節帥以豐給厚賜固其心，卻養成其不勝驕寵的習氣。節帥動輒以巨額錢物賞賜親兵。如田悅曾「悉出府庫所有及斂富民財，得百餘萬以賞士卒」[1]；或縱容親兵恣意揮霍，如王思禮部「數月之間」即將其「豐實軍儲」、「費散殆盡」[2]；直至親自參與親兵們的揮霍活動，如田牟「每與驕卒雜坐，酒酣撫背……其徒日費萬計」[3]。當欲壑難填的親兵得不到滿足時，便「喧噪邀求，動謀逐帥」[4]，以至節帥舉族被害，演變成一股異己的力量。節帥為使其重新為己所用，也只能以濫賞應付濫殺，從而使親兵的揮霍縱欲進一步惡性膨脹。古代普通士兵的薪餉一般都被壓低到最低限度，只決定於其再生產所必需的費用[5]。但唐代藩鎮將帥親兵的情況截然不同，其消費有相當部分屬奢侈性的。這些父子相襲、親黨膠固的親兵集團，實際上是作為地主階級的附屬階層而加入唐後期奢侈性消費行列的。這種現象在歷史上即使不是絕無僅有，也是十分獨特的。

以上通過庶族地主取代士族地主成為參與奢侈性消費最活躍的階層，以及藩鎮將帥親兵這一地主階級的附屬階層加入奢侈性消費的行列等事實，揭示唐後期奢侈性消費這樣一個特點：參與這種消費的人員比以往大為增多；階層比以往更為廣泛。等級和特權對消費水準的制約越來越不起作用，而侈靡作為特殊情況下達到一定目的的手段——使部屬為己所用——則被自覺或不自覺地採用著，乃是促使唐後期奢侈性消費的主體結構發生變動的重要因素。

上述唐後期奢侈性消費的特點，乃是相對於封建社會前期而言，

---

1 《資治通鑒》卷二二七，建中三年正月。
2 《舊唐書》卷一一〇，〈鄧景山傳〉。
3 《舊唐書》卷一九上，〈懿宗紀〉。
4 《舊唐書》卷一九上，〈懿宗紀〉。
5 《馬克思恩格斯全集》第46卷上冊，北京：人民出版社，1979年，第466頁。

從某種程度上來說，它們也是封建社會後期地主階級奢侈性消費的共同特點。

（原載《中國社會經濟史研究》1990年第1期）

唐後期奢侈性消費的社會影響

唐王朝的後半期是一個充滿矛盾的動盪時代，新舊交替，風雲激蕩。這一時期生產、分配、交換的情況及其影響，已為人們所關注並多有探討，但消費領域卻鮮為人重視。

事實上，消費既是生產的目的和終點，又是重新引起生產的動力和起點。忽視消費對生產的反作用，忽視它對分配和交換這些社會經濟活動中間環節的影響以及它對上層建築的影響，就難於客觀地解釋一個時代的社會變遷。

奢侈性消費是一種非必要性消費，但自人類進入階級社會後卻始終存在，並且隨著社會的發展演變而起伏漲落。處於封建社會前、後期交替階段的唐後半葉，諸種社會因素將奢侈性消費推向一個高峰，並出現了以下特點：一、從消費品和消費服務的來源結構來看，購自市場、得自交換的奢侈品，相對於自產自用的奢侈品，比重有所上升；社會化的消費服務，相對於家內消費服務，比重也有所上升。二、從消費活動的內容結構來看，精神消費相對於物質消費，比重有所上升。三、從消費活動性質的轉化來看，由公共消費轉化而來的個體消費特別突出。四、從參與消費的人員和階層的變動來看，在一些沒落地主分子喪失奢侈性消費能力的同時，更多的新生地主分子乃至地主階級的附屬階層參與了奢侈性消費的行動[1]。

1　參見陳衍德：〈試論唐後期奢侈性消費的特點〉，載《中國社會經濟史研究》1990年第1期。

唐後期奢侈性消費的膨脹及其特點深刻地影響著社會生活各領域：生產出現停滯萎縮，分配與再分配中的矛盾加劇，社會風氣被毒化，封建統治本身也受到強烈衝擊。本文擬就這幾個方面的問題展開論述。

首先，奢侈性消費膨脹影響了社會再生產的正常進行。這是因為，剩餘勞動中直接或間接表現為奢侈品形式的部分過大，必定會妨礙積累和擴大再生產[1]。

唐後期消費結構中奢侈性消費資料所占比例的擴大，使各級政府財政結構中生產性開支的比例呈下降趨勢。建中二年（781年）左拾遺沈既濟言財計時指出：中央的財政開支「最多者兵資，次多者官俸，其餘雜費，十不當二事之一」[2]。用於生產的支出本十分微小，兵資和官俸又有相當部分所用非當。如唐中央給各藩鎮的大筆賞賜，大部分都被節帥鎮兵以各種形式揮霍掉。又如唐後期「受祿者漸多……虛設群司……所費至廣」[3]，其中非必要性開支乃至奢侈性開支，所在多有。兵資和官俸作為必要的公共消費，對封建國家來說本來是不可或缺的，因所用非當而導致不足，若不重斂於民，就只能佔用其他開支（包括生產性開支）予以補足。如此則用於生產的開支便進一步縮小。地方財政方面，因侈靡揮霍而入不敷出的情況亦屬常見。如長慶時先後出任宣武、河中節度使的李願，「恣其奢侈，門內數百口，仰給官司，不恤軍政」，又對權幸厚行賂遺，致使「賦入隨盡，軍府蕭然」[4]；開成時為江西觀察使的吳士矩，「饗宴侈縱，一日費凡十數萬」，離任時府庫錢財減少2/3[5]。上述情況導致的財政困難，使各級

---

1 馬克思：《剩餘價值理論》第3冊，北京：人民出版社，1975年，第269頁。
2 《唐會要》卷二六，〈待制官〉。
3 《唐會要》卷六九，〈州府及縣加減官〉。
4 《舊唐書》卷一三三，〈李晟傳附李願傳〉。
5 《新唐書》卷一五九，〈吳湊傳附吳士矩傳〉。

政府無法正常履行興修水利等經濟職能。據統計，唐代水利工程十分之七建於安史之亂前[1]。唐後期不僅水利工程數目驟減，而且大都規模狹小，效益不著[2]。農業生產的發展因而深受制約。

我們還可以從人口結構與消費結構的關係這一視角，來考察奢侈性消費所引起的再生產萎縮。生產者和非生產者的比例，是衡量生產發展程度的重要尺規。生產者人數多，便有較大量的年收入是為了再生產而消費，因而每年會生產較大量的價值，非生產者人數多則反之[3]。在古代尤其如此。唐後期人口社會構成的變化趨勢，是地主階級及其為他們服務的非生產性人口，在總人口中的比重日益增大。從元和到長慶，短短十幾年中，兵額就從八十三萬增加到九十九萬[4]。官吏、僧道人數的增加也很快。李吉甫說，軍士、商販、僧道、雜入色役及不歸農桑者，占總人口的十分之五六，「是天下以三分勞筋苦骨之人，奉七分待衣坐食之輩」[5]。所言雖未免誇張，卻大致反映了這一趨勢。人口結構中非生產者比例的增大，意味著參與奢侈性消費的人數的增加，因而消費結構中享受性資料的比例必然相應增大。同時，它還意味著生產者負擔的加重，因而剩餘產品中投入再生產的部分必然相應減少。唐後期一名士兵的年費用為二十四貫左右。而一戶「中人賦」的兩稅負擔為十二貫左右，「率以兩戶資一兵」[6]。僧、道的生活開支也十分驚人，「一僧衣食，歲無慮三萬，五夫所不能致」[7]。從中不難看出，農民在負擔各類非生產者的浩繁開銷的同時，維持簡單再生產已十分不易，要擴大再生產就更加困難了。

---

1 冀朝鼎：《中國歷史上的基本經濟區與水利事業的發展》，北京：中國社會科學出版社，1981年，第102頁。
2 傅築夫：《中國封建社會經濟史》第4卷，北京：人民出版社，1986年，第282頁。
3 馬克思：《剩餘價值理論》第1冊，北京：人民出版社，1975年，第302頁。
4 《舊唐書》卷一四，〈憲宗紀上〉；《舊唐書》卷一七下，〈文宗紀下〉。
5 《唐會要》卷六九，〈州府及縣加減官〉。
6 《舊唐書》卷一四，〈憲宗紀上〉。
7 《新唐書》卷一四七，〈李叔明傳〉。

「古代國家滅亡的標誌不是生產過剩，而是達到駭人聽聞和荒誕無稽程度的消費過度和瘋狂的消費。」[1]封建社會的生產力難於隨地主階級消費力的增長而增長，本已潛伏著危機。當超過一定限度的消費導致再生產停滯萎縮時，潛伏的危機就會變成現實的危機。不過各時代具體情況不同，危機到來的方式也不同。唐後期地主階級的超限度消費，主要不是表現為封建帝王大規模調動人力物力一呈己欲，如秦、隋等朝代那樣，而是表現為地主階級各成員的驕奢耗蠹，縱恣無極。奢侈性消費的分散性而非集中性，使危機的到來呈漸進式而非突發式。這也是二者之間的因果關係不易被人察覺的原因所在。

其次，奢侈性消費膨脹不僅加劇了社會財富分配中的階級對立，而且激化了地主階級內部由財富再分配所引發的矛盾和鬥爭。這是因為，漫無止境的侈欲會促使剝削者加緊盤剝勞動人民，還會促使剝削者之間加緊相互爭奪。

唐後期地主階級在剝削農民、聚斂財富的基礎上，瘋狂地揮霍享受。過度的消費必然導致入不敷出，於是他們複加緊對勞動者的盤剝。正如時人指出：各級官府「費用滋廣」，「物力既困於公家，誅斂終歸於百姓」[2]； 各級官吏「以其祿俸自給尚且不足， 必欲重斂於人以繼之」[3]，「長藩鎮服大僚者，率多驕淫不道，誅求自封」[4]。侈欲擴大，揮霍升級，誅斂加重，便是必然的發展過程。如地方當局為滿足皇室侈欲而進奉的金銀寶貨及其他「新樣難得、非常之物」[5]，許多便來自對管內百姓的搜刮。代宗時宰相常袞說：「今諸道饋獻，皆淫侈不急，而節度使、刺史非能男耕而女織者，類出於民。」[6]所言

1 《馬克思恩格斯全集》第46卷上冊，北京：人民出版社，1979年，第424頁。
2 《唐會要》卷一九，〈諸使下〉。
3 《全唐文》卷七四五，舒元褒：〈對賢良方正直言極諫策〉。
4 《唐會要》卷八〇，〈諡法下〉。
5 《唐大詔令集》卷七一，〈太和三年南郊赦〉。
6 《新唐書》卷一五〇，〈常袞傳〉。

是也。官僚地主們享受費用的增長也是靠增加剝削量、增辟剝削途徑來維持。昭宗時，身為宰相的杜讓能同時還經商、放高利貸，所獲良多，以呈己欲[1]。至於一般地主巧取豪奪以填欲壑者，更是不勝枚舉。反復的掠奪為地主階級不斷升級的奢靡生活積聚了巨額消費資料，卻造成了農民和其他勞動者的赤貧。歷仕玄、肅、代三朝的獨孤及便尖銳地指出：當時一方面是富者「第館亙街陌，奴婢厭酒肉」，另一方面是「貧人羸餓就役，剝膚及髓」[2]。窮侈極靡和極端貧乏形成鮮明的對照。「奢侈之甚，由貧富之不均，非由物力之豐足也。」[3] 以對抗性的分配關係為基礎的地主階級消費力的惡性膨脹，反過來又加劇了社會財富分配中的階級對立。

過度的消費還激化了地主階級瓜分剝削所得的鬥爭。地主階級政權與其個體成員之間在經濟利益上的衝突不斷加劇。各級官吏為滿足私欲紛紛利用職權，貪贓枉法。奢風愈盛，貪污愈烈。上至中央大員，下至州官縣尉，貪贓者比比皆是，貪污數額從數十萬到數百萬不等，舉凡府庫錢財、鹽鐵官利、公廨本錢等，無不成為吞侵的對象。元和時京兆府萬年縣尉韓晤坐贓竟達三百萬；[4] 寶曆時福建鹽鐵院盧昂亦坐贓三十萬，其家又有金床、瑟瑟枕大如斗；[5] 大曆時刑部尚書王昂「專事奢靡」、「乃鬻公廨菜園，收其價錢以自潤」[6]；寶曆時郢州刺史馮定「將闕官職田祿粟入己費用」[7]。如此等等，不一而足。其中理財官吏貪贓侈汰尤為嚴重。誠如貞元時鹽鐵使張滂所發問：小小的度支胥吏竟能富比王侯，「非盜官財，何以致是?」[8] 面對這種

1 《唐大詔令集》卷一二七，〈誅杜讓能宣示天下詔〉。
2 《新唐書》卷一六二，〈獨孤及傳〉。
3 呂思勉：《隋唐五代史》下冊，上海：上海古籍出版社，1984年，第856頁。
4 《舊唐書》卷一六七，〈竇易直傳〉。
5 《舊唐書》卷一六三，〈盧簡辭傳〉。
6 《冊府元龜》卷四八二，〈台省部・貪黷〉。
7 《舊唐書》卷一六八，〈馮宿傳附馮定傳〉。
8 《舊唐書》卷一二三，〈班宏傳〉。

情況，封建國家自然不能坐視其財源流失，貪污愈盛，追贓愈烈。唐後期因貪贓被治罪的官員數目驚人，史不絕書。作為地主階級內部瓜分財富的一種鬥爭形式，貪污與反貪污始終隨奢侈性消費的升級而發展。地主階級各集團、各成員之間的奪利之爭也此伏彼起。每當一個政治集團得勢，其成員必為經濟上的暴發戶，無不窮侈極靡。而失勢之後，也必將遭到經濟上的剝奪，無不傾家蕩產。無論是以侈汰鋪張聞名的元載、王縉集團，還是以追逐財利著稱的鄭注、王涯集團，都脫離不了這一運行軌跡。地主階級各個體成員之間在侈欲驅使下爭奪財富的鬥爭更是屢見不鮮。如代宗時神策軍都虞侯劉希暹「羅織城內富人，誣以違法，捕置獄中，忍酷考訊，錄其家產，並沒於軍」[1]。德宗時馬燧「貲貨甲天下」，其子馬暢「承舊業，屢為豪幸邀取」，「晚年財產並盡[2]」；穆宗時橫海節度使李全略覬覦德州刺史王稷之財，「密教軍士殺稷，屠其家，納其女為妾」[3]；僖宗時監軍朱敬玫「數殺大將、富商，故積賄，每曝衣，紈繡不可計」[4]。此類勒索屠戮往往是在侈欲與嗜利之心的驅使下幹出來的。總之，侈風影響所及，物欲為之增長，地主階級內部由財富再分配所引發的鬥爭，也就愈演愈烈了。

再次，奢侈性消費的膨脹不僅驅使地主階級的生活態度變得更加注重享受和唯利是求，而且毒化了整個社會風氣，使越來越多的人受到腐蝕而墜入侈汰的深淵。當封建國家的抑奢政策與地主階級侈靡的生活方式發生矛盾時，空洞的說教總是阻擋不了物欲的洪流。於是，奢風禁不勝禁，社會風氣也就每況愈下了。

唐後期侈靡之風席捲官場，使那些為政清廉、崇尚名節的官僚士

---

1 《舊唐書》卷一八四，〈魚朝恩傳附劉希暹傳〉。
2 《舊唐書》卷一三四，〈馬燧傳附馬暢傳〉。
3 《資治通鑒》卷二四二，長慶二年九月。
4 《新唐書》卷一八六，〈陳儒傳〉。

大夫也不免受其影響。如杜佑、白居易、李德裕等人，亦競相以「廣陳妓樂」，購置「竹木池館」、追求「樹石幽奇」為樂[1]。其餘「貴官清品，溺其賞宴而遊，不憚清議」[2]者，更是不乏其人。儘管個別執政大臣力圖做出表率以扭轉奢風，但所起的作用極為有限。如代宗時以儉樸著聞的楊綰入相，中書令郭子儀、御史中丞崔寬、京兆尹黎幹等奢華之輩均有所收斂，「其餘望風變奢從儉者，不可勝數」[3]。然而為時不久，故態復萌，郭子儀輩仍過起「聲色珍玩、堆積羨溢，不可勝紀」[4]的生活。儘管最高統治者也不時驚呼「侈靡之風，傷我儉德」[5]，並屢下崇儉抑奢的詔令，但他們大多是心口不一，其動聽言辭自然無補於實際。地主階級的創業精神進一步衰退了，代之而起的是唯財是取，以呈己欲的生活追求。史載「時風侈靡，居要位者尤納賄賂，遂成風俗」[6]，便是這一態勢的反映。封建家庭和家族的內部關係也日益受到奢風的侵蝕破壞，同財共居、敦睦和諧有被代之以析產分居、聚訟紛紜的危險。如馬暢「家富於財，以酒色自娛」，「生前與孤侄寡婦分居析財」，「歿後使孽子孀妾被奸挾訟」[7]；唐扶「身歿之後，僕妾爭財，詣闕論訴，法司按劾，其家財十萬貫，歸於二妾」[8]；李伊衡「費散田宅，仍列訟諸兄，家風替矣」[9]。如此等等，便是奢風侵襲下封建家族關係危機露頭的表現。地主階級唯利是求的面目從而更加公開地暴露出來。

侈靡之風還通過居於統治地位的地主階級擴散到其他階級和階層

1 《舊唐書》卷一四七，〈杜佑傳〉；卷一六六，〈白居易傳〉；卷一七四，〈李德裕傳〉。
2 《舊唐書》卷一五一，〈王鍔傳附王稷傳〉。
3 《舊唐書》卷一一九，〈楊綰傳〉。
4 《舊唐書》卷一二〇，〈郭子儀傳〉。
5 《舊唐書》卷一四六，〈楊憑傳〉。
6 《舊唐書》卷一六七，〈宋申錫傳〉。
7 《唐會要》卷八〇，〈謚法下〉。
8 《舊唐書》卷一九〇下，〈唐次傳附唐扶傳〉。
9 《舊唐書》卷一八八，〈李日知傳〉。

中去。在階級社會中，各階級的消費需求有很大差異，但作為消費者的人具有共同的生理和心理機能，在某些方面可能產生近似的需求。當人們的模仿和攀比心理在地主階級生活方式誘導之下發生作用時，奢侈之風就會在社會上蔓延開來。統治集團各成員的地位和影響，決定了其消費行為對他人所起的示範作用比一般人為大。諸如豪飲、雕飾、厚葬等奢華之風的形成，無一不是眾人仿效其所為的結果。長慶時給事中丁公著指出，天寶以後酗酒之風滋長蔓延，乃是「居重位秉大權者」始作其俑，爾後「公私相效，漸以成俗」[1]。那些高踞封建金字塔巔峰的權威人士，其行為更易被效法。大曆時宰相裴冕喜宴饗，自創式樣新奇的餐巾，未幾風靡長安市肆，眾人呼為「僕射樣」[2]，便是模仿權威者的大眾心理在起作用。凡此種種，同時也是攀比效應——在消費水準上，不僅同一階層的人相互比較，而且低階層的人向高階層看齊——作祟的結果。唐後期農民人身依附的程度有所減弱，他們一般能自主地進行消費活動。在商品經濟發展的情況下，農民的消費還出現了商品化的苗頭。因而此間農民有可能參與少量奢侈性消費。如一些地方的百姓「歿以厚葬相矜」，「於道途盛設祭奠兼置音樂等」，「習以為常，不敢自廢」，致有「生業以之皆空」者[3]。應該看到，如果沒有地主階級的提倡誘導，以致形成某些消費規範，造成某種社會壓力，經濟脆弱的小農是不會冒著傾家蕩產的危險，去硬撐門面，參與某些奢侈性消費活動的。在這裡，地主階級腐朽浪費的生活方式對社會風氣的腐蝕毒化，不是很清楚嗎？

最後，奢侈性消費膨脹使封建統治受到強烈衝擊。限制消費以維持生產和消費的平衡，是自然經濟的基本原則。過度的消費必然使建立在自然經濟基礎之上的封建統治受到搖撼。

1 《唐會要》卷五四，〈省號上〉。
2 《舊唐書》卷一一三，〈裴冕傳〉。
3 《唐會要》卷三八，〈葬〉。

工商業的畸形發展刺激了奢侈性消費的膨脹，這種膨脹又促進了享受性、寄生性消費行業的發展。這集中體現於唐後期城市的畸形繁榮。城市是剝削階級聚居的地方，大部分商品性消費集中於此。適應剝削階級對腐朽生活方式的追求，城市中各項服務及消遣娛樂行業日益發展。其特點是，一反自然經濟的實用原則，講究舒適豪華：「異彩奇文，恣其誇競」[1]，「相高以華靡之利」[2]。這種情況必然與傳統的城市管理體制相抵觸，進而突破其限制。如坊市制度的漸趨弛廢，主要原因固然是城鄉商品交換關係的發展，但生活消費的促進，尤其是享受性消費的刺激，不能不是重要因素。唐後期享受性消費突破坊市制度空間限制的事例屢見不鮮。官僚豪富之家開設「向街門戶」，或「起造舍屋，侵佔禁街」，「侵街打牆，接簷造舍」[3]，甚至「建造樓閣，臨視人家」[4]。諸如此類，政府屢禁而不止。為奢侈性消費服務的商業活動不僅限於市內，在坊中也出現了。如長安宣陽坊有綵纈鋪、延壽坊有賣金銀珠玉的[5]。享受性消費突破坊市制度時間限制的事例也所在多有。不僅坊門「或鼓未動即先開，或夜已深猶未閉」[6]，而且某些消費活動通宵達旦地進行，如「長安坊中，有夜欄街鋪設祠樂者，遲明未已」[7]。至於夜市的盛行，唐後期更是普遍現象。各地夜市中，酒肆娼樓是生意最興隆的行業之一[8]。凡此種種，不正反映了不受任何約束、恣欲縱情的消費傾向嗎？再者，一大批為有閑階級服務、寄生於其奢侈性消費之上的鬥雞走狗之徒麇集城市，成為封建城市不安定的因

1 《唐大詔令集》卷一〇九，〈禁大花綾錦等敕〉。
2 《唐大詔令集》卷一〇九，〈禁車服第宅踰侈敕〉。
3 《唐會要》卷八六，〈街巷〉。
4 《唐會要》卷三一，〈輿服上〉。
5 徐蘋芳：〈唐代兩京的政治、經濟和文化生活〉，載《考古》1982年第6期。
6 《唐會要》卷八六，〈街巷〉。
7 《唐語林》卷二，〈政事下〉。
8 張鄰：〈唐代的夜市〉，載《中華文史論叢》1983年第1輯。

素之一。如長安「兩坊市間行不事家業、黥刺身上、屠宰豬狗、酗酒鬥打，及僦構關節、下脫錢物、摴蒱賭錢人等」[1]，多有所見。有人把城市治安欠佳、商業秩序混亂歸咎於這裡「人雜五方，淫巧競馳，侈偽成俗」[2]，實有其道理。官僚、地主、商人是城市居民中消費力最強的部分，唐後期的城市基本上是適應其需要，按照商業消費城市的方向發展的。城市裡為地主階級奢侈性消費服務的行業和人員越多，其畸形繁榮的色彩也就越濃。而作為封建統治中心的城市所受到的腐蝕也就日益增大了。

與城市繁榮形成鮮明對照的是，作為地主階級立足點的農村，由於農業生產面臨重重困難而日趨蕭條，「室家相吊，人不聊生」[3]。這當中，封建地主的揮霍浪費是一個重要因素。封建地主出佃土地，坐取租穀，並不了解商品的生產費用。當他們出賣租穀購買奢侈品時，不可能比較二者的價值。在侈欲推動下，他們總是以較低的價格出賣租穀，以較高的價格購入奢侈品[4]。在入不敷出的情況下，地主勢必加緊剝削佃農，導致佃農再生產能力的下降。大曆時涇州大將焦令諶出租土地，與佃農「約熟歸其半」，適逢大旱，「農告無入」，其答覆是：「我知入，不知旱也」，遂「責之急，農無以償」[5]。事情的發展尚不止於此。消費支出的不可逆性，使地主於收入水準下降時，仍欲維持過去的較高的消費水準。這樣，坐吃山空，走向破產，便勢在難免。如東川節度使李叔明「積聚財貨」，「田園極膏腴」，然「子孫驕淫」，不久便「遺業蕩盡」；[6]富豪屈突仲任，其父遺業「資數百萬，莊第甚眾」，然其「縱賞好色，荒飲博戲」，不斷「貨易田

---

1 《唐會要》卷六七，〈京兆尹〉。
2 《全唐文》卷二七九，楊虛受：〈請禁惡錢疏〉。
3 《舊唐書》卷一〇，〈代宗紀〉。
4 胡如雷：《中國封建社會形態研究》，北京：三聯書店，1979年，第209頁。
5 《新唐書》卷一五三，〈段秀實傳〉。
6 《冊府元龜》卷四五五，〈將帥部·貪黷〉。

疇，拆賣屋宇」，遂將家產揮霍淨盡[1]。過度的消費促使地主的經濟實力趨於衰弱，地權轉移的頻繁則使得地主經濟更加動盪不穩。封建統治的基礎，因而受到搖撼。

奢侈性消費的膨脹不僅破壞了生產與消費的平衡，而且破壞了社會關係的穩定，從而使封建統治受到強烈衝擊。但是，它不可能從根本上動搖封建統治。首先，它不是一種正常的消費，不會發展成巨大而持久的社會需求，從而促使生產力的更新，並促使新的經濟成分在封建經濟的母胎裡生成。其次，當生產力承受不了消費的壓力而徹底破壞時，過度消費也就失去了物質基礎，生產和消費的平衡會在社會動亂—平息的過程中得到恢復，社會關係也會重新穩定下來，以自然經濟為基礎的封建統治隨之會得到重建。因此，奢侈性消費的膨脹不會推動社會向前發展，它至多只是封建王朝周而復始的興衰更替的一股推力。唐後期地主階級過度消費所產生的影響，同樣不會超出這個範圍。

（原載《中國社會經濟史研究》1991年第2期）

1 《太平廣記》卷一〇〇，〈屈突仲任〉。

二 唐宋福建的社會經濟

唐代福建的經濟開發

福建地處東南一隅，與中原山海阻隔，遲遲得不到開發。福建的開發，是從閩北開始的。繼之，人們沿閩江順流而下，並隨著閩浙海路的逐漸開通，使開發範圍擴展到閩東。與此同時，閩南的晉江下游也漸次得到開發。此外，江西南部和閩北的移民，也開發了閩西的部分地區。這就是漢至隋福建開發的大致經過。由於福建多屬山地丘陵，到處覆蓋著荊棘林莽，農田墾辟投入的勞動量遠比一般平原地區要多，而唐以前福建人口密度又遠低於黃河、長江流域諸平原，作為古代生產力發展基本要素的人力資源就顯得更加不足，生產力水準低下，尚處於開發的初始階段。

入唐後，中國經濟重心的南移加快了其進程。南方諸地區的生產力得到迅速發展，政治、經濟的發展，為福建開發提供了有利的環境和條件。而福建人口的迅速增加，則為開發提供了強大的原動力。唐代福建戶數增長最快的時期，一是開元、天寶年間，天寶末達93535戶[1]，是隋代的七倍多；一是唐末五代期間，宋初達467815戶[2]，是唐

1 《通典》卷一八二，〈州郡一二〉。

2 《太平寰宇記》卷一〇〇~卷一〇二，〈江南東道〉一二~一四。

元和時的六倍多。這正與唐代兩次移民入閩高潮的時間相吻合，說明外地入閩人戶占了大部分。這些移民一類是政府組織的，大多伴隨著軍事行動，如高宗武后期間陳政、陳元光父子在鎮壓閩南「蠻獠」反抗過程中，率領大批將吏、府兵及其眷屬進入九龍江流域。一類是自發的「盲流」，大多是逃避賦役的外地農民和躲避戰亂的北方仕民，如開元、天寶時逃亡農民聚集於閩西、閩中諸「山洞」；又如唐末王緒率河南光、壽二州仕民避亂南走入閩。這些具有先進生產經驗和技術的移民，為福建開發提供了素質較高的人力資源。

唐代福建山區和沿海經濟的發展是不平衡的，地形、水文、氣候、資源的差異是形成不平衡的重要原因。下面結合這些地理因素，在探索經濟開發的具體過程中，力求找出二者各自具有的特點。本文所指的沿海，乃是福建沿海平原及其附近的丘陵地帶，大致包括唐代的長溪、連江、閩縣、侯官、長樂、福唐、莆田、仙遊、南安、晉江、龍溪、漳浦諸縣；所指的山區，乃是除上述地帶之外的山地丘陵地區，大致包括唐代的建安、浦城、邵武、將樂、建陽、長汀、沙縣、寧化、尤溪、古田、永泰、龍巖諸縣。

農業是福建開發的主要內容。先談山區農業。山區農業首先是從河谷盆地發展起來的。例如閩北地區，沿著建溪、富屯溪及其支流，分布著一連串盆地，這些面積不大的河谷盆地在唐以前已基本墾殖殆盡。入唐後，以此為中心，向四周丘陵擴展。據史載，唐德宗建中年間，建州刺史陸長源「明法令，均賦役，辟田疇，課農桑」[1]。這裡的「辟田疇」，就是營造梯田，向丘陵要地。閩中尤溪，「山洞幽深，溪灘險峻，向有千里，諸境逃人，多投此洞」，開元二十八年（740年）因置為縣[2]，這是山區高山、河谷同時墾辟，人口聚集的顯例。

1 嘉靖《建寧府志》卷四，〈陸長源傳〉。
2 《太平寰宇記》卷一〇〇，〈江南東道〉一二。

山區農業發展與水利灌溉條件分不開。山區降水豐富，山地坡度大，不透水岩層又使水分下滲較少，因此河流具有水流急、流量大、汛期長的特點，加以河網密度大，因而為農田建設和農副產品的加工提供了豐富的水源[1]。有的學者認為，宋代福建水利工程的分布，沿海多於山區，但山區有溪澗之利，作堤、砌壩、攔水灌田，工程易成，小型方便，為沿海所不及[2]。考其源，這種格局的形成，當始於唐代。

山區的主要糧食作物是水稻。河谷盆地中的沖積平原包括位於盆地中央的州、縣城郭四周附郭之洋田，經長期耕種，已成良田，是山區水稻生產的主要基地。而分布於山間窄谷和淺丘中的「坑田」和「垌田」以及新開發的梯田，都種植有水稻，但限於當時的技術水準，各種水田多種植單季稻，因水利條件好，故糧食尚能自給。

山區物產資源豐富，為多種經營創造了條件。以林木、茶葉為例。隋末唐初，閩西寧化就有人「開山伐木，泛筏於吳，居奇獲贏」[3]，展開了商業性的採伐活動，林木逐漸成為山區經濟的一大收入。建茶和武夷茶都萌興於唐代，對於武夷茶，當時精於茶道的詩人徐夤認為是「臻山川精英秀氣所鍾，品具岩骨花香之勝」，給予極高評價[4]。再談沿海農業。福州平原的開發，晉代成效頗著，福州郡城東、西二湖的開鑿，「所溉田不可勝計」[5]，即為一例。唐中葉大和年間，李茸於閩縣、長樂縣令任上數次築堤捍潮，改造沿海灘塗[6]，說明福州平原內陸腹地已墾殖殆盡，不得不向沿海拓展耕地了。漳州平

---

1 《中國自然地理》，北京：高等教育出版社，1984年，第228頁；《中國自然地理・總論》，北京：科學出版社，1985年，第277頁。

2 鄭學檬、魏洪沼：〈論宋代福建山區經濟的發展〉，載《農業考古》1986年第1期。

3 同治《寧化縣志》卷一，〈建邑志〉。

4 陳彬藩：《茶經新篇》，香港：香港鏡報文化企業有限公司，1980年，第57頁。

5 《閩都記》卷一六。

6 《新唐書》卷四一，〈地理志五〉。

原的開發，直到陳元光治漳期間才大規模展開。經過一番治理，平原及四周丘陵得以成為「山川清秀，原野坦平」[1]的新興農業區。武則天垂拱二年（686年）漳州的設置是其開發的必然結果。興化、泉州平原的開發卻是另一番情形。興化平原在隋代尚是蒲草叢生的沼澤地。唐初貞觀元年至五年（627—631年）相繼建造了國清、永豐、諸泉、歷嶀、横塘、瀕洋等六座塘[2]；唐中葉「長官吳興始堤延壽（陂）、杜塘而開北洋，觀察使裴次元複堤東角遮浪而開南洋」[3]。這些工程總共使約兩千頃土地免受海潮氾濫，並得到淡水，以沖洗斥鹵和灌溉作物。這樣，丘陵與平原（當時大部分尚浸於海水）相交地帶鹹淡水混合的狀況得到局部改變，「向之鹹地，悉為沃壤」[4]，興化平原形成的基礎也因此得以奠定。泉州平原的情況大致相同。晉江「以晉南渡時衣冠避地者，多沿江而居，故名」[5]，沿江而居而非聚集河口，說明當時晉江河口尚未形成廣闊的沖積平原。唐貞元至大和年間，先後築成尚書塘、僕射塘、天水淮、東湖、六里陂等捍海灌溉工程[6]，才使大片斥鹵之地變為良田。泥沙淤積也是興化、泉州平原形成的原因之一。唐以前木蘭溪、晉江上游尚未開發，故水土流失並不顯著，唐以後上游漸次開發，水土流失日益嚴重，河口沖積平原自然加速擴展。

沿海水利設施的特點，是和圍海造田工程緊密結合在一起，這一點從以上論述中看得十分清楚。水利設施的種類，有塘、陂、堤、堰等。塘、陂為捍海而築，兼有瀦水功能；堤即築於灘塗沼澤周邊之海堤；堰乃堰閘斗門，為調節進出水的裝置，李茸於長樂海堤「立十斗

---

1 《全唐文》卷五一三，吳興：〈漳州圖經序〉。
2 《八閩通志》卷二四〈水利〉；弘治《興化府志》卷五三，〈水利〉。
3 《莆田水利志》，自敘。
4 《莆田水利志》卷八。
5 道光《晉江縣志》卷一，〈輿地志〉。
6 乾隆《泉州府志》卷九，〈水利〉；《新唐書》卷四一，〈地理志五〉。

門以禦潮，旱則潴水，雨則泄水」[1]即是。

沿海的主要糧食作物也是水稻，大部分是單季稻，僅沿海個別地區種上了雙季稻。唐以前福建就有了雙季稻，入唐後，種植面積有所擴大。隨陳元光開發漳州的丁儒有詩曰：「雜卉三冬綠，嘉禾兩度新」[2]，說明新開發的九龍江下游也種上了雙季稻。不過雙季稻栽種面積在當時所占比例很小，至宋方有較大擴展。冬小麥的種植，表明稻麥複種制已得到推行。以雙季稻和稻麥複種為標誌的沿海農業精耕區的面積雖小，但意義重大。首先，表明福建農業已從粗放經營向集約經營過渡。其次，經濟重心正從閩北山區轉移到閩東、閩南沿海。這一點從縣的設置和人口分布也可得到印證。唐代福建12個沿海縣中，有7個為本朝設置；而12個山區縣中，只有5個為本朝設置。其中人口在六千戶以上的「上縣」有7個，沿海縣占了5個；人口不滿三千戶的「中下縣」有11個，山區縣占了8個[3]。可見沿海人口的增長超過了山區，而人口增長是受糧食產量制約的。據此似可斷定，沿海糧食產量高於山區。咸通四年（863年），唐政府還由海路從福建向廣州調運稻米[4]，從運輸成本的角度考慮，這些稻米產自沿海的可能性比山區大，此亦為沿海糧食自給有餘之旁證。

多種經營方面，沿海除有魚鹽之利外，經濟作物的發展也很突出。丁儒詩中提到的水果有荔枝、龍眼、芭蕉、柑、橘等，種類不少，產量可能也不低。當時氣候較今天溫暖，所以北至福州沿海仍得以大規模種植荔枝，足見唐代適宜種植熱帶水果的地域較現今為廣。屬水果類作物的還有橄欖，栽種於福州，天寶時被列為貢品。蔬菜方面，本出西域頗波國（伊朗）的菠菱菜（菠菜）於唐時傳入福建，沿

---

1 《新唐書》卷四一，〈地理志五〉。
2 《全唐詩外篇・補逸》卷一七，丁儒：〈歸閑詩二十韻〉。
3 《新唐書》卷四一，〈地理志五〉。
4 《資治通鑒》卷二五〇，咸通四年七月。

海的磚紅壤性土壤和沙壤均適合栽種，很快便普及開來。還有薑，栽種於福州，元和時被列為貢品。這些都是唐以前福建所沒有的蔬菜種類。紡織原料方面，泉州的紵麻、福州的白蕉，都曾作為貢品，品質均屬上乘。木棉的栽培也始見於沿海。其他經濟作物如茉莉花等，也有不少為沿海所獨有。因福建沿海大都屬南亞熱帶氣候，故經濟作物種類比山區多，其多種經營的發展也就顯示出有別於山區的另一番特色。

綜上所述，福建農業發展的情況，有如下值得注意的發展動向：第一，在逐漸增大的人口壓力下，面對可耕地面積短少這一自然條件，人們一方面向山要田、與海爭地，一方面深挖地力，精耕細作，從而使農業生產力在廣度和深度上得到發展。就粗放經營向集約經營過渡的快慢而言，福建的確快於其他經濟區。而後世福建人均耕地少於他處，實肇始於唐。第二，以農業生產為主要內容的經濟開發，具有從西向東、自北向南的空間擴展趨勢，隨著時間的推移，其經濟重心也就從閩北轉移到閩東和閩南。雖然宋代出現了山區、沿海同步發展的局面，且山區糧食生產盛於沿海，但從廣義的農業（包括農、林、牧、副、漁）來說，沿海仍優於山區，這一格局延續至今，亦肇始於唐。

不可否認，唐代福建農業存在著弱點和局限，一是福建山地丘陵間耕地的拓展是以毀壞天然植被為代價的。雖然當時毀林開荒遠未達到破壞生態平衡的嚴重程度，但因毀林範圍日益擴大，不走農、林、牧並舉的道路，卻走上了側重發展種植業的老路。這一不良開端不能不是源於唐代。二是植被破壞導致畜牧業的落後。貞元中，福建觀察使柳冕以「閩中南朝放牧之地，畜羊馬可使孳息」[1]為由，「奏置萬安監牧於泉州界，置群牧五」。然而「期年無所滋

1 《全唐文》卷五六〇，韓愈：〈順宗實錄〉。

息」[1]，永貞元年（805年）遂罷之。畜牧業無法為農業提供足夠的耕畜，限制了農業的發展。宋代情況有所好轉，南宋初福建還能向外地提供水牛[2]。但畜牧業不發達的狀況並未根本改觀，此亦唐代開發時未能農牧並舉之結果。

手工業的發展也構成唐代福建開發的重要內容。在山區，豐富的水力和物產資源為家庭手工業提供了動力和原材料。造紙業，從「建安自唐為書肆所萃」[3]的情況來看，唐代福建山區，尤其閩北，造紙業必盛。又如製茶業，唐德宗建中年間，福建觀察使常袞改革製茶工藝，「始蒸焙為餅樣」[4]，即茶葉經蒸造之後，又研末製餅，再加烘焙。這樣造出來的「片茶」，比僅經蒸造的「散茶」品質要高出許多，然而耗工亦多，自然只有官營製茶業才辦得到。再如礦冶業。據《新唐書・地理志》記載，唐代福建有九縣產金、銀、銅、鐵，其中七縣屬山區，它們是將樂（產金銀鐵）、建安（產銀銅）、邵武（產銅鐵）、寧化（產銀鐵）、長汀（產銅鐵）、沙縣（產銅鐵）、尤溪（產銀銅鐵）[5]。由於福建山區金屬礦藏具有礦體小的特點，政府對此既未徵稅更未實行官營。然而礦冶業所需投資畢竟較大，非富有之家不易辦到，故唐代福建礦冶業當多為民間富家經營，且宋代福建普遍存在經營礦冶的「有力之家」[6]，亦可為證。與礦冶業密切相關的鑄錢業，首次出現於唐會昌年間[7]，這表明，唐後期福建金屬開採和冶煉專業化水平均有提高。

制鹽業為福建濱海地區獨有的手工業。《新唐書・地理志》記福

---

1 《舊唐書》卷一四九，〈柳登傳附柳冕傳〉。
2 《宋會要輯稿・食貨》六三之九六~九七。
3 《書林清話》。
4 《畫墁錄》；《能改齋漫錄》。
5 其餘二縣為南安（產鐵）、福唐（產鐵），屬沿海地區。
6 陳衍德：〈宋代福建礦冶業〉，載《福建論壇》1983年第2期。
7 道光《重纂福建通志》卷五三，〈錢法〉。

建海鹽產地為閩縣、長樂、連江、長溪、晉江、南安六縣，實際當不止於此。大曆年間劉晏主持鹽政，於江淮設十鹽監，其中之一設於福建侯官[1]；元和時，又將此監升格為院，表明閩鹽地位的提高。寶曆時，該院官吏有貪贓達三十萬者[2]，足見閩鹽收入數目可觀。唐代對食鹽實行專賣，但實際上是以民製官收商銷為主，是一種半官營手工業。福建造船業歷史悠久，孫吳曾於閩東設典船校尉和溫麻船屯，工徒眾多，頗具規模。自隋禁江南民間私造大船，福建民營造船業亦受影響。中唐後隨航海與外貿之發展，福、泉二州漸成造船重要基地，但仍以官營為主，咸通時唐與安南交戰，政府「造千斛大舟，自福建運米泛海，不一月至廣州」[3]。這種載重量大，航速快的大船，至少有一部分是在福建沿海建造的。直至宋代，民營造船業才超過官營。製瓷業，在唐代多分布於沿海地區。這從近年唐瓷（屬青瓷系統）出土地點多分布於沿海一帶可以佐證。唐代福建青瓷在形制方面較前代進步尤著，出土的三層燈座、羽觴、博山爐、三足火盆等，均屬複雜精緻之作。特別是一種塔式多嘴穀倉模型，別致新奇，為前所未見[4]。作為農民家庭手工業的紡織業在唐代較為發達，布匹的產量和品質都在提高。如泉州「唐初土貢甚少，有蕉布、生苧布各一十匹，及綿、絲……末年……有聖節、大禮、供軍等名，宋裁損其數，而名尚未盡革」[5]，即為一例。

綜上所述，福建手工業的發展，有如下值得注意的發展動向：第一，手工業的行業專業化水準提高較快，這與唐代市場擴大、新商品增多，以及先進技術和工藝的傳入都有關係。如茶葉在優良的植茶

---

1 《新唐書》卷五四，〈食貨志四〉。

2 《舊唐書》卷一六三，〈盧簡辭傳〉。

3 《資治通鑒》卷二五〇，咸通四年七月。

4 福建省博物館：〈福建福安、福州郊區的唐墓〉，載《考古》1983年第7期。

5 乾隆《泉州府志》卷二一，〈歷朝上供〉。

環境下，經製作工藝改革，為閩茶在後世的地位奠定了基礎。其他如礦冶、造船等都是在唐代的基礎上發展起來，至宋代進入黃金時代。第二，手工業幾乎和農業處於同步發展的狀態，這與福建耕地墾辟艱難，須增加謀生手段有關，也得自老經濟區的技術支援。從唐代出現的介於鄉、縣之間的政區單位——鎮、場在福建的設置來看，不少就是農業與手工業同步發展的結果。如歸化鎮，「本將樂縣地，古之金銀場，唐末於此立歸化鎮」[1]；小溪場，「唐咸通五年（864年）析南安縣西界西鄉置」[2]，此地「民樂耕蠶，冶有銀鐵，稅有竹之徵」[3]，因而設場。唐代於福建所設十幾個鎮、場中，這類情況不少，足見手工業在經濟開發中的重要性。

農業和手工業的發展，為商品交換的擴大打下了基礎，加以交通條件的逐步改善，唐代福建地區內部的商品交換、與其他經濟區之間的商業往來，以及對外貿易，都有長足發展。

福建崇山阻隔，交通閉塞，自古有名，史稱「狹多阻」。直至唐中葉，福建各州縣之間的交通大多仍依賴以水路為主的自然道路，而本區河流多獨流入海，是典型的多元水系，未形成統一的水運網。中唐以後，各級官吏開始重視整治交通，除拓展水路外，還開拓陸路，如元和中福建觀察使陸庶鑒於聯繫閩北、閩東的交通動脈閩江水急灘多，常有覆舟，遂於其間開陸路四百餘里[4]，「以夷易險」[5]，提高了運輸效率。《元和郡縣志》卷二九〈江南道五〉所載福建各州縣之間的距離，有的明確指出是「水路」或「水陸路」距離，有的則說明以「水陸相兼屈曲」而計里程，可見亦為交通線

1 《太平寰宇記》卷一〇一，〈江南東道〉一三。
2 《太平寰宇記》卷一〇二，〈江南東道〉一四。
3 康熙《安溪縣志》卷一〇，〈風俗人物〉，詹敦仁：〈初建安溪縣記〉。
4 《三山志》卷五，〈驛鋪〉。
5 《白居易集》卷五七，〈與陸庶詔〉。

距離，足證元和時各州縣間水陸交通網已初步形成。並且這一交通網還進一步向毗鄰的兩浙、江西、嶺南諸州縣延伸，改善了福建對外聯繫。與此同時，海路也得到進一步開通。

唐代閩浙一帶，「齊民往往投鎡錤而即鏟鑄，損絲枲而工搴擷，乘時詭求，其息倍稱」[1]，從事工商業者日益增多，反映了商品經濟隨著開發的深入而逐步發展。各級官吏也注重通商，如陳元光在漳州「通商賈」[2]，「興販陶冶」[3]；陸長源在建州「修城郭」，「立市廛」[4]。各級市場得以發展。農村市場的基層是墟市。如「開元初立市於龍巖縣之太平鄉，以便貿易」[5]，即為鄉村墟市。按唐政府規定，「諸非州、縣之所不得置市」[6]，福建卻得以在鄉村立市，可能是政府對新開發地區採取靈活政策的結果。比墟市高一級的是鎮市，上文提及的唐代於福建所設十幾個鎮、場，便具有鎮市的性質。縣城則是最高一級的農村市場。山區運銷沿海的木材等山貨，沿海運銷山區的魚鹽等海貨，都以縣城為集散地。地處閩浙、閩贛、閩粵邊區的縣城，還成為福建與毗鄰地區貨物轉運的中心。濱海的縣城，也成為海陸貨運的樞紐。貨幣流通是商品流通的最高形式。會昌年間唐政府於福建設監鑄錢，所鑄錢以「福」字為背文，這是歷史上福建鑄錢業的首次出現[7]，反映各級市場貨幣需求量的增大。

對外貿易發展方面，泉州作為外貿大港，也是在唐代崛起的，其時阿拉伯、波斯商人頻繁往來於泉州與海外各國之間，福建沿海的青瓷等手工業品開始外銷。大和八年（834年）文宗下詔指示嶺南、福建

---

1 《劉賓客文集》卷一〇，〈答饒州元使君書〉。
2 《閩書》卷四一，〈陳元光傳附陳珦傳〉。
3 《閩書》卷四一，〈陳元光傳〉。
4 嘉靖《建寧府志》卷四，〈陸長源傳〉。
5 《元一統志》卷八，〈汀州路・建置沿革〉。
6 《唐會要》卷八六，〈市〉。
7 道光《重纂福建通志》卷五三，〈錢法〉。

及揚州節度觀察使招徠「南海蕃舶」、「除舶腳收市進奉外，任其來往通流，自為交易，不得重加率稅」[1]，顯示泉州港的地位已與廣、揚二州相近。福建進口商品也轉銷內地，如「饒江其南導自閩，頗通商，外夷波斯、安息之貨，國人有轉估於饒者」[2]。所以福建又是聯繫內地與海外貿易的通道。

唐代福建的商業交通，各地發展不平衡，地處交通要道的一些城市發展較快，如號稱「江海通津」的福州，中唐以後已是繁華的商業都會。而地處山區的一些縣份，交通仍很閉塞，如永泰縣「南北俱抵大山，並無行路」；尤溪縣「縣東十五里至山，險絕無路」[3]，其商品交換不發達之狀，可以想見。商業活動頻繁之處，已大量使用貨幣，而廣大的農村市場，尤其是墟市，基本上仍是物物交換。考察福建的商品經濟，必須注意這一點，以免偏頗。

政治是經濟的集中表現。唐代福建各級政區設置的完備以及福建政治地位的提高，集中反映了福建開發的程度和規模。唐初福建僅有福、建、泉三州，唐中葉相繼增設漳、汀二州。縣的增設更多，唐代福建24縣中，本朝新設達12縣，自漢至唐，唐代是福建設縣最多的時期。此外還設置了十幾個鎮、場。這樣，最終形成了一個遍及各地的、多層次結構的行政管理網路，表明唐以前晉江上游、九龍江流域、閩西閩中山區等偏僻荒涼之地，均已列入開發範圍，而唐以前經濟已有不同程度發展的地區，也得到進一步的開發。開元二十一年（733年），唐政府設立福建經略使，乃是「福建」這一名稱的首次出現。上元元年（760年），福建更自成一道。元和二年（807年），宰相李吉甫上〈元和國計簿〉，指出在藩鎮割據的局面下，朝廷「每歲賦稅倚辦止於浙江東、西，宣歙，淮南，江西，鄂岳，福建，湖南八

1 《全唐文》卷七五，文宗：〈大和八年疾愈德音〉。
2 《全唐文》卷七三八，沈亞之：〈表醫者郭常〉。
3 《元和郡縣志》卷二九，〈江南道〉五。

道四十九州」[1]。福建在唐朝統治者心目中地位的提高，表明其開發確實卓有成效。

唐代福建的開發是整個江南開發的一個組成部分，但又自具特色。毗鄰福建的兩浙、江西，嶺南地區，就自然條件而言，雖有不少丘陵山地，但它們分別擁有杭嘉湖平原、贛江平原和珠江三角洲等大片平坦而適宜農耕的土地。相比之下，分布於僅占總面積百分之五的河谷盆地和平原，以及丘陵斜坡地之上的福建耕地，其零碎程度遠大於上述三地區。與此相關，居民點的分散，山嶺阻隔，交通的閉塞，河流又單獨入海，所以對內對外聯繫都有諸多不便。以上兩點的共同結果，是福建開發地域從點到面的形成過程相對緩慢延遲；由於面上拓展不易，促使點的開發向縱深發展，從而導致不平衡性的加劇。這是唐代福建開發與其他地區不同的特點。

唐代福建的開發是古代福建經濟發展的一個重要階段。經濟開發是一個歷史過程。如果沒有唐代開發而形成的福建地區自身的經濟技術基礎，宋代福建的大規模開發是不可能的。另一方面，自然條件施加於唐代福建經濟的種種影響，雖因後世生產力的發展而有程度不同的減弱，但諸如土地利用的不合理所引起的自然環境的變化這類問題，自唐以來卻有日益嚴重的趨勢。因此總結唐代福建開發的正反兩面經驗，不無現實意義。

（原載《福建論壇（文史哲版）》1987年第5期）

宋代福建人口問題

唐中葉以後，數量激增的人口對福建經濟的發展曾經是一股強大

1 《資治通鑒》卷二三七，元和二年十二月。

的推動力。唐元和年間（806—820年）福建僅有74467戶[1]，到北宋太平興國年間（976—983年）增至467815戶[2]，增長了528%。在增加的戶口中，北方移民占了大多數。他們不斷湧入福建這一新開發區域，對於促進該地區的資源開發和經濟發展，發揮了一定的作用。

入宋以後，福建人口仍呈不斷上升趨勢。元豐初（1078年後）福建戶數已增至1043839[3]，比太平興國年間又增長123%。福建路除邵武、興化二軍外，其餘六州增長幅度均在100%以上，而漳、汀二州竟高達318%和239%。南宋初，金兵南下，不止一次侵入江、浙、贛，使這些地區的人民大批湧入福建。歷史上再次出現移民入閩的高潮。南宋紹興三十二年（1162年），福建戶數為1390566，口數為2808851[4]，分別比北宋元豐三年（1080年）增長了33%和37%。此後宋金戰爭時斷時續，逃避戰火的人民仍不斷進入福建。到嘉定十六年（1223年），福建戶數和口數已分別為1599214和3230578，又各比紹興三十二年（1162年）增長了15%。這種增長幅度在長江南岸各路中是名列前茅的。由於宋代人口統計不計入女口，福建每戶平均口數僅兩口多。顯然，宋代福建的實際人口數字比官方的統計又要高出許多。從人口密度來看，嘉定十六年（1233年）福建每平方公里人口數比元豐三年（1080年）增長了58.75%，這一增長幅度位居南宋境內各路之首。

那麼，福建的土地資源承載能力和社會經濟環境是否能使當時人口容量繼續擴大？回答是否定的。以下從四個方面加以闡述。

首先，福建的自然地理環境決定了在當時的生產力水準下難於容納過多的人口。福建地形的特點是多山少平原，海拔500公尺以上

1 《元和郡縣志》卷二九，〈江南道〉五。
2 《太平寰宇記》卷一〇〇～卷一〇二，〈江南東道〉一二～一四。
3 《元豐九域志》卷九，〈福建路〉。
4 梁方仲：《中國歷代戶口、田地、田賦統計》，上海：上海人民出版社，1980年。下文數字凡未注明出處者，均據此書。

的山地、丘陵占土地總面積的36.12%，海拔500公尺以下的丘陵占58.88%；平原僅占5%[1]。這種地形特點，對農業生產的墾殖指數、複種指數、單產水準等指標具有很大的限制性，福建人口容量因此深受制約。就墾殖情況而言，占福建面積大部分的山區，農田多集中於自成一個個自然單元的山間盆地，人口亦與此一致作點狀分布。由於山間盆地一般面積不大，限制了耕地的擴展，因此無法容納太多的人口。地處武夷山麓的崇安縣便是「地狹人稀」之處多而「地曠民聚」之處少[2]的典型的山區農田與聚落分布的狀況。就複種情況而言，雙季稻連作和稻麥複種多集中於狹窄的沿海平原，複種指數隨海拔的升高而急劇下降。即使濱海的縣份，如寧德，也只有「近海平田，歲可二稔」，「山高水寒不能早植」之地，皆「一稔之田也」[3]，其人口容量自然受到限制。至於單產水準，山區農田受日照、氣溫、土壤肥力諸因素的制約，糧食畝產一般較平原為低。福建主要由山區構成，其單產水準自然不可能太高，所能供養的人口數量勢必因此受到限制。

其次，上述地形特點，必然導致不斷增多的人口與耕地不足、糧食匱乏產生日益尖銳的矛盾。元豐三年（1080年），僅擁有北宋墾田總數2.4%的福建路，卻擁有其總戶數的6.3%，平均每戶只擁有耕地10.6畝。而同時期的兩浙路、江南東路、江南西路的戶平均耕地分別為20.4畝、38.1畝和35.1畝。可見福建人多地少的程度遠高於江南人口稠密地區。這種情況隨著南宋初移民再次大量入閩而更趨嚴重。如邵武軍，該地因「宋都杭，入閩之族益眾，始無不耕之地」[4]。大體在移民首先進入的閩北諸山間盆地及閩東、閩南沿海平原，人地矛盾尤

---

1 陳及霖：《福建經濟地理》，福州：福建科技出版社，1984年，第1頁。
2 顧祖禹：《讀史方輿紀要》卷九七，〈福建三・建寧府崇安縣〉。
3 乾隆《寧德縣志》卷一，〈輿地志・物產〉。
4 嘉靖《邵武府志》卷五，〈版籍〉。

為突出。如邵武軍自崇寧年間（1102—1106年）至咸淳年間（1265—1274年），戶數從87594增至212953[1]，而同期內這一地區的耕地面積顯然無法作如是增長。耕地既無法與人口作同步增長，單產水準提高所起的彌補作用亦十分有限[2]，糧食供求矛盾因而日熾。糧價的昂貴集中反映了糧食的需求大於供給。紹興二十八年（1158年）臣僚奏曰：「福建折納米價，每斗至於八百有奇」[3]，當時江西饒州「科抑米每斗四百五十」[4]，亦僅及福建一半稍多。折納米價的高昂反映了市場糧價的高昂。這還僅是平常年景的情況，若遇歉收，更是糧價飛漲。《三山志》說福州「歲小儉，穀價海湧」[5]。可見糧價昂貴的情況在福建具有普遍性。總之，從糧價昂貴這一事實，可見當時糧食供求矛盾是人地矛盾的必然結果和反映。就此一矛盾的程度而言，沿海較山區更為嚴重。

再次，上述情況表明，福建的農業基礎相對薄弱。然而，受商品交換和海外貿易的刺激，在宋代，福建的商品生產和經濟作物的種植以及礦冶、燒瓷、製茶等，都頗為興旺發達。其結果，一方面是就業機會的擴大使部分閒散勞力得以被吸收。如南劍州諸礦場「聚四方遊黠」[6]，匯集了許多流民從事採礦冶煉；建州各地遍佈茶園，有官私茶焙1336所[7]，種茶、製茶之人數量眾多。另一方面是與糧爭地的情況日益嚴重。種植經濟作物所獲利潤較高，對農民頗具吸引力。如蔗糖這一新出現的商品，市場需求量日增，以致不少地方棄稻為蔗。仙遊縣「田耗於蔗糖，歲運入淮浙者，不知其幾千、

1 嘉靖《邵武府志》卷五，〈版籍〉。

2 北宋比漢代每人平均糧食占有水準有所提高，其中靠單產提高的部分僅占16.7%。參見吳慧：《中國歷代糧食畝產研究》，北京：農業出版社，1985年，第165頁。

3 《宋會要輯稿・食貨》一〇之八。

4 《宋會要輯稿・食貨》一〇之八。

5 《三山志》卷六，〈地理類六・海道〉。

6 蔡襄：《蔡忠惠公文集》卷三四，〈尚書都官員外郎致仕葉府君墓誌銘〉。

7 宋子安：《東溪試茶錄》。

萬壇」，時人因而疾呼：「蔗之妨田固矣！」[1]建寧之境「遊手末作，頗不務本，往往冒法禁以種瓜植蔗」[2]，亦頗為時人所慮。此外焙製茶葉、建窯燒瓷、採礦冶煉等都要佔用不少土地。凡此種種，都使本已十分緊張的耕地不斷被擠佔。種糧用地的減少，不僅抵消了商品生產發展和謀生機會增多所起到的擴大人口容量的作用，而且進一步限制了福建本已不大的人口容量。

最後，地主兼併土地，官府寺院占田，加劇了農民無地少地的矛盾；非生產性人口數量龐大，使農民負擔加重，生活惡化，也是福建人口容量狹小的重要原因。元豐三年（1080年），福建路客戶占總戶數的44%，不僅高於兩浙（20%）、江東（18%）和江西（35%）諸路，而且高於各路的平均水準（34%），說明福建農民無地的情況相當嚴重。自耕農的土地則時有被地主兼併的危險，南宋時龍溪「縣城旁陂，舊稱溉萬頃，豪黨私以為田，陂浸壞」[3]。公有的湖陂尚且被地主豪強占據為田，農民的小塊土地自然更易被其侵奪。宋代福建八州、軍皆設有官莊。天聖四年（1026年），福州12個縣共有官莊104處，占田137584畝，分租與22300戶佃農耕種[4]，平均每戶僅6.17畝。其中可能有一部分是半自耕農租佃少許土地以補己地之不足，但福建小農經濟的單薄脆弱畢竟於此可見。福建路寺院占田也十分突出。淳熙年間（1174—1189年），福州寺田竟占該州墾田總數的1/5[5]。福建農民所受剝削本來就比他處為重，如身丁錢始終不廢。而非生產性人口數量龐大，更加重了農民的負擔。除了眾多的官僚、軍隊之外，南宋初又有大批宗室人口遷入福建。西外、南外宗正司隨之移駐

1 方大琮：《鐵庵方公文集》卷二一，〈上鄉守項寺丞書〉。
2 韓元吉：《南澗乙稿》卷一八，〈建寧府勸農文〉。
3 葉適：《水心文集》卷二一，〈徐文淵墓誌銘〉。
4 《宋會要輯稿・食貨》一之二三。
5 《三山志》卷一〇，〈版籍類一・僧道〉。

福、泉二州。後者建炎時（1127—1130年）有宗子三百多人，紹定時（1228—1233年）增至三千多人，百年中增加十倍。在福建人口趨於相對飽和的南宋中後期，地主階級的人口卻仍保持高速增長，其需求逐漸超過社會所能負擔的限度，結果必然是農民的生活日益惡化。當時福建出現了一方面農民無地可耕，一方面農民棄田逃亡的奇怪現象，原因在於沉重的賦役剝削甚於剝奪其土地，如「德化縣田逃徙太半」，一旦減免賦稅，則「逃田盡復」[1]。總之，經濟單薄、負擔沉重的福建農民，著實供養不起過多的人口，此乃福建人口容量狹小的社會因素。為此，人口高速增長便成為宋代福建經濟發展過程中亟待解決的問題。

面對這一嚴峻的問題，當時人試圖以各種辦法加以解決。其一是繼續擴大耕地。在平地、緩坡墾耨殆盡的情況下，向山要田、與海爭地是這一擴耕運動的主要發展方向。人們營造梯田，把深山幽谷中的邊角之地都利用起來。《三山志》說當時「人率危耕側種，塍級滿山，宛若繆篆」[2]；《上杭縣志》說當地「高山巉石谿谷，可耕之土十不獲一二。其間窄塍險棱，望之如畝尾，如疊鱗，如層梯，累級而上者不一」[3]。人們惜土如金，寸土必爭的情形，躍然紙上。甚至人跡罕至的山巔平曠之地也開發利用起來。如晉江五洋山「高頂中有田千畝，宋時有五姓居此」[4]；建陽西山「四面壁立，山頂平曠，中有良疇數十畝，可耕可桑」[5]，皆為宋人所開發。人們還圍海造田。莆田平原的形成，與宋代的圍墾有很大關係[6]。宋代福建沿海居民移居海島者日多。如海壇島「皇祐中（1049—1053年）許民耕墾，淳熙中（1174—

1 葉適：《水心文集》卷二〇，〈寶謨閣直學士贈光祿大夫劉公墓誌銘〉。
2 《三山志》卷一五，〈版籍類六・水利〉。
3 《上杭縣志》卷三，〈田賦〉。
4 顧祖禹：《讀史方輿紀要》卷九九，〈福建五・泉州府晉江縣〉。
5 顧祖禹：《讀史方輿紀要》卷九七，〈福建三・建寧府建陽縣〉。
6 林汀水：〈從地學觀點看莆田平原的圍墾〉，載《中國社會經濟史研究》1983年第1期。

1189年）有三千餘戶」，至元「民戶嘗滿四萬」[1]。總之，在當時所能允許的條件下，凡能利用的土地都被利用上了。《宋史・地理志》說福建路「土地迫陿，生籍繁夥，雖磽确之地，耕耨殆盡」，是對宋代福建耕地擴展的最好概括。然而，盲目墾殖的結果，雖暫時緩和了無地少地的矛盾，收穫了一些糧食，卻因生態平衡的破壞，釀成無窮禍害。如在陡坡上開闢梯田，天然植被毀壞後引起水土流失，土地使用壽命往往不長；廢湖為田則使湖泊喪失調節水流的功能，易致旱澇之災。因此，所得遠未能償所失，最終仍無法解決糧食短缺的問題。

其二是自外地輸入糧食。南宋時光靠擴展耕地已不敷應付迅速膨脹的人口之糧食需求，於是福建開始了依賴外地輸入米糧的歷史。運糧入閩有兩種方式：一是政府調撥。如紹興初（1131年後）「有詔差綱措置，分委官於沿海產米州縣，隨市價收糴糧斛一十五萬石……由海道般運至福、泉、漳州交割」[2]。除正常調撥之外，饑荒來臨，糧食緊缺之際，還有臨時緊急調撥。如紹定四年（1231年）「以建、劍秋霜害稼，令諸司措置搬運廣米，應濟市糴」[3]。二是商人販運。南宋時福建沿海諸平原人口密度急劇提高，糧食需求迅速增長，刺激了米商販運，終於在這一帶形成商品糧銷售市場。然因運輸成本較高，又受其他因素的干擾，自外地輸入糧食並無法從根本上解決福建糧食短缺的問題。而福建人口數量超過本地產糧所能負擔的程度這一事實，則從反面證明了當時福建的人口已近乎相對飽和狀態。

其三是降低人口出生率。人口自然增長率的提高是宋代福建人口大幅度增長的一個因素。而當物質條件無法養活日益增加的人口時，人們會自發地採取各種措施來限制人口的自然增長。當時福建較為流行的方法是溺嬰。宋人王得臣說：閩人生子至第三或第四胎，「往往

---

1 顧祖禹：《讀史方輿紀要》卷九六，〈福建二・福州府福清縣〉。
2 《宋會要輯稿・食貨》四〇之二〇。
3 民國《福建通志》總卷一七，〈倉儲志〉。

臨蓐以器貯水，纔產即溺之」，「為其貲產不足以贍也」[1]。儘管政府明令禁止溺嬰，但收效甚微，因為經濟單薄的小農家庭確實撫養不了太多的人口。嘉定七年（1214年）臣僚奏曰：「福建地狹人稠，歲一不登，民便艱食，貧家得子，多棄不舉，法令有不能禁」[2]，明確指出溺嬰者多為貧苦之家。福建溺嬰之風盛於他處，時人指出：「不奉子之習，惟閩中為甚。」[3]這恐怕與福建徵收人頭稅性質的身丁錢有關，同時也說明福建的人口壓力較他處為甚。必須指出，溺嬰是在缺乏科學避孕方法的古代，人們採取的限制人口增長的消極辦法，無論在生理上還是在心理上，對人們都是有害的。

其四是向外地遷出人口。由於移民遷入促使宋代福建人口急劇增長，因而使人們認為，迅速緩和人滿為患的局面之有效辦法乃是遷出人口。南宋學者葉適提出「分閩浙以實荊楚」[4]的建議，就是居於這樣的認識。金兵南侵，使浙江東路、浙江西路及福建路南宋時人口比北宋約增加1/3，而荊湖北路約減少2/3。葉適認為，人口「偏聚而不均」的結果，是閩浙雖「鑿山捍海，摘抉遺利」，終因「地之生育有限」而使不少人無以為生，湖北一帶卻「數千里無聚落」，土地得不到利用，因此，徙民「去狹而就廣」，乃當今之急務也[5]。這一調劑各地人口密度，使其均勻分布的建議若付諸實施，福建人口問題當會得到很大緩解。但南宋政府並未有組織地移民出閩。宋代閩人外遷的去處大致有三：廣東、臺灣和海外。北宋末南宋初，閩人開始流向臺灣（當時稱流求）。據《德化使星坊南市蘇氏族譜》所載七世祖蘇欽撰於紹興三十年（1160年）的序文，蘇氏一族在此前後已有遷居臺

1　王得臣：《塵史》卷上。
2　《宋會要輯稿・食貨》六二之五〇。
3　陳淵：《默堂先生文集・策問》。
4　葉適：《水心別集》卷二，〈進卷・民事中〉。
5　葉適：《水心別集》卷二，〈進卷・民事中〉。

灣者。這是目前見諸譜牒最早的遷臺閩人[1]。這類記載此後漸多，可見閩人遷臺者日益增多了。宋代閩人也不斷移居海外。紹興二年（1132年）臣僚奏：福建民家有「往海外不還」者[2]。福建籍華僑多分布在朝鮮、日本和南洋群島一帶。1972年在汶萊發現一方刻著「有宋泉州判院蒲公之墓，景定甲子（1264年）男應甲立」的碑石，應甲為其父立墓碑，可知當為華僑。另據朝鮮鄭麟趾編纂的《高麗史》記載，前往朝鮮的福建籍「宋人」和「宋商人」有22起，有的一起就有上百人。這些人有的由暫居而久居，遂為當地華僑[3]。這些自發的移民出閩，均為小規模、分散進行，比之大規模、集中的移民入閩，實乃微不足道，因而所起的減輕人口壓力的作用也就很有限。但福建人口從宋以前的只遷入不遷出，到宋以後的既遷入又遷出，畢竟是一大變化。這表明福建的人口壓力正日益改變著其境內外移民的流動方向。

上述諸項措施，擴大耕地和輸入糧食乃著眼於尋求新的生活資料來源；節制生育和遷出人口乃著眼於減少生活資料的消耗，目的都在於緩和人口與資源的矛盾。雖然不能說這些措施對減輕人口壓力毫無作用，但是，人口問題是一個複雜的自然—社會問題，需要綜合治理。而這些措施大多是人們自發地、孤立地實施的，相互之間缺乏內在的聯繫，更談不上通盤規劃。並且，這些措施本身也存在著一些不合理性和副作用。這一切都不能不使其實施效果大為遜色。總之，歷史的局限決定了宋代的人們不可能從根本上解決福建的人口問題。

宋代福建既難於承受高速增長的人口，又不可能找到根本緩和人口壓力的有效辦法，人口與資源的不平衡狀況便日益嚴重，日益

---

1 徐本章：〈臺灣唐山是一家〉，載《泉州文史》1977年第1期。
2 《宋會要輯稿・食貨》五〇之一三。
3 林金枝：〈閩南僑鄉族譜中的南洋華僑史實〉，載《福建論壇》1983年第1期。

成為經濟發展的包袱。以往人們論及宋代福建經濟發展時，多片面強調人口增長的促進作用，而未能指出當人口增長超過了土地資源所能負荷的程度，便會對經濟發展產生不利影響。我們認為，在宋代福建這樣的老開發區域，更應強調適度人口，以適應土地資源近於開發殆盡（在當時的生產力水準下）這一實際情況。這也是本文所要特別強調的。

（原載《人口與經濟》1988年第3期）

宋代福建各地農業經濟的區域特徵

宋代福建各地農業經濟在不同的發展速度、規模和方式中，逐漸形成各自的區域特徵。研究這些特徵，有助於我們全面地、客觀地認識福建農業生產的歷史和現狀，以及二者之間的聯繫，從而為區域經濟的規劃和生產結構的調整提供有益的參考和借鑒。

按照自然、經濟條件大致相同這一原則，我們把宋代福建劃分為四個區域。一是閩北，包括建州、邵武軍全部、南劍州北部；二是閩西，包括南劍州南部（含尤溪縣）、汀州全部、漳州西部（含龍巖縣）；三是閩東，包括福州全部、興化軍北部；四是閩南，包括興化軍南部（含莆田、仙遊縣）、泉州全部、漳州東部。

農業經濟的區域特徵具體表現在土地利用、水利建設、糧食生產、農業結構等幾個方面。以下我們就從這幾個方面來探討上述四個區域的農業經濟特徵。

一、宋代福建各地土地開發利用的特點

土地是農業的基本生產資料，一個地區的農業生產有別於其他地區，首先表現為土地開發利用的方式和程度不同。

福建95%的地區為山地丘陵，河流多短小且單獨入海，山間河谷盆

地狹小，沿海平原亦被丘陵所分割。這種自然地理環境造成了耕地的零碎化。漢代以來，福建土地開發由點到面的擴展十分緩慢[1]。入宋以後，耕地擴展的速度大大加快了，和全國其他地區相比，福建的墾殖指數雖仍偏低，但土地的有效利用程度卻是較高的。《宋史·地理志》說福建「雖磽确之地，耕耨殆盡」，足資佐證。由於福建各地自然條件不同，原有的農業基礎不同，所以各地對於土地的開發利用又各具特點。

閩北是福建開發最早的地區，唐以前這裡的山間盆地已基本墾耨殆盡，入唐後耕地拓展即以營造梯田為主。宋代閩北土地開發利用的特點，一是梯田建造進一步向高處發展；二是平田開拓向人跡罕至的山間、山頂擴展。南宋祝穆說，經過百多年的營建，邵武軍境內到處呈現「田高下百疊」的景象[2]。時人陳藻在其〈劍建途中即事〉詩中說，路過建州、南劍州，所見盡是「田數百級階」的壯觀圖景[3]。梯田營建由山腰向山峰發展，由低山向高山發展，是遍佈崇山峻嶺的閩北擴展耕地的主要手段。與此同時，人們也不放棄深山老林中的曠土，如建安縣孤山，「在環嶂之間，基地坦平，悉是溝塍阡陌」[4]；建寧縣獎山，「其山峭拔入雲，山頂凹處有田百畝」[5]，這些都是唐宋之際或入宋之後被人們墾辟為田的。

閩西是開發較遲的地區，其宜於農耕的山間盆地之數目與面積，又均較閩北為少。因而宋代閩西土地開發利用的特色，主要表現為見縫插針，寸土必爭。以上杭縣為例，所謂「杭地廣袤數百里；高山巉石谿谷，可耕之土十不獲一二」[6]，比之閩北「田居其間，裁什

1 陳衍德：〈唐代福建的經濟開發〉，載《福建論壇（文史哲版）》1987年第5期。
2 《方輿勝覽》卷一〇，〈邵武軍〉。
3 《樂軒先生集》卷一，〈劍建途中即事〉。
4 《輿地紀勝》卷一二九，〈建寧府〉。
5 嘉靖《建寧府志》卷三，〈山川〉。
6 趙寧靜：《上杭縣志》卷三，〈田賦〉。

三四」[1]的情況，可耕地又少一至二成。所以這裡的人們惜土如金的程度更甚於閩北。在陡峭的溪澗沿岸，人們於「其傍隙地，壅為畛畝，千塍百圩，僅如盤盂」[2]。在高聳的群山之側，人們拓地為田，「其間窄塍險棱，望之如敧尾、如疊鱗、如層梯，累級而上者不一」[3]。不放棄可資利用的方寸之地，實乃閩西土地開發利用的一個特色。

閩東的開發雖遲於閩北，然而晉唐間其開發程度已趕上閩北。唐宋之際福州平原成為福建的政治、經濟中心，帶動了整個閩東地區農業的發展。與山水爭田奪地成為宋代這一地區土地開發利用的主要特點。《三山志》說「閩山多於田，人率危耕側種，塍級滿山，宛若繆篆」[4]，所指實乃福州屬下各縣之情形。閩東山區梯田營建本身並無甚特色，重要的是它與圍海圍湖造田一起，形成全方位拓展耕地的局面。在江水夾帶的泥沙和人工墾辟的共同作用下，閩江下游及其入海口形成了許多江漲沙田和海退淤田。紹聖年間（1094—1097年），政府下令此類「海退泥沙淤塞，瘠鹵可變膏腴」之地，「許民陳請，依法成田請稅」[5]。說明經過改造，這些土地已具備了種植作物的條件。在福州平原還出現了不惜廢湖為田的情況。淳熙十年（1183年），趙汝愚奏請興複開浚西湖，「接濠而通南河」，使其得以重新「瀦蓄灌溉，旱運滂泄」[6]。可見此前西湖已有部分被湮沒為田。到了南宋末，東湖、南湖也相繼廢為耕地。廢湖為田之舉固不足取，然而人們對耕地的極度需求亦於此可見。總之，向山要田，與水爭地，不惜代價，全面拓展，乃是閩東土地開發利用的一個特點。

1 道光《重纂福建通志》卷五七，〈風俗〉。
2 王世懋：《閩部疏》。
3 趙寧靜：《上杭縣志》卷三，〈田賦〉。
4 《三山志》卷一五，〈水利〉。
5 《三山志》卷一二，〈海田〉。
6 《三山志》卷四，〈地理〉。

閩南的開發遲於閩北、閩東而早於閩西，由於自然條件優越，這裡的農業發展很快。宋代閩南土地開發利用的特徵，一是圍海造田規模宏大；二是山田墾辟寸土不遺。地處興化軍南部的莆田南、北洋的圍墾，始於唐代，完成於宋代。以木蘭陂的建成並發揮效益為轉機，南洋為田「殆及萬頃」[1]。泉州晉東平原的圍墾亦始於唐代，至南宋乾道年間（1165—1173年）築海岸長堤，才最終使大片鹽鹼地變為良田，所獲耕地「殆千餘頃」[2]。僅此二例，便可見圍海造田的面積之廣大。其他如漳州海澄一帶，「昔為鬥龍之淵，浴鷗之渚，結茭而居者，不過捕魚緯蕭沿作生活」，宋代謝伯宜組織圍墾，使斥鹵之地悉為沃壤，所辟耕地亦為數不少[3]。在閩南內陸丘陵山地，人們與山爭地亦不遺餘力。如多山的安溪縣，人們附山而居，依山累石開墾，層層營建梯田。宋代安溪知縣黃銳在〈題大眉小眉山〉一詩中寫道：「一嶺複一嶺，一顛複一巔，步丘皆力穡，掌地也成田。」[4]熱烈地讚頌人們開山造田、寸土不遺的壯舉。

二、宋代福建各地水利建設的特點

水是農業的命脈。一個地區水利工程的數量、類型和規模，因該地區土地利用、作物種植情況的不同而不同，並且受該地區利用各種水資源的形式的制約。因而水利建設狀況構成農業經濟區域特徵的一項內容。

福建耕地的零碎化決定了水利設施的小型化，而水稻作為主要的糧食作物又決定了水利工程分布廣、數量多。據統計，福建水利工程的數目居宋代各路之冠[5]。福建降雨量的地域分布有顯著的差

1 周瑛：弘治《興化府志》卷二九，引林大鼐：〈李長者傳〉。
2 方鼎：《晉江縣志》，引蔡清：〈海岸長橋記〉。
3 乾隆《海澄縣志》卷一五，〈風土〉。
4 嘉靖《安溪縣志》卷七，〈文章〉。
5 冀朝鼎著，朱詩鼇譯：《中國歷史上的基本經濟區與水利事業的發展》，北京：中國社會科學出版社，1981年，第36頁。

異，自東南沿海向西北山區呈遞增之狀。而山區地表水源也較沿海豐富。從而導致利用水資源的形式各異，使得福建各地的水利灌溉事業各具特色。

閩北是閩江水系各溪流發源和匯集之處，河網密佈，河水落差大，徑流量豐富，因而這裡作堤砌壩，攔水灌田，工程易成，小型方便[1]。慶曆時（1041—1048年），建寧縣令趙抃「以邑多水患，乃壘石為堤，以遏其沖，遂開陳灣陂」，「又從縣西鑿陂於星陽，溉田甚廣」[2]。崇安、浦城諸縣亦有不少此類陂、堰。其中建安縣所建水利工程最多，據《八閩通志》統計，宋時所建陂達215所之多，陂址、陂名俱詳。陂者，障水以入田也。可見閩北水利建設的特點乃是因勢利導地建築小型水壩，攔水溉田，從而使這類小型水利設施星羅棋布地遍布山區各處。

閩西的地表水源略遜於閩北。在地勢低緩之處，一般是利用自然流入的溪澗泉水進行灌溉，如長汀縣萬斛泉，泉水從「石洞中噴出，流為小澗，溉田數十畝」[3]；寧化縣萬玉泉，「溉田數千畝」[4]。在地勢高昂之處，人們充分利用山區豐富的竹木資源，製造各種提水工具，進行灌溉。如水車的使用，不僅有從河中轉水灌溉高岸之田的，而且有把低處水源引向高處山田的。在寧化縣，人們「揉竹木為輪，激而可山者，又為機甚巧，而灌溉於田，為利又甚博也」[5]。利用溪澗泉水與使用水利工具相結合，乃是閩西水利灌溉的一個特色。

閩東的降水和地表水均不如閩北、閩西豐富，因此有「飲天之地，寸澤如金」[6]的說法。對於這一地區來說，水不再是隨時隨處

1　鄭學檬、魏洪沼：〈論宋代福建山區經濟的發展〉，載《農業考古》1986年第1期。
2　嘉靖《建寧府志》卷三，〈山川〉。
3　曾曰瑛：《汀州府志》卷三，〈山川〉。
4　《讀史方輿紀要》卷九八，〈汀州府〉。
5　曾曰瑛：《汀州府志》卷三，〈山川〉。
6　《三山志》卷一五，〈水利〉。

可得的，因而蓄水成為閩東，特別是福州平原水利建設的一個重點。宋代在前代的基礎上，於此地區修復和擴建了許多湖、塘。最著名的有福州的東、西湖和南湖。它們在天旱時「發其所聚」，使「高田無乾涸之憂」，遇雨潦則起蓄洪排澇的作用[1]。由於盲目擴大耕地，一些湖塘湮沒為田，使福州「稍遇旱乾，則西北一帶高田，凡數百畝，皆無從得水」[2]。鑒於東南諸路皆有此類情況，朝廷中的有識之士提出「罷東南廢湖為田者，復以為湖」的建議[3]，福州的湖塘於是重新得到疏浚和修復。地處閩江入海口附近的長樂縣，「濱海而泉微，故瀦防為壩特多」，所築湖、陂、圳、塘、堰亦不少，「毋慮百五十處」[4]。此外，閩東山區的人們也充分利用天然水源，使用各種水利工具灌溉山田，如《三山志》所說，「水泉自來，迂絕崖谷，輪吸筒遊，忽至其所」[5]。總之，以蓄水為中心，廣泛利用各類水源，乃是閩東水利建設的特點。

閩南沿海位於臺灣島的雨影區之內，是福建降水最少的地區。而這裡不僅需要農田灌溉用水，而且需要大量淡水用於沖洗圍海所得斥鹵之地，因此兼有灌溉農田，改良土壤乃至捍禦海潮等數重功能的較為大型的水利工程，幾乎都分布於這一地區。這種水利工程以陂為代表。這裡的陂不同於山區的陂，它不是一個單一的設施，而是有溝渠、水閘等各種配套設施的綜合性工程。如著名的莆田木蘭陂，其建築之初，就形成完備的瀦灌系統，有堤、港、塘、溝、圳、泄（閘門）等設施，「因天時與地形以縱閉」[6]。又如晉江縣最大的清洋陂，熙寧間（1068—1077年）縣令危雍所築，「修小陂於支流者五，為陡門

---

1 《三山志》卷四，〈地理〉。
2 《三山志》卷四，〈地理〉。
3 《宋會要輯稿・食貨》七之四〇。
4 《三山志》卷一六，〈水利〉。
5 《三山志》卷一五，〈水利〉。
6 《莆田水利志》卷八，引鄭寅：〈重修濠塘泄記〉。

於下游者七」[1]，溉田達1800頃。由於靠降雨及地表水滿足不了農業用水，閩南還是福建利用地下水最普遍的地區。人們「各於田塍之側，開掘坎井，深及丈餘」[2]，「轆水而灌」[3]。使用桔槔汲水也很普遍，如惠安縣「常病於旱」，人們以桔槔汲水，「聲達晝夜」[4]。可見閩南水利建設的特點乃是農田灌溉與圍海造田、改良土壤緊密結合，在集中力量興建具有綜合效益的為數不多的大型工程之同時，也努力挖掘包括地下水在內的各類水資源。

三、宋代福建各地糧食生產的特點

傳統農業的主要部門是種植業，而種植業又以糧食作物為主，因此，糧食生產狀況是一個地區農業經濟水準及其特徵的重要表現。

宋代福建糧食生產總的情況是：沿海平原和山間盆地的墾殖指數、複種指數、單產水平均高於丘陵山地，因而成為糧食生產較為集中的地區。但因各地平原、盆地與丘陵、山地所占比例及開發程度不同，人口密度不同，因而糧食產量和自給程度有著不少差異，並表現出各自的特色。

閩北是宋代福建糧食生產最多的地區。時人方大琮說：「閩上四州產米最多。」[5] 實際上，南劍州南部及汀州開發程度較低，不能算是產糧多的地區。從所能養活的人口來看，建、南劍、邵武三州、軍擁有福建總戶數的37.71%，[6] 扣除地處南劍州南部的尤溪縣（戶數當不多），閩北在福建四個地區中所擁有的戶數仍然是最多的，這裡才是產糧較多的地區。所以籠統地說上四州（建、劍、邵、汀）產糧最多，是不確切的。閩北產糧多，其原因一是諸山間盆地墾殖指數高，

1 乾隆《泉州府志》卷九，引萬曆《泉州府志》。
2 《宋會要輯稿・瑞異》二之二九。
3 《古今圖書集成・職方典》卷一〇三二，〈福建總部・雜錄〉。
4 嘉靖《惠安縣志》卷四，〈風俗〉。
5 方大琮：《鐵庵方公文集》卷二一，〈上鄉守項寺丞書〉。
6 梁方仲：《中國歷代戶口、田地、田賦統計》，上海：上海人民出版社，1980年，第147頁。

山地丘陵也多有開墾種糧，如邵武軍，「民隨高下而田之，高不懼澇，低不懼旱，故無大饑歲」[1]，至南宋「殆無不耕之地」[2]。二是閩北雖不宜種植雙季稻，但稻麥複種、間種以及粟、豆等其他糧食作物的種植卻較普遍，如建州，「高者種粟，低者種豆。有水源者乞稻，無水源者布麥」[3]。三是單產水準亦不低，這從閩北向本地大批工匠及沿海地區提供數量可觀的商品糧可以得到證明。所以，糧食生產自給有餘是閩北農業經濟的一個特點。

閩西的糧食生產遠不如閩北。汀州戶數僅占福建總戶數的7.8%[4]，加上尤溪、龍巖二縣，亦不會超過10%，因而閩西在福建四個地區中所擁有的戶數是最少的。從所能養活的人口來看，閩西糧食生產水準是不高的。閩西山高水冷，當時尚無種植雙季稻的能力，自不待言。即使粟、豆、麥等，亦無普遍種植，故直至清代，人們記載長汀的糧食生產情況時，仍說當地「稻、糯稻而外，土無所宜」[5]。根據有限的史料，我們只能說，當時閩西糧食大約僅能勉強自給。這或許是宋代閩西農業經濟的一個特點。

閩東的水稻生產，可分為沿海平原的雙季稻種植區和內陸山區的單季稻種植區。南宋時衛涇說，福州十二縣，「瀕海者三之一，負山者過半。山之田歲一收，瀕海之稻歲兩獲」[6]。不過即使濱海縣份，如寧德，也只有「近海平田，歲可二稔」，「山高水寒不能早植」之地，皆「一稔之田也」[7]。因此雙季稻種植區僅限於面積不大的沿海低緩之地。值得注意的是，當時雙季稻的收穫量並非一定高於單季

---

1 道光《重纂福建通志》卷五七，〈風俗〉。
2 嘉靖《邵武府志》卷五，〈版籍〉。
3 韓元吉：《南澗甲乙稿》卷一八，〈建寧府勸農文〉。
4 梁方仲：《中國歷代戶口、田地、田賦統計》，上海：上海人民出版社，1980年，第147頁。
5 《古今圖書集成・職方典》卷一〇七四，〈汀州府部・風俗考〉。
6 《後樂集》卷一九，〈福州勸農文〉。
7 乾隆《寧德縣志》卷一，〈物產〉。

稻，還存在「二熟所入不如一熟」的現象[1]。這主要是由於儘管引進了耐旱的占城稻新品種，但沿海缺水問題仍較突出，一旦供水不足，雙季稻產量難免下降。所以當時閩東單季稻種植仍占很大優勢。由於糧食產量無法與人口數量作同步增長[2]，人口稠密的沿海地區不時會出現糧食供不應求的情況，從外地調入糧食便勢不可免。如乾道七年（1171年）閩東天旱，「米價翔湧」，薛居實從建州撥出「常平粟萬斛，順流而下」，接濟福州[3]。可以說，糧食產量雖有增長，但仍不能自給，是閩東農業經濟的一個特點。

閩南的稻米生產在宋代有很大進步。閩南是福建歷史上最早種植雙季稻的地區。北宋初占城稻引進的最初落腳地，以泉州的可能性最大[4]。這種生長期短而又耐旱的新品種，使雙季稻在閩南的進一步推廣成為可能。沿海平曠沃衍的「洋田」，也為雙季稻的種植提供了較好的條件。如莆田南、北洋，時人徐象鑒曾稱道：「莆邑負山濱海，中間平疇數十里……稻收再熟，歲屢豐年。」[5]宋人常將福建沃壤與江浙膏腴相提並論，如秦觀說：「今天下之田稱沃衍者為吳越閩蜀」[6]；陳傅良說：「閩浙上田，收米三石，次等二石」[7]。確切地說，閩地沃壤只限於沿海洋田與山間盆地中常年墾殖的熟田，而前者又佔優勢。所以為宋人所稱道的福建高產豐穰之地，主要是集中於沿海，特別是自然條件優越的閩南。但是，與閩東一樣，閩南也存在缺水問題，而且經濟作物的與糧爭地又甚於閩東，所以糧食自給程度又遜於閩東。特別是人口稠密的閩南諸沿海平原，到南宋中期，開始出現常年仰賴

1 真德秀：《真文忠公文集》卷四〇，〈福州勸農文〉。
2 陳衍德：〈宋代福建人口問題〉，載《人口與經濟》1988年第3期。
3 民國《福建通志》總卷三五，《名宦傳》卷四，〈薛居實傳〉。
4 魏洪沼、鄭學檬：〈宋代福建沿海地區農業經濟的發展〉，載《中國社會經濟史研究》1985年第4期。
5 《莆田水利志》卷七，引徐象鑒：〈募修木蘭陂引〉。
6 《淮海集》卷一五，〈財用〉。
7 《止齋先生文集》卷四四，〈桂陽軍勸農文〉。

外地糧食供應的局面。真德秀指出：「福、興、泉、漳四郡，全靠廣米以給民食。」[1] 淳熙時（1174—1189年）兩廣大旱，廣米不至，大理正奏請「於沿海平江、鎮江等處朝廷封椿米內支撥和糴米五萬石付泉、福、興化州軍賑糶」[2]。可以說，糧食產量增長與自給程度下降並存，是閩南農業經濟的一個特點。

四、宋代福建各地農業生產結構的特點

農業生產結構是指一定地域範圍農業內部各生產部門的組成及其相互關係。由於存在自然環境和社會經濟的地域差異，各地適宜於發展的農業生產門類互不相同，因此農業內部各部門之間的比例關係，只能是因地而異的。這樣，一個地區的農業生產結構必然顯示出有別於其他地區的特點。

宋代福建農業的主要生產部門是種植業，但是，林、牧、副、漁等部門所占的比例有擴大的趨勢，種植業內經濟作物所占的比例亦不小。由於福建各地有不同的山、海資源，商品經濟發展的水準也不同，因此農業生產結構也就各具特點。

閩北的經濟作物種植以茶葉最為大宗。從唐末五代開始發展起來的閩北植茶業，至南宋達到極盛。據南宋《中興會要》記載，茶樹種植遍布閩北所屬15個縣，僅建州的茶葉產量就占福建總產量的95%[3]。閩北是福建最重要的林區之一，宋代這裡已開始了有計劃的人工造林。如淳熙初，建寧府（建州）太守、吏部尚書韓元吉曾在州境內北岡栽松一萬餘株[4]。紹興末年起，崇安、松溪、建陽、建安、甌寧等縣皆開始徵收木材過境稅[5]，也反映了閩北木材生產和

1 真德秀：《真文忠公文集》卷一五，〈申尚書省乞措置收捕海盜〉。
2 《宋會要輯稿・食貨》四一之九。
3 《宋會要輯稿・食貨》二九之三，引〈中興會要〉。
4 嘉靖《建寧府志》卷二〇，〈古跡〉。
5 《宋會要輯稿・食貨》一七之四四。

運銷的情況。此外，竹、桐、油茶在閩北的種植也很普遍。可以說，植茶業和林木業成為農業生產結構的重要成分，是閩北農業經濟的一個特點。

閩西在福建四個地區中是農業經濟比較單一化的地區，經濟作物所占比重很小。如果說有什麼值得一提的林牧產品的話，那就是竹木了。史稱汀州處於「深林茅竹之間」[1]，竹木資源是比較豐富的。宋代名臣蘇頌之子蘇師德，遭秦檜陷害，被「削籍編管汀州」，便於此地「買地種竹，葺茅讀書」[2]。但是人工栽培竹木的情況相對閩北來說，要少見得多。可以說除了稻米之外，尚未有任何一項農林牧產品在農業生產結構中占有重要地位，此乃閩西農業經濟的特點。

閩東兼有山海之利，林果與漁業生產頗具規模。《三山志》記淳熙時（1174—1189年）福州有墾田62600餘頃，有園林、山地、池塘、陂堰等62500餘頃[3]。從各種農用地的比例來看，經濟作物栽培與水產養殖在農業生產結構中的比重是相當引人注目的。水果是閩東的大宗產品。福州各縣生產的水果就有荔枝、龍眼、橄欖、橙、橘、柚、枇杷、甘蔗、李、梨等26種[4]。其中，荔枝是閩東水果的典型產品。蔡襄《荔枝譜》說福州的荔枝種植「延馳原野」，「鬱為林麓」，「一家之有，至於萬株」。北宋末福州上貢的圓荔枝在不長的時間內由10萬顆增至20萬顆[5]。經由海、陸路銷往北戎、西夏、新羅、日本等處者，更是不計其數。閩東的水產養殖和近海捕撈也發展很快。例如，隨著平潭島的開發，當地以漁為業者在宋元之際即達4萬人，所產紫菜等海產也頗負盛名，有的還成為貢品[6]。可以說，果木栽培

1 《輿地紀勝》卷一三二，〈汀州〉。
2 民國《福建通志》總卷三四，《宋列傳》卷二，〈蘇紳傳附蘇師德傳〉。
3 《三山志》卷一〇，〈墾田〉。
4 《三山志》卷四一，〈物產〉。
5 《三山志》卷三九，〈土貢〉。
6 民國《平潭縣志》卷四。

和水產海產成為農業生產結構的重要成分，是閩東農業經濟的一個特點。

閩南屬亞熱帶氣候，水果栽培的規模和種類又勝過閩東。其典型產品，除與閩東齊名的荔枝外，還有龍眼、甘蔗。泉州龍眼的種植「諸縣都有，郡中尤盛」[1]。宋代有不少讚賞閩南龍眼的詩篇，如王十朋詩云：「實如益智本非藥，味比荔支真是奴」[2]。甘蔗的廣泛種植，已到了與糧爭地的程度。南宋時，「仙遊縣田耗於蔗糖，歲運入淮浙者不知其幾千、萬壇」[3]。惠安縣「宋時王孫走馬埭及斗門諸村皆種蔗煮糖」[4]，泉州其他各縣也「往往有改稻田種蔗者」[5]。足見閩南水果種植的比重又超過了閩東。閩南還有一項重要的經濟作物——木棉。所謂「閩嶺以南多木棉，土人競植之」[6]，反映了這裡植棉業的興盛。漳、泉二州，植棉尤其多。朱熹〈漳州勸農文〉特別宣導人們「多種吉貝（木棉）」[7]；南宋時泉州每年上貢的木棉布即達五千匹[8]。此外，莆田一帶也是「家家餘歲計，吉貝與蒸紗」[9]。以上情況表明，水果和木棉的種植在農業生產結構中的比重顯著，是閩南農業經濟的一個特點。

五、宋代福建各地農業經濟特徵概括

現將宋代福建各地農業經濟的區域特徵概括如下：

閩北。耕地開拓由盆地中央向邊緣擴展；由人口集聚之處向人跡罕至之處擴展。小型水利工程星羅棋布，使豐富的地表水源得到較充

1 弘治《八閩通志》卷二六，〈物產〉。
2 弘治《八閩通志》卷二六，〈物產〉。
3 方大琮：《鐵庵方公文集》卷二一，〈上鄉守項寺丞書〉。
4 嘉靖《惠安縣志》卷五，〈物產〉。
5 《古今圖書集成·職方典》卷一〇五二，〈泉州府部·雜錄〉。
6 彭乘：《續墨客揮犀》卷三。
7 朱熹：《朱文公文集》卷一〇〇。
8 乾隆《泉州府志》卷二一，〈田賦·歷朝上供〉。
9 《龍雲集》卷七，〈莆田雜詩二十首〉。

分的利用。糧食自給有餘。植茶、林木業在農業結構中的比重顯著。在當時的生產力水準下，這是一種開發程度較高的山區經濟。

閩西。人們不放棄任何可資利用的方寸之地，耕地的零碎化程度高於其他地區。利用溪澗泉水與使用水利工具相結合，使位於複雜地形的各處耕地大都能得到灌溉。糧食勉強自給。農業結構比較單一，稻米生產占絕大的比例。這是一種開發程度不高的山區經濟。

閩東。向山海湖泊爭田奪地，形成全方位拓展耕地的局面。以蓄水為中心，廣泛利用各種水源灌溉農田，以解決農業對水的需求與缺水的矛盾。雙季稻種植有所發展，但單季稻仍占很大優勢。糧食產量雖有增長，但仍不能自給。果木栽培與水海產養殖捕撈，是農業結構的重要成分。這是一種發展中的山區經濟與沿海經濟並重的農業格局。

閩南。大規模圍海造田是拓展耕地的主要方式，其次才是開墾山田。水利灌溉事業與圍海造田、改良土壤緊密結合，地下水的利用也很突出。本區沿海是福建單產水準較高的良田沃土的主要集中之地，雙季稻的種植面積和產量均令人矚目。但因缺水和人口增長等原因，糧食自給程度卻低於其他地區。亞熱帶水果和木棉的種植在農業結構中的比重頗為顯著。這是一種發展中的沿海經濟稍重於山區經濟的農業格局。

封建的農業經濟基本上是一種自給自足的自然經濟，農業生產在地區間沒有明顯的分工。本文所論述的基於自然條件的差異、農業生產的不平衡之上的農業經濟的區域特徵，與現代意義上的農業生產區域化，亦即利用本地優勢，專門從事幾種農產品的生產，從而形成商品農產品的集中產區，是有本質區別的。但是，兩者之間存在著某種必然聯繫，後者是前者發展的必然結果。

（原載《廈門大學學報（哲社版）》1990年第2期，本文第二作者為張天興）

宋代福建手工業布局的幾個問題

生產力布局對於區域經濟的發展具有重要意義。本文擬考察資源、人口、市場與宋代福建手工業布局的關係，以便從一個新的角度探討宋代福建地區經濟的發展。

一、 從資源分布的角度考察宋代福建手工業的布局

手工業的自然資源可分為礦物資源、森林資源、農業資源三大類。《宋史·地理志》說福建「有銀、銅、葛越之產，茶、鹽、海物之饒」；《宋史·食貨志》說福建「山林險阻，連亙數千里」。可見宋代福建這三類自然資源都很豐富。下面就來看看這些資源的分布如何制約著當時福建各手工行業的分布。

（一）礦冶業

宋代福建各類有色金屬礦產資源的分布特點是上四州（建州、南劍州、邵武軍、汀州）遠遠多於下四州（福州、興化軍、泉州、漳州）。換言之，在當時的勘探水準下，人們所能發現的有色金屬礦藏大部分分布於上四州，只有少部分分布於下四州。這一特點決定了上四州的有色金屬礦場設置數目和密度大大高於下四州。例如，浙西閩北地區是一個重要的銀、銅、鉛等多金屬礦群分布區，這些金屬礦群的特點是礦體較小，但含量豐富[1]，早在唐代就已陸續得到開採。到了宋代，這個地區內的各種坑冶星羅棋布。據統計，北宋時福建上四州有銀場（一場單產）26所；銅場（一場單產）5所；銀銅場（一場數產）11所；銀銅鉛場（一場數產）15所。而同一時期下四州僅有銀場2所；銀銅場4所；銀銅鉛場1所[2]。

黑色金屬當中最重要的是鐵，其礦藏分布在福建比較普遍，因此

1　夏湘蓉等：《中國古代礦業開發史》，北京：地質出版社，1980年，第292～293頁。

2　據《宋會要輯稿·食貨》三三；〈元豐九域志〉卷九，《福建路》；《宋史》卷八九，〈地理志五·福建路〉等綜合統計得出。

上四州和下四州鐵場的數目相當。今泉州市西北的矽卡岩鐵礦開發於宋代，當時泉州號稱「錠鐵之藪」[1]，設有倚洋、青陽、赤水、五華4所鐵場[2]。閩東沿海一帶磁鐵礦砂分布較多[3]，唐代已有產鐵，宋政府於福州寧德縣設有關隸鐵場。上四州方面，則有鐵場5所，其中建州2所（浦城、建陽）；邵武軍2所（寶積、萬德）；汀州1所（莒溪）[4]。

森林作為礦物冶煉的主要燃料來源，其分布對於礦冶業的分布也有很大影響。福建山區森林資源豐富，尤其是上四州，所以各種礦場多分布於深山老林之中。如建州松溪縣瑞應銀場，「去郡二百四十餘里，在深山中」，「初，場之左右皆大林木，不二十年，去場四十里皆童山」[5]。越靠近沿海平原，林木越少，礦場數目亦隨之減少。

（二）製瓷業

福建瓷土分布廣，資源多。但是，大量生產多種優質瓷器的基地，其分布受到優質原料分布的限制。對優質瓷土的一般要求是：質地堅硬細膩，均勻性好，雜質少，進行焙燒時能保證顏色不變。這種優質瓷土主要分布於建州和泉州。所以這兩個地方也就成為宋代福建瓷窯分布特別集中的地區。建州瓷窯主要分布於建陽縣、崇安縣等地。以燒製黑瓷而頗負盛名的建窯，位於建陽縣水吉的池中、後井附近，新中國成立後在這一帶發現的宋代廢窯堆達二十餘處[6]。崇安縣星村附近的遇林亭，宋代窯址的範圍也很大，約有三千平方公尺[7]。

---

1 《中國古代礦業開發史》，第232頁。
2 《宋會要輯稿・食貨》三三之三。
3 《中國古代礦業開發史》，第236頁。
4 《宋會要輯稿・食貨》三三之三。
5 趙彥衛：《雲麓漫鈔》卷二。
6 葉文程：〈建窯初探〉，《中國古代窯址調查發掘報告集》，北京：文物出版社，1984年，第146～154頁。
7 葉文程：〈建窯初探〉，《中國古代窯址調查發掘報告集》，北京：文物出版社，1984年，第146～154頁。

泉州瓷窯主要分布在德化、南安、晉江等縣。到1977年為止，德化共發現古窯址188處，其中宋窯30多處；南安共發現古窯址53處，其中宋窯47處[1]。以生產青瓷著名的晉江磁灶也發現有宋窯多處。除建州、泉州之外，瓷土資源還分佈於邵武軍光澤縣、福州寧德縣及福清縣等地，所以這些地方也都發現有不少宋代的窯址。黑瓷和青瓷的顏色主要是由釉中鐵元素的含量決定的，建州和泉州是鐵礦蘊藏豐富之地，黑瓷和青瓷多產於此二州與此也有一定關係。

（三）造紙業

福建是我國重要的竹、木產區，造紙原料十分豐富。宋代福建造紙業以竹為主要原料。山區的竹林多於平原，上四州的竹林多於下四州，決定了當時造紙業的分布山區多於平原，上四州多於下四州。《閩產錄異》曰：「延、建、邵、汀皆做紙。凡篁竹、麻竹、綿竹、赤梘竹，其竹穰皆厚，擇其幼穉者製上等、中等（紙）；麻頭、桑皮、楮皮、薄藤、厚藤、葛皮、稻稿之柔韌者，製下等（紙）。」[2]所說各種原料一般具有純纖維素高，纖維長度、韌性、強度符合造紙要求的特點。《三山志》曰：「竹穰、楮皮、薄藤、厚藤，凡柔軟者，皆可以造紙。竹紙出古田、寧德、羅源村落間……楮紙出連江西鄉，薄藤紙出侯官赤岸，厚藤紙出永福辜嶺。」[3]各地因地制宜，就地取材，用不同的原料製出各種類型的紙。

造紙業對水資源的依賴較大。一是製紙漿需要大量淨水；二是舂搗竹絲往往用水碓，需要以水為動力。山區水力資源較平原豐富，上四州水資源亦較下四州多，也決定了宋代福建的造紙業山區多於平原，上四州多於下四州。史稱「閩中水碓最多，然多以木櫃運輪，不

1　晉江地區文管會編：《晉江地區文物考古普查資料》。

2　民國《福建通志》總卷二三，〈物產志〉卷二〈紙類〉，引〈閩產錄異〉。

3　《三山志》卷四一，〈土俗類三・物產〉。

駛急溪中，壅激為之則佳。順昌人作紙，家有水碓」[1]。閩江上游水流急，落差大，為當時的造紙業提供了取之不盡的水源和動力，使閩北成為宋代福建造紙業最發達的地區。《閩書》說：「福、興、泉、漳之間以竹為器；延、建、汀、邵之間以竹為紙。」[2]反映出下四州因水資源較缺乏，不利於造紙業的發展，竹的用途逐漸有所改變。

（四）製茶業

製茶業的分布與產茶區的分布是一致的，因為古代茶葉的加工是直接在產茶區進行的。閩北、閩西、閩東為宋代福建的產茶區。閩北山區許多地方具有適宜茶葉生長的生態氣候特徵，是當時福建製茶業最發達的地區。據南宋《中興會要》記載，植茶製茶之地遍布建寧府（建州）所屬的建陽、崇安、浦城、松溪、政和、甌寧、建安七縣；南劍州所屬的將樂、尤溪、劍浦、順昌、沙縣五縣；邵武軍所屬的泰寧、邵武、建寧、光澤四縣[3]。其中，建州從唐末五代以來就是名茶產區，入宋以後茶焙密布，有官焙32所；私焙1336所[4]。著名的北苑茶焙，便是專為皇室焙製名品的御用茶焙。建州茶葉產量占福建的95%[5]，建茶的品質在宋代一直保持著全國領先的地位。閩西茶葉產地分布亦廣，據《中興會要》，汀州所屬的寧化、上杭、清流、武平、長汀、連城六縣均產茶。但閩西茶葉產量、品質均遠不如閩北[6]，顯然，植茶較少是製茶量小的直接原因。閩東茶區又次於閩西茶區，南宋時僅福州古田一縣產茶，產量亦很少[7]。總之，像製茶業這種直接以某種經濟作物為原料的加工業，其分布狀況便取決於該種經濟作物

1 《古今圖書集成・職方典》卷一〇七〇，〈延平府部・雜錄〉。
2 《閩書》卷一五〇，〈南產上・竹〉。
3 《宋會要輯稿・食貨》二九之三，引〈中興會要〉。
4 宋子安：《東溪試茶錄》。
5 《宋會要輯稿・食貨》二九之三，引〈中興會要〉。
6 《宋會要輯稿・食貨》二九之三，引〈中興會要〉。
7 《宋會要輯稿・食貨》二九之三，引〈中興會要〉。

的分布及相關的自然條件。

（五）制鹽業

福建內地沒有鹽池鹽井，所以制鹽業是沿海獨有的手工業。由於宋代尚未發明曬鹽之法，生產海鹽全靠煎煮，從生產成本的角度考慮，就必須對生產地點作嚴格的選擇。海水濃度是海鹽生產布局的主要依據，而氣溫、日照、降水量、蒸發量等自然條件又是決定海水濃度的諸項因素。宋代福建海鹽產地主要集中分布於閩江口以南、九龍江口以北的海岸線，因其處於臺灣雨影區內，降水量明顯偏少，海水濃度較大。北宋元豐年間，長樂、福清、莆田、惠安、晉江、同安六縣共有鹽場5所；鹽亭290個；鹽倉2處[1]。此外，九龍江口以南的龍溪、漳浦二縣有鹽場4所[2]。閩江口以北由於海水濃度較低，產鹽之地最少，僅長溪、羅源二縣各有鹽場1所[3]。海鹽產地分布疏密懸殊，正是鹽業生產受自然條件的影響特別強烈的表現。

（六）紡織業

古代紡織業的布局具有分散性的特點。從資源分布的角度來看，這是由於天然纖維分布比較普遍的緣故。宋代福建紡織業按原料和產品的性質主要可分為棉紡織、麻紡織、絲紡織等類。宋代福建棉花種植區域較廣，所謂「閩嶺以南多木棉，土人競植之」[4]即是。綜合各種史料的記載，宋代福建確有種棉的地方是建州、南劍州、興化軍、泉州、漳州[5]。泉、漳二州，植棉尤多。這是由於閩南一帶，木棉可一年兩熟，沿海的沖積土層，亦適宜棉花生長。因此，棉紡織業在漳泉一帶特別興盛。紹興時，南宋政府令泉州「上木棉布五千匹」，

---

1 《元豐九域志》卷九，〈福建路〉。
2 《元豐九域志》卷九，〈福建路〉。
3 《元豐九域志》卷九，〈福建路〉。
4 彭乘：《墨客揮犀》卷一。
5 藍兆雄：〈宋代福建植棉、紡織業的發展及其社會經濟影響〉，載《福建史志》1987年第5期。

以後成為慣例[1]。朱熹〈漳州勸農文〉也說：「多種吉貝……免被寒凍。」[2]

福建種植葛、麻歷史悠久，其品種有葛、大麻、苧麻、蕉麻等。雖然宋代麻纖維的大宗衣料地位開始被棉花所取代，但此類作物多喜溫濕，且宜紡夏布，故福建種植仍十分廣泛，麻紡織業亦廣為分布。據《元豐九域志》載，福建路作為土貢的蕉、葛、紵等紡織品，出自福州、泉州、邵武軍、興化軍，[3] 則此四州軍應為麻紡織業較為興盛之處。其中，福州以大麻為原料的紡織業分布尤廣。《三山志》說大麻在福州各縣均有種植，而「連江、福清、永福出麻布尤盛」[4]。這可能與福州植棉少甚或不植棉有關。福州和泉州在宋代還是利用蕉麻纖維於紡織的著名區域[5]。

宋代福建絲織業的分布範圍和規模均不如棉織業和麻織業，這與福建「厥土不宜桑，蠶桑事殊難」[6] 有關。北宋元豐時，福建僅泉州、興化軍貢絲綿；建州貢練[7]。福州則「桑葉小不甚宜蠶，得絲蠶才可為紬」[8]，此為南宋淳熙時事。儘管泉州等地的官營紡織業能織出高級絲織品，卻不能代表當時福建絲織業的一般水準。總之，作為紡織業的原料，天然纖維雖然分布較廣，但各種天然纖維對自然條件和生產技術的要求是不同的，表現在地理分布上就顯示出一定的地域性，從而制約著相應的各類紡織業的布局。

綜上所述，宋代福建各手工行業的分布，程度不等地受到各類自

---

1 乾隆《泉州府志》卷二一，〈田賦・歷朝上供〉。
2 朱熹：《朱文公文集》卷一〇〇，〈漳州勸農文〉。
3 《元豐九域志》卷九，〈福建路〉。
4 《三山志》卷四一，〈土俗類三・物產〉。
5 陳維稷主編：《中國紡織科學技術史（古代部分）》，北京：科學出版社，1984年，第135頁。
6 《閩書》卷一五〇，〈南產上〉，引宋人謝枋得詩。
7 《元豐九域志》卷九，〈福建路〉。
8 《三山志》卷四一，〈土俗類三・物產〉。

然資源分布的制約。其中，以礦物資源為原料的手工行業所受制約的程度最高，如礦冶業（製瓷、制鹽亦可歸入此類）。因為就開採利用價值、運輸成本而言，在古代的生產力水準下，此類手工業能夠選擇的餘地是非常小的。以森林資源為原料的手工行業所受制約的程度在其次，如造紙業。因為古代森林覆蓋率總是比較高的。以農業資源為原料的手工行業所受制約的程度較輕，如製茶業、紡織業。因為經濟作物的生長固然有賴於自然環境，卻也會由於人工培育而改變習性、產生新品種。若將福建劃分為內地山區（包括上四州全部和下四州的內陸山地丘陵）和沿海平原兩個區域，可以看出兩地各有其建立在資源優勢上的行業優勢。礦冶、製瓷、造紙、製茶方面，內地山區占優勢；制鹽、紡織方面，沿海平原占優勢。

二、從人口分布的角度考察宋代福建手工業的布局

人口分布與產業布局（包括農業、手工業、商業）是互為因果的，下面側重分析人口分布在手工業（這裡主要指專業化的手工業）布局形成過程中的作用。

手工業所能容納的人口，其密集程度遠高於農業。人口分布的疏密，是制約手工業布局的重要因素。

我們以北宋末年為例來看看宋代福建人口的分布狀況。崇寧元年（1102年）福建路八州、軍中，戶數最多的是福州和泉州，均在20萬戶以上，分別占全路總戶數的近20%和近19%。其次是福寧府（建州），有19萬多戶，占18%強。複次是南劍州，有近12萬戶，占11%強。又複次是漳州，有10萬多戶， 占9%強。其餘汀州、邵武軍和興化軍，前二者各有8萬多戶，後者有6萬多戶，所占比重在8%至5%之間[1]。按政和元年（1111年）的政區劃分，福、汀、漳三州面積最大，

1 參見梁方仲：《中國歷代戶口、田地、田賦統計》，上海：上海人民出版社，1980年，第157頁。

建、南劍二州位居其次，泉州又次之，邵武軍複次之，興化軍最小[1]。綜合戶數和面積兩方面的情況來看，北宋末年福建人口密度以泉州、興化軍為最高，福州、建州次之，南劍州、邵武軍又次之，漳州、汀州最低。大體上可以說，閩北、閩東和閩南北部的人口密度高於閩西和閩南南部。

但是，這種以州軍為單位求出的人口密度，無法顯示出同一州軍中人口分布的差異。所以我們還必須根據各州軍縣治的位置，結合各地的地理環境和自然條件，進一步考察人口分布的疏密狀況。

從下四州來看，縣治位於沿海平原者遠比位於內陸丘陵山地者為多。如福州12縣，有9縣分布於沿海平原；泉州7縣，有4縣分布於沿海平原。可見福建狹長的沿海平原，尤其是閩江下游的福州平原和晉江下游的泉州平原到宋代已成為人煙稠密之地。從上四州來看，大部分都位於山間的河谷盆地中。如建州7縣中的5縣；南劍州全部5縣，均位於閩江水系各河谷盆地中。可見福建山區各盆地，尤其是閩北諸盆地，到宋代也已成為人口密集地區。總之，各州軍內人口的分布是很不平衡的，人口多聚集於平原和盆地，丘陵和山地的人口則較為稀疏。

綜上所述，宋代福建已形成幾個人口較為密集的地帶：（1）福州（閩縣、侯官）—長樂—福清—興化軍（莆田）—惠安—泉州（晉江）；（2）崇安—建陽—建州（建安）—南建州（劍浦）—沙縣；（3）光澤—邵武軍（邵武）—順昌。在這幾個地帶，人口逐漸從點狀分布過渡到線狀分布。其他地區的人口相對來說較為稀疏，人口基本上還是點狀分布。

上述人口分布的疏密狀況如何制約著宋代福建手工業的布局呢？

1　參見《中國歷史地圖集》第6冊，北京：中華地圖學社，1975年，第29～30頁。

首先，手工業生產具有集中的特點，特別是古代手工業，無一例外都是勞動密集型的，而宋代福建人多地少的程度為全國之最，在歷次移民定居最多的閩北諸河谷盆地以及福、興、泉等沿海平原，人地矛盾更十分尖銳[1]。因此，在這些人口稠密地區，勞動力從農業轉向手工業或其他行業，成為社會經濟發展的必然趨勢。在開發各地資源中建立起來的各手工行業，得到大量勞動人手的有力支持，更加蓬勃地發展起來，終於形成各自的分布格局，並進而形成各手工行業的綜合布局。從建州、南劍州的情況來看，沿著建陽溪（今建溪）、邵武溪（今富屯溪）及其支流，分布著一連串盆地，它們既是農業開發的中心，也是人口聚集的中心[2]。當這裡有限的可耕地墾耨殆盡， 地主對土地的兼併又趨激烈時，勞動人手從農業中游離出來的情況便日益嚴重。蔡襄說：「七閩之地……土地磽确，所居之地，家戶聯密，有欲耕而無尺土者。」他特別指出：「建安之郡、延平之壤……強宗右族，力於兼併，游手惰農，因之以流蕩。」[3] 曾豐也說：「閩地偏，不足以衣食之也， 於是散而四方。」[4] 這裡不僅有躍遷擴散（遷往他路他州），而且有近鄰擴散（在本州範圍內遷徙）。這些人口以河谷盆地為中心向四周輻射，除一部分進入深山墾荒外，其餘則轉化為非農業人口，分布於農業區的邊緣及四周。山區手工業的布局，便是在吸收這些勞動力的基礎上形成的。這方面，礦冶業和製茶業表現得尤為明顯。

宋政府鑒於閩地「山林險阻」，「無賴桀黠輕死冒利之人比於他路為多」[5]，把募民開礦冶鑄作為招撫流亡的一種手段[6]。如南劍州

---

1 參見陳衍德：〈宋代福建人口問題〉，載《人口與經濟》1988年第3期。
2 參見陳衍德：〈唐代福建的經濟開發〉，載《福建論壇（文史哲版）》1987年第5期。
3 蔡襄：《蔡忠惠公文集》卷二四，〈上運使王殿院書〉。
4 曾豐：《緣督集》卷一七，〈送繆帳幹解任詣銓改秩序〉。
5 民國《福建通志》總卷一，〈通紀・宋一〉。
6 參見陳衍德：〈宋代福建礦冶業〉，載《福建論壇》1983年第2期。

「出銅、銀，冶場凡三十餘所，聚四方遊黠」[1]。而礦冶業從找礦、採掘到選礦、冶煉，勞動都十分繁重，是一個能吸收大量勞動力的行業。因此，到元豐年間，建、劍二州遂成為福建礦冶業分布最密集的地區，共擁有金、銀、銅、鐵、鉛等各類礦場（包括一場單產和一場數產）34所，占全路礦場總數的46%強[2]。宋廷設於建州的北苑茶焙，是專為皇帝精製名品的御用茶焙，每當採茶之際，就要雇傭「採茶工匠幾千人」[3]。其製茶工序有採茶、揀茶、蒸茶、榨茶、研茶、造茶等十幾道[4]，所需勞力之多，可以想見。從北苑一處，可以推知建州一千多處官、私茶焙所需要的勞動人手，數目當十分龐大。而採茶製茶的季節性又極強，工匠須臨時雇傭。如果該地區不存在大量閒散勞力（包括在其他季節兼營別業者）[5]，則宋代建茶的生產簡直不可能進行。建、劍二州的其他手工行業，如造紙、製瓷等，也無一不是建立在勞力充足的基礎之上的。

從福州、泉州的情況來看，這裡和山間盆地一樣也出現了人口擴散，所不同者，其擴散方向多朝沿海。這些遷徙人口除一部分開發沿海灘塗和島嶼，繼續從事農業外，其餘亦轉事他業，散居沿海各地，從而促使了沿海手工業布局的形成。這方面，造船業表現較為突出。

蘇轍說，福州「工商之饒，利盡山海，然以地狹，故民多不足」[6]。謝履〈泉南歌〉曰：「泉州人稠山谷瘠，雖欲就耕無地辟。州南有海浩無窮，每歲造舟通異域。」[7] 反映了福、泉二州農業人口向工商業、特別是造船業轉移的情況。建造海船在當時是一項耗資巨大

---

1 蔡襄：《蔡忠惠公文集》卷三四，〈尚書都官員外郎致仕葉府君墓誌銘〉。
2 據《宋會要輯稿・食貨》三三；《元豐九域志》卷九，〈福建路〉；《宋史》卷八九，〈地理志五・福建路〉等綜合統計得出。
3 莊綽：《雞肋篇》卷下。
4 趙汝礪：《北苑別錄》。
5 韓元吉：《南澗甲乙稿》卷一八，〈建寧府勸農文〉。
6 蘇轍：《欒城集》卷三〇，〈林積知福州〉。
7 《輿地紀勝》卷一三〇，引〈泉南歌〉。

的事業[1]，必須雇傭許多工匠。而福建沿海，尤其是福、泉二州所造海船數目又十分巨大。僅紹興十年（1140年）閏六月，南宋政府一次就在福州「大治海船至千艘」[2]。如果沒有散處沿海各地的工匠和游手，造船業要形成如此巨大的生產能力是不可想像的。當時福建造船業之所以多聚集於閩江和晉江入海口一帶[3]，除了作為造船材料的山區木材順流而下、運輸方便之外，此二地區勞動力資源豐富也是重要原因。福、泉二州的其他手工行業，如制鹽等，亦建立於勞力充足的基礎之上。

總之，人口稠密地區勞力資源豐富，存在非農業人口的就業問題，因此手工業作業點在資源條件允許的情況下，多聚集於這些地區及其附近。

其次，人口相對稀疏的地區雖然也面臨著可耕地短少（主要是山田墾辟不易）的問題，但人地矛盾遠非人口稠密地區那麼嚴重。勞動力從農業轉向手工業或其他行業的要求也就不那麼迫切，因此一般沒有形成密集的手工業布局。個別地區雖然居於資源優勢而形成某一行業的優勢，但也沒有出現如人口稠密地區那樣的多種行業同步發展的局面。

從人口密度最低的漳、汀二州來看。漳州戶數約當泉州之半而面積卻比泉州大。漳州南部的漳浦縣一帶，人口尤為稀疏，經常有成群的野象出沒[4]。因此漳州的手工業作業點分布是十分稀疏的，除有礦場5所、鹽場4所外，製瓷、造紙、製茶幾乎是空白，造船業也不甚發達，唯有棉織業分布較廣。汀州的面積比邵武軍大一倍以上，戶數卻

---

1 《續資治通鑒長編》卷三四四，元豐六年四月丁未條載，某海商死亡，其船作價二千緡。

2 《續宋編年通鑒》。

3 見《三山志》卷七〈公廨類三〉所載慶曆、治平、淳熙年間福州船務、場、所的分佈。又，泉州灣為宋代海船建造基地亦為考古發掘所證實。

4 彭乘：《續墨客揮犀》。

比邵武軍少，史稱汀州「在深山窮谷之中」[1]，是福建路人口密度最低的州。汀州因礦藏資源豐富，擁有的礦場數目僅次於南劍州而位居福建路第二，然其產量卻位居第五[2]。汀州所屬諸縣雖均產茶，但製茶量僅占全路百分之幾[3]。汀州手工作業點的分布雖不十分稀疏，但生產能力都相當有限，歸根結底在於受投入勞動量的制約。

綜上所述，宋代福建手工業分布的疏密，與人口分布疏密基本上是一致的。

三、 從市場分布的角度考察宋代福建手工業的布局

封建社會的手工業，尤其是民間手工業，基本上是商品生產，因此，手工業布局與市場分布關係密切。下面著重分析市場在手工業布局形成過程中的作用。

首先，市場的集散功能吸引手工業向市場集聚，形成市場在空間上與手工業集聚的城鎮相互重疊。宋代福建手工業市鎮的形成，無一不體現了市場的種種作用。以印刷業著稱的建州建陽縣麻沙鎮，便是一例。宋代福建與北方的陸路交通線主要有兩條。一條是經崇安縣分水關至江南東路鉛山縣河口，河口為南北商貨集散之地。建陽與崇安有建溪相連，兩地交通暢達，位於其西側的麻沙遂得其利。另一條是光澤縣杉關至江南西路建昌軍，建陽至邵武乃宋代閩北交通走廊，麻沙位於它的中點，西走邵武北上光澤極為便利。優越的地理位置使麻沙易於成為貨物集散地，促使閩北印刷業向該處集聚，從而使麻沙鎮成為書籍印刷和銷售的中心[4]。

其次，市場決定著生產規模，從而也決定了地區手工業布局的容

1 《兩朝綱目備要》卷一，〈光宗紀〉。

2 據《宋會要輯稿・食貨》三三；《元豐九域志》卷九，〈福建路〉；《宋史》卷八九，〈地理志五・福建路〉等綜合統計得出。

3 《宋會要輯稿・食貨》二九之三；之四。

4 方品光：〈淺談福建古代的刻書〉，載《福建師範大學學報》1978年第1期。

量。宋代福建手工業規模的大小，在很大程度上取決於市場對商品的吸收能力，因此手工業的區位選擇和區域布局，也在很大程度上以市場供求為轉移。例如泉州冶鐵業的生產規模是較大的，山區各鐵礦的開發與國內外對生鐵、鐵製品的需求，便是以泉州港為仲介而聯繫起來的。北宋時泉州有鐵場4所，占全路的40%。清溪縣（今安溪縣）青陽場置於咸平二年（999年）；永春縣倚洋場置於慶曆六年（1046年）；德化縣赤水場、五華場分別置於嘉祐八年（1063年）和熙寧八年（1075年）[1]。雖然泉州市舶司正式設於元祐二年（1087年），但早在此前，「泉人賈海外，春去夏返」[2]的情況已大量存在。此後泉州各縣所產鐵鼎、鐵針及生鐵更是「海舶飛運」，暢銷南洋[3]。《安溪縣志》將鐵列為古代輸出海外「東南夷人」的「五大物產」之一。國內對泉鐵的需求量亦大。慶曆時兩浙運司奏，當地「自來不產鐵，並是福、泉等州轉海興販」[4]。紹興時「福建路產鐵至多，客販遍於諸郡」[5]，泉鐵亦占相當比例。以泉州港為管道而形成的海內外廣闊的銷售網，極大地促進了戴雲山麓冶鐵業生產規模的擴大及其分布格局的形成。

最後，手工業布局過程中對行業結構的選擇，是以市場上產品供求情況為依據的。在一個地區內，當一種商品的消費刺激了與之相關的其他商品的需求時，生產這種商品的行業會帶動相關的行業共同發展，從而形成地域組合基礎上的行業組合。例如，茶葉的消費刺激了飲茶器具的需求，蔡襄《茶錄》曰：「茶色貴白……建安人開試，以青白勝黃白。」又曰：「茶色白，宜黑盞。建安所造者紺黑……最為

---

1 《宋會要輯稿・食貨》三三之三。
2 《永樂大典》卷三一四一，陳瓘：〈先君行述〉。
3 趙汝適：《諸蕃志》。
4 《三山志》卷四一，〈土俗類三・物產〉。
5 《建炎以來系年要錄》卷一七七，紹興二十七年五月庚午。

要用，出他處者……皆不及也。」建茶的消費刺激了對黑瓷的需求，於是製茶葉帶動了製瓷業的發展，從而形成建州手工業布局中具有特色的製茶與製瓷的行業組合。當一個行業以另一個行業的產品為生產資料時，市場的作用也會使這兩個行業互為促進，協調發展，並形成二者的行業組合。例如印刷業與造紙業，建州一帶生產的竹紙稱扣紙，有建陽扣者，「土人呼為書紙，宋元麻沙板書，皆用此紙。[1]」被生產資料市場聯繫起來的造紙業和印刷業，便在建州手工業布局中形成了頗具特色的行業組合。

綜上所述，市場對手工業在空間的集聚，對地區手工業布局的容量以及布局中行業結構的選擇，均發生著重要的乃至決定性的影響。

手工業生產力布局的形成，有賴於具有地區差異的自然、社會、經濟諸條件。在古代，無論哪一個手工行業，自然界均作為環境和資源參與著。手工業布局這一人類主觀努力的產物，是在自然界所提供的客觀基礎上形成的。自然界先天的地域差異，被納入了人類後天的地域分工之內[2]。

人作為勞動者，是手工業生產力的最重要的組成部分，其分布對於手工業布局的意義是不言而喻的。人口的集聚和擴散，或成點狀分布，或成線狀分布，都對手工業布局產生深刻的影響。作為商品的手工業產品，是為滿足市場的需要而生產的，各地的生活資料與生產資料市場對產品種類和數量的需求不同，也制約著各種手工業的分布和規模。宋代福建手工業的布局，便是資源、人口、市場三方面因素綜合作用的結果。

（原載《中國社會經濟史研究》1989年第1期）

---

1 民國《福建通志》總卷二三，《物產志》卷二，〈紙類〉。

2 參見楊吾揚、梁進社：〈地域分工與區位優勢〉，載《地理學報》第43卷第3期，1987年。

宋代福建礦冶業

兩宋時，福建呈現出一派「礦石雲湧，爐炭之焰，未之有熄」的景象[1]，礦冶業有了迅速的發展，並在全國占有重要的地位。本文擬就宋代福建礦冶業的發展概況、原因和影響做一些初步的探索，以期為發展我省礦冶業提供歷史借鑒。

一、福建礦冶業發展的原因

礦冶生產，福建古已有之。福州古稱「冶城」，即「以越王冶鑄為名」[2]。中唐以後，福建礦冶業雖有一定發展，但在全國仍不著名。五代時，王審知治閩，「三十年間，一境晏然」[3]，福建經濟開始逐步發展，礦冶業也漸次勃興。

入宋以後，福建礦冶業便迅速發展起來。究其原因，從全國來說，首先，北宋的統一，結束了五代以來割據與混亂的局面，使全國經濟得到恢復和發展。由於農業和手工業的持續發展，需要越來越多的金屬工具，而一些新發明和革新的金屬工具的湧現，如踏犁、鍘刀等，都使農業和手工業部門對金屬的需求日益增長。其次，商品經濟日趨發達，貨幣需求量日益增大，「錢幣底鑄造，歷代中便以宋代最為繁多」[4]，以及統治階級競尚奢靡，「乘輿之器，享燕之用，內賞賜群臣，外交通四夷，必不可毋用金銀」[5]，而外患迭起，邊事頻繁，兵器盔甲亦大有消耗。凡此種種，無不極大地刺激了礦冶生產。加以科學技術的進步，政府的提倡，礦冶業便很快興旺發達起來。以福建而論，則又有其特殊原因：（1）「閩地負山濱海，平衍膏腴之壤少而崎

1 李覯：《直講李先生文集》卷一六，〈富國策第三〉。
2 《太平寰宇記》卷一〇〇，〈江南東道一二·福州〉。
3 《舊五代史》卷一三四，〈王審知傳〉。
4 王志瑞：《宋元經濟史》，上海：商務印書館，1935年，第84頁。
5 李覯：《直講李先生文集》卷一六，〈富國策第三〉。

嶇磽確之地多，民之食出於土田而尤仰給於水利」[1]。有宋一代，福建沿海和山區不斷得到開發，人們興建梯田，圍海造田，興修水利等等，都需要使用大量的鐵工具。（2）入宋以後，福建對外貿易日益興盛，銀銅鐵器「海舶飛運」[2]，深受南洋各國歡迎[3]，而「銅錢之泄尤甚」[4]，官府禁不勝禁。此二因素對福建礦冶生產的刺激作用，無疑十分巨大。（3）福建礦物資源十分豐富，「有銀、銅……之產」[5]。閩北的多金屬礦群，銀、鉛的含量尤富[6]。泉州則以「錠鐵之藪」而著稱[7]。這是福建礦冶業發展的物質基礎。（4）唐末以後閩地人口成倍增加，「地狹人稠」[8]的情況迫使大批農民轉而從事各種手工業勞動，而礦藏的豐富使得人們「尤取資於坑冶」[9]；政府鑒於閩地「山林險阻，連亙數十里，無賴桀黠輕死冒利之人比於他路為多」[10]，也把募民開礦作為招撫流亡的一種手段，這都為礦冶業提供了大批勞動力。綜上所述，宋代福建礦冶業之繁榮昌盛，實為勢所必然。

二、福建礦冶業的規模和特色

北宋初期，福建礦冶業頗具規模，有銀場二十七處，鐵場二十處，銅、鉛場各二十八處，均居全國首位[11]。

宋初至熙寧、元豐年間（1068—1085年）是全國礦冶業的上升時期，也是福建礦冶生產發展最快的時期，其間福建增設礦場相當多，佔據全國重要地位。見表1（另有表3顯示全國各路礦場設置情況）。

---

1 顧炎武：《天下郡國利病書》卷九一，〈福建一〉。
2 《宋史》卷一八六，〈食貨志下八・互市舶法〉。
3 趙汝適：《諸藩志》卷上，「闍婆國」等條。
4 《宋史》卷一八六，〈食貨志下八・互市舶法〉。
5 《宋史》卷八九，〈地理志五・福建路〉。
6 夏湘蓉等：《中國古代礦業開發史》，北京：地質出版社，1980年，第293頁。
7 夏湘蓉等：《中國古代礦業開發史》，北京：地質出版社，1980年，第232頁。
8 《宋史》卷一七三，〈食貨志上一・農田〉。
9 顧炎武：《天下郡國利病書》卷九一，〈福建一〉。
10 民國《福建通志》總卷一，〈通紀・宋一〉。
11 《文獻通考》卷一八，〈徵榷考五・坑冶〉。

表1　宋初至元豐初福建路礦場設置表

	金	銀	銅	鐵	鉛	錫
礦場數目	4	72	44	11	31	5
在全國所居位次	2	1	1	2	1	4
占全國總數的 %	26.7	37.5	62.0	13.9	39.7	8.1

注：

1. 本表根據：銀、銅據胡寄馨：〈宋代銀銅礦考〉（《社會科學》第2卷第1、2期合刊，1936年）；金、鐵、鉛、錫據《宋會要輯稿·食貨》三三及《元豐九域志》，並參考《宋史·地理志》。

2. 在全國所居位次及占全國總數的百分比參見表3。

與宋初相比，原無金、錫礦場的福建此時也設置了金場四處、錫場五處。銀、銅、鉛場則分別增加了166%、57%和11%，都居全國首位。唯有鐵場減少多處。

宋代福建路礦冶的產量史籍沒有明確記載，只能從歲課量中推算出來。北宋熙、豐年間有關史料曾對各路歲課分別作了統計，見表2（另有表4顯示全國各路金屬礦歲課情況）。

表2　熙寧、元豐年間福建路金屬礦歲課表

		歲課量	在全國所居位次	占全國總歲課量的 %
金（兩）	熙寧年間	167	2	2.2
	元豐元年	151	3	1.4
銀（兩）	熙寧年間	45869	4	11.1
	元豐元年	69000	1	32
銅（斤）	熙寧年間	462197	2	4.3
	元豐元年	380542	3	2.6
鐵（斤）	熙寧年間	31581	9	0.6
	元豐元年	32652	9	0.6
鉛（斤）	熙寧年間	972162	2	11.7
	元豐元年	1095459	2	11.9
錫（斤）	熙寧年間	—	—	—
	元豐元年	—	—	—

注：

1. 本表根據《宋會要輯稿・食貨》三三。

2. 《宋會要輯稿・食貨》三三中，「（元豐）元年收」若干之上均有「原額」若干，考「原額」之年代當為熙寧年間，詳見表4注2。

3. 宋代一兩合37.30克；一斤合596.82克（據吳承洛：《中國度量衡史》）。

4. 在全國所居位次及占全國歲課總量的百分比參見表4。

從表2可以看出，元豐元年（1078年）與熙寧年間（1068—1077年）相比，金、銅歲課額減少而銀、鐵、鉛增加。特別是銀，在全國總課額比過去減少近一半的情況下，福建反而增長了50%，其所占全國比例也從11.1%躍至32%，位居第一。鉛課額亦頗可觀，僅次於廣南東路而位居第二，其增長幅度亦大於全國。此外，金、銅亦均名列全國第三，鐵在全國也算中等水準（以上均參見表4）。不過，錫場已於熙、豐間全部停閉，所以無課額可計。總之，熙、豐間福建已成為全國主要礦區之一，而銀、鉛之產量尤高，其生產規模與唐代相比，實有天壤之別。

現在我們試從上述所列的一些金屬的歲課額，推算一下當時的產量。根據「金銀坑場……十分為率，官收二分，其八分許坑戶自便貨賣」的「熙豐法」[1]，可知其稅率為20%；又據熙、豐年間（山東）萊蕪呂氏冶鐵坊自用發賣的情形，可知除銅以外的其他金屬政府均允許「自便貨賣」[2]。據此，我們可以推知，元豐元年福建路下列金屬的產量分別為：金755兩；銀345000兩；銅380542斤；鐵163260斤；鉛5477295斤。在距今近一千年的古代，這些產量應該說是相當可觀的。還應該指出，因為當時政府無法完全禁止私自采煉，其實際產量，當比這些統計數字更高一些。其中，銅的產量，因為它是當時鑄幣的主要原料，政府除抽分而得課稅之外，其餘亦全部收購，不得自由買

1 《宋會要輯稿・食貨》三四之一六。

2 華山：〈宋代的礦冶工業〉，載《山東大學學報（歷史版）》1959年第2期。

賣，所以銅課量即原銅的產量 [1]。

表3　宋初至元豐初全國各路礦場設置表

礦場種類／礦場數目／路別	金	銀	銅	鐵	鉛	錫
京東東	1	1		1		
京東西				2		
京西北		1		1		1
京西南		3		2		2
河北東						
河北西		1		5		1
河 東	1	1		3		
永興軍		5	2	8	1	9
秦 鳳		16	2	4		
淮南東						
淮南西						
兩 浙		9	2		6	3
江南東	5	5	3	3	2	
江南西	1	9	5	17	2	8
荊湖北	1				1	1
荊湖南		24	5	4	2	2
福 建	4	72	44	11	31	5
利 州			1	1		1
夔 州						
潼川府			1	6		
成都府			1			
廣南東	1	38	5	10	30	28
廣南西	1	7		1	3	1
合 計	15	192	71	79	78	62

1　胡寄馨：〈宋代銀銅礦考〉，載《社會科學》第2卷第1、2期合刊，1936年。

表4　熙豐年間全國各路金屬礦歲課表

類別／時間／歲課量／路別	金（兩）		銀（兩）		銅（斤）	
	熙寧年間	元豐元年	熙寧年間	元豐元年	熙寧年間	元豐元年
京東東	8050	9582	412	637		
京東西						
京西北						
京西南	66	57	720	400		
河北東						
河北西						
河　東						
永興軍	39	56	44370	32602	7417	6392
秦　鳳			79529	5584	9019	9019
淮南東						
淮南西						
兩　浙			9821	5492	68566	47511
江南東	34	35	105550	37202	740	1608
江南西			12901	7588	674	130
荊湖北						
荊湖南	132	84	47258	33001	5647	1082684
福　建	167	151	45869	69000	462197	380542
利　州					154049	277328
夔　州						
潼川府					365	365
成都府						
廣南東			45516	23911	10002795	12808430
廣南西		754	20028	3684		
合 計	7597	10710	411420	215385	10711466	14605969

续表						
類別 / 時間 / 歲課量 / 路別	鐵（斤）		鉛（斤）		錫（斤）	
	熙寧年間	元豐元年	熙寧年間	元豐元年	熙寧年間	元豐元年
京東東	7455	8065				
京東西	696000	550000				
京西北						
京西南	69360	84410	1572	696		
河北東						
河北西	3530674	4144202	500891	951997		
河　東	728282	258384				
永興軍	152050	168850				
秦　鳳	77380	85068	13513	9736		
淮南東						
淮南西						
兩　浙			121635	282590		
江南東	3133	3133	25363	1320		
江南西	130481	100808	5193	3985	592682	454380
荊湖北						
荊湖南	504	504	115243	205164	237769	248354
福　建	31581	32652	972162	1095459		
利　州						
夔　州						
潼川府	7006	7549				
成都府						
廣南東	52531	52831	3918287	3202777	1132589	1619173
廣南西	500	860	92199	48893		
合 計	5482770	5501097	8326737	9197335	1963040	2321898

注：

1.本表根據與表2同。

2.參見表2注2，「原額」之年代為熙寧年間。因為，全國「原額」總量與至道、天禧、皇祐、治平間全國總歲課量（見《文獻通考》卷一八，《徵榷考五·坑冶》均不符；又，有些礦場的設置年代為熙寧年間（見《宋會要輯稿·食貨》三三之一~一七）。

蓬勃發展的宋代福建礦冶業具有自己的特點：

首先，開發範圍。八州、軍中只有轄區最小的興化軍[1]無礦場設置，其礦場分布率高達87.5%，為全國之冠（礦冶業堪稱發達的廣南東路，其礦場分布率亦僅80%[2]）。因此，開發範圍極其廣泛，是福建礦冶業的一個特點。

其次，礦場種類。許多礦場都是數種金屬並產，其中，銀銅鉛錫並產二場；銀銅鉛並產十六場；銀銅錫並產二場；銀鉛錫、銅鐵鉛、金銀鉛並產各一場；銀銅並產十五場；銀鉛並產六場；銅鉛並產二場；金銅、金銀並產各一場。合計共四十八場，占福建礦場總數的51%[3]，在全國亦名列前茅（廣南東路相同的比例為30%[4]）。因此，數種金屬同場並產的現象比較普遍，是福建礦冶業的另一個特點。

再次，礦場規模。據有關資料，並參閱《宋會要輯稿·食貨》三三，可知元豐元年建州八銅場共產銅71260斤，平均每處不到一萬斤；福州二銅場是年共產銅95308斤，平均每處亦不過四萬多斤。又元豐初以前福建路共設銅場四十四處，廣南東路共設銅場五處，而元豐元年福建銅課量僅及廣東的3%。福建各銅場規模之小，由此可

1 據《宋史》卷八九，〈地理志五·福建路〉，各州、軍所轄縣數分別為：福州十二，建州七，泉州七，南劍州五，漳州四，汀州五，邵武軍四，興化軍三。

2 據《宋史》卷九〇，〈地理六·廣南東路〉，該路共十五府、州，其中十二府、州有礦場之設置。

3 以各類金屬分別統計，福建共有167場。然數種金屬同場並產者實為一場，故福建實有94場。

4 廣南東路實有83場，其中數種金屬同場並產者24場（根據與表3同）。

見。再看鉛礦，元豐初以前閩、粵所設場數大致相同（閩三十一，粵三十），然元豐元年閩鉛課量僅及粵之34%，足見福建鉛場之規模亦不大。綜觀福建各金屬礦場數目與各金屬礦歲課量在全國所占之比例，後者遠低於前者（以上參見表1~表4）。因此，大多數礦場規模不大，是福建礦冶業的又一個特點。

最後，礦場興廢情況。北宋末葉，由於官府控制和剝削的加強以及各地礦源久經大量開採普遍發生產量遞減成本遞增的現象，全國礦冶業由盛轉衰[1]。福建礦冶生產也從熙、豐年間的高峰上跌落下來。但是，其衰落程度不如別地嚴重，新礦場仍時有興發，如元祐中興發的寧德寶瑞銀場，至靖康中雖關閉了3/4的礦坑，「歲猶收千二百六十七兩」[2]，福州各縣政和以後興發的鐵坑為數亦不少[3]。到了南宋初期，全國礦冶業進一步衰落。舊有礦場或礦源枯竭，或毀於戰火，「銅鐵鉛錫坑冶者……渡江後，其數日減」[4]。紹興三十二年（1162年）全國礦場停廢率竟高達43%，是年福建礦場的停廢率僅19%，可見其衰落幅度遠低於全國。此後福建除有些舊礦場仍繼續開採外，新礦場也不斷興發。如福州各縣於紹興、乾道、淳熙年間（1131—1189年）共興發鐵場十九處，且大多有實際課額[5]。

還可以從持續生產能力來看福建礦冶業的另一個特點。南宋的礦冶產量，從全國來看，紹興間礦場數雖多於北宋，其產量卻不如北宋；乾道間產量繼續大幅度下跌。就福建來說，總的趨勢也是下降，據統計，南宋初福建銅、鐵、鉛產量分別為元豐元年的28.5%、122.5%、5.1%，全國同樣的百分比則分別為48.3%、39.3%、34.9%。

1 《宋會要輯稿·職官》四三之一二七，政和二年十二月十六日尚書省言。
2 《三山志》卷一四，〈版籍類五〉。
3 《三山志》卷一四，〈版籍類五〉。
4 李心傳：《建炎以來朝野雜記》甲集卷一六。
5 《三山志》卷一四，〈版籍類五〉。

乾道二年（1166年）福建銅、鐵、鉛產量分別為南宋初的11.4%、100%、23.2%，全國同樣的百分比則分別為3.7%、40.7%、6.0%。南宋初福建銅、鉛下降的幅度大於全國，此後則小於全國。南宋初福建鐵即超過元豐元年，此後亦無下降，而全國則一降再降。可見全國礦產下降的幅度是越來越大，而福建下降的幅度是越來越小。再以福建和他路相比較：元豐元年荊湖南路的銅產量近三倍於福建，至乾道二年其銅產量僅及福建的28%。上述情況表明，新礦源不斷發現，新礦場不斷興發，具有較強的生產潛力與持久力，是兩宋福建礦冶業的又一特點。

在此還須稍提一下的是，宋代福建礦冶業開採的技術水準是相當先進的。在採掘方面，已採用了「燒爆法」，即利用熱脹冷縮的原理對礦石火燒、水潑而使其剝落，其效率數倍於人工挖掘。在冶煉方面，煉銀的「吹灰法」，煉鋼的「灌鋼法」和煉銅的「膽水浸銅法」等，也得到了應用。

三、福建礦冶業的經營方式

宋代礦冶業的經營方式大致可分為三類：官營、半官營及民營。官營礦冶勞動生產率低而獲利甚微，故設置甚少。民營礦冶或為百姓、商人非法私自采煉；或為政府在礦苗細微和發生饑荒時放任私采。[1]此外，王安石變法期間曾提倡過私人開採，但其數量並不多。大量存在的是半官營礦冶，又稱「官督民辦」，即在官府監督下，以私人力量進行采煉。它與官營的區別在於，政府並不直接參與生產的組織與管理；它與民營的區別在於，政府派出官員進行監督，並掌握其大部分產品的支配權。以下著重論述福建半官營與民營礦冶的生產關係。

---

1 「政和元年，張商英言：『湖北產金，非止辰、沅……其峽州夷陵、宜都縣……皆商人淘采之地』」；「靖康元年，諸路坑冶苗礦既微……悉令蠲損……」；「景祐中，登萊饑，詔弛金禁，聽民採取，俟歲豐複故。」（《宋史》卷一八五，〈食貨志下七・坑冶〉）。

「宋初，舊有坑冶，官置場、監；或民承買，以分數中賣於官。[1]」就是說，或官府設監、冶、場、務，招人采煉；或由有財力之人租下官地，進行采煉。這是宋初較普遍的兩種經營方式。大抵置監之處必有冶，設務之處多有場[2]。監、務的官員只對場、冶等生產單位起監督作用，並向其課稅、徵購，而不對其生產負責，至多不過預支給本錢而已[3]。由民承買者亦須接受官府監督。不論是被招致者還是承買者，均須預定每年采煉的數額，爾後據此數額繳納分成租，其餘的或全部或部分以官定價格賣給政府，稱「中賣」，就政府方面而言，稱「和買」或「拘買」[4]。可見，此兩種經營方式均屬半官營性質。

宋初，政府對礦冶生產的控制尚不太嚴，有時還允許民間私采[5]。對徒有虛名而課額猶存的礦場亦予以裁撤，如至道元年（995年）太宗從福建轉運使牛冕之請，下令停閉「虛有名額，並無坑井」而困擾百姓的邵武軍歸化縣金場，「工匠悉放歸農」[6]。對礦冶產品流通的控制亦不太嚴，直至慶曆初，民間興販仍頗興盛，福建從海路販往兩浙的生鐵數量相當可觀[7]，即為一例。可見此時福建官府對鐵的拘買量尚不多，否則閩鐵大量外販的情況就不可能出現。

熙、豐年間，曾實行一種「二八抽分制」的辦法，「召百姓採取，自備物料烹煉。官收二分，其八分許坑戶自便貨賣」[8]。即官

---

1 《宋史》卷一八五，〈食貨志下七・坑冶〉。

2 夏湘蓉等：《中國古代礦業開發史》，北京：地質出版社，1980年，第86、89頁。

3 《宋會要輯稿・食貨》三四中屢有「召百姓採取，自備物料烹煉」，「其告發人等坑戶，自備錢本采煉」，「檢踏官吏……支給本錢」等記載，反映了這種情況。

4 華山：〈宋代的礦冶工業〉，載《山東大學學報（歷史版）》1959年第2期。

5 「至道二年，有司言：『定州諸山多銀礦，而鳳州山銅礦複出……請置官署掌其事。』太宗曰：『地不愛寶，當與眾庶共之。』不許。」（《宋史》卷一八五〈食貨志下七・坑冶〉）

6 《宋會要輯稿・食貨》三四之一三。

7 《三山志》卷四一，〈土俗類三・物產〉。

8 《宋會要輯稿・食貨》三四之一六。

府只收取坑戶20%的產品作為稅收，其餘皆許坑戶自由發賣。又熙寧八年（1075年）曾「令近坑冶坊郭鄉村並淘采烹煉，人並相為保，保內及於坑冶有犯，知而不糾或停盜不覺者，論如保甲法」[1]。顯然，這是將保甲法推行於坑冶戶之中，而不是派官監督。可見此法實為民營法。它作為王安石變法的一項經濟政策，對礦冶生產的推動是不容忽視的。由於坑冶戶在生產上獲得了較大自由，並能支配其大部分產品，因而生產積極性大為提高，從而促使熙、豐年間的礦冶生產趨於鼎盛。全國的銅、鉛、錫產量此間均達到歷史最高水準[2]，福建的銀、鐵、鉛產量則在數年內分別增長了50.4%、3.4%和12.7%（見表2）。或稱此法「經久可行，委實利便」[3]，實非過譽。然而此法在各地推行的情況不甚一致，有的地方仍派官監督，如福州永福縣黃洋場與長溪縣玉林場分別於熙寧五年（1072年）和七年（1074年）「置監官」[4]，這些地方實行的只能算是不完全的民營法。

隨著王安石變法的失敗，礦冶民營法也被廢止了[5]。北宋末年，政府「廣搜利穴，榷賦益備」[6]，視礦冶業為彌補虧空與填塞欲壑之重要財源，對其控制變得嚴厲起來。大觀二年（1108年），令知縣、縣承兼監坑冶[7]。政和八年（1118年），「令諸路鐵仿茶鹽法榷鬻……私相貿易者禁之」[8]。而福建某些地方實行榷鐵則更早，如福州長溪縣師姑洋坑政和三年（1113年）「佃戶歲二分抽收鐵七百

1 《宋史》卷一八五，〈食貨志下七・坑冶〉。
2 將至道、天禧、皇祐、治平年間各金屬礦歲課量（見《文獻通考》卷一八，〈徵榷考五・坑冶〉）與熙、豐年間各金屬礦歲課量（見表4合計欄）相比較，即可顯見。
3 《宋會要輯稿・食貨》三四之一六。
4 《三山志》卷一四，《版籍類五》。
5 華山：〈宋代的礦冶工業〉，載《山東大學學報（歷史版）》1959年第2期。
6 《宋史》卷一八五，〈食貨志下七・坑冶〉。
7 《宋史》卷一八五，〈食貨志下七・坑冶〉。
8 《宋史》卷一八五，〈食貨志下七・坑冶〉。

斤，八分拘買二千八百斤」[1]。因「承買者立額重，或舊有今無，而額不為損」[2]，致使坑戶得不償失，故福建出現了無人承買的現象。如福州古田縣寶興場銅坑建中靖國元年（1101年）興發，「歲課六十一千五百文省，後歇，累減分數，竟無佃者」[3]。政府加強剝削與控制，已開發的礦源又不少趨於衰竭，故北宋末葉各地礦冶業便由盛轉衰了。

南宋初，政府為振興礦冶業，曾於一些地區恢復過「二八抽分制」[4]。福建有無實行，不見記載。即使有，時間亦不長，官府很快又加強了剝削。隆興初，建寧府瑞應場所產銀，官府「與坑戶三七分之，官收三分，坑戶得七分；鉛從官賣，又納稅錢，不啻半取矣」[5]。煉銀用的鉛須從官買，買鉛要納稅錢，這樣，連同「官收三分」的實物稅，剝削量是很重的。

但是，此時礦冶業的生產關係也出現了一些值得注意的變化。如北宋末年在福建個別地方出現的定額稅制[6]，此時被推廣開來。以福州長溪縣為例，坑戶有納定額稅錢的，如「東山小乾鐵砂坑，淳熙三年（1176年），佃戶歲輸錢二萬二千五百五十文省」[7]；冶戶也有按其生產能力大小而繳納不等的定額稅錢的，如該縣「高爐八，歲輸各三千一百一十七文省；平爐四，歲輸各一千九百五十文省；小爐一，歲輸一千三百文省」[8]。定額稅取代分成稅，貨幣稅取代實物稅，無疑都是一種進步。

南宋官府對礦冶業生產的監督比較嚴密。《宋會要輯稿·食貨》

---

1 《三山志》卷一四，〈版籍類五〉。
2 《宋史》卷一八五，〈食貨志下七·坑冶〉。
3 《三山志》卷一四，〈版籍類五〉。
4 《宋會要輯稿·食貨》三四之一六。
5 趙彥衛：《雲麓漫鈔》卷二。
6 《三山志》卷一四，〈版籍類五〉。
7 《三山志》卷一四，〈版籍類五〉。
8 《三山志》卷一四，〈版籍類五〉。

三四載，嘉定十四年（1221年）七月十一日臣僚所言福建某銅礦的情形，就是一個典型：「……舊來銅坑必差廉勤官吏監轄，置立『隔眼簿』、『遍次曆』，每日書填：某日有甲匠姓名，幾人入坑及採礦幾籮出坑；某日有礦幾籮下坊碓磨；某日有碓了礦末幾斤下水淘洗；某日有淨礦肉幾斤上爐烹煉。然後排燒窯次二十餘日。每銅礦千斤，用柴炭數百擔，經涉火數敷足，方始請官監視，上爐匣成銅……每日抄轉簿、曆，逐季解赴泉州稽考……」[1]這樣，坑冶戶組織和管理生產的權力受到了越來越多的限制，其生產積極性也就越來越小了。

南宋時期福建的坑冶戶又可分為兩類。一類是所謂「有力之家」，即有財力的地主豪紳。他們以租佃的方式從官府取得開採權，自備工本進行采煉，以產品賣納入官或繳納定額稅錢。[2]他們本人當然並不參加生產，是招致工匠替他們采煉的。這些工匠的情況又有不同。一種是網羅來的無業遊民和破產農民，他們除了經濟上受主人剝削之外，人身上還對其存在有一定的依附關係[3]；一種是雇來的工匠，主人對他們是付給工錢的[4]。這種「有力之家」經營的礦冶業，其內部已有一定程度的分工[5]，另一類坑冶戶本身即勞動工匠，他們

---

1 《宋會要輯稿・食貨》三四之二三～二四。

2 「官地給有力之家……自備錢本采煉，賣納入官。」（《宋會要輯稿・食貨》三四之一九）「（宋）高宗、孝宗時福州還有一些銅、鐵、鉛礦，由所謂『有力之家』的坑戶向官府承佃經營，交納定額的稅錢。」（蔡美彪等：《中國通史》第5冊，北京：人民出版社，1978年，第376頁）

3 淳熙年間舒州汪革「招合流徙」冶鐵，後來這些「逋逃群盜」還隨他起兵抗官軍（見岳珂：《桯史》卷六，「汪革謠讖」條），說明其間實有依附關係。福建的「有力之家」，與網羅來的無業遊民、破產農民之間的關係，本質上與此同。

4 廣東韶州岑水場的坑戶（相當於福建的「有力之家」）以賣銅所得錢付「雇工價」（見《宋會要輯稿・食貨》三四之二二），雖無福建礦冶業在經營中雇工付值的明確記載，但以福建礦冶業的發展水準及商品經濟發展水平均不亞於廣東，且礦冶業中已出現貨幣稅而論，雇工付值之現象當亦存在。

5 見《雲麓漫鈔》卷二所載，南宋時建寧府瑞應銀場之采煉過程；又見《宋會要輯稿・食貨》三四之二三～二四所載嘉定十四年七月十一日臣僚言福建某銅礦之生產情形。

多是「無籍之徒」[1]被官府招致，預支給本錢，進行采煉，官府拘買產品償付其值時扣除本錢[2]。

他們的生產規模比「有力之家」小得多。如淳熙元年（1174年）福州古田縣坑戶李某僅納鉛二十斤[3]，故其內部不可能有細緻的分工。官府對上述兩類坑冶戶都重加盤剝。「有力之家」由於負擔繁重的課額和貪官污吏的敲詐勒索境況愈益艱難[4]。至於本身即勞動工匠的坑冶戶其處境就更為悲慘了[5]。這樣，坑冶戶得不到實際的經濟利益，礦冶生產便失去了持續發展的動力。這就是宋代福建礦冶業無法累進地發展的根本原因。

四、福建礦冶業發展的影響

宋代福建礦冶業的發展對社會經濟所起的促進作用是十分顯著的。

首先是促進了農業的發展。鐵產量的增加，冶煉技術的進步，使得鐵農具在數量、品質上都有了很大提高，人們得以廣泛地使用優質鐵農具來興建梯田、圍海造田，從而大大擴展福建的耕地面積。元豐年間，福建路墾田已達110919頃90畝[6]。宋時福建興建水利工程之多，居全國之冠[7]，這與鐵工具的普遍使用關係甚大。

其次是促進了手工業的發展。如鑄錢業，唐時「天下爐九十九」

---

1 《宋會要輯稿・食貨》三四之二四。

2 「冶戶無力興工，許借常平司錢，俟中賣，於全價內克留二分填納。」（《宋會要輯稿・職官》四三之一四四）

3 《三山志》卷一四，〈版籍類五〉。

4 「諸處檢踏官吏大為民殃，有力之家悉從辭避……間有出備工本為官開淺……未享其利而詭徒誣脅，檢踏官吏方且如追重囚，黥配估籍，冤無所訴。」（《宋會要輯稿・食貨》三四之二三）

5 「檢踏官吏既加虐遇，而坑戶複非土著，又不及時支給本錢……一聽官吏掊剋，所得一半本錢，坯銷解放之外，尚覬餘利贍食。」（《宋會要輯稿・食貨》三四之二四）

6 《文獻通考》卷四，〈田賦考四・歷代田賦之制〉。

7 唐代福建興建水利工程僅29項，而宋代竟達402項，遠遠超過其他各路。見李劍農：《宋元明經濟史稿》，「唐至宋水利事業發展表」，北京：三聯書店，1957年，第18頁。

以鑄錢，福建並無一處[1]。入宋後，太平興國五年（980年）「泉州青陽鐵冶大發」，轉運使遂「置鐵錢務於泉」[2]；八年（983年），朝廷又「令於建州鑄大鐵錢」[3]。咸平二年（999年），更正式設豐國監於建州[4]，其為宋初全國四大銅錢監之一[5]，年鑄銅錢量為二十萬貫至三十四萬貫不等[6]。南宋初，四大監中的江州廣寧和池州永豐均被裁併，而豐國監鑄錢量仍頗為不少[7]。福建鑄錢業的歷久不衰，實得益於各種鑄幣金屬的源源供應。又如造船業，宋時福、泉等地所造大船既多且好[8]，獲得了「海舟以福建為上」[9]的美稱。發達的造船業正是依靠礦冶業所提供的鐵來製造錨、釘以及兵船上的鐵甲的。

再次是促進了商業的繁榮。北宋時，「福建路產鐵至多，客販遍於諸郡」[10]。「自來不產鐵」的兩浙即仰賴「福、泉等州轉海興販」[11]。到了南宋，「福、興、漳、泉四郡，全靠廣東以給民食」[12]，「米船不至，軍民便已乏食，糴價翔貴，公私病之」[13]。這說明，礦冶業等手工業的發展吸納了大量非農業勞動人口，從而使福建逐漸成為商品糧的消費地區。總之，礦冶業在促進福建商品經濟的發展，在加強福建與其他地區的商業聯繫從而促進區域性市場的形成方面，都起了重要的作用。

---

1 《新唐書》卷五四，〈食貨志四〉。
2 《宋史》卷一八〇，〈食貨志下二・錢幣〉。
3 李燾：《續資治通鑒長編》卷二四。
4 王應麟：《玉海》卷一八〇，《錢幣》。
5 《文獻通考》卷九，〈錢幣考二・歷代錢幣之制〉。
6 《文獻通考》卷九，〈錢幣考二・歷代錢幣之制〉；又見《宋會要輯稿・食貨》一一之一～三。
7 《文獻通考》卷九，〈錢幣考二・歷代錢幣之制〉。
8 見徐兢：《宣和奉使高麗圖經》卷三四；《宋會要輯稿・食貨》五〇之一三；之二二。
9 徐夢莘：《三朝北盟會編》卷一七六。
10 李心傳：《建炎以來系年要錄》卷一七七，紹興二十七年紀事。
11 《三山志》卷四一，〈土俗類三・物產〉。
12 真德秀：《真文忠公文集》卷一五，〈申尚書省乞措置收捕海盜〉。
13 真德秀：《真文忠公文集》卷一五，〈申樞密院乞修沿海軍政〉。

最後是促進了對外貿易的發展。宋時金銀銅鐵及其製品已成為福建出口的重要商品。銅錢更被私商大量運往海外，有時一次就用船載十餘萬緡入海[1]。南宋後期，泉州淩駕於廣州之上而成為全國第一大港，各國海船輻輳，盛極一時，福建的海外貿易進入了鼎盛時期。礦冶業既為對外貿易提供了出口商品，又為其提供了貨幣手段，實為福建海外貿易發達的重要原因之一。

總而言之，宋代福建經濟的巨大進步，實與該地區礦冶生產的迅速發展有著密切的關係。

（原載《福建論壇》1983年第2期）

1　李心傳：《建炎以來系年要錄》卷一五〇，紹興十三年紀事。

三 明清和近現代浙閩粵的社會經濟與文化

明中葉浙閩礦工農民起義與資本主義萌芽

明朝正統年間浙南閩北[1]的礦工農民起義，是封建社會晚期發生於商品經濟較為發達地區的一場起義鬥爭，因而有別於舊式的農民起義。將這次起義置於當時的社會經濟背景之下加以考察，並進而分析起義領導者和參加者的情況，可以發現這次起義與資本主義萌芽的出現有密切的關係。研究這一地區性民眾鬥爭的前因後果，亦有助於我們認識封建時代社會經濟發展的不平衡性和曲折性。

明正統九年至十四年（1444—1449年）葉宗留領導的礦工起義與鄧茂七領導的農民起義，波及浙、閩、贛三省，而以浙南、閩北、贛東北為活動中心。明朝政府用了很大的力量才將這次起義鎮壓下去。為節省篇幅、集中地討論問題，本文在分析起義的社會經濟背景時，主要討論浙南閩北的有關情況。

浙南、閩北同屬東南丘陵這一地理單元，有的學者且把歷史時期的浙江南部、福建及廣東東部劃歸同一個經濟區[2]。無論如何，浙南、閩北的自然地理環境與社會經濟生活確有其共同之處。以丘陵

1 本文所指的浙南閩北地區，包括明代浙江的溫州府、處州府及衢州府南部；福建的邵武府、建寧府、福寧府、福州府、延平府及汀州府北部。

2 G. W. Skinner：The Structure of Chinese History，Journal of Asian Studies，Vol.44，No.2，1985，2.

山地為主的這一地區，固然有其比較閉鎖的一面，但因其具有資源豐富的優越條件，卻也呈現出商品經濟較為發展的另一面。在此基礎上，本地區社會經濟新因素的端緒，借葉、鄧起義而得到了表現。

葉宗留出身礦工，「常為礦盜」[1]；鄧茂七亦「嘗盜冶」[2]，也有盜礦的經歷。而葉宗留率領的起義隊伍，其主要成分乃是礦工，鄧茂七的隊伍中也有一些爐丁、礦工。這便提示我們應該首先注意浙南閩北的礦業經濟。

歷史時期浙南閩北是一個礦業經濟發達的地區。這裡礦物資源豐富，其銀、銅礦分布區，早在唐代就已經開採，到了明初，這個地區內的銀礦坑冶星羅棋布。這裡的多金屬礦群，雖然礦體都不大，但礦石含銀量都很富[3]。宋代福建路的銀產量一直居全國首位，銅、鉛的產量也不小。地處閩北的建州、南劍州、邵武軍所產的各種金屬礦則占了福建路的大部分[4]。宋代兩浙路的礦冶業雖不如福建路興盛，卻也頗具規模。明代浙閩礦冶業繼續發展，明前期浙南閩北銀的產量占了全國很大一部分（詳下文）。

浙、閩兩省山區多平原少，人口多耕地少，大批勞動人手從農業中游離出來，因此經濟結構中非農業成分占有相當大的比重。其中礦冶業又特別突出。誠如顧炎武所說：「閩地負山濱海，平衍膏腴之壤少而崎嶇磽確之地多……民之貨出於物產而尤取資於坑冶……非獨民賴以生，而土貢財賦亦由是而出焉。」[5]明代史書亦曰：「浙江處州山多田少，民無以為生，往往於福建、江西諸銀、鐵、鉛場盜

1 《天下郡國利病書》卷九〇，〈浙江八〉。
2 《天下郡國利病書》卷八二，〈江西四〉。
3 夏湘蓉等：《中國古代礦業開發史》，北京：地質出版社，1980年，第292~298頁。
4 陳衍德：〈宋代福建礦冶業〉，載《福建論壇》1983年第2期。
5 《天下郡國利病書》卷九一，〈福建一〉。

采……」[1]於本省境內採礦者亦不少。浙南其他州府也有這種情況。宋元以來浙、閩兩省的商業及海外貿易均較發達，對貨幣的需求甚大，因而作為貴金屬的銀便備受重視。早在宋代，「緡錢已不能獨占法幣之地位，其地位且將由銀取而代之也」[2]。到了明英宗即位之後，「弛用銀之禁，朝野率皆用銀，其小者乃用錢，鈔壅不行」[3]。白銀成了主要的貨幣。此等情況都大大刺激了浙、閩兩省銀的生產，使銀的開採冶煉在浙南閩北的礦業經濟中占有突出的地位。

當明朝前期出現了中國封建社會最後一個采銀高潮時，主要銀場乃分布於浙、閩、川、滇四省。而景泰以前以開採浙、閩銀礦為主。浙、閩銀礦又多集中於浙南、閩北一帶。「福建尤溪縣銀屏山銀場局爐冶四十二座，始於洪武十九年（1386年），浙江溫、處、麗水、平陽等七縣，亦有場局」，「永樂間……又開福建浦城縣馬鞍等坑三所」[4]。以後又不斷增多。此間浙閩主要銀礦場分布於溫州、處州麗水岩泉山、平陽、青田、景寧鶴溪鎮、泰順；尤溪銀屏山、浦城馬鞍、政和、松溪、南平、寧化、將樂、沙縣等處，其地理位置多屬浙南閩北。

景泰以前，浙閩銀產量在全國一直名列前茅，且占很大比重。現將洪武至正統間浙閩歲課銀列表如表1。

表1顯示，洪武至宣德間浙閩銀課額處於上升趨勢，其實際產量當亦有所增加。正統年間因盜礦、起義不斷發生，故銀課額有所下降。《明英宗實錄》缺正統六年至八年全國銀課額之記載，究其原因，恐怕也是當時浙閩銀礦變亂之故。可見二省銀產量在全國占有

---

1 《明實錄・英宗實錄》卷一五二。

2 李劍農：《宋元明經濟史稿》，北京：三聯書店，1957年，第82~83頁。

3 《明史》卷八一，〈食貨志五・錢鈔〉。

4 《明史》卷八一，〈食貨志五・坑冶〉。

表1 洪武至正統間浙閩歲課銀

地區／歲課銀及比重／年代	浙江		福建	
	歲課銀（兩）	在全國所占比重（%）	歲課銀（兩）	在全國所占比重（%）
洪武年間（1368—1398）	2800	11.5	2670	10.7
永樂年間（1403—1424）	82070	36.9	32800	14.7
宣德年間（1426—1435）	94040	29.9	40270	12.8
正統九年（1444）	41700	62.1	21120	31.4

注：浙閩兩省歲課銀數額均據《欽定續文獻通考》卷二三，〈徵榷考六・坑冶〉，其於全國所占比重，據《明實錄》所載全國歲課銀總額計算得出。

舉足輕重的地位。如表所示，正統九年二省銀課額合計占全國93.5%，比例不可謂不大。浙閩兩省歲課銀大部分又出自浙南閩北。處州府麗水等縣、溫州府平陽等縣，洪武年間歲辦銀2870餘兩，永樂年間增至77050餘兩，宣德年間又增至87500餘兩，正統年間減為38930餘兩[1]，分別占同時期浙江歲課銀之大部乃至全部。閩北歲辦銀雖缺乏系統的統計資料，但從個別銀礦的數額來推測其總額，當亦不小。如建陽縣武仙山銀坑歲辦銀1300餘兩[2]；尤溪縣銀屏山銀礦歲辦銀2100兩[3]。閩北諸州縣幾十處銀礦的數額加起來，恐亦占福建歲課銀之大部。

明代浙閩兩省的采煉技術亦較發達。曾任浙江參政的明朝士大夫陸容記載了當時礦業生產的情況：探礦、開採、選礦、冶煉等各道工序都有明確的分工，每道工序又進一步細分為幾個步驟進行，如銀的冶煉分四個步驟：從礦石中選精礦；把真礦變成窖團；把窖團變成鉛駝；從鉛駝中提出純銀。各道工序多有採用先進技術的，如採礦，

1 《西園聞見錄》卷九二，〈工部六・坑冶〉。
2 《明大政纂要》卷二三。
3 《欽定續文獻通考》卷二三，〈徵榷考六・坑冶〉。

「舊取礦攜尖鐵及鐵鎚，竭力擊之，凡數十下，僅得一片。今不用鎚尖，唯燒爆得礦」[1]。

這是利用熱脹冷縮的原理，火燒水潑，加快礦石的剝落。近年對浙南遂昌明代銀礦洞——黃岩坑的實地考察，不僅證實了史籍中的有關記載，如採礦中的「燒爆法」等，而且提供了更多的實物佐證，展示出當時礦業生產的先進技術，如運用龍骨水車分級連續揚水的礦洞排水法，以及一系列巧妙的礦洞通風、照明、排碴、運礦的方法[2]。在技術發展的基礎上，明代浙南不少礦冶生產規模宏大，人數眾多，各司其責：「凡取礦先賃地脈租賃他人之山，入穴深數丈，遠或至一里。礦盡又穿他穴……既得礦，必先烹煉，然後入爐。煽者、看者、上礦者、取鉤沙者、煉生者，而各有其任，晝夜番換約四五十人。若取礦之夫、造炭之夫，又不止。是故一爐之起，厥費亦重」[3]。閩北礦冶生產技術在宋代已有引人注目的進步[4]。爰至明代，閩北礦冶業中也不乏生產規模大、分工細密的工廠作坊。如萬曆時政和知縣車鳴時在《申革爐議》中說：「今據爐戶何浦、程正大等告：起鐵爐二座於東平等處……每爐一座，做工者必數十百人，有鑿礦者、有燒炭者，有煽爐者。其餘巡爐、運炭、運礦、販米、販酒等役，亦各數十人。是以一爐常聚數百人。」[5]所說雖為萬曆年間事，但從發展的眼光看問題，不能說早些時候這裡就完全沒有此類工廠作坊。

上述明代浙南閩北礦冶業生產力的狀況告訴我們，該行業已經具備了產生資本主義萌芽的物質條件。因為生產技術的進步、生產

---

1 《菽園雜記》卷一四。

2 〈宋明時期遂昌銀礦洞——黃岩坑調查記略〉，載《杭州大學學報（哲社版）》1978年第4期。

3 《天下郡國利病書》卷八八，〈浙江六〉。

4 陳衍德：〈宋代福建礦冶業〉，載《福建論壇》1983年第2期。

5 道光《政和縣志》卷一〇，〈文藝〉。

規模的擴大、分工的發展，乃是資本主義性質的工廠手工業產生的歷史前提。下面我們進一步考察明代浙南閩北礦冶業生產關係的諸問題。

浙閩兩省，尤其是浙南閩北，礦業經濟發達，而產銀尤多，明朝政府必然嚴加統制。礦業生產乃屬於商品經濟體系，而商品經濟能對封建的自然經濟起分解作用。封建政權基於這一點，是反對開發礦業的。但是商品經濟的發展刺激了封建主的享樂欲望，對於貴金屬的追求又促使其發展礦業。明朝政府對銀礦時開時禁，對開採亦多方干涉控制，根本原因乃在於此。明初官府對銀礦的統制較松，偶爾也允許民間開採，但要繳納實物稅，如「永樂間，福建尤溪縣民朱得立於山開坑采銀，歲納三十六兩」[1]。後來官府統制漸嚴，銀礦均歸官辦，如上述尤溪縣鐵礦，「宣德間設官局」，銀礦一般不得民營。正統年間，統制愈加嚴厲，「正統三年（1438年）定私煎銀礦罪，凡福建、浙江等處軍民私煎銀礦者，處以極刑，家口遷化外，其遁逃不服追問者，調官軍剿捕。至五年（1440年），又定聚眾偷挖者，發雲南邊衛充軍」[2]。正統以前，官辦銀礦中的民丁礦夫尚是招募而來。正統以後，則改為徵發：或按戶抽丁，編為礦夫，或將農戶編為坑戶，這些都是貧苦農民，而富戶則為礦頭或坑首，負責指揮和管理。官府又派員前往督辦，稱為提督。正統九年（1444年）浙江按察使等奏：「複開銀場雖一時之利，然凡百器具皆出民間，恐有司橫加科斂……」[3]可見礦夫、坑戶要自備生產工具，其負擔是很重的。隨著官府對銀礦的統制漸嚴，其對礦夫、坑戶的盤剝亦愈加厲害。官府不問實際的開採情況如何，要礦夫、坑戶繳納定額的銀課。經過長年開採，「各場所產，有僅足額者，

1 《明大政纂要》卷二三。
2 《欽定續文獻通考》卷二三，〈徵榷考六・坑冶〉。
3 《欽定續文獻通考》卷二三，〈徵榷考六・坑冶〉。

有不足額者，有礦盡絕者」，然而在朝廷的嚴令之下，「閘辦官督令坑首、冶夫納課，不敢稍失歲額，賠累之民，富者困敝，貧者逃亡」[1]。官吏責成礦頭，礦頭又責成礦夫，真正吃虧的是無錢無勢的礦夫。如正統十四年（1449年）五月福建建陽縣耆民林惠奏：「本縣武仙山銀坑，年遠湮塞，比因本縣里長虛報額辦課銀一千三百餘兩，俱是煎夫甲首賠納。乞於原額減除什五，以甦民困。」[2]前述洪武至宣德間浙閩兩省銀課直線上升，正是在這種背景下實現的，故史稱「自是地方竭而民不堪矣」。正統年間因坑冶變亂不斷，一度禁采。而後英宗又「命（王）質往經理，合福建歲課銀二萬一千一百二十餘兩，浙江四萬一千七百餘兩，雖較宣德時減半，而較洪武時已增十倍矣！至內外官屬供億費殆過公稅，厥後民困而盜眾」[3]。

浙南閩北的礦業經濟受到明朝政府統制和盤剝的嚴重束縛，然而商品經濟畢竟有其自身的發展規律，必定會尋找機會表現自己。當生產者對封建生產關係的承受程度超過了極限，就會以某些薄弱環節為突破口，尋求生存和發展。因此，明中葉浙南閩北不堪盤剝的礦工紛紛逃亡，他們失去了生活的手段，於是逃向深山大谷，利用自己所擁有的工具及掌握的技術，偷掘礦坑，盜採礦物。「溫、處二府嚴水、青田、里安、平陽等縣，鯤村、浮雲、沐溪、羅洋等處，僻在萬山，產有銀礦，頑民自置兵器，偷礦爭坑」，「偷礦之徒置有皮甲、筅帚、刀鉤、叉撐」[4]。處州盜礦尤烈，史稱「處州多銀坑，民無賴者並緣為奸利」[5]；「處州人善煉礦，以強悍聞」[6]。他們不僅盜采本地礦

1 《欽定續文獻通考》卷二三，〈徵榷考六・坑冶〉。
2 《明大政纂要》卷二三。
3 《欽定續文獻通考》卷二三，〈徵榷考六・坑冶〉。
4 《西園聞見錄》卷九二，〈工部六・坑冶〉。
5 《鴻猷錄》卷一〇，〈平處州寇〉。
6 《天下郡國利病書》卷八七，〈浙江五〉。

坑，如「永豐有銀場，處州民盜發之」[1]，而且足跡遍及四鄰，如福建松溪、政和等處礦坑均常被其盜采。盜礦活動又吸引了成千上萬失去土地的流民。於是，礦工與流民結合在一起，盜掘礦坑，並抗拒官兵的剿捕。如上述處州永豐銀礦一度「聚數千人，將士憚其驍獷，不敢剿」[2]。

正統年間，浙南閩北礦區小規模的衝突不斷發生，終於釀成了葉宗留領導的大規模的礦工起義，隨後又有鄧茂七領導的農民起義與之呼應。起義首先以武裝盜礦的形式在浙閩邊區爆發：「正統七年十二月，麗水盜陳善恭、慶元盜葉宗留合眾盜福建寶峰場銀冶，命浙江、福建有司捕治之」[3]。起義鬥爭的爆發源於封建生產關係的嚴重束縛，而社會經濟中，特別是礦業經濟中新的生產關係的萌芽，則借此機會得到了表現。下面我們就從起義鬥爭的領導者與參加者的情況入手，對這一問題加以分析。

葉宗留「常為礦盜，習武藝。後充處州府隸役，官有遠行者，輒用之以自衛。積久玩肆多不法，恐見收逮，遂率眾為亂」[4]。出身礦工的葉宗留曾為礦盜，充官府隸役後又曾四出遠行過，因此他的思想意識不同於一般農民。他率眾武裝盜礦，並非因生活所迫，而是出於一種發財的欲望。正統十二年（1447年）二月，「葉宗留盜掘小（一作少）陽坑，雇礦手二百餘人，開坑大作，官不能禁」[5]。顯然，在此之前，他非但不是貧困之人，而且積有些許錢財，否則無法雇傭這許多人手。這種有財力之人聚眾開礦並與官府對抗的事，並非明代才有，前代也出現過。問題在於，葉宗留的所作所為是否具有新的意義？試

1 《明史》卷一七二，〈張瓚傳〉。
2 《明史》卷一七二，〈張瓚傳〉。
3 《明史紀事本末》卷三一，〈平浙閩盜〉。
4 《天下郡國利病書》卷九〇，〈浙江八〉。
5 《西園聞見錄》卷九二，〈工部六・坑冶〉。

將葉宗留起義與南宋淳熙八年（1181年）舒州鐵冶主汪革起兵抗官軍一事加以比較對照，或許可以從中找到答案。

汪革「本嚴遂安人……以財豪鄉里……聞淮有耕冶可業，渡江至麻地，家焉……有山可薪，革得之，稍招合流徙者，治炭其中，起鐵冶其居旁。又一在荊橋……別邑望江有湖，地饒魚蒲，複佃為永業。凡廣袤七十里，民之以漁至者數百戶，咸得役使。革在淮仍以武斷稱」[1]。可見汪革本人既是鐵冶主，又是稱霸一方的豪強地主。他對待那些「招合」來從事採礦冶煉的人，必然像對待那些漁戶一樣，也採用「役使」的方式。礦冶工匠與汪革的關係，乃是封建的依附關係。當汪革起兵抗拒官軍時，「分命二子往起炭山及二冶之眾。炭山皆鄉農，不肯從，爭迸逸。惟冶下多逋逃群盜，寔從之」[2]。可見汪革手下這些手工工匠當中，有一部分並未完全與土地脫離關係，然而也不能自由地離開鐵冶主，因此既不願跟著造反，就只能逃逸而去；另一部分則完全處於附屬地位，其所以跟著造反，實為封建從屬關係所支配，不得不如此。

將葉宗留與汪革加以比較對照，我們可以發現在他身上以及在他與手下工匠的關係中，具有一些新的因素：第一，葉宗留本身不是封建主，卻擁有一些資本，且具有商人的思想意識，因而具備了早期資產者的身分。第二，以葉宗留當時的地位和處境，他是無法強迫「礦手」們為他勞動的，也無法使他們與自己結成強固的封建從屬關係，因此他與他們的關係只能是自由的雇傭關係。而那些「礦手」則是勞動力的出賣者，並且還可能是對開礦有經驗的工匠。可見葉宗留實行的是新的經營方式。第三，既然「礦手」們是來去自由的勞動力出賣者，那麼他們跟隨葉宗留盜礦並抗拒官軍，就不是被迫的、受到裹脅

1　岳珂：《桯史》卷六，〈汪革謠讖〉。
2　岳珂：《桯史》卷六，〈汪革謠讖〉。

的，而是比較自願地參加進來。這樣，他們的鬥爭就具有了早期無產者協助雇主反抗封建主的性質。除此之外，還有一點，在葉宗留起義中提出了礦場「聽我採取」[1]的口號，也完全不同於農民的要求，而具有市民階級要求衝破封建束縛發展經濟的意向。以上諸點中，最重要的是葉宗留與「礦手」們的關係是自由的雇傭關係這一點。馬克思指出：「直接生產者、勞動者，只有當他不再束縛於土地，不再隸屬或從屬人的時候，才能支配自身」[2]，而「只有在工人有人身自由的地方，國家範圍內的雇傭勞動，從而還有資本主義生產方式，才是可能的」[3]。至此我們可以得出結論：葉宗留與「礦手」們的關係，已經具有資本主義生產關係萌芽的性質。

葉宗留起義震動了浙閩兩省，明政權在福建以組織農民、強化農村統治去對付他們，卻因而觸發了鄧茂七起義。鄧茂七幼年至青年一直在江西建昌等地過著浪蕩的生活，並且也有過盜礦的經歷：「廣信、上永二縣所轄銅塘、平洋地方……正統中閩賊鄧茂七等蓋嘗盜冶其中」[4]。後來因為殺了人，他逃到福建寧化，一面為人佃耕，一面經營一點小商業，與陳政景「聚眾為墟，集會常數百人，巡按御史柴之顯立為會長，遠近商販皆諂焉」[5]。後來又到了沙縣，正值官府為防範葉宗留起義波及閩北，「編鄉民為什伍，茂七與弟茂八皆編為長」[6]。鄧茂七率眾起義的直接原因是反抗地主的超租額剝削和超經濟強制：「鄉舊有例，佃人之田者，歲還租穀外，有雞鴨之類，以饋田主，辭曰冬牲。茂七倡鄉人革之，田主不敢與之較。既而又倡議，以為鄉民佃田，其合還之租，各令田主自負腳

---

1 《明大政纂要》卷二三。
2 《馬克思恩格斯全集》第23卷，北京：人民出版社，1972年，第783頁。
3 馬克思：《剩餘價值理論》第3冊下，北京：人民出版社，1975年，第476頁。
4 《天下郡國利病書》卷八二，〈江西四〉。
5 《沙縣志》卷二，〈大事記〉。
6 《明史紀事本末》卷三一，〈平浙閩盜〉。

力，擔負以歸，不許輒送其家。田主因訴縣逮之，茂七等率眾拒捕不服」[1]，終於走上武裝抗擊官軍的道路。以鄧茂七的經歷及當時的社會情況來看，起義又有其更為深刻的政治經濟背景，那就是：鄧茂七代表著發展商品經濟的新生勢力的變革要求，而反對超租額剝削和超經濟強制是這一變革行為的前提條件，也是過渡到資本原始積累的起碼條件。這一點恰恰和葉宗留的武裝盜礦歸結於同一社會根源，使兩宗起義事件之間產生了有機的聯繫。這樣一個受社會發展規律支配的運動，就直接說明了鄧茂七何以從被支配、被利用來反對葉宗留而變成與葉宗留相呼應、相聯合。

起義的領導者鄧茂七兼有礦盜和商人的本色，那麼起義的參加者情況又如何呢？起義隊伍開始無疑是以農民（特別是佃農）為主，而隨著起義的發展，各種成分的人亦相繼加入，「凡遠近至者，皆附其黨」[2]，「他縣遊民，皆舉金鼓器械應之」[3]。特別值得注意的是，手工場主率領的城鎮居民和手工業工人的隊伍踴躍加入起義軍。如尤溪爐主蔣福成因不堪福建參政宋彰的「貪漁」與「課外索賂」，率領爐丁、市民、「無賴」、農村貧民等，佔據尤溪縣城[4]，「與茂七聲相聞」，繼而「與茂七合」[5]。可見這次起義的參加者也不完全等同於以往的農民起義。

儘管尚無證據顯示鄧茂七與其手下人具有某種新型的關係，但是鄧茂七以商販集會的方式與封建統治者進行公開合法的鬥爭，卻是資本主義萌芽時期新的鬥爭方式，他反對封建土地所有制所派生出來的特權，反對給地主「送租」的勞役及「冬牲」的剝削，也

1 《天下郡國利病書》卷九二，〈福建二〉。
2 《天下郡國利病書》卷九二，〈福建二〉。
3 《全邊略記》卷一一。
4 《皇明世法錄》卷八二，〈平福建寇〉。
5 《明史紀事本末》卷三一，〈平浙閩盜〉。

是資本主義萌芽因素滲透到農村，地主與佃農的關係發生變化的反映；手工工廠主、手工業工人、市民等加入鄧茂七的隊伍，也說明他代表了他們的利益，而這些人正是資本主義萌芽產生的社會基礎。因此，鄧茂七起義與資本主義萌芽的出現之間，也蘊含著某些若隱若現的關係。

以上我們從明中葉浙南閩北礦工農民起義的領導者與參加者入手，分析了資本主義萌芽是如何借助這次起義鬥爭的機會得到表現的。必須指出，本文所論述的浙南閩北社會經濟，尤其是礦業經濟中的資本主義萌芽的出現，決非孤立的偶然的現象。如果把它置於更為廣闊的社會經濟背景之下加以考察，就不難發現它具有普遍的意義，並且是社會發展的必然結果。明中葉以來在江南的手工業中首先出現了資本主義萌芽，以後這一萌芽歷盡艱難，相繼在更廣大的地區、更多的社會經濟領域中產生。這符合封建社會被資本主義社會取代的必然規律。只是浙南閩北與蘇南浙北的自然資源、產業結構不同，因此資本主義萌芽不是首先從紡織業中產生，而是首先從礦冶業中產生，這是其特殊性。並且，礦冶業既和其他手工行業一樣，屬於商品經濟體系，又獨具某些產生新的生產關係萌芽的有利條件：生產規模大，技術要求高，分工較細密，生產地點偏僻，不易為封建政府控制，具有商人本色的礦主只能雇傭自由出賣勞動力的礦工和流民從事采煉。透過明中葉浙南閩北礦冶業的資本主義萌芽之特殊性，看到其中所包含的普遍意義，才能使我們更清楚地認識到這一現象所反映出來的歷史必然性。至於浙南閩北農業經濟中的資本主義萌芽，則是在更遲一些才出現的。這是因為「資本主義生產方式開始於手工業，只是到後來才使農業從屬於自己」[1]，且「資本主義之滲入農業是特別緩慢的」。[2]

1 馬克思：《剩餘價值理論》第3冊下，北京：人民出版社，1975年，第443頁。
2 《列寧全集》第3卷，北京：人民出版社，1963年，第148頁。

所以明中葉浙南閩北礦工農民起義所反映出來的，主要是手工業中資本主義萌芽的生長。而這次起義與農業資本主義萌芽的關係，只能說起義鬥爭為農業資本主義萌芽的生長開拓了道路。

中國資產者和無產者的前身既已出現，本應進一步發展壯大。然而整個社會經濟並沒有為此提供必要的條件。在封建統治的重壓下，它們不是先天不足，就是走向夭折。葉宗留及其「礦手」們以開礦求生存發展的企圖破滅後，逐漸向流竄、劫掠這方面發展，其目標轉而為推翻現政權。這樣，他們也就走向以往農民戰爭的老路，而起義最初具有的新的意義也就消失殆盡了。處於同一時代條件之下的鄧茂七起義軍，也不可避免地走上失敗的道路。儘管如此，終明一代，浙閩兩省的盜礦之風仍蔓延不息。傅衣淩先生指出：「明代中葉以後中國各地『盜礦』鬥爭的劇烈與地主階級的一再反對開礦，實質上反映出這麼一個問題：地主階級不讓農民自由離開土地，而礦商和礦夫為爭取這個自由，常採取盜礦的形式進行鬥爭，其結果每以礦商失敗而告終。這不足以證明明代中葉以後沒有出現資本主義雇傭勞動的萌芽，而只是說這一種新因素尚是很脆弱的，禁不起封建勢力的摧殘，所以它的生產形態也是不夠完全的。」[1] 封建時代社會經濟發展的曲折性，於此可見一斑。

另外，中國幅員廣大，有的地區發展較快，絕大多數地區則仍是非常閉鎖的自給自足的經濟單位，因此新的生產關係的萌芽之在全國各地就呈現出一種犬牙交錯、參差不齊的狀態。明中葉浙南閩北礦工農民起義既未得到相鄰地區的廣泛回應，葉、鄧兩股義軍之間亦未實現事實上的聯合，故封建史家慶幸道：「所幸者，閩寇自閩，浙寇自浙，地雖旁掠，勢不交通，取虞取虢，此成擒耳。」[2] 葉、鄧兩股

1　傅衣淩：〈我對明代中葉以後雇傭勞動的再認識〉，載《歷史研究》1961年第8期。

2　《明史紀事本末》卷三一，〈平浙閩盜〉。

義軍雖有聯合起來共同行動的思想基礎，卻未能實現之，終被各個擊破，其根本原因乃是「中國的強大的封建勢力切斷了各地區之間的經濟聯繫，加強了分割性與區域性，把一切活動停留於地方性的範圍之內，於是封建勢力包圍中的資本主義萌芽因素便成為孤島，而處於孤立無援之境」[1]。封建經濟的地區性與不平衡性的特點，亦於此可見一斑。

明中葉以後工商業的發展，一方面產生了脫離了土地的勞動力出賣者，一方面又產生了從事新的經營方式的作坊主和商人，他們與封建統治者之間的矛盾衝突越來越尖銳，終於演化為一系列手工業工人與市民的反封建鬥爭。浙閩礦工農民起義從性質上說應屬於這類鬥爭。由於這次起義尚屬此種具有新的性質的鬥爭之初級階段，所以在活動空間上仍以農村為主，在鬥爭形式上仍未能從農民起義的模式中脫胎出來，因而仍帶有許多舊式農民武裝鬥爭的印記。儘管如此，發生於資本主義萌芽時期、反映了新的生產關係因素的這一次起義鬥爭，仍應引起我們的重視並予以深入研究。

（原載《中國社會經濟史研究》1993年第3期）

民國時期華僑在廈門經濟生活中的作用

在鴉片戰爭後中國被迫開放的東南沿海五個通商口岸中，廈門具有明顯的特點。首先，「同外貿相比，對廈門城市發展影響更大的是廈門及福建南部持續不斷地向海外移民」。其次，廈門是「中國東南沿海城市中一個典型的消費型商業城市」[2]。而後者是由前者

1 傅衣凌：〈關於中國資本主義萌芽的若干問題的商榷〉，載《文匯報》1961年12月21日。
2 張仲禮主編：《東南沿海城市與中國近代化》，上海：上海人民出版社，1996年，第17頁。

派生出來的，因為僑匯及華僑出入國與消費生活之間、華僑投資與城市建設及工商業之間，都有極大的相關性。因此，如果沒有華僑這一因素，近代廈門的經濟生活會是一個什麼樣子，將是很難想像的。過去的研究大多將重點放在華僑在廈門的投資方面，而本文將注重華僑在整個經濟生活中的作用。經濟生活是由生產、流通、消費諸環節組成的，因而本文將注意從宏觀上把握華僑對經濟生活諸領域的綜合影響。至於為什麼選擇民國時期的廈門作為研究對象，那是因為這一時期是華僑在經濟生活中最活躍的時期，尤其是抗戰前的十幾年當中。

一、華僑在民國時期廈門消費生活中的作用

消費是經濟生活諸環節的終點，又是其起點，沒有消費就沒有生產和交換，前者對後二者起著促進或阻滯的作用。由於近代廈門是中國最大的華僑出入口岸之一，過往的華僑在廈門有著龐大的消費；又由於華僑資金的流入以僑匯（華僑用以贍養國內親屬的匯款）為最主要形式，而廈門又是僑匯最主要匯入地之一，所以華僑對廈門消費生活的影響，實超過對其他經濟領域的影響。這也是近代廈門之所以成為一個典型的消費型商業城市的主要原因。

必要消費是城鄉居民維持生活的基本消費，因而華僑對廈門居民必要消費的影響，最能說明華僑在廈門消費生活中的作用。廈門居民中有一部分為華僑眷屬（僑眷）和回國定居的原華僑（歸僑），他們的生活主要靠僑匯，僑匯決定了他們的消費能力。據1957年的統計數字，廈門市有僑眷、歸僑4萬人，占本市居民總數的13.47%[1]。民國時期雖無此類統計數字，但據其他資料，再參考上述1957年的資料，可推測一個大概。據1912—1921年的廈門海關十年報告，廈門及周圍地

1　林金枝等：《近代華僑投資國內企業史資料選輯（福建卷）》，福州：福建人民出版社，1985年，第26頁。

區人口的估計數之中間值為80萬[1]。民國時期歸僑、僑眷所占人口比例較新中國成立後為大，一是因為民國時期移居海外的人數遠較新中國成立後為多，所以僑眷也就多；二是因為此間歸僑人數也相當多，如清末民初由廈門前往南洋各地的移民之回歸率約為50%至65%[2]。若按總人口的15%計算（這是比較保守的），則20世紀20年代前期廈門及周圍地區的僑眷、歸僑大致為12萬人。又據鄭林寬《福建華僑匯款》一書中的資料，1905—1926年間，廈門華僑匯款年均為1220萬美元[3]，按上述20世紀20年代前期廈門歸僑、僑眷人口推算出其戶數為24000戶（每戶以五口計），則每戶每年平均收到僑匯約為508美元。又據筆者對廈門市郊12個自然村的調查，民國時期每戶僑眷每月收到的僑匯，少者為20～30銀元（約當5.9～8.85美元），多者為200～300銀元（約當59～88.5美元）[4]。據此則每戶僑眷年均收到僑匯為486.75美元，與上述平均數極為接近。來自文獻的資料與得自實地調查的資料十分接近，說明它們是比較可信的。

由於僑匯的緣故，僑眷的生活水準便高於一般居民，因為「僑匯使用主要是消費性的」[5]。據陳達於20世紀30年代對閩南和粵東僑鄉的調查，非華僑家庭和華僑家庭生活消費的恩格爾系數（食品支出占消費支出的比重）分別為65.13%和60.09%，而後者用於食品消費的開支是前者的2.5倍以上[6]。這說明僑眷的生活水準高於一般

1 廈門市志編纂委員會等：《近代廈門社會經濟概況》，廈門：鷺江出版社，1990年，第367頁。

2 廈門市志編纂委員會等：《近代廈門社會經濟概況》，廈門：鷺江出版社，1990年，第358頁。

3 廈門市檔案局等：《近代廈門經濟檔案資料》，廈門：廈門大學出版社，1997年，第634頁。

4 調查時間為1991年11月至1992年2月。12個自然村是：後坑、祥店、寨上、高林、鐘宅、仙嶽、蓮阪、呂厝、殿前、何厝、前埔、嶺兜。銀元與美元的比價，據孫健：《中國經濟史・近代部分（1840—1949）》，北京：中國人民大學出版社，1989年，第443～444頁。

5 章振乾等：〈福建主要僑區農村經濟探論〉，載《廈門大學學報（社會科學版）》，1957年第1期。

6 陳達：《南洋華僑與閩粵社會》，上海：商務印書館，1938年，第110～111頁。

人，亦即其消費能力高於一般人，從而其對消費經濟的影響也大於一般人。換言之，其人均（或戶均）消費高於一般人，因而其消費的變動也就對消費經濟產生更大的影響。如民國時期廈門綢布的銷路，隨著僑匯的增減所導致的僑眷消費力的升降而波動，抗戰期間「廈門綢布商業遭到很大困難」，「僑匯斷絕是導致市場衰落的重要原因」[1]。所以，通過僑眷的消費所表現出來的華僑對廈門消費生活的作用，是至為明顯的。

華僑頻繁出入廈門口岸，也是影響廈門消費經濟的一個極其重要的因素。除了抗戰時期，廈門是福建省華僑唯一的出入口岸。閩南各地華僑回鄉經過廈門時，都要在廈門購買各種物品以饋贈親友；返回海外居住地時，又要在廈門採購其所需物品。這樣一進一出，就極大地擴充了廈門的消費品市場。仍以綢布業為例，民國時期廈門綢布業零售商經營的主要對象除了僑眷以外，就是過往華僑這一流動人群。據20世紀50年代的調查，在民國時期的正常年代，廈門綢布業的零售額一般在350萬元（折合人民幣，下同）左右，其中過往華僑的消費約在100萬元左右，占28.75%。據調查，綢布是歸僑購買的主要商品之一，每位華僑平均購買額約為15美元（按20世紀50年代匯率，折合人民幣36元）。如以平常年份華僑每年回國人數3.5萬人計，則其消費量約在126萬元，約占綢布業全市零售營業額的1/3左右。而據廈門歷史上著名的同英布店的帳目，其零售業務60%銷給本市，40%銷給流動人口。後者的主要構成為出入境華僑[2]。無論哪種估算法，都證明了出入廈門口岸的華僑給廈門的綢布消費帶來了繁榮。

除了回鄉探親，閩南華僑還因各種原因回國，也都在廈門有許多消費。如當時旅居東南亞的華僑未婚男子大多有回鄉成親的習慣，

1 廈門市政協文史委等：《廈門工商史事》，廈門：廈門大學出版社，1997年，第82頁。
2 廈門市政協文史委等：《廈門工商史事》，廈門：廈門大學出版社，1997年，第82～83頁。

他們往往要在廈門採購結婚用品。福建省檔案館的一份題為《胡贊成訴鉅款被辛清祥等竊取》的案卷有如下記載：1947年12月間，旅菲華僑胡贊成由友人陪同，攜款「計美鈔三千六百零柒元，菲幣壹千柒百元」，「往廈預備購辦婚禮應用物品」，不幸遭竊……[1]筆者在對廈門市郊仙嶽村的一次調查中，也獲悉一位葉姓老華僑於1948年春返廈時，為給其誼子辦婚事，就花了數千美元[2]。上述二例說明，華僑回鄉辦婚事之類的消費，也對廈門的消費經濟有相當程度的刺激和促進。

二、華僑在民國時期廈門工商業活動中的作用

華僑在廈門工商業活動中的作用可分為直接和間接兩種。直接作用指華僑以資金投入廈門工商業，其投資行為直接在社會經濟中產生效用。間接作用指華僑雖未直接投資，但其消費行為或其他活動間接引起社會經濟的變化。本文所謂的工商業活動是廣義的，包括房地產業和金融業等。因為商業性投資占房地產投資的很大比例，而房屋的建造和房地產的交易也屬工商業活動的範圍；金融業則構成近現代工商業活動的基礎，二者密不可分。

近代華僑在國內的投資場所主要在城市。根據1958年的調查，1875—1949年間，華僑在廈門的投資占福建省的62.88%，占全國的12.49%。「如果以城市為單位來比較，那華僑在廈門的投資是列第一位的，可見它在福建以及全國的投資地位是非常重要的。」其中，1875—1919年間的投資額僅占這74年總投資的9.49%，所以絕大部分投資是在1919—1949年間進行的，尤其是在1927—1937年間的投資高潮期，其投資額占74年總額的60.97%[3]。

---

1 《（民國）福建省政府秘書處檔案》，全宗號1，目錄號6，案卷號1784。

2 陳衍德：《採訪葉建文、葉建智談話記錄》，1992年1月21日，廈門市仙嶽村。

3 廈門市檔案局等：《近代廈門經濟檔案資料》，廈門：廈門大學出版社，1997年，第627～628頁。其中，9.49%和60.97%據第628頁的表格資料得出。

近代華僑在廈門投資的行業分布按其金額多寡依次為：房地產、商業、工業、金融、交通和服務業，各行業投資金額占總投資額的比例如表1所示：

表1　1875—1949年間華僑在廈門投資行業分布表

單位：折合人民幣元

行業	投資金額	比例（%）
房地產	57 025 000	65.17
商業	11 500 000	13.14
工業	11 050 000	12.62
金融	5 800 000	6.62
交通	1 600 000	1.84
服務業	510 000	0.58

資料來源：林金枝：〈近代華僑在廈門投資概況及其作用〉，《廈門文史資料》第11輯。

房地產業在民國時期華僑發揮作用的廈門各行業中可謂成績最顯著者，華僑的投資實乃近代廈門城市形成的最大推動力。誠如1937年4月《廈門市政府公報》第24期所言，「查廈島自開闢馬路，改良新市區，旅外華僑不惜以多年勤勞積累之金錢，返回投資，重金購買地皮，建築新式房屋，繁榮市區……如非華僑熱心桑梓，踴躍投資，則建設新廈門恐非易事」[1]。

根據1958年的調查，整個廈門房地產業有60%～70%是華僑投資的。20世紀30年代，廈門有私人樓房一萬多座，屬於華僑所有的即有五千多座[2]。如果再加上華僑投資建成後出售的樓房，其數量就更多了。華僑投資的房地產業，除了大型公共工程如碼頭、道路、公園、市場等之外，最主要的還是自住房屋，其次是用於出租或出售的房

1　廈門市檔案局等：《近代廈門經濟檔案資料》，廈門：廈門大學出版社，1997年，第638頁。
2　廈門市檔案局等：《近代廈門經濟檔案資料》，廈門：廈門大學出版社，1997年，第638頁。

屋，再次是作為娛樂場所或服務設施的建築。福建省檔案館有一份題為《各屬僑胞在廈業產被占情況》的案卷，很能說明問題，現據該案卷中資料列如表2。

表2　1946年11月廈門市海外華僑協會報告華僑房產被占情況表

序號	僑胞姓名	僑居地	所擁有樓房的坐落	座數
1	鄭媽士	菲律賓	大同路 419 號	1
2	侯金慶	菲律賓	民國路 108 號	1
3	洪耘年	菲律賓	思明西路 37 號	1
4	歐陽厥祥	荷屬東印度	小走馬路武當分鎮 28 號	1
5	雷藻源	法屬印支	晨光路 49 號	1
6	劉育才	荷屬東印度	鎮邦路 74 號	1
7	何水鑼	荷屬東印度	思明東路 110 號	1
8	許經撇	未詳	後廳衙巷 17、19 號	2
9	許志北	菲律賓	打鐵街 157 號	1
10	曾國聰等	荷屬東印度	思明戲院	1
11	林淑董	英屬馬來亞	思明南路 327、329、331 號	3
12	林淑董	英屬馬來亞	中山路 119 號	1
13	曾江水	英屬馬來亞	海後路 42 號	1
14	林朝茂等	英屬馬來亞	思明南路、鷺江道、開禾路、典寶街等處	18

資料來源：《（民國）福建省政府秘書處檔案》，全宗號1，目錄號6，案卷號1860。

表中所列各項，第10項為娛樂場所，第8、11、14項有可能出租，其餘各項既可能自住也可能出租。可見華僑所投資的房地產業，除滿足自己及眷屬所需外，還有其他各種用途，為活躍廈門的社會經濟生活作出了貢獻。此外，表中所示華僑房屋的坐落，遍及今廈門老市區各處；僑胞的由來，則遍佈東南亞各主要僑居地。這兩點均可說明華僑參與房地產業的廣度。這裡要特別指出的是，僑房出租在廈門是非常普遍的，這不僅活躍了房地產市場本身，而且帶動了商業等各行各業的發展。筆者在菲律賓對閩南籍華僑華人的調查顯示，這些人中有相當多在廈門置業，其主要用途之一便是出租取利。如旅菲僑商林雲梯、林珠光父子名下的樓房就有48座，近年落實僑房政策即歸還林氏家族17座房子，其中位於大同路的10座，位於鎮邦路的3座，還有其他街區的，這些樓房在1949年以前大多是出租與人作各種用途[1]。

商業在民國時期華僑發揮作用的廈門各行業中僅次於房地產業。據1931年的調查，廈門城區的商店共有10718家，而當時的城區面積僅為1平方公里左右[2]，其密集程度不可謂不高。又據1933年的調查，廈門城區（不包括鼓浪嶼與禾山區）的從業人口共計56371人，其中商業（店主）9215人；店伙（店員）15012人[3]，分別占16.35%和26.63%，分列第二位和第一位。換言之，當時廈門城區的從業人口中有40%以上是屬於商業領域的。上述數字凸顯了在廈門這樣一個不大的城市中商業占有的地位。《1931—1933年廈門商業概況》報告說：「促成廈門商業如此興盛的，的確是華僑的力量。」[4]前文所述僑眷將僑匯用於生活消費，以及出入國華僑的各種消費，已從消費的角度論及了華僑對廈門商業的間接促進作用。以下再簡要談談華僑對廈門商業的直接促進作用。

據《廈門華僑志》的資料，1913—1935年間36家華僑投資（獨資）的商業企業中，投資金額最多者為20萬銀元，最少者為2萬銀元；涉及的行業包括進出口貿易、醫藥、百貨、茶葉、傢俱、布業、糧食等；投資人來自緬甸、菲律賓、印尼、新加坡等地[5]。可見此間華僑投資的商業企業雖然規模一般不大，但於國計民生都是必需的。華僑

---

1 陳衍德：《採訪林聚彪談話記錄》，1993年2月26日，菲律賓馬尼拉市。
2 廈門市檔案局等：《近代廈門經濟檔案資料》，廈門：廈門大學出版社，1997年，第83、119頁。
3 廈門市檔案局等：《近代廈門經濟檔案資料》，廈門：廈門大學出版社，1997年，第647頁。
4 廈門市檔案局等：《近代廈門經濟檔案資料》，廈門：廈門大學出版社，1997年，第83頁。
5 本書編委會：《廈門華僑志》，廈門：鷺江出版社，1991年，第160～164頁。

企業在各行業中的比重及其與非華僑企業相比的情況，以布業為例，1949年以前廈門市華僑資本的綢布商共計18家（批發、零售各9家），占全市綢布商家總數的16.6%；華僑資本的綢布店投資總額為345239元（折合人民幣），占全市綢布店投資總額的18.2%。[1] 華僑企業在投資額上所占的比重，大於其在商家戶數上所占的比重，可見其資本一般較非華僑企業雄厚。

工業在民國時期華僑發揮作用的廈門各行業中又次於商業。由於民國時期的廈門是典型的商業消費城市，所以工業在這一時期廈門經濟生活中地位並不高。但就工業本身而言，「廈門工廠大多為華僑投資」[2]，則是不爭的事實。與此同時，華僑和僑眷的消費需求，也是刺激廈門的工業與手工業多少有所發展的一個動力。1937年8月5日和6日連載於廈門《江聲報》的一篇題為〈廈門手工業概況〉的文章中，有一段文字就很典型地說明了廈門的工業、手工業與南洋華僑的千絲萬縷的關係，現摘引如下：

絨拖（鞋）一物發明於菲律賓，體式新穎，為暑天吾人之必需品。是故僑胞每次回國，時有購置，於是盡人皆知，多樂穿之，尤以婦女特別歡迎。因之本市百貨店，即群向菲島廠家販運來廈出售。迨至民國十年間，始有致中和來廈創設分行於開元路，專營絨拖……至民國十二年間，複有活源之設……致中和及活源等，後乃創設工廠，召工在廈自行製造。出品式樣，與菲產無異，其產品種類有珠面、絨面、絨四條帶、皮四條帶等，且珠面之繡花莫不日新月異，爭奇鬥豔，以迎合顧客採擇之心理。日後營是業者，如雨後春筍，計有福泉益、協晉、金山、圖南、福建硝皮廠、福泉春、永和昌等相繼開設。

1　廈門市政協文史委等：《廈門工商史事》，廈門：廈門大學出版社，1997年，第81頁。
2　廈門市檔案局等：《近代廈門經濟檔案資料》，廈門：廈門大學出版社，1997年，第34頁。

今年來複有坤記、永川、協源等之開業……[1]

這當中既有華僑和僑眷的消費對該行業的刺激作用，亦即間接的作用，也有華僑投資對該行業發展的促進作用，亦即直接的作用。而該行業在廈門的出現和發展，完全是二者共同作用的結果。

這裡要特別指出的是，華僑廠商在菲律賓經營絨拖鞋的產銷，當發現了國內市場之後，複又投資於廈門，這種回國投資於同行業的情況，與華僑回國進行跨行業投資相比，其收益當會更快一些。這種情況也並非僅限於絨拖鞋業。下面再舉一例，以說明同行業投資並非個別情況。1946年1月，菲律賓華僑施維熊倡議籌資組織華僑煙草公司，行址設於廈門，「得各熱心菲僑認股籌備完竣，乃於本年二月間將一切制煙機械原料購備，連同所向菲律賓岷市大成煙葉公司採辦之煙葉一千捆待船運來……」後因煙葉進口在海關受阻，施維熊特申訴於福建省主席，省政府很快批復准予進口，解決了其開業問題[2]。從現存的檔案材料可以判明，入股設於廈門的華僑煙草公司的菲律賓華僑廠商中，有一些原本就是經營煙草業的，故亦可將其歸之於同行業投資。

金融業在華僑發揮作用的各行業中雖然排在房地產、商業和工業之後，但僑資銀行在廈門銀行業中的地位並非不重要。1934年開設於廈門的10家本國銀行中，有3家為僑資銀行；1家為國內與華僑合資的銀行。3家僑資銀行的情況依次為：

中南銀行，是閩南資本家黃奕住所創辦，總行設在上海，資本金750萬元。廈門設分行，鼓浪嶼設有辦事處，有發行紙幣權，兌換券通行甚廣，僅次於中國銀行。中興銀行，總行設於美屬菲律賓首府岷里

1　廈門市檔案局等：《近代廈門經濟檔案資料》，廈門：廈門大學出版社，1997年，第6頁。

2　福建省檔案館：《福建華僑檔案史料（上）》，北京：檔案出版社，1990年，第824~825頁。

剌（馬尼拉），實收資本1140餘萬元。美匯情形，比較熟悉，外商銀行以外，押匯此行最多。華僑銀行，總行設於新加坡，資本1000萬餘元。從1932年1月1日起已宣佈和資本2000萬餘元的華商、資本800萬餘元的和豐銀行合併。華僑銀行是有限公司，是南洋華僑金融的總匯機關[1]。另有一家「本地人和僑商所組織的」廈門商業銀行，資本60萬元，在上海設有分行，「對於各種儲蓄，也頗致力，和錢莊業往來不少」[2]。上述幾家銀行在廈門的國內外貿易中都發揮了不可或缺的作用。

由於民國時期匯入福建的僑匯絕大部分是在廈門結轉的，因此廈門的僑批業也十分發達，而僑批業亦屬廣義上的金融業。在〈廈門僑批業簡史〉一文中有如下記載：

20世紀以後僑匯迅速增加，據估計，1905—1919年間，廈門承轉僑匯（包括當地解付部分）一般保持在1800萬銀元（下同）左右。第一次世界大戰結束後，南洋經濟逐漸恢復，華僑出國人數也增多，1921年僑匯激增至4400多萬元，1928—1931年間，銀價大幅度下跌，有利華僑匯款回國，又值廈門大興建設，華僑競相匯款投資房地產開發與其他工商業，僑匯節節上升。1932年高達9000多萬元。廈門是閩南經濟金融中心，是華僑出入口岸和國際郵遞口岸，閩南僑匯承轉局均設在廈門，1936年登記營業的頭二盤承轉局達84家。[3]

僑匯在廈門的資金融通、匯兌及對外貿易中都發揮著很重要的作用，如果沒有這些外匯源源不斷地進入廈門，廈門的城市建設和工商

1 廈門市檔案局等：《近代廈門經濟檔案資料》，廈門：廈門大學出版社，1997年，第320頁。
2 廈門市檔案局等：《近代廈門經濟檔案資料》，廈門：廈門大學出版社，1997年，第320頁。
3 中國銀行泉州分行行史編委會：《閩南僑批業史記述》，廈門：廈門大學出版社，1996年，第38頁。

業發展將大為遜色，廈門的外貿赤字也將無法得到彌補。由此可見承擔僑匯業務的僑批業之重要性。

民國時期廈門海陸交通的發展，華僑的因素也不可忽略，僅舉二例於下。其一是1926年馬來亞華僑黃晴輝發起投資興辦廈門島美仁宮至江頭的公路客運，之後又成立了全禾汽車股份有限公司，「一些禾山籍華僑為便利地方交通、本鄉里繁榮和自己的利益，都樂於認股和投資」。在隨後進行的公路續建和新建中，華僑亦大力出資，其中大橋頭至曾厝垵全線的築路費由馬來亞華僑曾國辦獨立出資；蓮阪至何厝線、江頭至寨上線由菲律賓華僑林雲梯和馬來亞華僑陳有才出資協助修建[1]。其二是1925年華僑王鼎坤等集資24萬銀元創辦泰利輪船公司，先後購置「鷺江」、「駕鰲」、「永寧」、「捷安」等輪船川走溫州、汕頭、涵江、泉州和香港，依靠地方勢力，開拓新航線，業務發展很快，獲得巨利[2]。

民國時期廈門服務業的發展，既得益於華僑的投資建設，又得益於華僑出入國的消費刺激。廈門的娛樂服務設施大都是華僑出資興建的，如思明戲院、中華戲院、鼓浪嶼戲院、新世界娛樂場等[3]。而廈門的旅店和客棧在很大程度上是因華僑出入國而興起的，這些旅店、客棧有許多是閩南各僑鄉的人在廈門開辦的，而且主要是為本鄉的華僑出入國服務的。其服務不可謂不周到，旅客吃、住均可賒帳，店主還代旅客購買車票、船票，甚至代辦出國手續[4]。

綜上所述，在民國時期廈門的工商業活動中，華僑這一因素實為重要的甚或主要的促進因素。實際上，華僑的作用尚不止這些，還可

1 廈門市政協文史委等：《廈門工商史事》，廈門：廈門大學出版社，1997年，第111～112頁。

2 陳逢源：〈近代廈門港口的航運〉，《廈門文史資料》第17輯。

3 本書編委會：《廈門華僑志》，廈門：鷺江出版社，1991年，第207~208頁。

4 陳衍德：〈採訪杜金枝、陳文輝、劉浩然談話記錄〉，1991年12月21日，泉州市。

以列舉其他行業的情況。如遠洋航運，戴一峰的〈閩南海外移民與廈門興衰〉一文就詳盡論述了華僑出入國帶動下的廈門遠洋航運業的發展[1]。因篇幅所限，本文不再贅述。

三、 對民國時期華僑在廈門經濟生活中的作用之綜合評價

民國時期廈門的生產、流通和消費等經濟生活諸領域受華僑這一因素的影響是至為明顯的。華僑對上述諸領域所發生的作用，以消費領域最大，流通領域次之，生產領域最小。其合力作用的結果是，廈門成為一個消費型商業城市。1905—1926年間，廈門的華僑投資總數僅占其華僑匯款總數的1.86%；1927—1938年間投資總數也只占僑匯總數的3.41%[2]。廈門本島缺乏資源，其經濟腹地閩南交通不便，市場狹小，因而妨礙了華僑對廈門的生產性投資，進而使華僑的影響偏重於流通和消費。

從時間上來說，民國時期華僑對廈門經濟生活發生最大作用的時段是在1927—1937年間。1927年以前華僑的影響不如自1927年始的那10年，1938—1945年間廈門淪陷時期，華僑在經濟生活中的作用更是處於低潮。1946—1949年間華僑的影響雖又上升，但為時甚短，且不穩定。從空間上來說，民國時期華僑對廈門城市經濟所發生的作用大於農村經濟，而這一時期廈門的市區只占了本島面積的很小部分。雖然廈門籍華僑主要來自禾山區，亦即當時島內的鄉村地區，但是他們在家鄉除了建房置地外，很少對農業生產進行投資。據筆者調查，菲律賓華僑葉朝君於1931年在其祖籍地禾山區後坑村投資興辦的侯卿農牧股份有限公司，是為數很少的幾個華僑投資農業生產的例子之一[3]。從華僑資金的來源來說，除了用於生活消費的僑匯之外，投資於廈門的華僑資金主要來自非廈門籍的華僑。如最大的房地產及城市建設投資者

1 載香港《二十一世紀》1996年6月號，第49～51頁。
2 廈門市檔案局等：《近代廈門經濟檔案資料》，廈門：廈門大學出版社，1997年，第634頁。
3 陳衍德：〈熱心公益事業的實業家——葉朝君〉，《湖裡文史資料》第2輯，第65～67頁。

之一，菲律賓華僑李岷興、李清泉父子祖籍為晉江；最大的金融業投資者之一、印尼華僑黃奕住祖籍為南安；最大的食品工業企業陶化大同公司的投資者、馬來亞華僑楊格非祖籍為同安。廈門籍華僑在本島的投資因而相形見絀。據筆者調查，廈門籍華僑在海外的最大聚居地為菲律賓宿務市，而廈門的華僑投資卻鮮有來自該市者[1]。

作為廈門經濟腹地的閩南，雖然無法對廈門的發展起較大的推進作用，但因其為福建的主要僑鄉，而由於民國時期鄉里不靖，時有匪患，故閩南籍華僑和僑眷都視廈門為國內最佳的落腳點，大量遊資隨之聚集於廈門，使廈門經濟受益於此。從近代華僑投資在福建的分布來看，廈門占了全省的62.88%，幾近全省的2/3[2]。這一點可部分地解釋非廈門籍華僑投資在廈門華僑中占主導地位的現象。

作為近代五口通商口岸之一的廈門，是五口中唯一的海島城市，經濟規模小，城市歷史也很短，然而卻成了華僑在地方經濟中發揮作用最突出的城市，實乃天時地利人和使然。不過人們也不能因此就華僑對廈門經濟的影響作過高的評價，而要實事求是地看到其局限之所在。

（原載《中國社會經濟史研究》2000年第2期）

閩南粵東媽祖信仰與經濟文化的互動[3]

閩南、粵東為分屬福建和廣東的相鄰地區。二者在經濟文化上有許多相似之處：均為沿海平原，農工商發達，但人口密集、土地狹迫，人們以海為田，同時大批移居海外。兩地區的方言同屬閩南語

1 據筆者1993年1月在菲律賓宿務市對廈門籍華僑華人的採訪記錄。
2 林金枝：《近代華僑投資國內企業概論》，廈門：廈門大學出版社，1988年，第38頁。
3 本文中閩南僅指漳廈泉地區，粵東僅指潮汕地區。

系，歷史上在吸收中原文化的同時，形成了具有地方特色的閩南文化和粵東文化，其共同特點是民間鄉土文化與海洋商業文化的融匯整合。本文擬剖析歷史時期與現實生活中此二地區媽祖信仰與經濟文化的互動，以期對東南沿海經濟發達地區的文化流變作深層次的探究。

一、閩南粵東的媽祖信仰與社會經濟的互動

自從北宋時期發軔於福建莆田的媽祖信仰在我國南北各地廣為傳播以來，這一女神便具有了海洋經濟開拓者保護神的性質。商業和漁業為海洋經濟的兩大支柱，商人和漁民出於其經濟動機對媽祖倍加崇信，從而推動了媽祖信仰的傳播。

媽祖從一個具有神異性的里中巫轉化為神女，其本質乃是庶民性的神祇。而自古以來，女神即和水與舟的關係密切，以女神為船靈，中外莫不如此。清人王韜在論及媽祖信仰時說：「天一生水，水為天之妃，故曰天妃。」[1]和水與舟的關係最密切之民眾，莫過於漁民，這些生活於海上的人們把命運寄託於海上保護神媽祖，從而產生一種安全感，是很自然的。漳廈泉緊鄰於媽祖信仰的發祥地莆田，是最早被納入其信仰圈的地區之一，該地區的漁民在推動媽祖崇拜的傳播方面占有特殊地位。地處莆田之南的惠安崇武，「以漁為業者，不忍忘后之德，相與建后之廟於法江矣」。日後地方官紳倡議重修，「眾議捐袖俸資，共募漁人樂利。舉凡舟商之過客，環海之居民，食后德而服先疇者，有求輒輸，毅然樂助」[2]，漁民仍扮演著重要角色。從中可以發現，業漁者乃是媽祖信仰最初的推動力量。清道光年間廈門島上單獨奉祀媽祖的廟宇有9座，與保生大帝（吳真人）合祀者有18座，各鄉社祀媽祖之社神祠尚不計在內，這與當時廈島居民「耕而兼漁，

1 王韜：《瀛壖雜誌》，轉引自《媽祖文獻資料》，福州：福建人民出版社，1990年，第340頁。

2 劉有成：《崇武所城志・碑記》，轉引自《媽祖文獻資料》，第210頁。

統計漁倍於農」[1]的情況有密切關係。始建於明末的廈港福海宮，為漁民出海前祈願於媽祖之處，顯然與漁業密切相關。該廟於民國二十二年（1933年）再翻建，至今廟址周圍仍是漁民聚居區，且建有漁船避風塢。

潮汕的情況稍有不同。追溯廣東的歷史，最早奉祀的海神並非媽祖而是南海神。但媽祖信仰一經傳入，南海神便屈居其下，繼而被融入其中。始建於明洪武三年（1369年）的廈嶺媽祖廟是汕頭沿海最早的媽祖廟，廈嶺原屬揭陽縣，「揭有沿海而村曰廈嶺者，以漁為業」[2]。廈嶺媽祖廟的創建者最大可能是漁民。嘉靖四十二年（1563年）廈嶺劃歸澄海縣，史志載「澄海縣有天妃宮在廈嶺，或曰天妃南海神」[3]。可見原有的南海神信仰已被融入媽祖信仰之中。明代潮陽縣的天妃廟，「凡鄉人有禱輒應，航海者奉之尤謹」，創建者當亦沿海漁民。時人談及此廟亦曰：「或天妃即南海神也」[4]，此亦可證南海神已被媽祖所取代。爰至清代，史志所載潮汕媽祖廟，或有指出何處專供漁民祭拜者。如光緒《潮陽縣志》卷七〈壇廟〉曰：「天后廟……一在招都下尾之溪岸，漁船祀之……一在達壕埠，埠眾漁船共祀之。」所舉兩處媽祖廟，當為漁民所建無疑。潮汕沿海居民接受了媽祖信仰，其原先信奉之南海神漸被取代。這種民間神祇的置換，反映出民眾對神明的選擇與偏好，其依據乃是唯靈是從的原則。由於媽祖靈驗，對滿足沿海以漁為業者的需求具有更大的吸引力，所以他們選擇了媽祖。正是這種經濟動機推動了媽祖信仰在粵東的傳播。

閩粵沿海通商貿易全賴船運，海上風濤變幻與商人生意好壞、事

1　周凱：道光《廈門志》卷二，《分域・祠廟》；卷一五，《風俗記》。
2　〈李翔送陳暄書〉，轉引自《潮汕勝跡：汕頭天后宮與關帝廟》，汕頭：汕頭大學出版社，1994年，第50~51頁。
3　乾隆《潮州府志》卷二五，〈祀典〉。
4　隆慶《潮陽縣志》卷一〇，〈壇廟〉。

業興衰乃至身家性命息息相關，所以商人在敬奉媽祖的廣度和深度上又比漁民更勝一籌。特別是在媽祖信仰被官方認可，媽祖女神完成了其「正祀化」[1]過程之後，紳商階層在推動這一信仰的傳播中逐漸扮演起主要角色。商人的財力與官紳的勢力結合在一起，其作用是一般庶民無法比擬的。閩南諸商港媽祖廟的興盛無不得益於此。如泉州天后宮，宋時乃「海船蟻聚」之處，「香火最盛」，至清代仍是士商往來，備受感應之所在。嘉慶二十年（1815年）泉州知府徐如瀾倡議重修，「邦之人……競於趨事赴功焉……計糜製錢三百餘萬」[2]，若非紳商捐貲，其功恐難成。又如「龍溪縣天妃宮在華龍招善寺故址之右；海澄縣天妃宮在港口，凡海上發舶者皆禱於此」[3]，亦賴舶商得以興盛。再如奉祀媽祖的廈門鼓浪嶼三和宮，嘉慶十八年（1813年）福建水師提督王得祿倡議重修，王氏「謹捐廉俸，鳩工庀材，而行戶鉅賈，亦各喜檀施，共襄盛舉」[4]，功得以成。商港繁盛之處媽祖廟亦興盛，絕非偶然現象。

粵東情況亦大體如此。揭陽縣南關外天后廟，乃乾隆二年（1737年）「各洋商呈明知縣張薰，建廟三棟，兩旁從屋大廳一十三間，後靠城垣，前臨南河，橫直十五丈」[5]，規模甚大。這完全是商人倡建並出資的。潮陽縣坐落於「邑北後溪之港口」的天后廟，歷代數次重修改建，其中光緒九年（1883年）那一次係由「紳商改建」[6]。商人亦是主持修建的主要力量。潮陽縣另一處「在招都河渡」的天后廟，乃專供「商船祀之」[7]，當亦商人所建。澄海縣位於南門外火神廟舊址的天

---

1 李豐楙：〈媽祖與儒釋道三教〉，（臺灣）《歷史月刊》第63期，1993年。該文將地方神通過士紳階層與地方官僚合作報准敕封稱為「正祀化」。

2 道光《晉江縣志》卷一六，〈祠廟〉。

3 萬曆《漳州府志》卷三一，〈古跡・壇廟〉。

4 王得祿：《重興鼓浪嶼三和宮記》碑銘，轉引自《媽祖文獻資料》，第285頁。

5 乾隆《揭陽縣志》卷七，〈壇廟〉。

6 光緒《潮陽縣志》卷七，〈壇廟〉。

7 光緒《潮陽縣志》卷七，〈壇廟〉。

后宮，建於乾隆三十四年（1769年），「費皆出自邑商」[1]，也是全部由商人出資的。特別值得一提的是，乾隆二十二年（1757年）潮州各地商民在澄海縣樟林鎮興建一座規模宏大的天后廟，具備大型廟宇完整的建築規制，包括山門、前殿、正殿、後殿等。這座潮汕地區最大的媽祖廟，歷時14年方建成[2]。建於當時出海港口樟林鎮的這一媽祖廟，既是潮州商幫經濟實力強大的表現，也是商業經濟推動媽祖信仰的重要佐證。商人不僅因其財力雄厚，而且因其足跡遍天下，得以在媽祖信仰的傳播中扮演重要角色。清代潮州幫、福建幫商人在各地建造的會館中多奉祀媽祖，客觀上促使媽祖信仰在各地更廣泛深入地傳播開來。在這一傳播過程中，媽祖也逐漸兼備了商業型神明的身分和功能。

經濟發展推動媽祖信仰，媽祖信仰反過來又促進了經濟發展。這種互動關係，在閩南粵東的中心城市——廈門與汕頭的早期歷史中，得到充分的表現。廈門島的開發是自北向南推進的，北部的高崎、五通至薛嶺一帶，是廈門城市的發祥地，那裡是由同安內陸入島的交通要衝，聚落興旺，故較早建有媽祖廟，如高崎村奉祀媽祖和吳真人的萬壽宮始建於元代，是廈門島上年代最早的媽祖廟。明洪武二十七年（1394年）建廈門城，當時還只是一個海防哨所，之後其附城四社隨著海商販洋興起而發展，城鎮才漸具規模。天順年間於今黃厝村建迎祥宮（因黃家舍地，俗名黃厝宮）；成化年間於今市區外清巷建前園宮。萬曆至明末，又有養元宮、養真宮等相繼建立。上述宮廟均奉祀媽祖和吳真人[3]。我國早期的城市是以宮室和宗廟作為主要標誌的，這主要是就中原城市而言，南方城市遠離政治中心，但也是以官府衙門

---

1 嘉慶《澄海縣志》卷一六，〈祀典〉。

2 嘉慶《澄海縣志》卷一六，〈祀典〉。

3 方文圖等：〈廈門地區吳真人宮廟調查報告〉，《吳真人研究》，廈門：鷺江出版社，1992年，第206~217頁。

和神廟作為其標誌的。上述養元宮建於戶部衙邊；養真宮建於關帝廟邊，這說明至遲到明中後期，以官府衙門和諸神廟為軸心的廈門城已頗具規模了。

明末清初，廈門「服賈者以販海為利藪，視汪洋巨浸如衽席……有傾產造船者……舵水人等藉此為活者以萬計」，「田少海多，以海為田，自通洋馳禁，夷夏梯航，雲屯霧集」。道光年間，廈門已是「人民、商賈、番船輳集，等諸郡縣」[1]。在這一具有濃厚海洋經濟色彩的城市的發展過程中，媽祖信仰起著凝聚和感召的作用。有的媽祖廟成了社會經濟活動的場所，如鳳凰山下島美路頭後街奉祀媽祖與吳真人的和鳳宮，康熙二十八年（1689年）重修，乾隆四十一年（1776年）以洋商恆借此宮為議事所，改建；嘉慶、道光年間又多次重修，殿後為行商會館；近代此宮則為落海理貨工會會址。有的媽祖宮廟的名稱成了所在地的地名和路名，如懷德社、和鳳社、前園保、黃厝保、丹霞宮路、福海宮巷等[2]。凡此種種，均顯示出媽祖信仰在推動廈門這一海洋商業型城市發展中的作用。

汕頭原是韓江入海口一漁村，唐代尚一片蠻荒，至宋代才有漁民在此捕魚、聚居，逐漸形成漁村。清乾隆、嘉慶年間始開發為埠市，因其為沖積沙土所形成，故名曰「沙汕頭」。其地當時屬澄海，在縣城西南35里外，「有淤泥浮出沙汕數道，乃商船停泊之總匯……為海防要隘」[3]。為求「海不揚波，埠眾日旺」，汕頭天后宮（俗稱老媽宮）與左鄰的關帝廟遂緣起於埠市形成初期。汕頭埠未形成時，媽祖乃由沙汕海僻（今商平路一帶）漁民所敬奉，後遷至可避海潮之處（今升平路頭），於嘉慶年間就地建起天后宮。從此過往船隻、商人

1 周凱：道光《廈門志》卷一五，〈風俗記〉。
2 方文圖等：〈廈門地區吳真人宮廟調查報告〉，《吳真人研究》，廈門：鷺江出版社，1992年，第206~217頁。
3 嘉慶《澄海縣志》卷七，〈山川〉。

百姓都到這裡朝拜媽祖，宮前海灣便成為舟舶客商聚集之所，潮梅人士出洋者亦從此處下船，從而成為汕頭城市的發祥地。

咸豐十一年（1861年）汕頭正式開埠後，隨著市區的擴大，為繁榮埠市，老媽宮與關帝廟於光緒五年（1879年）重建成現今規模。其時老媽宮左側營地為海防要衝，設立了海關、行署，修起了碼頭、倉庫、郵電局，建起了會館、商行……各行各業亦如雨後春筍般競發，使汕頭港迅速發展為粵東主要對外門戶和經濟貿易中心。由此可見，汕頭老媽宮及其周圍街市乃是一個「以廟帶市」的民間商業發展的典型，老媽宮對開發汕頭埠所產生的凝聚力和感召力是至為明顯的[1]。

綜上所述，閩南、粵東經濟的發展，特別是漁業和商業的發展，推動了媽祖信仰的傳播，而媽祖信仰在經濟生活中又起著一種凝聚和感召的作用。探究二者之間的這一互動關係，可以發現，東南沿海商品經濟發達地區的人們，逐漸從重利思想中滋生出一種唯靈是從的崇拜神明的原則，而唯靈是從原則說明人神關係完全受人的希望所支配。乾隆時揭陽知縣劉業勤在「天后廟重建碑記」中說：「夫人受庇於神，而神實依於人。」[2] 神既依存於人，就必須為人服務。人最基本的要求是生存，繼而是發展，所以媽祖信仰在沿海人民求生存和發展的經濟生活中產生並普及，漁商經濟愈發展，崇拜愈升級，以至於人們把虛幻的寄託轉化為信心，反過來又推動了經濟生活的運行。媽祖信仰與經濟生活的這種互動，雖然在閩南、粵東有其獨特的表規形式，卻具有普遍的意義。

二、閩南粵東的媽祖信仰與社會文化的互動

媽祖信仰本身就是一種文化現象，但對神明的崇拜僅是社會文化的一個結構成分，後者應是對人類社會行為施加的全部影響的總和。

---

1 楊木芳：〈汕頭老媽宮與媽祖信仰古今談〉，《潮汕勝跡：汕頭天后宮與關帝廟》，汕頭：汕頭大學出版社，1994年，第44~49頁。

2 乾隆《揭陽縣志》卷八，〈藝文〉。

神明崇拜與社會文化的其他成分也存在著種種互動關係。以下擬對閩南粵東的媽祖信仰與此二地區的民俗、宗教、作為社會活動角色的婦女以及社區生活之間的關係，做一些初步的探討。

（一）媽祖信仰與民俗

民俗是社會生活與思想信念相結合的產物，是源於歷史積澱的習慣性行為。一個地區的人們接受了媽祖信仰之後，其民俗便會受到影響，而民俗的傳承則會加深媽祖的信仰，二者從而產生互動。

在閩南沿海島嶼，婦女成家後，髮式多梳成蓬形髻，俗稱「媽祖髻」，以示紀念媽祖並求媽祖佑護出海的丈夫平安無事[1]。在一些沿海漁村還有這樣的習俗：每當喜事或節慶時，那些丈夫健在的老年婦女就穿起紅衣紅褲。傳說媽祖升天顯靈時常穿「朱衣」，人們說紅衣裳是媽祖賜予的，穿紅衣的習慣是為了紀念媽祖[2]。

在粵東，陰曆三月二十三日「媽生」時民間普遍吃炒麵，潮語稱麵條為麵線，棉紗也稱紗線，兩者形似名近，使人聯想到媽祖神話中的漁網線。傳說林默娘升天前在家紡紗織網，每當親人出海遇險時，她便拉緊紡車，挽緊紗線，閉目入神，海船上的桅索便不會被風暴撕斷，得以逢凶化吉，平安返航。「媽生」吃炒麵，意在消災解厄，祈求平安[3]。

社會心理學認為，人們在想像中，會根據自身需要，利用已有的認知結構，產生對某種無關刺激物的同化作用。上述民俗現象，就是由於媽祖成為人們心目中的偶像，從而與之有關的事物的形狀、顏色乃至名稱，都被人們同化為媽祖預示平安的資訊。而媽祖信仰，也就

---

1 鄭明忠等：〈媽祖神話傳說對社會習俗的影響〉，《媽祖研究論文集》，廈門：鷺江出版社，1989年，第225頁。

2 丁毓玲：〈媽祖民俗文化的社區分析〉，《海內外學人論媽祖》，北京：中國社會科學出版社，1992年，第90~91頁。

3 楊秀雁：〈汕頭老媽宮與潮汕民俗〉，《潮汕勝跡：汕頭天后宮與關帝廟》，汕頭：汕頭大學出版社，1994年，第59~60頁。

伴隨著這種社會心理需要而不斷強化、深入。

（二）媽祖信仰與佛、道二教

閩南、粵東的民間信仰是與傳統宗教相互雜糅混合的。一方面，這與此二地區在接受南傳的中原文化之同時，保持了原有的「巫文化」，並使二者融合這一歷史背景有關。另一方面，道教以其特有的包容性而囊括了大部分民間信仰，佛教為適應地域文化的特性也相容了各地的神明。這兩方面的因素造成了媽祖信仰與佛、道二教的交滲和互動。

清道光年間廈門島上27所主要的媽祖廟中，有三分之二是共祀保生大帝的。保生大帝是閩南民眾信奉的醫藥之神，它與作為平安之神的媽祖在救苦救難的神性和廣受民眾尊崇的人民性方面，都是一致的，因而統合在道教範疇內的民間信仰中，有其必然性。閩南民間不僅有此二神共祀的現象，而且有保生大帝向媽祖求婚的傳說，都體現出信徒們宗教感情的一致[1]。二神的信徒是傳說的傳播者，也是傳說的集體創作者，從中反映出二神的祭祀圈、信仰圈在閩南一些地區的交涉與疊合，並顯示了信徒之間具有密切的互動關係。道教諸神中與媽祖關係最密切者要數關帝。閩南、粵東媽祖廟有不少是與關帝廟相鄰或相近的，其中最典型的莫過於與汕頭老媽宮緊鄰的關帝廟。據筆者實地觀察，並列而建的二廟從外觀上看幾乎完全一致，祭拜媽祖者也必定祭拜關帝，不僅顯示出二神神格的一致，而且顯示出潮汕海洋文化與客家內陸文化的融匯與整合[2]。

佛教裡的觀音因其女性的外表和大慈大悲的神性而與媽祖有著

1　羅耀九：〈清初媽祖與吳真人崇拜的比較觀〉，《吳真人研究》，廈門：鷺江出版社，1992年，第124頁。

2　陳衍德：《汕頭老媽宮考察記錄》，1995年8月7日。據《潮汕勝跡：汕頭天后宮與關帝廟》，關帝崇拜是隨客家人移居潮汕而傳入的，相對於本地的海洋文化而言，乃外來的大陸文化之象徵（見該書第67頁）。

相似之處，同時媽祖因普受信奉而分香各處也猶如觀音之千億化身，因此二神亦有被共祀一廟的。如同安縣五顯廟，「在縣太師橋東里餘……明萬曆壬午年（1582年）邑人陳以廉重建，左祀天后，右祀觀音」[1]。這是媽祖信仰與佛教的交涉在閩南的例證之一。閩南民眾對包括媽祖在內的諸神除各以專稱稱之外，還以「佛祖」統稱之，亦可證該地區民間信仰與佛教的統合。在粵東，有些媽祖廟徑為僧人所倡建或住持，廟內亦並祀媽祖與佛陀。如坐落於澄海縣城外校場的天后廟，「正殿祀天后，後殿設佛像，乾隆二十七壬午（1762年）副將陳應鐘率廟僧曉曇募建」[2]。而澄海縣另一座稱為「四座宮」的廟宇，則奉祀關帝、玄天上帝、媽祖和佛祖，並有僧人住持[3]，可謂佛、道、民間信仰的大融合。凡此種種，均使媽祖信仰蒙上佛教色彩。

閩南、粵東媽祖信仰與佛、道二教的交涉，既是傳統宗教吸納民間信仰，又是庶民社會參用制度化宗教的雙向互動，其中亦折射出此二區域多元文化的豐富內涵。

（三）媽祖信仰與婦女

由於媽祖是具有慈母神格的女神，所以特別受到婦女的崇拜。又由於閩南粵東男子多出洋謀生或出海捕魚，所以在家婦女出於對親人安全的關切，對媽祖尤為虔信。

20世紀30年代社會學家陳達在調查閩粵僑鄉社區的拜神費用時，以某家庭為個案做如下論述：「對於神佛的崇拜，婦女特別虔誠：『媽生拜神費九毛五分，此媽生即天后聖母，其誕日每年在夏曆三月二十三日，某華僑社區對此媽生日，人家多有備辦麵粿及牲禮紙錢香燭等物。往拜者，尤以婦人為甚。此家全係婦人，且以老婦主家，其對於此事當必極其誠意，揣其實在之用費，想不止此九毛五分

1 民國《同安縣志》卷二四，〈祠祀・壇廟〉。
2 嘉慶《澄海縣志》卷一六，〈祀典〉。
3 嘉慶《澄海縣志》卷一六，〈祀典〉。

也』。」[1]九毛五分乃該社區各家庭媽生拜神費用的平均數，陳達認為婦女主家者當超出此數。由此可見婦女對媽祖之虔信超乎男子之上。

臺灣人類學者對當今本島媽祖信仰中兩性差別的調查也發現，「平日來媽祖廟燒香燒金的以婦女居多，在儀式行為方面，卜杯和求籤詩的信徒中，也以婦女居多」；「在進香活動中，『苦行』的『散香』也以婦女居多」[2]。臺灣民間信仰習俗多承自閩南，因而可推知閩南媽祖信仰中婦女也扮演著同樣的角色。

在粵東同樣如此。每逢媽祖誕辰之日，「信女們一早就都梳妝打扮，手挽花籃，攜帶香燭粿品『落宮』去」[3]，顯示出比男子更大的熱情。筆者對汕頭老媽宮的實地觀察也發現，在這座常年香火不斷的媽祖廟中，燒香祭拜者大多為中老年婦女。該宮在媽祖神像兩側還配祀注生娘娘（左）和珍珠娘娘（右）[4]。此二女神分別掌管嬰兒的出生和撫育，體現了媽祖對人間婦女生兒育女的關懷，不啻是對婦女虔信媽祖的最好詮釋。

總之，在那些傾注熱情於媽祖信仰的婦女身上，正體現出與男性不同的生活經驗和社會地位。在閩南粵東這一海洋商業文化占重要地位的區域，因男子的出外謀生而使婦女的生活擔子更重，也促使她們更專注於對媽祖的崇拜。

（四）媽祖信仰與社區生活

社區是指聚集在某一地域裡，在生活上相互聯繫，具有一定社會關係的人群。社會活動都是在具體的社區裡進行的，因此社會現象可以在社區裡反映出來。閩南粵東的自然村都有相對獨立的生活方式，

1　陳達：《南洋華僑與閩粵社會》，上海：商務印書館，1938年，第269~270頁。

2　黃美英：〈香火與女人——媽祖信仰與儀式的性別意涵〉，（臺灣）《寺廟與民間文化研討會論文集》下冊，1994年，第534、540頁。

3　楊秀雁：〈汕頭老媽宮與潮汕民俗〉，《潮汕勝跡：汕頭天后宮與關帝廟》，汕頭：汕頭大學出版社，1994年，第59~60頁。

4　陳衍德：《汕頭老媽宮考察記錄》，1995年8月7日。

可視為一個社區。通過各社區內媽祖崇拜的種種表現形式，可以發現媽祖信仰是一種根植於社區生活中的民俗文化和生活方式。

筆者對廈門島上3個自然村的媽祖廟進行了調查，它們是思明區曾厝垵村福海宮、湖里區烏石埔村洞炫宮、思明區何厝村順濟宮。

福海宮以地方神武烈尊侯為主神，並祀保生大帝和媽祖。但是，宮內唯一的石刻楹聯為「女中堯舜眾中母，世上鵲佗天上仙」；咸豐七年（1857年）「重建福海宮碑記」則有「廈地官商舟艦咸設醮祈安，每大彰報應……闔廈舟楫以及外邦經營，未嘗不為神靈所庇佑」等語；鄉里老大也承認本宮原先似應以媽祖為主神，且指稱單祭媽祖的廈港福海宮（本文前已提及）是從本宮分香而立的。所以該宮無疑應視為媽祖廟，只是日久與地方神廟合而為一，成為社區活動的中心。據鄉里老大說，每逢陰曆三月十五日、二十三日保生大帝與媽祖誕辰，各要演戲三天，前者由全村人出錢，後者由村民中的業漁者出錢。此中是否蘊含著這樣一個事實，即該村原先為沿海漁村，後業農者漸多，福海宮才由單純的媽祖廟演變為多神並祭的地方神廟。這雖然尚等考證，但無論如何，此地的媽祖崇拜隨著社區生活的變遷而發生某種變化，則是毋庸置疑的[1]。

洞炫宮並祭保生大帝和媽祖。當鄉里老大被問及何者為主時回答說：「二神應是平等的，只因保生大帝是男神，所以排在大位（左邊）。」在被問及該宮組織的祭拜媽祖活動時，他們說一年中最重要的活動是前往湄洲媽祖廟進香，並舉例說1994年本村有兩三百人於陰曆三月二十日乘十幾輛汽車前往湄洲，大部分為農家自有的貨車，因為不能每家的車都去，而村民都爭著出車，所以要抽籤決定用誰家的車。另外，本村每年還與相鄰的佘厝村媽祖廟（亦並祭保生大帝）互請對方的神像到各自村里舉行遊神活動。可見該宮不僅是所在地域的

1　陳衍德：《曾厝垵福海宮調查記錄》，1995年6月29日。

社區活動中心，還是聯絡相鄰地域的樞紐[1]。

順濟宮是單祭媽祖的。據宮中主持人說，其始建年代僅比湄洲媽祖廟稍遲，且廈門地區許多媽祖廟是從本宮分香而立的。又說本宮每年陰曆正月十六日組織媽祖遊神活動，均由鄰近的關帝廟的關帝爺前來「邀請」媽祖一起出遊，因為在本地人眼中媽祖的地位高於關帝爺。筆者曾親眼看到壬戌年（1992年）正月十六日的遊神，由四個未婚的男性青年以「神轎」抬媽祖神像繞村遊行，轎夫行進時走兩步退一步，一步一搖晃，再伴以鑼鼓器樂的有節奏的韻律，甚是有趣。據宮中主持人說，本村漁民仍有每逢陰曆初一、十五或初二、十六到宮裡來燒香祭拜的習慣。據此推測，這是一處漁業經濟仍占重要地位的濱海社區，故媽祖崇拜仍保持純粹性與單一性，而未與其他神明崇拜相混雜[2]。

上述三個自然村的媽祖廟雖各有相異之處，但都扮演了社區文化生活宣導者與組織者的角色，從而在某種程度上成為社區活動的中心和樞紐。其媽祖崇拜的不同形式，則是各社區生活方式的差異使然。考之於方志記載：「各鄉社俱有社神祠……皆祀天后、吳真人……廈門迎神賽會，動費多金，窮極奢靡，各廟必以時出巡」[3]，說明這種以媽祖廟為中心的社區活動自古以來在廈門就相當普遍。推而廣之，閩南地區當亦如此。

筆者雖未對粵東自然村的媽祖廟進行調查，但從有關的文獻資料來看，它們同樣發揮著社區活動中心的作用。以澄海縣為例，方志載：「里社廟，邑無慮數百」，里社便是自然村，而其廟多單祭某一神祇，當中也有奉祀媽祖的，如「三妃宮，祀天妃，在城內北隅社」；「天后廟，在鹽灶鄉社」。方志又載：「澄俗社多迎儺，費金

1 陳衍德：《烏石埔洞炫宮調查記錄》，1995年6月30日。
2 陳衍德：《何厝順濟宮調查記錄》，1995年8月12日。
3 周凱：道光《廈門志》卷二，〈分域・祠廟〉。

不貲」[1]，儺即儺戲，是古老的巫戲，亦即與宗教祭祀關係密切的地方戲曲，在潮汕鄉村十分盛行。時至今日，每逢某一神祇的誕辰日，奉祀該神祇的村落廟宇仍要舉行迎神賽會，遊神隊伍一般都要配上高燈、彩旗、馬頭鑼、儀仗隊、標旗隊、潮樂隊、鑼鼓隊。還要演「大戲」，亦即請戲班到廟宇所在地演出地方戲曲。由於潮汕村落多有以媽祖為保護神的，所以這類活動中有一定比例是與媽祖有關的[2]。

綜上所述，閩南粵東民俗體現了作為精神生活的媽祖信仰對人們行為模式的形塑和構建；佛、道二教對媽祖信仰的吸納則顯示這一信仰的開放性和摻和力；從閩南粵東婦女特有的崇拜方式中還折射出媽祖的母性神格；社區生活中媽祖的尊崇地位則昭示了這一信仰與社會組織的密切關係。所有這一切，都是媽祖信仰與社會文化的各個結構成分產生雙向互動的結果和表現。

明清時期，閩南、粵東作為沿海商品經濟發達地區，其區域經濟發展的軌跡基本上是相同的，亦即海洋漁商經濟與內陸農業經濟共同得到發展。近代以至於今，此二地區又同為門戶開放和對外交流的前沿地帶。閩南、粵東的民間信仰因此有許多類似之處。本文所論述的媽祖信仰即為明證。但推動此二區域經濟發展的內外因素以及文化淵源不盡相同，因此民間信仰也存在同中有異的情況。在結束本文之前，擬就此再做一粗線條的勾畫。

首先，近代以還，粵東的經濟中心和文化中心是重疊的，閩南則否。汕頭作為近代興起的城市，因其與歷史名城潮州在地理上極為接近，在社會氛圍上基本一致，故在成為粵東經濟區中心城市的同時，也成為該地區的文化中心。而廈門在取得閩南經濟區中心城市的地位時，無法取代歷史悠久的泉州成為該地區的文化中心。

1　嘉慶《澄海縣志》卷一六，〈祀典〉。

2　隗芾：〈論潮汕民俗中的儺形態及其改造〉；周鎮昌：〈略論潮汕祭神民俗的傳承與變異〉，《潮汕文化論叢·初集》，廣州：廣東高等教育出版社，1992年，第203、211頁。

其次，廈門不僅在對外開放的時間上早於汕頭，而且在開放的廣度和深度上也略勝一籌，因而受西方基督教文化薰陶的程度較深，傳統的民間信仰因而受到較大的衝擊。廈門辟為通商口岸後，「神靈崇拜不像以前那樣盛行了，由於無人光顧，許多廟宇傾毀失修」[1]。汕頭的情況則較為和緩。

再次，與上述兩點有關，汕頭保持著粵東媽祖信仰中心的地位，不僅該地區最大的媽祖廟在汕頭，而且媽祖信仰在汕頭城市發展中的凝聚和感召作用表現得十分突出。廈門則不僅在閩南的媽祖信仰中處於邊緣地位（閩南最大的媽祖廟仍為泉州天后宮），而且與汕頭這一「以廟帶市」的典型相比，媽祖信仰在城市發展中的作用並不十分突出。

最後，在地方政府和潮汕籍海外華僑華人的鼎力支持下，近年來潮汕的幾處中心廟宇陸續得到修復，媽祖信仰被賦予了新的時代意義。相形之下，閩南的媽祖廟群仍處於無序狀態，媽祖信仰與當前社會的協調仍待加強。考察閩南粵東媽祖信仰的歷史與現狀，給我們留下了許多值得思考的問題。

（原載《中國社會經濟史研究》1996年第2期）

1 〈海關十年報告之四：1912—1921〉，《近代廈門社會經濟概況》，廈門：鷺江出版社，1990年，第376頁。

四 明清和近現代澳門的社會經濟與宗教文化

明清時期澳門商貿經濟的發展

一

澳門雖為彈丸之地（面積僅為18.98平方公里），但在香港興起以前，它因特定的歷史條件而成為國際性港口，並一度在東亞經濟的發展進程中扮演了重要的角色。澳門成為港市，與唐宋的廣州港和泉州港不同，後二者均為封建政府特設的市舶司管轄之下的、以官營對外貿易為主的港口，而澳門不是。澳門也與香港不同，香港是在英國佔領後發展成的一個殖民地港口，而澳門在葡萄牙人入據之後的相當長時期內仍是中國政府能夠行使主權的領土，直到鴉片戰爭後這一主權才遭到破壞。從經濟上來說，明中葉以後澳門在成為葡萄牙人的遠東貿易基地的同時，仍一直是珠江三角洲經濟區的一部分，與周圍地區的經濟生活密不可分。因此，明清時期的澳門經濟並非殖民地經濟，而是商品經濟較為發達的、在一定程度從屬於外人控制下的海外貿易的沿海經濟。這一時期的澳門經濟處於這樣一種邊緣地帶：中國政府既對它採取特殊的政策而又無法完全控制它，葡萄牙人也不能像在其他殖民地那樣為所欲為，而是要顧及中國政府的反應。這一特殊性使得澳門港市經濟的發展走的是一條獨特的道路。

明嘉靖三十二年（1553年）葡商初登澳門，至嘉靖四十三年

（1564年）葡人在澳事實上形成商埠雛形，然均屬私占性質。萬曆元年（1573年）葡人始向明朝地方政府繳納地租，澳門至此成為官方認可的商埠[1]。繁榮的海上貿易使澳門從一個偏僻的小漁村變成世界有名的海港。以澳門為始發點的航線伸向世界各個角落，其中最主要的有至日本長崎的航線；至菲律賓馬尼拉再延伸至墨西哥的航線；至印度果阿再延伸至葡萄牙的航線。有關16世紀中葉以後澳門的海上貿易，中外學者已多有闡述[2]。但關於澳門本地的商貿經濟，論述者卻不多。然而這一問題的重要性是不言而喻的。因為澳門貿易中轉港功能的發揮，端賴於中國東南沿海商品經濟的發展以及封建政府一系列政策、制度的變化，而這一發展和變化從澳門本地商貿活動的運作中均可尋覓到蹤跡。本文試圖通過對明清時期澳門商貿經濟的探索，進一步認識澳門在這一時期東亞經濟中的地位和作用。

二

明中葉葡萄牙人遠道而來，欲於澳門尋求一立足點，以便擴展其東亞貿易網，他們在澳門的衣食住行，無不仰給於內地。澳門當時雖為一偏僻小漁村，但其背後有富裕的珠江三角洲，推而廣之，整個閩粵沿海亦可視為其經濟腹地。正因為如此，葡人才得以立足。正如萬曆年間兩廣總督周嘉謨與廣東巡按御史田生金的〈條陳海防疏〉所言，「澳內僅彈丸黑子之地，無田可耕，無險可恃，日用飲食，全仰給於我」[3]。如果沒有這種經濟支撐，澳門港市的形成和發展是不可能的。

---

1 施存龍：〈澳門港正式對外開埠問題考辨〉，載澳門《文化雜誌》（中文版）第33期，1997年。

2 如黃啟臣、鄭偉明：《澳門經濟四百年》，澳門：澳門基金會，1994年，第1~13頁；張廷茂：〈明清交替之際的澳門海上貿易〉，載澳門《文化雜誌》（中文版）第33期，1997年；C•R•博克薩：〈16—17世紀澳門的宗教和貿易中轉港之作用〉，《中外關係史譯叢》第5輯，上海：上海譯文出版社，1991年。

3 田生金：《按粵疏稿》卷三，〈條陳海防疏〉，版本未詳，澳門大學圖書館藏。

葡人和其他非「朝貢貿易」的外國商船初至粵時，是在廣東地方官員所指定的珠江口外的上川島、浪白澳等暫泊的，船員就船住宿，船上交易，即便上岸交易，也是搭篷暫住，人走篷拆。葡人強行在澳門登岸後，「初僅蓬累數十間，後工商牟奸利者，始漸運磚瓦木石為屋，若聚落然」[1]，一開始也是搭篷居住，後來因有內地「工商牟利者」提供磚瓦木石，才建屋居住，並逐漸形成居住區。明末一香山籍官員（澳門時屬香山縣）說，葡人「初猶搭篷廠棲止耳，漸而造房屋，漸而築青洲山，又漸而造銃台、造堅城」[2]。所有這些房屋、炮臺、城堡所需的建築材料，自然都是中國商人提供的，而建築工匠也均為華人。明嘉靖後期任廣東御史的龐尚鵬在給朝廷的奏文中說，夷人「近數年來，始入濠鏡澳築室居住，不逾年多至數百區，今殆千區以上」[3]。葡人和其他外商的居住區擴展如此迅速，實賴內地「工商牟利者」之功。

澳門既成一海港，各方人口必匯聚於此。除了葡人和其他外商之外，東南沿海各地販夫走卒亦趨之若鶩。龐尚鵬說夷人「負老攜幼，更相接踵，今夷眾殆萬人矣」[4]。而來自閩、粵兩省的各色人等更是成千上萬：「閩之奸徒，聚食於澳，教誘生事者不下二三萬人。粵之盜賊亡命投倚為患者，不可數計。」[5]如此龐大的人口必然需要大量的糧食供應。葡人和其他外商所需糧食均購自內地，明地方官員所謂「彼日食所需，咸仰給於我」[6]，說的就是這一情況。當時明朝的政策是，除違禁物品外，「衣食所需，稍通貿易」[7]。因此內地商人販

1 郭棐：萬曆《廣東通志》卷六九，〈澳門〉，版本未詳，中山大學圖書館藏。
2 《明實錄・崇禎長編》卷三四，崇禎三年五月，臺灣「中央研究院」據美國國會圖書館縮微膠捲影印，1961年（以下所引《明實錄》均與此同），第2053、2054頁。
3 印光任、張汝霖：《澳門紀略》卷上，《官守篇》，引龐尚鵬《區畫濠鏡保安海隅疏》。
4 印光任、張汝霖：《澳門紀略》卷上，《官守篇》，引龐尚鵬《區畫濠鏡保安海隅疏》。
5 《明實錄・崇禎長編》卷三四，崇禎三年五月，第2053、2054頁。
6 《明實錄・神宗實錄》卷五二七，萬曆四十二年十二月，第9905頁。
7 《明實錄・熹宗實錄》卷三〇，天啟三年正月，第1524頁。

運糧食在澳門是合法的。但若葡人意欲囤積糧食，以至「積穀可支戰守」[1]，則明朝政府便會加以限制。如明末葡人以助禦邊為由「要脅多買米數萬石」[2]，便不被允許。至於在澳的各色華人，其所需糧食自然也仰仗內地供應。

在澳門擁有基本的居住條件和食物來源之後，葡人便獲得了一個與內地進行貿易的基地。但是葡人畢竟人數有限，加以明朝的限制，無法深入內地直接與商人交易。恰當此時，東南沿海私商蓬勃興起，他們當中的許多人被視為「倭寇」，從事著非法貿易。這些人便成為葡商的合作者或仲介人，在澳門及其周圍地區形成了一個商貿網絡，史稱「滿剌加國番人（葡萄牙佔領麻六甲後，葡商曾偽稱麻六甲商人，欲騙取明朝信任）每歲私招沿海無賴之徒，往來海中販鬻番貨」[3]；「滿剌加等國番商素號獷悍，往因餌其微利，遂開濠鏡諸澳以處之，致趨者如市，民夷雜居，禍起不測」[4]，即是指此種形勢。

雖然當時的有識之士已經認識到「動以倭寇為名，其實真倭無幾」[5]，但這種形勢畢竟對封建統治不利，因此明朝政府竭力想阻止其進一步發展。然而，商品經濟發展的趨勢不可阻擋，明朝政府要禁止私商與葡人交易難上加難。萬曆四十一年（1613年）總督兩廣兵部右侍郎張鳴岡曰：「……乃粵則與諸夷互市，而謝絕之難……閩廣奸人竄入澳中撥唆教誘，則提防之難……在粵者以貿貨為名，禁之則阻絕生理，而不禁則通澳通倭，弊不勝究，法不勝設。」[6]可見當時閩粵沿海與澳門的商貿來往已成不可遏止之狀。萬曆四十五年（1617年）周嘉謨與田生金的奏章說得更透徹：「近來閩粵奸徒，以販海為業，

1 《明實錄・神宗實錄》卷五七六，萬曆四十六年十一月，第10905頁。
2 《明實錄・崇禎長編》卷四一，崇禎三年十二月，第2472頁。
3 《明實錄・世宗實錄》卷三六三，嘉靖二十九年七月，第6471頁。
4 《明實錄・穆宗實錄》卷三八，隆慶三年十月，第963頁。
5 《明實錄・世宗實錄》卷三五〇，嘉靖二十八年七月，第6327頁。
6 《明實錄・神宗實錄》卷五〇九，萬曆四十一年六月，第9646~9647頁。

違禁通倭，亦蹤跡不可究詰……利之所在，此輩走死地如鶩。而肘腋之間，濠鏡澳亦奸藪也。」[1]沿海私商與夷商在澳門及其周圍地區形成的商貿網絡，是在利益驅動下編織而成的，破之絕難，原因即在此。

在這一形勢之下，明朝各級政府制定了許多限制葡商及其他外商在華貿易等活動的規章制度。從中也可以看出澳門及其周圍地區在明中葉以後商貿經濟的發展狀況。

嘉靖初明廷議「嚴定律例」，禁止沿海民人擅自與外商貿易。其議曰：

凡番夷貢船，官未報視而先迎販私貨者，如私販蘇木、胡椒千斤以上例；交結番夷互市稱貸紹財構釁及教誘為亂者，如川、廣、雲、貴、陝西例；私代番夷收買禁物者，如會同館外軍民例；攬造違式海船私鬻番夷者，如私將應禁軍器出境，因而事泄，律各論罪。[2]

廷議中涉及的私通夷商行為，無一不在澳門出現過。換言之，它正從一個側面反映了包括澳門在內的東南沿海私人海商與外商交通的事實。

在萬曆後期任兩廣總督的張鳴岡的授意之下，當時主管澳門海防和對外貿易的海道副使俞安性制定了歷史上有名的《海道禁約》[3]，以約束葡人在澳的所作所為。禁約共五條，其中有兩條是這樣的：

一、禁接買私貨。凡夷趁貿貨物，俱赴省城公賣輸餉，如有奸徒潛運到澳與夷，執送提調司報導，將所獲之貨盡行給賞首報者，船器

1 田生金：《按粵疏稿》卷三，〈條陳海防疏〉，版本未詳，澳門大學圖書館藏。

2 《明實錄・世宗實錄》卷三八，嘉靖三年四月，第956~957頁。

3 印光任、張汝霖：《澳門紀略》卷上，《官守篇》，引《海道禁約》。

沒官。敢有違禁接買，一併究治。

一、禁擅自興作。凡澳中夷寮，除前已落成遇有壞爛准照舊式修葺，此後敢有新建房屋，添造亭舍，擅興一土一木，定行拆毀焚燒，仍加重罪。

上述條款所禁止的，恰恰是當時實際生活中大量存在的事實，亦即恰恰反映了當時澳門及其周圍地區的私商與葡商及其他外商私下進行的大量貿易，以及澳門各建築群和街區的不斷興起並最終形成頗具規模的港市。否則的話，明後期澳門的繁榮就無法解釋了[1]。

總而言之，明中葉以後在中國政府容忍但又加以限制的情況下，葡人在澳門獲得了立足點並由此與內地通商。中國商民抓住了這一機會，在為葡人和其他外商提供商品和服務的同時，也開闢了一條謀生和獲利的新途徑。

三

17世紀40年代對於澳門來說是一個多事之秋，澳門及其周圍地區的商貿經濟也受到很大影響。1639—1640年間日本德川幕府驅逐葡萄牙人，澳門與長崎的貿易被迫中斷。1640年葡萄牙與西班牙由合而分，澳門與馬尼拉的貿易亦一度中斷。1641年荷蘭從葡萄牙手中奪取了麻六甲，澳門經麻六甲海峽至果阿的航線亦受阻。這一系列事件嚴重影響了澳門葡人及其他外商與中國內地的貿易。恰在此時，中國又發生了明、清兩個王朝的政權更迭，戰亂以及明清之際中國政府對外政策的變化不定，也都影響了內地與葡商及其他外商的貿易。

但是這一系列打擊並未使澳門完全衰落。一方面，葡人發展了與印尼群島和印支半島的貿易，澳門與馬尼拉及果阿的貿易亦未完全中斷[2]。

1 黃啟臣、鄭偉明：《澳門經濟四百年》，澳門：澳門基金會，1994年，第33~40頁。

2 桑賈伊・蘇拉馬尼亞姆（Sanjay Subrahmanyam）著，何吉賢譯：《葡萄牙帝國在亞洲：1500—1700政治和經濟史》，紀念葡萄牙發現事業澳門地區委員會，1993年，第216~220頁。

另一方面，明清之際中國東南沿海的私人貿易依然活躍，而清政府也未根本改變明朝對澳門容忍加約束的政策。這樣，入清以後澳門雖然不如以前那樣繁榮，但其商貿活動仍然是當地經濟不可或缺的一部分。

早在明朝末年，因葡商大量走私影響了明朝歲入，廣東地方當局便於崇禎四年（1631年）停止了他們一年兩度赴廣州的定期貿易，改由中國商人載貨下澳門與之貿易。清初仍循其制。康熙元年（1662年）實行「遷界」，澳門雖獲免遷，然而也因此成了界外之地，先前其獲官方允許的與內地間的貿易完全斷絕。但私商以及某些地方勢力仍與澳門通商如故。史載私商「勾結亡命，私造大船，擅出外洋為市」[1]；「不法奸徒，乘駕大船，潛往十字門海洋（澳門南面海域），與彝人私相貿易」[2]；藩王尚可喜亦與澳門「陰與為市」[3]。其情形一如明時的走私貿易，這說明澳門及其周圍地區的商貿活動是不可抑止的。

康熙十七年（1678年）葡王進貢使者懇請清政府恢復澳門與內地的通商，次年獲清政府批准，「准其在旱路界口貿易」，「不許海上行走」[4]。居澳葡人與內地商人抓住這一機會，迅速擴大雙邊貿易。不久貿易已頗具規模，清政府於是將「旱稅」（澳門界口貿易稅）定額為「二萬二百五十兩」白銀[5]。這意味著此間內地與澳門的獲官方認可的貿易已恢復至明萬曆時的水準，因彼時明政府徵收的澳門「舶餉」乃二萬兩白銀[6]。康熙二十二年（1683年）清朝統一臺灣，海禁

---

1 郝玉麟：《廣東通志》卷六二，吳興祚：〈議除藩下苛政疏〉，臺灣商務印書館據文淵閣四庫全書1987年影印版，第564冊，第867頁。
2 李士楨：《撫粵政略》卷六，〈禁奸漏稅〉，版本未詳，澳門大學圖書館藏。
3 屈大均：《廣東新語》卷二，〈地語〉。
4 李士楨：《撫粵政略》卷二，〈請除市舶澳門旱路稅銀疏〉。
5 李士楨：《撫粵政略》卷二，〈請除市舶澳門旱路稅銀疏〉。
6 湯開建：〈李士禎《撫粵政略》中四篇關於澳門的奏章〉，載澳門《文化雜誌》（中文版），第33期，1997年。

解除，與外國通商隨之恢復。次年粵海關及澳門分關設立，內地與澳門的貿易仍改由海路進行，陸路貿易隨之停止。

清代「廣東澳門地方，為各國夷商貿易匯總之區」[1]，「西洋各國……俱在澳門設有洋行收發各貨」[2]。除葡人外，其他外商也有不少長住於此。清政府「以澳門為聚重之地」，將澳門分關與「省城大關」一體視為「總口」[3]。而且清朝在澳門實行不同於其他地方的特殊政策，「香山縣澳門地方，向許內地民人與各國夷商交易，與省城皆歸行商不同。」[4]澳門不像廣州那樣由特許的「行商」壟斷對外貿易，而是任由民間商人直接與外商交易。這種特殊政策是與澳門的商貿活動互為因果的，它既是澳門商貿經濟長期開放的結果，又進一步推動了這種開放型經濟的發展。

從民間的角度來看，外商的聚集無疑給澳門商家提供了更多的機會。嘉慶十三年（1808年）英軍曾短暫地入據澳門，嘉慶皇帝在接報後的上諭中有這樣一句話：「彼時香山縣有澳內居民四散，澳夷乏食之稟。」[5]可見供應長住澳門的各色外國人之日常所需，已成為香山縣經濟生活中的一件大事。再者，隨著澳門港市的日趨完備，為港口和貿易服務的行業和人員也日益增多。港口要有碼頭、航標、救生設備、儲貨倉庫、修船工場；城市要有旅店、飲食店、日用品店、醫院藥店、娛樂場所、錢莊當鋪等；人員要有經紀人、理貨員、搬運工、船夫、翻譯等。這些行業和人員所從事的工作，從廣義上來說都屬於商貿活動的範圍。道光皇帝在一道上諭中說：「……澳門居民，半通夷語。其各洋行服役之人，及省城之開設小洋貨店，此內極易藏

1 《清實錄‧宣宗道光實錄》卷三二九，道光十九年十二月，中華書局據史館大紅綾本影印，1987年（以下所引《清實錄》均與此同），第1168頁。
2 《清實錄‧高宗乾隆實錄》卷一四三五，乾隆五十八年八月，第185頁。
3 《清實錄‧高宗乾隆實錄》卷一二五八，乾隆五十一年六月，第898~899頁。
4 《清實錄‧宣宗道光實錄》卷一五八，道光九年七月，第431頁。
5 《清實錄‧仁宗嘉慶實錄》卷二一〇，嘉慶十四年四月，第820頁。

奸。更有匪徒練習快蟹船隻，為夷人運私偷稅……」[1]這裡就涉及許多從事商貿活動的人員。在《澳門紀略》卷上〈形勢篇〉中也提及商儈、傳譯、買辦、工匠、販夫、店戶各色人等，可互為印證。值得注意的是，此間澳門興起了一個買辦階層，如「香山縣富民陳守善、徐瓜林二戶，皆以依附洋人致富，始而避居澳門……該富戶等坐擁厚貲……」[2]這些人的富有，從一個側面反映了澳門商品交易量的規模。

從清朝各級政府制定的各種規章制度，也可以看出此間澳門商貿經濟的發展。在這些規章制度中，最完備的要算乾隆九年（1744年）新任澳門同知印光任所制定的管理澳門的七項規章了[3]。茲引其中與商貿活動直接有關的條款之部分內容於下：

一、澳內夷民雜處……凡貿易民人，悉在澳夷牆外空地搭篷市賣，毋許私入澳內，並不許攜帶妻室入澳。責令縣丞編立保甲，細加查察。其從前潛入夷教民人，並竄匿在澳者，勒限一年，准其首報回籍。

一、夷人採買釘鐵、木石各料，在澳修船，令該夷目將船身丈尺數目、船匠姓名開列，呈報海防衙門，即傳喚該匠，估計實需鐵斤數目，取具甘結，然後給與印照，並報關部衙門，給發照票，在省買運回澳……

一、夷人寄寓澳門，凡成造船隻房屋，必資內地匠作，恐有不肖奸匠，貪利教誘為非，請令在澳各色匠作，交縣丞親查造冊，編甲約束，取具連環保備案……

勤於政務的印光任固然用心良苦，但還是堵不住百姓的趨利之

1 《清實錄・宣宗道光實錄》卷一八五，道光十一年三月，第936頁。
2 《清實錄・穆宗同治實錄》卷一二五，同治三年十二月，第742頁。
3 印光任、張汝霖：《澳門紀略》卷上，〈官守篇〉。

心。就在上述規定頒布65年後，嘉慶皇帝在一道上諭中還在重申「其澳內……民人眷口，亦不准再有增添」[1]，說明儘管禁令重重，百姓還是趨之若鶩地去澳謀生並定居。上述條款正反映了民人入澳之不可遏止、匠人擅為外商造船建屋之無法禁絕，等等。

總而言之，自明末清初以來，儘管風雲變幻，澳門還是「奇跡般地自我生存下來」了[2]。說它是奇跡，是因為澳門本地沒有資源。那麼，什麼是它的生存動力呢？除了葡人拓展海外貿易空間的能力，更重要的則是澳門及其周圍地區的中國人那種頑強的謀生和謀利精神。

四

明清時期澳門的商貿經濟具有什麼特點呢？首先，作為海港城市，澳門不同於唐宋時期市舶司管轄之下的以官營對外貿易為主的港市。一方面，它是葡萄牙人強行租居的產物；另一方面，它又是明清政府容忍但又加以限制的結果。唐宋的港市，有外商聚居區——蕃坊，由封建政府任命蕃長進行管理。而明清時期的澳門，葡商及其他外商的居住和管理實際上並不在封建政府的控制之下，所以道光皇帝在一道上諭中才說：「唯該處（指澳門）華夷叢雜，保甲之法，實難施於夷人。且由同知縣丞每歲編查，恐有名無實，易滋流弊。」[3]但由於澳門主權仍屬中國，明清政府仍有權對市政加以干預，所以澳門港市又不完全在封建政府的控制範圍之外。處於這樣一種邊緣地帶的澳門，明清政府對它實行比較特殊的政策，亦即允許外商和民人在相對自由的環境下從事貿易。如此則澳門的商貿經濟便具有了從傳統型向近代型過渡的特點。

其次，從葡萄牙殖民者的角度來看，澳門與亞洲其他葡占殖民地

1 《清實錄·仁宗嘉慶實錄》卷二一二，嘉慶十四年五月，第842頁。

2 C·R·博克薩：〈16—17世紀澳門的宗教和貿易中轉港之作用〉，《中外關係史譯叢》第5輯，上海：上海譯文出版社，1991年。

3 《清實錄·宣宗道光實錄》卷三二六，道光十九年九月，第1115頁。

相比具有很大的不同。在果阿、帝汶、麻六甲等葡占殖民地，葡人的主要對手是其他西方殖民者如荷蘭人等，其制約因素主要來自海上。而背靠中國大陸的澳門並非殖民地，決定葡人在澳生存與否的關鍵不在別的，而是在於中國的政局、政策及其經濟後果。所以明、清交替之際，葡人先是助明抗清，後又遣使清廷，目的都是為了保住在澳經濟利益。從17世紀40年代至60年代，澳門人口下降了一半，其主要原因「可以認為是這一時期中國的統治王朝由明朝變成了清朝的緣故，它使得中國東南沿海的內陸市場不太穩定」。而直到「中國東南部的『帝國和平』重新建立之後，澳門的商人才輕鬆地喘口氣」[1]。所以澳門的制約因素主要來自中國大陸。因此，與別的貿易中轉港相比，澳門具有比較濃厚的大陸經濟的色彩，這也是澳門商貿經濟的另一個特點。

無論從中方還是從葡方來說，澳門都有其獨特性。這就決定了明中葉以後相當長的時期內，澳門在東亞經濟格局中具有不可替代的地位和作用。從某種程度上來說，澳門成了歐、亞、美三大洲的貿易交匯點。中國的絲綢和瓷器從這裡大量輸出到世界各地，墨西哥和日本的白銀從這裡大量輸入到中國。這一切都可以從這一時期澳門的商貿經濟中尋覓到根源和蹤跡。

（原載《廈門大學學報（哲社版）》1999年第4期）

澳門的興衰與人口變遷

16世紀以後，隨著東西方貿易的頻繁與增長，東南亞和中國東南

1　桑賈伊・蘇拉馬尼亞姆（Sanjay Subrahmanyam）著，何吉賢譯：《葡萄牙帝國在亞洲：1500—1700，政治和經濟史》，紀念葡萄牙發現事業澳門地區委員會，1993年，第216頁。

沿海陸續興起了一批海港城市，它們在東亞經濟的發展過程中扮演了重要的角色。每一個東亞港市的興衰都與其人口的聚散密切相關，二者是互為因果的。研究這一動態發展過程，可以從中透視東亞經濟起伏的玄機與線索。澳門在東亞諸港市中是比較獨特的，它處於這樣一種邊緣地帶：中國政府既對它採取特殊政策而又無法完全控制它，葡萄牙人也不能像在其他殖民地那樣為所欲為，而要顧及中國政府的反應。所謂特殊政策，指的是明、清政府在堅持其主權之同時[1]，允許商民在澳門相對自由的環境下與葡商及其他外商進行貿易。而葡人之所以要顧及中國的反應，也正因為澳門的制約因素主要來自中國內地，這種制約因素包括政治和經濟的。澳門港市的這種獨特性，決定了其盛衰不僅與海上貿易有關，而且與中國內地的政治、經濟局勢有關。同樣地，澳門人口的變遷既取決於海上貿易的升降，又取決於中國的政治變局與經濟起伏。澳門興衰與人口變遷的雙向互動，便比東亞其他港市顯得更為複雜與曲折。

本文擬以澳門社會經濟的盛衰為背景，論述16世紀中葉至20世紀末澳門人口的發展趨勢，並從中探察澳門這一東亞海港城市的歷史軌跡。以下按明、清、民國和中華人民共和國四個時期為序加以論述。

一、明朝時期

澳門歷史上隸屬廣東省香山縣（今中山市、珠海市），位於珠江口南端，與香港分處伶仃洋東西兩側，是天然的漁港和商港，總面積18.98平方公里。宋元時期澳門主要是東南沿海各地漁民避風停泊的場所，香山縣居民時而來此採石，亦有零星的海商在此作短暫停留，常住居民不多，數目難於查考。

明中葉以後，隨著沿海及海外貿易的增長，澳門的常住居民逐漸增加。嘉靖三十二年（1553年）葡商初登澳門，至嘉靖四十三年

1 鴉片戰爭後中國對澳門的主權漸遭破壞，但澳門始終都不是葡萄牙的殖民地。

（1564年）葡人在澳事實上形成商埠雛形，然均屬私占性質。萬曆元年（1573年）葡人始向明朝地方政府繳納地租，澳門至此成為官方認可的商埠[1]。澳門商埠的形成，一方面是葡商和其他外商在澳人數漸多所致，一方面還要有一定數量的中國居民，否則葡商和其他外商的日常所需，以及他們意欲雇傭的人手，便無從談起。而商埠的繁榮，海上貿易的興盛，又吸引了更多的中外人口來到澳門。

嘉靖三十二年至崇禎十三年（1553—1640年）是澳門歷史上的一個鼎盛時期。以澳門為始發點的航線伸向世界各個角落，其中最主要的有至日本長崎的航線；至菲律賓馬尼拉再延伸至墨西哥的航線；經麻六甲至印度果阿再延伸至葡萄牙的航線。「從麻六甲向澳門出口胡椒和香料，從澳門向日本出口絲綢和黃金，從日本向澳門出口白銀，從澳門向果阿運回絲綢、銅和貴金屬」[2]。背靠中國大陸的澳門成了聯結亞、歐、美三大洲的貿易中轉港。就在盛極而衰的17世紀40年代初，「澳門總人口估計為40000人，其中約有20000人是葡萄牙人或具有葡萄牙血統」[3]。這是澳門歷史上第一個人口高峰。

澳門在這一時期經歷了從偏僻的小漁村到繁榮的海港城市的轉變。根據葡萄牙方面的文獻記載，16世紀60年代之後，澳門「是葡萄牙人一個很重要的居住中心——可能比孟加拉灣任何一個居民點的規模都大」[4]；「1585年葡王陛下授予馬交城（即澳門）以城市地位，定名為阿媽神（即媽祖）之城」[5]。所有這些都表明，澳門已經具備了海

1 施存龍：〈澳門正式對外開埠問題考辨〉，載澳門《文化雜誌》（中文版）第3期，1997年。

2 桑賈伊・蘇拉馬尼亞姆（Sanjay Subralmanyam）著，何吉賢譯：《葡萄牙帝國在亞洲：1500—1700政治和經濟史》，紀念葡萄牙發現事業澳門地區委員會，1993年，第145頁。

3 桑賈伊・蘇拉馬尼亞姆（Sanjay Subralmanyam）著，何吉賢譯：《葡萄牙帝國在亞洲：1500—1700政治和經濟史》，紀念葡萄牙發現事業澳門地區委員會，1993年，第216頁。

4 桑賈伊・蘇拉馬尼亞姆（Sanjay Subralmanyam）著，何吉賢譯《葡萄牙帝國在亞洲：1500—1700政治和經濟史》，紀念葡萄牙發現事業澳門地區委員會，1993年，第113頁。

5 安東尼・博卡羅（Antonio Bocarro）著，張廷茂節譯：《中國阿媽之城》，暨南大學中國文化史籍研究所編：《歷史文獻與傳統文化》第5集，廣州：廣東人民出版社，1995年。

港城市的功能。而以葡人為主的長住澳門的外國人，在這一時期不僅數量增多，而且成分日益複雜。

數量方面，「1578年有個耶穌會士訪問該地區之後說，居民由持各種信條的人組成，約有萬人左右」；而一位叫安東尼奧・博卡里奧的葡人在1635年的信中寫道，澳門在「1630年日本—馬尼拉貿易全盛期的總人數可達二萬人上下」[1]。亦即半個世紀內人口數量翻了一番。如上文所示，10年之後，澳門人口又再次翻番，達到40000人左右。如果葡人及與之有血統關係的人一直占總人口半數的話，那麼60年內這兩類人的數目便從5000人增加到20000人。

成分方面，葡萄牙官方文獻將其亞洲居民分為「已婚居民」、士兵、傳教士和官員四類。其中的「已婚居民」專指居住在「葡屬印度」管理之下的地方的人，是數量最多的一類。澳門屬駐在印度果阿的葡萄牙總督之管轄（儘管中國並不承認其為殖民地），其「白人已婚居民」登記在冊者有850戶（1635年），另有同樣戶數的「黑人已婚居民」（土著居民）[2]。這一數字顯然並不完全。此外，「這些家庭（白人已婚居民）一般都有6名能作戰的奴隸，其中人數最多和最能幹的是黑人」[3]。官方文獻一般未予記載的則有背叛宗教信仰者、流氓或流浪漢、逃兵或叛逃人員等。再加上短期在澳居留的海員和商人，就使得澳門的外國人成分十分龐雜。如果再考慮到中國、日本的土生葡人以及葡中混血兒、葡日混血兒等，情況就更加複雜了。

中國方面的文獻也記載了澳門城市發展及外國居民增多的情況。明嘉靖後期任廣東御史的龐尚鵬在給朝廷的奏文中說，夷人「近數年

1 C・R・博克薩：《16—17世紀澳門的宗教和貿易中轉港之作用》，《中外關係史譯叢》第5輯，上海：上海譯文出版社，1991年。

2 桑賈伊・蘇拉馬尼亞姆（Sanjay Subralmanyam）著，何吉賢譯：《葡萄牙帝國在亞洲：1500—1700政治和經濟史》，紀念葡萄牙發現事業澳門地區委員會，1993年，第230頁。

3 安東尼・博卡羅（Antonio Bocarro）著，張廷茂節譯：《中國阿媽之城》，暨南大學中國文化史籍研究所編：《歷史文獻與傳統文化》第5集，廣州：廣東人民出版社，1995年。

來，始入壕鏡澳築室居住，不踰年多至數百區，今殆千區以上。日與華人相接濟，歲規厚利，所獲不貲。故舉國而來，負老攜幼，更相接踵，今夷眾殆萬人矣」[1]。如此則中國官方作出澳門外國人數目達萬人的估計，在時間上比葡方大約早了20年。其他記載如「趨者如市，民夷雜居」[2]，「雕楹飛甍，櫛比相望」[3]等，更比比皆是。中外文獻的相互印證，在在說明此間澳門的興盛和人口的劇增。

這一時期在澳門的中國居民主要來自廣東和福建沿海。崇禎三年（1630年）五月禮科給事中盧兆龍上言：「閩之奸徒，聚食於澳，教誘生事者不下二三萬人。粵之盜賊亡命投倚為患者，不可數計。」[4]這一說法比葡人博里卡奧的1630年澳門總人口為兩萬人之說（華人若居半則為一萬人）多出許多，顯屬誇張。不過另一份葡方文獻在談到17世紀30年代澳門的中國居民時也說，「它的市民比該國的其他任何城市都更多」[5]。顯然這也含有很大的誇張成分。儘管如此，此間澳門中國居民眾多這一事實，畢竟得到中外文獻的共同認可，此點應無疑問。

明朝的最後幾年，亦即崇禎十三年至十七年（1640—1644年），是澳門盛極而衰的轉捩點。1639—1640年間日本德川幕府驅逐葡萄牙人，澳門與長崎的貿易被迫中斷。1640年葡萄牙與西班牙由合而分，澳門與馬尼拉的貿易亦告中止。1641年荷蘭從葡萄牙手中奪取了麻六甲，澳門經麻六甲海峽至果阿的航線亦受阻。由於外商貨源頓受阻滯，澳門與中國內地的貿易便受到嚴重影響。

但這一形勢並未立即使澳門人口下降，反而在短期內使其人口上

1 印光任、張汝霖：《澳門紀略》卷上，《官守篇》，引龐尚鵬〈區畫濠鏡保安海隅疏〉。
2 《明實錄・穆宗實錄》卷三八，隆慶三年十月。
3 《明實錄・熹宗實錄》卷一一，天啟元年六月。
4 《明實錄・崇禎長編》卷三四，崇禎三年五月。
5 安東尼・博卡羅（Antonio Bocarro）著，張廷茂節譯：《中國阿媽之城》，暨南大學中國文化史籍研究所編：《歷史文獻與傳統文化》第5集，廣東人民出版社，1995年。

升，這主要是日本大量驅逐葡商、葡日混血兒及日本基督徒所致。其實這種驅逐行動在更早的時候就發生了，只不過到此時才加劇並顯示出後果。「1570—1636年長崎成了葡萄牙血統的日本人很活躍的城市，可是到了1636年，住在這裡的所有歐亞混血兒以及他們的日本妻子、母親統統都被趕到了澳門」。由於這部分人口的劇增，在澳門「就自然地形成了一條街，除了有葡萄牙人的妻妾、奴僕外，還有商人、教士」。此外，「在澳門的日本人街區裡，也有一些藝術家和工匠」[1]。這部分人口不僅增加了澳門的人口總量，而且構成了澳門人口的新的成分。

黃啟臣、鄭煒明著《澳門經濟四百年》綜合歷代中外統計資料，得出澳門數百年來的人口變遷資料，其中明朝時期的資料為：1555年400人；1563年5000人；1578年10000人；1580年20000人；1600年2000～4000人；1621年8200～8300人；1640年40000人[2]。由於統計資料來源廣泛，矛盾之處不少，有的也並不可信。但總的發展趨勢還是反映出來了，亦即明朝時期澳門人口大體呈上升趨勢，並且增長的速度還是相當快的，在85年中增加100倍，從而反映出該時期澳門經濟飛速發展的態勢。

二、清朝時期

明末清初，當澳門海上貿易受挫而從繁榮的頂峰跌落下來時，中國時局的變化加劇了澳門的由盛而衰。明末因葡商大量走私影響了明朝歲入，廣東地方當局便於崇禎四年（1631年）停止了他們一年兩度赴廣州的定期貿易，改由中國商人載貨下澳門與之貿易。崇禎十三年（1640年）明廷正式認可了這一作法，後來清朝沿用了這種制度。這

1 C·R·博克薩：《16—17世紀澳門的宗教和貿易中轉港之作用》，《中外關係史譯叢》第5輯，上海：上海譯文出版社，1991年。

2 黃啟臣、鄭煒明：《澳門經濟四百年》，「1555—1990年澳門人口發展統計表」，澳門：澳門基金會，1994年，第3頁。

無疑增加了葡人與內地通商的障礙。

明、清政權的交替又使澳門雪上加霜。「由於明、清以來的長期爭鬥，給中國市場帶來了空前的災難，導致大量的難民不斷地湧入澳門」[1]。再者，明軍集中對付滿族軍隊，「這便使得東南沿海（澳門正處於這一範圍）有些脆弱，易於受到其他力量的襲擊」[2]，其中最大的威脅來自荷蘭人，他們與葡人展開激烈的競爭。1644年葡萄牙「參議會向國王約翰四世呈奏信函，敦促國王無論花多大代價都要和荷蘭人講和，否則澳門連同它發展起來的四萬人口將在二三年內全部崩潰，落入荷蘭人手中」[3]。不過於此可見，明清之際澳門人口似未立即受到經濟波動的影響，甚至因為難民的到來或許還增加了。

所幸預言中的事沒有發生，而儘管與長崎和馬尼拉的貿易陷於停頓，「澳門的企業家（市民）曾積極試圖開發同東帝汶、望加錫、印度支那、暹羅的貿易，以取代與日本、馬尼拉的貿易」[4]，並且這種努力在很大程度上是成功的。這樣澳門及其居住於此的人們才繼續生存下來了。

然而一波未平一波又起。康熙元年（1662年）清政府實行「遷界」，澳門雖獲免遷，卻因此也成界外之地，先前其獲官方允許的與內地間的貿易完全斷絕。不過私商仍與澳門通商如故。中國史籍記載私商「勾結亡命，私造大船，擅出外洋為市」[5]；「不法奸徒，乘駕大船，潛往十字門海洋（澳門南面海域），與彝人私相貿

1 C·R·博克薩：《16—17世紀澳門的宗教和貿易中轉港之作用》，《中外關係史譯叢》第5輯，上海：上海譯文出版社，1991年。

2 桑賈伊·蘇拉馬尼亞姆（Sanjay Subralmanyam）著，何吉賢譯：《葡萄牙帝國在亞洲：1500—1700政治和經濟史》，紀念葡萄牙發現事業澳門地區委員會，1993年，第216頁。

3 C·R·博克薩：《16—17世紀澳門的宗教和貿易中轉港之作用》，《中外關係史譯叢》第5輯，上海：上海譯文出版社，1991年。

4 C·R·博克薩：《16—17世紀澳門的宗教和貿易中轉港之作用》，《中外關係史譯叢》第5輯，上海：上海譯文出版社，1991年。

5 郝玉麟：《廣東通志》卷六二，吳興祚：〈議除藩下苛政疏〉。

易」[1]，反映了這種情況。

儘管如此，這次與內地合法貿易的斷絕對澳門的打擊是空前的。「到1669年，澳門的已婚人口下降到不足1635年的一半」[2]。如前所述，1630年澳門人口為10000人，至1640年已發展到20000人。介於二者之間的1635年若以15000人計，則1669年澳門人口便僅有7500人。葡商和其他外商有許多人離去，應是此次澳門人口劇減的重要原因。因為「如果按（禁海）敕令字面上的意思來實行的話，以神（媽祖）的名字命名的澳門就失去了其存在的意義了」[3]。

康熙十八年（1679年）清廷准葡使恢復澳門與內地通商之請，然只「准其在旱路界口貿易」[4]。中斷了17年的貿易得以恢復並迅速擴大，未幾已頗具規模。清政府於是將「旱稅」定額為「二萬二百五十兩」白銀[5]。這意味著此間獲官方認可的貿易已恢復至明萬曆的水準，因彼時明朝徵收的澳門「舶餉」乃二萬兩白銀。康熙二十二年（1683年）清朝統一臺灣，海禁解除，對外通商隨之恢復。次年粵海關及澳門分關設立，內地與澳門的貿易仍改回由海路進行。

就在恢復通商的次年，一位名叫陸希言的華人耶穌會修士來到澳門，他看到的是長期蕭條後尚未恢復的淒涼景象：「至入其境，見城無百堵，眾無一族，家無積粟，淒涼滿襟。」[6]「眾無一族」即不到五百人，顯屬誇張之辭，但亦可見當時澳門人口稀少之境況。大批外商離去尚未返回，在澳謀生的華人自然為數不多，這就是人口劇減的原因。粵海關成立後規定：「今開海之後，現在到粵洋船及內地商民

1 李士楨：《撫粵政略》卷六，〈禁奸漏稅〉。

2 桑賈伊·蘇拉馬尼亞姆（Sanjay Subralmanyam）著，何吉賢譯：《葡萄牙帝國在亞洲：1500—1700政治和經濟史》，紀念葡萄牙發現事業澳門地區委員會，1993年，第216頁。

3 C·R·博克薩：《16—17世紀澳門的宗教和貿易中轉港之作用》，《中外關係史譯叢》第5輯，上海：上海譯文出版社，1991年。

4 李士楨：《撫粵政略》卷二，〈請除市舶澳門旱路稅銀疏〉。

5 李士楨：《撫粵政略》卷二，〈請除市舶澳門旱路稅銀疏〉。

6 陸希言：〈澳門記〉，轉引自《澳門經濟四百年》，第67頁。

貨物，俱由海運直抵澳門，不復仍由旱路貿易。」[1] 但葡人為了像明代那樣獨占澳門對外貿易，不惜重金賄賂廣東官憲，阻止其他外國商船入泊澳門。結果是弄巧成拙，至康熙五十四年（1715年），除葡萄牙以外，外國商船不再入泊澳門徑駛廣州黃埔。澳門未得開海之利，反而衰落了：「1685年，澳門一般資本既薄又乏信用之葡商，僅有船隻10艘，至1704年，只有2艘……澳門居住區，殆已日趨於敗壞之境矣。」[2] 澳門人口在清朝開海後未明顯增加，原因即在此。

由於清政府擔心百姓出海貿易不歸，對其統治不利，於康熙五十六年（1717年）複下令禁止商民赴南洋貿易，澳門亦在禁令之列。然而次年清廷又准葡使之請，特許其下南洋貿易如故。自此至雍正元年（1723年）清朝全面撤銷此禁令為止，澳門又經歷了一個短暫的繁榮時期。此間「澳門市貿既盛，人口之日增，自在意中」[3]；「戶口日繁，總計男婦多至三千五百六十七名，大小洋船近年每從外國造船回澳，共有二十五隻」[4]。這是因為澳門獨占了對南洋貿易的緣故。

雍正元年澳門失去對南洋貿易的獨占之後，其經濟每況愈下，其人口又不如前了。據其時為宦者所記，「今在澳之夷約六百餘家，每家約三男而五女。其樓房多空曠無人居，賃華人居之」[5]。不過乾隆以後，西方對華通商之潮流愈益不可遏止，而清政府不許夷商長往廣州，於是澳門遂「為各國夷商貿易匯總之區」[6]，「西洋各國……俱在澳門設有洋行收發各貨」[7]。隨著英商成為對華貿易的主體，葡人欲排斥其他外商於澳門之外的做法也行不通了。而且清朝在澳門實行不同

1 李士楨：《撫粵政略》卷二，〈請除市舶澳門旱路稅銀疏〉。
2 強克斯脫（Andrew Ljungstedt）：《葡人在華殖民史略》（英文版），第85~86頁，轉引自《澳門經濟四百年》，第70頁。
3 《葡人在華殖民史略》，第132頁，轉引自《澳門經濟四百年》，第71頁。
4 《清實錄・世宗雍正實錄》卷二九，雍正三年二月。
5 張甄陶：《澳門圖說》，轉引自《澳門經濟四百年》，第72~73頁。
6 《清實錄・宣宗道光實錄》卷三二九，道光十九年十二月。
7 《清實錄・高宗乾隆實錄》卷一四三五，乾隆五十八年八月。

於其他地方的特殊政策，「香山縣澳門地方，向許內地民人與各國夷商交易，與省城皆歸行商不同」[1]。澳門不像廣州那樣由特許的「行商」壟斷對外貿易，而是任由民間商人直接與外商交易。如此則澳門人口有複升之跡象。

乾隆九年（1774年）新任澳門同知印光任制定了七項規章，其中之一為「凡貿易民人，悉在澳夷牆外空地搭篷市賣，毋許私入澳內，並不許攜帶妻室入澳。責令縣丞編立保甲，細加查察。其從前潛入夷教民人，並竄匿在澳者，勒限一年，准其首報回籍」[2]。然而就在這一規定頒佈65年之後，嘉慶皇帝在一道上諭中還在重申「其澳內……民人眷口，亦不准再有增添」[3]，說明儘管下了一道道禁令，百姓還是趨之若鶩地去澳門謀生並定居。而澳門人口之增長也就在情理之中了。不過此間支撐澳門人口增長的已不是葡人的海上貿易，而是以英商為主的其他西方國家商人的對外貿易了。

鴉片戰爭以後，隨著中國在西方列強逼迫下一個接一個地開放沿海港口，澳門在中國對外貿易中享有的特殊地位一去不復返了。尤其是香港的崛起，完全取代了澳門貿易中轉港的地位。儘管葡女王擅自於1845年宣佈澳門為自由港，但澳門再也無法恢復昔日的繁榮了。另一方面，澳葡當局在破壞中國行使主權之同時，自1847年起不斷蠶食中國領土，至1889年便佔領了相當於今天澳門地區的面積。而通過1888年的《中葡和好通商條約》，葡萄牙又騙取了對澳門的「永居管理權」。

這種形勢對澳門的經濟及人口有什麼影響呢？首先，澳門的經濟支柱再也不是轉口貿易，從而支撐澳門人口的主要因素也就不是正常意義上的海上貿易了。其次，隨著葡占領土的擴大，澳門的中國居民

1 《清實錄・宣宗道光實錄》卷一五八，道光九年七月。
2 印光任、張汝霖：《澳門紀略》卷上，《官守篇》。
3 《清實錄・仁宗嘉慶實錄》卷二一二，嘉慶十四年五月。

之人數及所占比例都增加了，澳門的經濟也日益多樣化了。

澳門正常的海外貿易衰微後，一種畸形的貿易——「苦力」貿易卻興盛起來了。鴉片戰爭後，澳門漸成葡、英殖民者掠賣華工的基地，特別是咸豐二年（1852年）廈門爆發反抗掠賣人口的鬥爭之後，澳門更成為最大的「苦力」出口港之一。從1865年10月1日至1866年4月1日，「單單運往古巴一處的華工——多數來自澳門——就有13500名，分乘50艘船」[1]。而1860—1870年間，離開澳門前往秘魯的華工即達43301人[2]。可見澳門已成為「苦力」的「集散地」。儘管這些被掠賣的華工在澳門只作短暫停留，但因其數量龐大，又是此來彼往綿延不斷，所以構成了近代澳門畸形經濟和畸形人口發展的一個面相。

1847年澳葡當局開始侵地擴界，從其佔領的澳門半島南端向北擴張。1851年和1864年，分別佔領了氹仔和路環兩個離島。1883年強占關閘以南、圍牆以北7個村的大片居民地[3]。1889年又佔領青洲島。這樣，居住在這些地區的中國居民便成為澳葡當局管治下的人口。僅1883年那一次，便有望廈、龍田、龍環、塔石、沙梨頭、沙岡、新橋等7個村的一千多戶居民被劃入澳葡當局管治下的澳門地界[4]。若以每戶五口計，則此次澳門人口即增加了五千人以上。這樣，澳門的中國居民人數和比例都大大增加了。而隨著澳門中國居民的增加，其經濟成分也日趨多樣化，除了原先的工商業之外，還增加了農業和漁業等。這又反過來吸引珠江三角洲地區更多的人到澳門謀生。

《澳門經濟四百年》一書中搜集到的清代澳門人口數字有4個，即

---

1 鄧開頌、黃啟臣編：《澳門港史資料彙編（1553—1986）》，廣州：廣東人民出版社，1991年，第358~359頁。

2 鄧開頌、黃啟臣編：《澳門港史資料彙編（1553—1986）》，廣州：廣東人民出版社，1991年，第375頁。

3 圍牆是葡人於17世紀初開始陸續修建的界牆，最早的圍牆建於聖保祿教堂（今大三巴牌坊）之北。關閘即香山縣通往澳門的陸路界口，清政府於1684年於此設稅館，複於1887年在此設拱北海關，今為珠海與澳門交界處。

4 黃啟臣、鄭煒明：《澳門經濟四百年》，澳門：澳門基金會，1994年，第110頁。

1700年的4900人；1743年的5500人；1839年的13000人；1910年的74866人[1]。於此可見，直到鴉片戰爭前夕，澳門人口還遠未恢復到明末清初時的水準，但清末卻突增至70000人以上，大大超過了澳門歷史上第一次人口高峰（17世紀40年代初的約四萬人）。據以上分析，這第二次人口高峰的到來並非如第一次那樣是海上貿易繁榮的結果，而是葡占澳門地盤擴大從而劃歸其地的中國居民大量增加，以及經濟多元化（包括帶有畸形經濟性質的「苦力」貿易等）使得人口容量擴大的結果。

三、民國時期

地理位置和自然資源決定了澳門是一個漁業經濟發達的地區。當澳門的轉口貿易衰落下去以後，其漁業經濟的優勢便凸顯了出來。民國時期澳門的漁業經濟有了長足的發展。1921年前後，澳門的漁民人數達到六萬多人，占當時全澳門總人口的70%左右[2]。可見漁業已成為容納大量從業人口的最大行業。當時全澳門共有大小漁船三千多艘。除了從事捕魚業和魚類加工業者之外，還有許多人從事魚類交易。澳門有許多魚欄，就是從事水產品批發生意的中間商，20世紀20年代澳門的魚欄有60家左右。

澳門的手工業在民國時期也有較大的發展。澳門四大傳統手工業——造船、爆竹、火柴、神香，就是在這一時期奠定基礎的。造船業的主體是與捕魚業密切相關的漁船製造和修理，這一時期澳門的30多家船廠大都是漁船修造廠。爆竹、火柴業是民國時期澳門最為普遍的手工業。這兩種手工業因技術簡單，易於手工操作，因而成為遍及大街小巷的家庭手工業，相當多的人以此為生。當然也有聚集了數百上千人的手工工廠，如創設於1923年的昌明火柴廠有工700名，而廣興

1 黃啟臣、鄭煒明：《澳門經濟四百年》，「1555—1990年澳門人口發展統計表」，澳門：澳門基金會，1994年，第3頁。

2 黃啟臣、鄭煒明：《澳門經濟四百年》，澳門：澳門基金會，1994年，第163頁。

泰、廣興隆等火柴廠則各有工人千名以上[1]。至於神香業，抗日戰爭期間，全澳門有神香作坊23處，從業者亦達數百人。四大傳統手工業在民國時期容納了澳門大量人口，是可以肯定的。

澳門與中國內地的貿易及對外貿易進入民國時期以後仍很不景氣，但是日軍侵華後大量難民湧入澳門，太平洋戰爭爆發後香港淪陷，又有難民自香港而來，使得局面為之一變，對內對外的商貿活動日趨活躍以至繁榮起來。在東亞大部分地區淪入日本之手時，唯有澳門成為未被日軍佔領的孤島，內外貿易直線上升，成為澳門歷史上一個極為特殊的時期。1939年澳門人口達到創紀錄的24.5萬人，而這一年澳門的進出口貿易總額也達到93348340葡元，為民國以來澳門貿易額的最高紀錄[2]。這一時期澳門的主要貿易對象，對內而言是珠江三角洲地區，對外而言是東南亞和波斯灣地區。其輸出主要是魚乾、火柴、爆竹等，輸入則主要是米、糖、木材、煤炭等。其出口商品正是來自容納了大量勞動人手的漁業和手工業，而進口商品則屬維持人們日常生活的必需品。於此可見在特定的歷史背景下澳門的商貿與人口是如何互為推動、交替攀升的。

抗戰結束後，不少人從澳門重返內地和香港，於是澳門人口銳減，1945年只有約15萬人，減少了一半（1942年約為30萬人）。以後，澳門海外貿易又出現上升趨勢，1947年外貿總額為19279萬葡元，1949年增至45222萬葡元，於是其人口也隨之增至1949年的約18萬人[3]。

《澳門經濟四百年》中有關民國時期人口的精確數字有4個：1920年的83984人；1927年的157175人；1937年164528人；1939年的245194人[4]。

---

1 黃啟臣、鄭煒明：《澳門經濟四百年》，澳門：澳門基金會，1994年，第166頁。
2 黃啟臣、鄭煒明：《澳門經濟四百年》，澳門：澳門基金會，1994年，第168頁。
3 黃啟臣、鄭煒明：《澳門經濟四百年》，澳門：澳門基金會，1994年，第4頁。
4 黃啟臣、鄭煒明：《澳門經濟四百年》，「1555—1990年澳門人口發展統計表」，澳門：澳門基金會，1994年，第3頁。

1920—1927年間人口的增長可以被認為是漁業、手工業發展的結果，而1937—1939年間人口的增長則明顯是日軍侵華使內地百姓湧入澳門的結果。1939年出現的澳門歷史上第三個人口高峰，同時也是一個突發性高峰，因為在短短兩年內，澳門人口一下子增加了50%。

四、中華人民共和國時期

這一時期的澳門經濟進程經歷了以下四個階段：（1）經濟困難階段（1950—1956年）。1950年朝鮮戰爭爆發後美國實行對華禁運，極大地影響了澳門經濟，其外貿總額從1949年的45222萬元下降至1956年的14150萬元，其工廠總數也從1947年的166家減至1957年的107家。（2）經濟恢復階段（1957—1962年）。1957年葡萄牙允許澳門產品免稅進入葡屬地區，葡商至澳投資增加。新興產業紡織業的出現，傳統產業漁業、爆竹業的復蘇，以及建築業的發展等，都使澳門經濟重獲生機。中國內地對澳供貨也大幅增長。澳門外貿的恢復因而加快，至1962年其總額已達32145萬元。（3）經濟起伏階段（1963—1975年）。1967—1968年間澳門經歷了一次經濟不景氣，但此前和此後澳門經濟皆因博彩業（賭博業）、旅遊業、建築業的發展而獲益，其工商和外貿也趨於繁榮。（4）經濟騰飛階段（1976—1993年）。本階段全澳門的製造業、金融業、旅遊業、房地產業等全面發展，1991年人均產值突破萬元大關，次年其人均產值居世界第14位[1]。

這一時期經濟仍是影響澳門人口的主要因素。若以10年為時段尺規來觀察澳門人口的變遷，則可明顯看出經濟蕭條使人口下降，經濟繁榮使人口上升，且人口增減的快慢也與經濟升降的快慢一致。以下是反映二者關係的一組數字：1950年187772人；1960年169299人；1970年248636人；1980年316673人；1990年500000人[2]。除第一個10年人口

1　黃啟臣、鄭煒明：《澳門經濟四百年》，澳門：澳門基金會，1994年，第173~175頁。

2　*Population and Development in Macau*, Edited by Rufino Ramos, etc. Published by University of Macaut & Macau Foundation, 1994, p.187.

因經濟不景氣而下降外，其餘3個10年人口都是呈上升態勢，尤以最後一個10年人口增幅為最大，此乃經濟騰飛使然。

移民仍然是影響澳門人口的第二大因素。1950年以後，澳門居民不斷回中國內地或移居海外，致使本地人口日趨減少。20世紀60年代和70年代，因中國內地進行「文化大革命」，不斷有人以合法或非法的身分從內地到澳門定居。改革開放以後，內地繼續不斷有人來澳定居。與此同時，旅居海外的僑胞也不斷回澳定居。至20世紀90年代初，澳門共有5萬多歸僑，他們是從世界40多個國家和地區回歸定居的[1]，占當時澳門總人口的十分之一左右，這是此間人口增長的一個重要因素。

人口自然增長率是影響澳門人口的另一個因素。據統計，1971—1989年間澳門出生人口共計87934人。出生率最高的是1985年，為18.7‰；最低的是1978年，為8.31‰；平均出生率為13.73‰ [2]。

本時期內出現了澳門歷史上第四個人口高峰，亦即1980年的31萬人，它第一次超過了20世紀40年代的人口最高數字30萬人。與彼時的非正常情況相比，此時的人口數字更能反映澳門經濟的繁榮對人口增長的促進作用。

本文論述了明、清、民國和中華人民共和國四個時期澳門人口在社會經濟興衰背景下的發展和演變。從中可以看出，「澳門人口的漲落，都是經濟漲落的產物，換言之，經濟的高漲帶來人口的高漲」[3]。然而這種導致人口升降的經濟漲落在各個時期又有不同的表現，在前兩個時期主要表現為海上貿易的盛衰，在後兩個時期則主要表現為產業的興替。另一方面，處於邊緣地帶的澳門，其人口又與發

1 王文祥：《港澳手冊》，北京：中國展望出版社，1991年，第446頁。

2 *Population and Development in Macau*, Edited by Rufino Ramos, etc. Published by University of Macaut & Macau Foundation, 1994, p.172.

3 陶在樸：〈澳門發展研究的耗散結構未來觀〉，載《澳門研究》1993年第1期。

生在內地的國家、社會的變局密切相關，如明清之際的政權交替與清初的「遷界」、「禁海」政策，以及20世紀30—40年代的日本侵華戰爭，都給澳門的人口帶來巨大的衝擊。反過來，澳門的人口變遷又對其社會經濟產生深遠的影響。

澳門是東亞較早興起的海港城市之一，它可被視作早期東亞港市的代表。「商業發展是城市近代化的主要動力」，「因商興市」是港市繁榮的通則[1]。移民被商業機會所吸引，而人口增多又使商業機會倍增，在二者的雙向互動中，一個港市便興起了。就此而言，澳門是有典型意義的。然而澳門又有它的特點，在四百多年中它的經濟與人口數度出現巨幅漲落，制約它發展的因素錯綜複雜，不過它並沒有完全衰落下去，但也沒有發展成為像新加坡、香港和上海那樣的現代超級港市。透過澳門的發展軌跡，並將它置於作為參照系的東亞其他港市中進行分析和比較，或許對把握東亞近代化的道路能有所裨益。

（原載《中國社會經濟史研究》1999年第3期）

澳門的漁業經濟與媽祖信仰

一

澳門地處珠江三角洲西南端，三面臨海，周圍淺海的漁業資源非常豐富，其海岸停泊方便，是一個優良的漁港。因此，漁業經濟是澳門最古老的經濟活動，1940年以前，它還是澳門經濟的重要支柱，其地位在爆竹、煙花等產業之上。1921年前後，澳門漁民人數達6萬多人，占當時澳門總人口的71%左右；有大小漁船3000多艘。雖然漁業經

1　張仲禮主編：《東南沿海城市與中國近代化》，上海：上海人民出版社，1996年，第22頁。

濟於20世紀50年代走向衰落，但70年代後期又趨於回升且不斷發展。1980年澳門有大小漁船1400多艘；漁民1200多戶、13000多人。1984年漁船增至1700多艘，漁民達15000多人。這一年漁業產值達0.94億澳元，占全澳門生產總值的1.2%。除了漁民之外，澳門還有60多家魚欄（水產品批發商）、40多家漁船修造廠以及冷凍廠、漁具店、航海儀器店等，形成一個比較完整的漁業經濟體系[1]。漁業經濟的特點是風險大，因此漁民特別熱衷於拜神以求平安。包括澳門在內的珠江三角洲地區的漁民信奉多位海上保護神，但其中影響最大且占主導地位的只有一位，那就是媽祖女神。媽祖神話的產生、流傳、信奉，要在海上漁業、運輸、貿易發展到相當程度時才會出現。換言之，當一個地區有了足夠多的以海為業的民眾時，才有了媽祖信仰存在的群眾基礎。就澳門而言，它在五百多年以前就具備這一條件了，明中葉澳門媽閣廟的創立就是明證。

隨著媽祖神力的不斷擴大、神格的不斷上升，信仰媽祖的民眾也逐漸遍及社會各個階層。但是，漁民信仰媽祖的虔誠仍非其他階層可比。這是因為在漁民這個最狹小的社會階層中，宗教信仰本來就占有重要的、特殊的地位。一方面，漁民的生計乃至身家性命都有賴於海上作業和海上生活的平安；另一方面，中國東南沿海的漁民作為社會上一個獨特的階層（有相當大的部分為「疍家」），與陸上居民有著明顯的區別。所以，與其他階層相比，媽祖的護佑對漁民來說更為貼近也更為重要。而且，媽祖還是一個把漁民階層與外部世界劃分開來的文化分界線和信仰核心。澳門的漁民都屬於疍家這一類水上居民，他們直到20世紀80年代才改變了傳統的水上生活方式而轉為陸居[2]。正是從漁民的身上，我們可以找到澳門漁業經

1　黃啟臣、鄭煒明：《澳門經濟四百年》，澳門：澳門基金會，1994年，第163、196、198頁。
2　陳衍德：《訪問澳門漁民互助會談話記錄》，1995年12月19日。

濟與媽祖信仰的連接點。

本文擬從以下兩個角度探索澳門漁業經濟與媽祖信仰的關係。首先，所有經濟活動都是在特定的社會組織架構內進行的，因而必然反映出該社會組織的文化特徵。由於澳門漁民的信仰中心是媽祖，所以漁業經濟活動無不反映出這一文化特徵。其次，在商品經濟發展的背景下，宗教信仰動機未免帶上經濟利益的色彩，澳門漁民對媽祖的崇拜自然也免不了受利益的驅動。

二

捕魚是間歇性、季節性的經濟活動，儘管冬春為旺季，但每逢陰曆新年（春節）期間，澳門所有的捕魚活動仍全部停止，漁船在港灣列隊停泊。從除夕起，到新年期間由神祇規定的那一天 （由占卜決定）為止，漁船皆不能離開停泊處。在選定的那一天，亦即正月初四，全體漁民舉行一個儀式，祭拜祖先、天神和水神，然後所有漁船駛向內港入口處媽閣廟所在地，船首向著媽閣廟再舉行一個行槳儀式，以示對媽祖的敬意，之後漁船駛回原泊處並停留數日，才能重新出海捕魚[1]。顯然，春節的媽祖祭拜儀式，既是澳門漁民上一年度捕魚活動的終結，又是下一年度捕魚活動的開始。

另一個祭拜媽祖的特別的日子是陰曆三月二十三日，亦即媽祖誕辰日。這一天，除了漁船駛向媽閣廟以示敬意外，漁民們還要集資延請戲班前來演戲，並大辦宴席吃喝一番。此外，漁民們還在各自的船上焚燒紙制的媽祖服飾，以示崇敬[2]。儘管活動的項目比春節更多，但這一天的活動並非所有的漁民都參加，因為有一些漁船已經出海捕魚去了，所以參加活動的僅限於尚留在港內的漁船[3]，這樣我們可以

1 路易（Rui Brito Peixoto）：〈藝術、傳說和宗教儀式——關於中國南方漁民特性的資料Ⅰ〉，載澳門《文化雜誌》（中文版）第5期，1988年。

2 陳衍德：〈澳門海事博物館參觀記錄〉，1995年12月13日。

3 陳衍德：〈訪問澳門漁民互助會談話記錄〉，1995年12月19日。

看到，儘管媽祖誕辰這一日子十分重要，卻不具備像春節那樣的年度起始的象徵意義，因此尚在海上捕魚的漁民不必中斷作業返回港內參加儀式。其中也許蘊含著這樣一個事實：正值暮春時節的陰曆三月下旬的漁汛對漁民來說可能是十分重要的。

節慶時祭拜媽祖固然重要，在平常的日子裡，漁民們也以種種方式表達對媽祖的崇敬和祈望，後者更能體現出媽祖信仰與漁民生產、生活的密切關係。從事遠洋捕魚的漁船出海時間較長，達數十日至一個月甚至更長的時間。澳門的漁船出海之前，必定要駛過媽閣廟前的海面，此時每艘漁船上都會燒起紙錢、元寶，有時還要燃放鞭炮。這些事都有專人負責，目的是祈求媽祖保佑出海平安、滿載而歸。到了茫茫大海上，天氣變幻無常，漁民們感到彷徨無所依，特別是熱帶風暴和颱風，更使漁民感到恐懼。另外，魚群的去向有時也難以預料，令人捉摸不定。所有這一切，都要求媽祖予以啟示和保佑。從事遠洋捕魚的漁民多在船上供奉媽祖神像，在海上遇到惡劣天氣，就要祭拜媽祖，求其保佑。「每逢大風大浪，我們就要在上下顛波中燃香燒紙錢拜媽祖。如果船上有神像，就在神像前祭拜；如果沒有神像，就朝著天空拜」，澳門漁民互助會理事長馮先生是這樣談到此刻拜媽祖的情形的[1]。在遠洋捕撈魚蝦中，經常採用拖網或圍網捕撈法。下網之前漁民們也要燃香燒紙錢拜媽祖，祈求一網下去能捕到盡可能多的魚蝦。由於先進的拖網漁船用於設備的投資較大，就要求充分利用船上的空間，因此漁民的家眷不得隨船而須遷往陸上居住[2]。這樣，就給出洋的漁民增加了一項祈求媽祖的內容，即祈求岸上的家屬平安。而此時此刻，陸居的家眷也許正在祈求媽祖保佑海上的親人平安無事。最後，當漁船返航駛

1 陳衍德：〈訪問澳門漁民互助會談話記錄〉，1995年12月19日。

2 路易（Rui Brito Peixoto）：〈淺論華南的中國漁民習俗、技術和社會〉，載澳門《文化雜誌》（中文版）第3期，1987年。

回澳門經過媽閣廟前的海面時，也要舉行燒紙錢、元寶，燃放鞭炮的儀式，以感謝天后賜福，使其滿載魚蝦，平安返航[1]。我們可以看到，在遠洋捕魚的整個過程中，媽祖信仰實際上是作為漁民的精神支柱，自始至終地滲透其間的。

如果我們以家庭為單位來剖析澳門漁民傳統的生產和生活方式，就可以更清晰地勾畫出澳門漁業經濟與媽祖信仰的關係。在澳門漁民中，單一核心家庭由一個男人、一個女人及其後代構成，組成了一個生產、再生產、消費和傳統上居住在同一條船上的單位。當然，有的大漁船上仍載有一個大家庭，即一對夫婦和他們的兒子、媳婦、孫子們，但這種情況已較少見[2]。在那樣一個生產和生活單位中，男主人在駕駛臺上佔據著指揮的位置，兒子們或操縱馬達或控制網具的運作，主婦則負責烹飪和其他家務，女兒們為其助手。這種職能的級別劃分的標準是按「輩分—年齡—性別」的原則來進行的[3]。與此相對應，在這樣一條漁船上的媽祖崇拜活動中，男主人也居於主導地位，儀式從起始到終結的整個過程都是按他發出的指令進行。但是男主人必須掌舵，所以儀式的操作乃交給了主婦。從上街購買祭品到船上儀式的具體進行，均由主婦負責。不過，某些重要的程序則必須由男性親自動手，如燃放鞭炮[4]。上述情況說明，婦女在物質生活中的地位決定了其在精神生活中的地位。換言之，由於婦女在經濟上的從屬地位，導致了其在媽祖崇拜這類信仰活動中的從屬地位。但是，另一方面，媽祖的母性神格與世俗女子有共通之處，因而女性在信仰媽祖的虔誠方面比男子表

1 陳衍德：〈訪問澳門漁民互助會談話記錄〉，1995年12月19日。

2 路易（Rui Brito Peixoto）：〈淺論華南的中國漁民習俗、技術和社會〉，載澳門《文化雜誌》（中文版）第3期，1987年。

3 路易（Rui Brito Peixoto）：〈淺論華南的中國漁民習俗、技術和社會〉，載澳門《文化雜誌》（中文版）第3期，1987年。

4 陳衍德：〈訪問澳門漁民互助會談話記錄〉，1995年12月19日。

現得更為突出，女性的拜神態度也顯得更莊重嚴肅，如在祭拜前照例要梳洗打扮一番[1]。漁家女性雖然未能掌握祭拜媽祖的主導權，但卻是主要的參與者，在儀式操作中是不可或缺的。這一點與中國傳統社會中女性在祭祀活動（包括祭祖和祭神）中的人微言輕的角色還是有所差別的。值得注意的是，在對澳門漁民經濟生活的考察中，人們發現有相當多的婦女從事漁業生產，並且有不少是女船主（主要是近海和沿海漁業）[2]。這表明婦女在這種獨特的「水上經濟」中並非絕對就是「邊緣者」或「弱勢者」。那麼，這與漁家婦女在媽祖崇拜中所扮演的積極參與者的角色有沒有某種聯繫呢？回答應該是肯定的。換言之，媽祖信仰這一精神支柱對婦女所從事的海上經濟活動的支撐作用，是可以肯定的。

在傳統社會中，家族是家庭的擴大。那麼漁業經濟與媽祖信仰的關係是如何通過家族活動表現出來呢？由於出海捕魚，尤其是遠洋捕魚是需要協作的，因此，漁船出海是結隊而行的，除了必要時互相救助之外，在捕魚過程中漁船之間的配合也是十分必要的。如拖網捕撈法中的雙拖法，乃是由兩條船進行；圍網捕魚法則至少需要兩條船，有時還需要第三條船來驅趕魚群入網。在澳門漁民中，對協作對象的選擇是優先考慮家族成員的，這一點，只要考察一下漁船在港內的停泊狀況即可發現。人類學學者路易（Rui Brito Peixoto）指出：「……分群灣泊的漁船在澳門內港天天可見，每群由2至6條船組成」，「以同一港灣為捕魚基地的父親和兒子，兄弟和親戚們習慣地停泊在一起。這樣，漁船之間互相拴靠就直接地形象地反映出船上人員的親屬關係。每一家族的『地盤』受到相互尊重，並往往由一定的飾物標劃出來，例如用每條船的煙囪顏色或

---

1 陳衍德：〈訪問澳門漁民互助會談話記錄〉，1995年12月19日。

2 路易（Rui Brito Peixoto）：〈淺論華南的中國漁民習俗、技術和社會〉，載澳門《文化雜誌》（中文版）第3期，1987年。

徽記來顯示。」[1]這種漁船與漁船之間的關係，除了靠血緣紐帶來維繫之外，還靠共同的信仰——對媽祖的信仰來維繫。澳門內港入口處是以媽閣廟為標誌的，媽閣廟是澳門水上人家一個十分重要的陸上據點，漁民來到這裡和家人團聚，並到廟裡履行宗教義務。路易指出，這是「因為媽閣廟有遠近皆知的好風水……人們可以由小丘、岩石、流水及土地的起伏看出其優異的風水位置……居於此間的神靈……保佑著漁業的昌隆、人丁安康和子孫興旺」[2]。所以，當春節到來之際，以家族中人的船相互泊靠在一起的形式表現出來的澳門漁船大匯聚，其地點就在媽閣廟前的海面上，也就不足為奇了。路易又指出，「陰曆新年時，漁民社會中的宗教色彩出現了戲劇性：所有捕撈活動停止了，船隊在港內停滯一段日子」，鑒於漁船按親屬關係停靠，「若我們此時可能從空中攝影的話，將可獲得一張漁民社會按親屬劃分的結構區域圖」[3]。至此我們可以得出結論：澳門漁業經濟的運行是在傳統的以家族為單元的社會架構內實現的，因而必然反映出漁民階層的獨特的「媽祖文化」印記。媽祖作為漁民群體凝聚力的象徵，在澳門漁業經濟中發揮著強有力的支撐作用。

三

社會的分工可能導致每一個不同的階層根據其利益崇拜「專業化」的神祇。就澳門漁民而言，這樣一種專業神就是媽祖。在漁民的心目中，媽祖不僅是能帶來平安的神祇，而且是能保護其利益的神祇。對處於社會底層、受陸上居民歧視的漁民來說，社會惡勢力的侵擾與大自然的威脅一樣，後果都是災難性的。由於歷代統治者的褒獎

1 路易（Rui Brito Peixoto）：〈淺論華南的中國漁民習俗、技術和社會〉，載澳門《文化雜誌》（中文版）第3期，1987年。

2 路易（Rui Brito Peixoto）：〈藝術、傳統和宗教儀式——關於中國南方漁民特徵的資料I〉，載澳門《文化雜誌》（中文版）第5期，1988年。

3 路易（Rui Brito Peixoto）：〈淺論華南的中國漁民習俗、技術和社會〉，載澳門《文化雜誌》（中文版）第3期，1987年。

提升，媽祖已成為受廣大居民崇拜的全國性神明，她在作為漁民的保護神的同時，也廣泛受到社會各階層的尊崇，正可使漁民在其庇護下免受侵擾。換言之，漁民正可利用媽祖在各個社會領域裡的神力來維護自身的利益。

包括港澳在內的珠江三角洲地區，分布著大大小小許多媽祖廟。考察這些媽祖廟，可以發現一個有趣的現象，那就是，清代以降，官府在接受漁民投訴後頒佈的曉諭各界勿擾漁民的命令，往往刻石立碑，置於媽祖廟前或附近。例如，位於香港新界東北大鵬灣西部海域上的島嶼吉澳洲有一座天后宮，其外牆牆腳上有一「奉兩廣總督閣部堂大人批行給示勒石，永遠遵照額例碑」，立於嘉慶七年（1802年）。事由為居於該島的漁民，每年需向地主繳納地租，但地主串通衙門差役，對漁民額外徵收租銀及苛索，並對拒繳的漁民鎖拿舞弄，漁民不堪忍受，遂投訴於兩廣總督，請求禁止超額加租。後經官府查明原額，由縣正堂示諭業主，毋得額外加租及苛索，並勒碑示禁[1]。又如，位於香港島之西、大嶼山之東海域上的島嶼坪洲，也有一座天后宮，緊鄰該宮有一「坪洲街坊會」，門前有一石碑，為道光十五年（1835年）新安縣正堂盛某所立，事由當時海盜猖獗，水軍官船為數不多，不敷緝捕海盜，新安縣差吏便常徵用民船，以載兵攻賊，島上漁民大受其擾，於是聯名上書官府，請求禁止，官府於是下令禁吏封船，並立碑石，使人凜遵毋違[2]。看來，這類碑石立於媽祖廟近前，是有其寓意深刻的緣由的。

在澳門，與媽祖或其他神祇有關的廟宇，也發現了此類碑石。在以媽祖和觀音為主神的蓮峰廟，其右殿仁壽殿大門外有一碑石，名為

1 沈思、肖國健、文灼非：《離島訪古遊》，香港：中華書局（香港）有限公司，1993年，第27～28頁。

2 沈思、肖國健、文灼非：《離島訪古遊》，香港：中華書局（香港）有限公司，1993年，第90頁。

「兩廣部堂示禁碑」。筆者在考察蓮峰廟時將碑文錄下，鑒於該碑在闡明本文論點上的重要性，特將碑文全文移錄於下：

署香山縣事、高明縣正堂、加十級記錄十次，呈抄奉兵部尚書兼都察院右都御史、總督廣東、廣西等處地方軍務兼理糧餉李。為嚴禁營汛兵緝私巡船需索滋擾，以安南漁港，現據東莞縣民莫英漢、新安縣民鄭獻錦姿陛赴轅呈稱，切蟻等位居沿海，素日以船為業，年來各駕小湯漁船，由該處東洲埠配足鹽斤，往海面節制鹹魚，載入順德陳村發賣，被各段守口營船及鹽務緝私巡船，並龍灣九牛禁汛各處台汛，見有漁船經過，各駕三阪船摺截勒抽魚更，每處二十餘斤不等，由新安迎面，歷東莞、香山、番禺、順德陳村而止，共有二十八處，每次詢被抽魚五百餘斤。此外仍有年節禮炮、竹金名目。倘遇鹽務巡船，仍要每抽掛號銀各一兩，以作陋規，否則指為夾私，竟用鐵嘴探筒將魚插爛，稍移凶成，立施鞭撻。商民受害，莫慘於此。聞前月十一龍灣河面因索魚更，兵丁過船失足淹斃，營員硬將人船押解，弁兵藉有人命，恐索較前尤甚。小民資本無多，迫得飲泣吞聲，飽其索欲。蟻等伏查嘉慶五年曾經吉前憲草除陋規，嚴禁抽索，賞示沿海地方勒石永禁，斯時文武兵程，頗知斂戢。然日久弊生，滋擾複熾。叩乞飭行文武，一體嚴禁，並懇賞示沿海港口勒石永禁，則薄海商漁，咸有甘棠不朽。等情到本部堂，據此查弁兵人等勒索漁船陋規，元經前部堂嚴行示禁在案，茲特呈。該漁戶等醃魚運賣，守口營汛弁兵及緝私船隻複敢需索滋擾，殊屬目無法紀。若不亟為查禁，何以儆需索而安業？除批揭示若搬行各營縣嚴密稽查究辦外，合就出示嚴禁。為此示諭營汛弁兵及緝私巡船人等知悉，當思沿海漁戶涉歷風濤，藉圖微利，豈堪沿途弁兵巡船倚勢作威，層層需索？嗣後爾等務須痛改前非，恪遵法紀，遇有醃製鹹魚船隻經由出入，毋得混行檢阻，再向索取魚更、年節規禮以及私號銀兩。倘敢陽奉陰違，一經訪問或被首告，定行嚴拿，從重究擬治罪，決不寬貸。其漁戶人等，亦不得藉有示禁，違法營私，至於查出重究。各宜凜遵毋違，特示。[1]

碑文之末簽署日期為道光六年（1826年）十一月癸卯，並注明於澳門新廟（蓮峰廟）、酒米雜貨行、魚欄行、豬肉行等四處勒石曉諭。

碑文的內容是禁止守口營汛兵以抽取魚稅為由盤剝漁民及緝私巡船以查私為由勒索漁民。碑文在歷數漁民的遭遇時有多處涉及他們的經濟生活，如「位居沿海，素日以船為業」；「小民資本無多」；「沿海漁戶涉歷風濤，藉圖微利」等等。這些內容從一個側面向我們展示了清朝中晚期珠江三角洲的漁業經濟。其中值得注意的是，漁民除了將捕獲的魚賣與魚欄之外，還自醃鹹魚發賣。這說明當時漁民的商品意識和牟利意識均已加強。碑文中數處以「商民」、「商漁」並稱，也說明漁民經濟生活中商品交換的成分有所增長。正是販運鹹魚這一現象的出現，才導致營汛兵和緝私船對漁民的盤剝勒索。而早在嘉慶年間漁民已就此投訴於官府，官府也曾下令禁止，無奈「日久弊生，滋擾複熾」。在官府禁令亦行之未久的情況下，漁民自然力圖尋求另一種力量來保護自己，或者以另一種力量來加強官府禁令的權威。那麼，媽祖這一為漁民所崇拜的神明便作為另一種力量而出現了。上述刻有禁令的碑石之所以立於蓮峰廟前，便是順應了漁民這一要求的結果。聯繫到珠江三角洲其他地方也有這種情況，說明借助媽祖的神力以維護漁民的利益，確實就是「兩廣部堂示禁碑」立於蓮峰廟前的根本原因。

這種廟宇與石碑的關係所反映的神明與漁民經濟生活的關係，還可以找到別的例子來加以說明。茲再引一例，雖然此例中的廟宇

1　筆者抄錄於澳門蓮峰廟，1995年12月16日。

不是媽祖廟，但其性質是相同的，可作為上一個例子的補充。在澳門路環島上有一座譚保聖廟，奉祀的神明為譚公道，這是一位源於惠州的神明，珠江三角洲不少地方都建廟奉祀之，如香港的跑馬地和筲箕灣都有譚公廟。譚公道「自幼即賦異稟，能知未來，治病如神」[1]，同樣是一位庶民的保護神。在澳門路環島譚保聖廟左側立有一石碑，原碑無名稱，筆者在考察該廟時將碑文錄下，現將其移錄於此：

兼署廣東等處提舉按察使司按察使、兼管全省驛傳事務、鹽運司、加三級記錄十次耿，為飭行勒石永禁事，照得窮疍捕魚為業，豈容兵役濫封索擾，奉通飾嚴查，自應恪遵守法。茲據香山縣疍民李善慶、郭旺文、黃葉有等赴憲，呈控伊等。大小蝦罟向在九洲等處海面，攜眷捕魚為業，被該處舟師兵丁濫封婪索等情，奉批移行該官文武嚴查究報，一面出示勒石永禁等因。除移行該官文武嚴查究報外，合行出示勒石永禁等。為此示諭該處舟師與防守陸卡兵丁人等知悉，嗣後一切捕魚船隻，毋許濫封索擾，遇有實在緊要等使，必須船隻應用，亦即由營移會州縣，按照民價雇覓。各宜凜遵毋違，特示。[2]

碑文之末簽署日期為道光七年（1827年）十一月二十五日，碑文的內容是禁止舟師與陸卡兵丁強行徵用漁民船隻，濫封索擾。

漁船乃漁民（疍民）賴於生產的工具和賴於生活的處所，被官兵強徵濫封，無異斷其生計，比之前例所示官兵對漁民的需索騷擾，實有過之而無不及。漁民投訴於官後，官府遂下此禁令，

---

1 香港跑馬地〈黃泥湧譚公廟志〉，轉引自鄭煒明、黃啟臣：《澳門宗教》，澳門：澳門基金會，1994年，第12頁。

2 筆者抄錄於澳門路環島譚保聖廟，1995年12月17日。

並立碑石於譚保聖廟之側。清道光年間，澳門氹仔、路環兩島有許多漁船聚泊[1]，官府將此禁令刻石立碑於此，顯然也是順應了漁民欲以神力護佑自身的要求。然為何不立碑於路環島天后古廟近前，而立碑於譚保聖廟之側呢？這可能是因為天后古廟地處島內腹地，而譚保聖廟恰在海邊且係漁船停泊之處。再則澳門漁民乃信奉多種神明，如海神方面除媽祖外還信奉朱大仙等，既然譚公道亦有佑民保平安之神力，漁民就沒有理由不加以信奉。所以此例中碑、廟關係所反映的漁業經濟與神明的關係，與前例具有相同的性質。

綜合上述二例，可以說澳門漁民的宗教信仰越來越講求實用了。當他們把所信奉的神明與經濟生活中的某一具體事項聯繫起來時，神明的靈光便增添了幾分實利的色彩。如此則媽祖成為其利益的捍衛者，也就勢所必然了。

四

本文通過對澳門漁民生產、生活的論述，力圖闡明澳門漁業經濟與媽祖信仰的關係。結論是，澳門漁業經濟是在傳統的漁民社會架構內運行的，因而反映出漁民獨特的「媽祖文化」的印記。媽祖作為凝聚力的象徵，在澳門漁業經濟中發揮著強有力的支撐作用。再者，媽祖作為漁民的保護神，在捍衛其經濟利益方面也發揮著巨大的作用。

在結束本文之前，尚有幾個問題需要提出來。問題之一是，在澳門漁民的心目中，媽祖並不具有十分清晰的、具體的形象。當然這並非指媽祖的外表，因為鳳冠霞帔、面帶微笑和溫柔表情的媽祖塑像是人們十分熟悉的。此處的形象是指對這樣一種超自然力量的理解，對其淵源與司職的認識，以及對她在眾神中的位置的判定。由於漁民被壓在社會底層的歷史所導致的文化素質的低下，使他們對神明的看法帶有許

1 黃啟臣、鄭煒明：《澳門經濟四百年》，澳門：澳門基金會，1994年，第149頁。

多模糊性和主觀隨意性。筆者在訪問澳門漁民互助會時，向該會副理事長冼先生詢問漁民們對媽祖女神的起源及事蹟的了解情況，得到的回答是：「我們不清楚媽祖起源於哪個地方，也不了解媽祖的事蹟是怎樣的。」[1]

對於閩粵沿海的一個普通居民來說，上述問題並不難回答，但是澳門漁民則否。當來自西方的人類學學者路易（Rui Brito Peixoto）向為其提供資料的一位元「疍家」問誰是「天后」時，得到的是十分肯定的回答：「天后就是觀音。」然而這馬上招致了在場的「岸上人」的反駁，他們勸路易不要聽信「那些可憐無知的漁民」所說的話[2]。聯繫到這樣一個事實，即澳門漁民不僅崇拜媽祖，而且崇拜其他神明如南海神、朱大仙、譚公道等；不僅到媽祖廟祭拜，而且崇尚一切與媽祖有關的山、水、石等，是否可以說他們的信仰還停留在比較原始的泛神論和多神教的階段呢？

問題之二是，澳門地區的很多沿海村莊都有一種情況：居民分兩類，陸地上的農民一般屬客家，均為同姓；水上的漁民則由不同姓氏的疍家組成。在澳門漁民的家庭和社會之間缺乏一種中間組織形式，換言之，他們沒有宗族和世系傳統[3]。由於疍家沒有土地，其唯一的財產是自家的船隻，所以不具備條件使得他們的經營超越一個大家庭的界限，而保存族譜和崇拜祖先都是超越家庭範圍的，是從禮儀上確認對祖先財產的分配，因此疍家沒有宗族和世系傳統，具體體現為沒有族譜，而且僅崇拜不超過五代的祖先，就不足

---

1 陳衍德：《訪問澳門漁民互助會談話記錄》，1995年12月19日。

2 路易（Rui Brito Peixoto）：〈藝術、傳說和宗教儀式——關於中國南方漁民特性的資料I〉，載澳門《文化雜誌》（中文版）第5期，1988年。

3 在〈淺論華南的中國漁民習俗、技術和社會〉一文中，有句「也就是說Tan-ka（疍家）沒有家族和世系親屬關係」，可能是譯者的誤譯，否則就與該文中的其他論述相互矛盾，如「漁民之間互相拴靠就直接地形象地反映出船上人員的親屬關係，每一個家族的『地盤』受到相互尊重」。

為奇了[1]。與此相對應，澳門漁民並沒有集體崇拜媽祖的祭典，在澳門漁民互助會的會所裡也沒有供奉媽祖的神像。筆者訪問該會時被告知，該會與媽閣廟管理委員會並沒有聯繫，每年媽閣廟舉行「賀誕」慶典時，該會也並不以組織的名義參與[2]。所有這一切是否說明，漁民社會和漁業經濟的特點導致了澳門漁民與陸上居民在崇拜媽祖方面的諸多差異？

問題之三是，漁民經濟的脆弱性，使其不僅易受自然力的威脅，而且易受人為的威脅。「疍人，以舟為室，以罟為田，由來已久」，「每歲計戶稽船，徵其魚課，隸河泊所」，「春夏水漲魚多，可供一飽，率就客舟換米及鹽，常日貧乏不能自存……蠹豪又索詐以困之。海濱貧民，此為最苦」[3]。來自陸上社會的威脅，既有貪官污吏、豪強地霸的敲詐勒索，又有在魚蝦換米鹽的過程中受到的刁難盤剝。所以他們竭力要使媽祖不僅成為海上安全的保護神，而且成為社會生活中自身利益的保護神。澳門漁民對媽祖的這種雙重期待得到多大程度的滿足？當代漁民生活方式和社會地位的變化，對其祈求於神明的形式和內容有何影響？這些問題都有待於將來的深入研究。

（原載《中國社會經濟史研究》1997年第1期）

澳門的商業經濟與媽祖信仰

一

一般認為，葡萄牙人稱澳門為「Macau」係由閩語呼澳門之媽祖

1 路易（Rui Brito Peixoto）：〈淺論華南的中國漁民習俗、技術和社會〉，載澳門《文化雜誌》（中文版）第3期，1987年。

2 陳衍德：〈訪問澳門漁民互助會談話記錄〉，1995年12月19日。

3 張渠、陳微言：《粵東聞見錄》，廣州：廣東高等教育出版社，1990年，第59頁。

閣（娘媽角）音譯而來。據此推斷，澳門媽祖閣當由福建人所建。福建人是如何將源於本省莆田的媽祖女神帶到澳門並建廟祭祀，其細節恐已難於考證。然而媽祖閣既漸成地名，亦足見其對於當地之重要。正如澳門《媽祖閣五百周年紀念碑記》所言，「澳門初為漁港，泉漳人士蒞止，懋遷成聚落。明成化間創建媽祖閣，與九龍北佛堂門天妃廟、東莞赤灣大廟鼎足輝映，日月居諸，香火滋盛，舶艫密湊，貨殖繁增，澳門遂成中西交通樞要」[1]。澳門從小小漁村到貿易大港的變化，媽祖信仰的作用不可小視。而從這一過程中，也可以看出福建移民在澳門的工商業活動與其媽祖信仰是如何互動的。

清乾隆年間任澳門同知的印光任和張汝霖在其著作《澳門紀略》中，談到澳門半島西南端南環一帶的居民，「其商儈、傳譯、買辦諸雜色人多閩產，若工匠，若販夫、店戶，則多粵人」[2]。而媽祖閣正坐落於此。福建商人聚居於媽祖閣一帶，是有其歷史淵源的——那正是他們的祖先從故鄉來到澳門時最先登陸的地方。據葡人安娜·瑪麗亞·婭瑪洛（Ana Maria Amaro）的研究，澳門最早的居民來自福建，其中的賈氏（Kai）很可能是第一個在澳門定居的家族，他們不從事農業，而是在內港的入口處，即媽閣山腳的下環街（亦即南環）一帶落戶，從事捕魚及海上貿易，而那正是後來矗立起媽祖閣的地方，也是葡萄牙人最初登陸澳門並與當地人接觸的地方[3]。雖然婭瑪洛所據的材料帶有傳說的成分，但畢竟反映了福建人移居並經商於澳門的史實。其中的「賈」很可能是雙關語，它既是姓氏又有「商賈」的含意，並且媽祖閣的建立也隱約與賈氏家族有關。

《澳門紀略》在上述記載之後又有如下文字：「……有奇石三：

---

1 陳衍德：〈澳門媽祖閣考察記錄〉，1995年12月13日。

2 印光任、張汝霖：《澳門紀略》卷上，〈形勢篇〉。

3 路易（Rui Brito Peixoto）：〈藝術、傳說和宗教儀式——關於中國南方漁民特性的資料I〉，載澳門《文化雜誌》（中文版）第5期，1988年。

一洋船石，相傳明萬曆時，閩賈巨舶被颶殆甚，俄見神女立於山側，一舟遂安，立廟祠天妃，名其地曰娘媽角，娘媽者，閩語天妃也。於廟前石上鐫舟形及『利涉大川』四字，以昭神異。」[1] 這段文字雖然在媽祖閣建廟的年代上有誤，但對此廟為閩賈所建提供了確鑿的依據，並從方言的角度證實了其命名者乃福建商人。再者，實地觀察那塊被稱為「洋船石」的摩崖石刻，可以發現那上面雕刻的正是閩式的「大雞眼」海船，兩邊船首錨孔繪著圓形的大雞眼圖案[2]，再清楚不過地證明了五百年前福建海船來到了澳門。「洋船石」所在地屬媽祖閣範圍之內，也正隱含著此廟為閩商所建的意思。值得一提的是，「洋船石」上的「利涉大川」四個字，不也正隱喻著福建海商那種不畏艱險追逐利潤的創業精神嗎?

澳門媽祖閣同時還是一座佛寺，叫正覺禪林，其佛堂與供奉媽祖神像的正殿為緊鄰。在佛堂院內有一碑刻，曰「重修媽祖閣碑誌」，碑文為清香山縣里人趙允菁所撰，年代為道光九年（1829年），其內容亦可為以上論述提供一些佐證。碑文言及媽祖閣來歷時曰：「相傳往昔閩客來遊，聖母化身登舟，一夜行數千里，抵澳陟崖至建閣之地，靈光倏滅，因立廟祀焉……」可見媽祖閣為福建人所立。碑文言及捐資修繕者之情況時又曰：「巨室大家，歲資洋舶通商，貨殖如泉，世沾渥潤……」可見出資者多為商家[3]。

媽祖閣「第一神山」石殿前橫柱下方刻有兩行字：「明萬曆乙巳年德字街眾商建，崇禎己巳年懷德二街重修。」這兩行石刻透露出這樣一個史實，即媽祖閣的擴建是伴隨著澳門商業街市的擴展以及商人實力的增強而進行的。據康熙《香山縣志》載：「萬曆中，督撫奏請就其聚廬中大街中貫四維，各樹高柵，榜以『畏威懷德』分左右定其

1 印光任、張汝霖：《澳門紀略》卷上，〈形勢篇〉。
2 陳衍德：〈澳門媽祖閣考察記錄〉，1995年12月13日。
3 《重修媽祖閣碑誌》，抄本由澳門大學鄭煒明先生提供，特此致謝。

門籍……分東西各十號，使互相維繫譏察，毋得容奸，聽海防同知及市舶提舉司約束。」[1]這也就是石刻中「德字街」、「懷德二街」的來歷。也就是說，在媽祖信仰的感召下，商民聚居於澳門者漸多，並逐漸形成街市，至明萬曆中已有以「畏」、「威」、「懷」、「德」四個字命名的四條街了。商民又不斷出資興修擴建媽祖閣，終至日後之規模。從《澳門紀略》中可知，福建商人在澳門有很大勢力，那麼上述四條街的「眾商」中包括許多閩商，恐怕是沒有什麼疑問的。

從古代到近代，澳門的福建移民既是當地工商業發展的強大動力，又是媽祖女神的虔誠信徒，因而工商業的繁榮和媽祖閣香火的興旺互相輝映，互為因果，至今依然如此。當今閩籍人士約占澳門總人口的20%[2]，在當地工商業中發揮著巨大的作用。同時，他們崇拜媽祖的熱情絲毫不比他們的先輩來得遜色。澳門福建同鄉總會秘書長吳聯盟先生告訴筆者，近二十年來澳門經濟的起飛，得益於內地大批勞動力進入本地，這當中有許多來自福建。這些20世紀70年代以後來到澳門的福建籍新移民，有的還成為富有的商人或企業家。談到對媽祖的信仰和崇拜，吳聯盟先生說：「福建人對媽祖的信仰是傳統，我們在陰曆除夕之夜都要去媽祖閣參拜，每人買一柱長香，在廟中點燃並帶回家中，我們是全家人一起去的……」談到澳門的福建同鄉會組織與媽祖閣的關係，吳聯盟先生說：「漳、泉、潮三邑人士公推數人組成媽祖閣執理會，當中福建人占多數。我們同鄉會有活動均通知媽祖閣執理會……」[3]當代澳門閩籍人士在從事工商業活動的同時，對媽祖的信仰和崇拜熱情未減，而且從個人的互動發展成組織的互動，從而使這一信仰與現代社會更加合拍。

媽祖以海上保護神而著稱於世，但其功能並非起始即定型。媽祖

---

1 康熙《香山縣志》卷一〇，〈外志〉。

2 澳門晉江同鄉會：《晉江三慶大典紀念特刊》，1995年11月，第4頁。

3 陳衍德：〈訪問吳聯盟談話記錄〉，1995年12月12日，澳門。

的發源地莆田，人們「為媽祖立祠，原先的旨趣是有感於神的正直聰明，神異卓著。祠廟即立之後，其靈異逐漸偏重於航海的護佑」[1]。這一變化與移民和貿易有關。早年閩人向外移民乃是冒險渡海而去，而貿易亦多靠海上航行，「具有一種母性慈悲」[2]的媽祖自然成為在澳門的福建人的主要崇拜對象。雖然日後閩人大多數已定居澳門，並且貿易的風險也大大減低，但媽祖崇拜既已隨移民、貿易而流行，隨著閩人在澳門的工商業的發展，自然要求這位女神的庇護範圍進一步擴大。由於媽祖的靈驗，閩人便沒理由不把這位女神也當作財神來崇拜。這就是福建人在澳門的工商業活動與其媽祖信仰產生互動的思想基礎。

二

地理位置和自然資源決定了澳門是一個漁業經濟發達的地區。漁業經濟的特點是風險大，因此漁民特別熱衷於拜神以求平安。媽祖信仰傳入澳門以後，遂逐漸成為當地漁民的主要信仰。祈求海上生計的平安，是澳門漁民信仰媽祖的主要動機。但是就漁民從海洋獲取的資源本身來說，尚無法保障他們的生計。漁民還必須將其產品投入市場，換取到勞動報酬，才能維持生計。換言之，漁民的產品還必須經過加工和銷售，才能實現其價值。因此漁業經濟又含有工商業的成分。就水產品的銷售而言，這些產品必須通過複雜的商業網絡進行內銷和外銷，在澳門，擔負起這一任務的是魚欄。漁民通過一種複雜的交易制度與魚欄發生聯繫，魚欄是岸上的中間商，做批發水產品的生意，同時還扮演著生產成本預付者的角色。如此則商業信用關係對漁民和魚欄來說都是十分重要的。這樣一種關係除了靠相互之間的信任來維繫之外，顯然還需要一種外力來維護。由於澳門漁民和魚欄之間

---

1 李豐楙：〈媽祖與儒、釋、道三教〉，載臺灣《歷史月刊》第63期，1993年。
2 李豐楙：〈媽祖與儒、釋、道三教〉，載臺灣《歷史月刊》第63期，1993年。

的關係是傳統式的，沒有法律和金融上的擔保[1]，所以媽祖女神再次發揮作用，成為維繫這種關係的商業守護神。

20世紀80年代中期，澳門擁有的漁船為1700多艘，擁有的魚欄為60餘家[2]。這樣的比例說明，魚欄的規模大都較小。澳門的魚欄既是中間商又是信貸代理人，許多魚欄是在漁民缺少資金的情況下應運而生的。由於漁民資金的短缺，致使其大部分生產和生活資料的購買，如船隻和捕魚設備的購置、出洋期間糧食和日用品的批量購買等，都要在信貸形式下進行。然而，大多數情況下，魚欄的資金又是很有限的，只能提供給一小部分漁民。並且這種交易一般都是基於熟人之間的口頭協議，而免去了其他手續。因為貸方必須了解借方的底細，所以借方人數必然有限[3]。這種類型的市場是通過人與人之間的關係來調節的，因而為宗教信仰這類非經濟因素的滲入打開了方便之門。

從漁民的角度來說，其生產環節——捕魚的前方和後方，亦即購置設備和銷售產品，都是與市場相聯繫的。他們最關心的乃是是否有錢買設備，以及所捕的魚能否賣出去。由於充當投資者和收購者雙重角色的魚欄的出現，解決了漁民的上述問題。雖然漁民和魚欄的關係往往是建立在長期了解和頻繁交往的基礎之上的，但貸款利息和收購價格這兩項與漁民利益息息相關的要害之處，畢竟掌握在魚欄手中，畢竟令漁民記掛在心。所以漁民對媽祖的祈求，除了居首位的海上生計的平安之外，就是岸上的收益了。

那麼，對於與商業有關的經濟利益的祈求，澳門漁民又是以何種

---

1 路易（Rui Brito Peixoto）：〈疍家與魚欄：體現中國南方經濟金融關係的兩個因素〉，載澳門《文化雜誌》（中文版）第4期，1988年。

2 黃啟臣、鄭煒明：《澳門經濟四百年》，澳門：澳門基金會，1994年，第198頁。

3 路易（Rui Brito Peixoto）：〈疍家與魚欄：體現中國南方經濟金融關係的兩個因素〉，載澳門《文化雜誌》（中文版）第4期，1988年。

方式來訴諸媽祖神靈的呢？如果說對於海上生計平安的祈求僅僅是漁民的單獨行為，那麼對於岸上收益的祈求則是漁民與其他社會群體一起進行的共同行為了。因為漁民的收益必須通過與陸上居民的合作才能獲得，所以他們有必要和後者一起來開展祭拜媽祖的活動，以便在共同的信仰中尋求利益的協調。談到這一點，澳門漁民互助會理事長馮喜先生是這樣告訴筆者的：「每年（陰曆）三月二十三日在媽祖閣舉行慶祝媽祖誕辰的儀式……當天下午四五點鐘舉辦盛大宴會……這方面的資金來自向漁民募捐，另外街坊、船廠、魚欄也出錢，共同舉辦這次活動。還請戲班來演戲，這方面的資金則由漁民和陸上居民共同組成的『媽祖閣水陸演戲會』來籌集……」[1]請注意這裡特別提到魚欄，那是漁民欲與之搞好關係的重點對象之一。顯然，這既是一次宗教活動，也是一次聯誼活動。

從魚欄的角度來說，儘管和漁民相比，它們處於有利的地位，這一地位甚至導致它們對後者的剝削，但是它們同時也要承擔某些風險。首先，魚欄向漁民貸出資金後，漁民出海捕魚所冒的風險也就是魚欄的風險，因為一旦漁船遇險或其他原因無法及時地捕到魚，漁民還貸無著，魚欄便要遭受損失。其次，與第一點有關，由於魚欄大都資金有限，其貸出的款項很可能部分甚至大部是自他處貸入的，一旦漁民無法還貸，勢必影響其自身的還貸。此外，魚欄還擔心漁民不守信用，不將所捕之魚售與魚欄。所以，從自身的經濟利益出發，經營魚欄的商人信仰媽祖的程度，不會亞於漁民。

那麼，經營魚欄的商人又是以何種方式來崇拜媽祖女神的呢？除上文提及的與漁民共同舉行祭拜媽祖的活動之外，他們還有其他的方式，這當中最重要的就是捐資興建或修繕各處的媽祖廟。澳門魚欄商家捐資興修媽祖廟和其他神廟的傳統很悠久，大約始自清初。澳門大

1　陳衍德：〈訪問澳門漁民互助會談話記錄〉，1995年12月19日。

學的鄭煒明先生在實地調查的基礎上，輯錄了大量與澳門民間信仰有關的碑銘文字，其中就有很多是魚欄商家的捐建題名，特舉數例如下：

其一，道光年間澳門離島（氹仔、路環二島，下同）媽祖廟及其他神廟商家捐建題名中大致可確定為魚欄的有普元堂、恆德堂、公義行、永安堂、郭生堂、廣生堂、永滋堂等7家。

其二，同治年間澳門離島媽祖廟及其他神廟商家捐建題名中大致可確定為魚欄的有敬信堂、萬生堂、保安堂、同慶堂、義益堂魚行、積厚堂等6家。

其三，光緒年間澳門離島媽祖廟及其他神廟商家捐建題名中大致可確定為魚欄的有集義堂、工羨行、永義行、福安堂、光遠堂、萬生堂、聶德厚堂、官堂卓業和堂、何廣積堂、東岸黃富德堂、恆德堂、義盛堂、萬安堂、卓福東堂、保安堂、福有堂、卓崇德堂、松記魚店、春和堂、永業堂、西家勝公堂（以上氹仔島）、廣生欄、福合堂、李成德堂、大元堂、保全堂、普生堂、馮怡遠堂、羅仁濟堂、同敬堂、新合欄、贊利欄、福有堂、東合欄、肖永福堂、滿源堂（以上路環島）等36家。[1]

上述三例中的捐建商家都是澳門離島的魚欄，如果把澳門半島也考慮進去，其數目就更多了。魚欄對以媽祖廟為主的民間神廟的捐資情況，由此可見一斑。

從澳門漁民與魚欄關係所反映出來的這種傳統的漁商經濟模式，即使在香港也已不復存在，在中國大陸更不用說[2]。與這種經濟模式相

1 黃啟臣、鄭煒明：《澳門經濟四百年》澳門：澳門基金會，1994年，第151~153頁、第157~160頁。

2 路易（Rui Brito Peixoto）：〈疍家與魚欄：體現中國南方經濟金融關係的兩個因素〉，載澳門《文化雜誌》（中文版）第4期，1988年。

適應的民間信仰形式——媽祖崇拜，其對社會生活的滲透之深，也是不多見的。從宗教信仰的經濟動機這一角度來分析此種現象，我們是否可以這樣說，在澳門社會的商業氛圍中，媽祖女神被賦予了更多的商業型神明的成分，她的神力包括保護商民、維護信用、保障流通等等。需要與滿足需要的手段是一起產生的，澳門商民維護經濟生活秩序的需要與滿足這一需要的媽祖信仰的新成分和新功能便同時出現了。

三

本文的第一、二部分分別以地緣群體和業緣群體為實例，討論了澳門的商業經濟與媽祖信仰的互動。在第三部分中，將在更寬闊的視野內、在更高的層次上展開這方面的討論。澳門作為一個國際化的商貿城市，其文化也是多元的，無論是歷史上還是現實中都是如此。在這樣一個特殊環境當中，商業貿易與宗教信仰這兩種原屬不同社會生活領域的群體行為發生了更多的交叉、滲透和互動。在這樣一個大背景下來討論澳門商業經濟與媽祖信仰的互動，顯然需要有一些參照系來進行對比。

在西方人眼裡，「歷史上澳門就是一個基督教的上帝與財神、十字架與王冠、精神與商業之間有著密切關係的城市」。換言之，在澳門，商業經濟與宗教信仰的互動從來就是一種比較普遍的現象。例如，16、17世紀時，澳門的耶穌會士就參與了與日本長崎之間的「生絲對白銀」的貿易活動。當時的澳門既是西方傳教士的集結地，又是西方商人的中轉港，傳教士與商人合二而一的情況並不鮮見，「宗教和商業不可避免地就結合到了一起」[1]。

在東方人眼裡，澳門同樣是一座既充滿了商業機會又可傳教佈道

1 C・R・博克薩：《16—17世紀澳門的宗教和貿易中轉港之作用》，《中外關係史譯叢》第5輯，上海：上海譯文出版社，1991年。

的城市。明清時期來到澳門從事貿易的東方商人中，就頗有來自東南亞伊斯蘭教地區的商賈，例如爪哇商人。這些以擅長貿易見稱的伊斯蘭教徒，在經商的同時也把伊斯蘭教帶到了澳門。在18世紀70年代至19世紀40年代這段時間裡，來自印度孟買的瑣羅亞斯德教徒曾在澳門活躍過，他們中有些還是富可敵國的商人，對澳門的經濟、貿易等起過一定的影響[1]。

與上述來自國外的東、西方宗教相比，作為中國傳統民間信仰之一部分的媽祖信仰，其與商業經濟的交融和互動具有哪些特色？

首先，媽祖信仰除了直接與澳門商業經濟發生互動外，還通過對其他中國傳統宗教信仰的廣泛滲透來間接地與澳門商業經濟發生互動。

與媽祖信仰關係最密切的傳統宗教要數道教，道教以其包容性之大而將許多民間信仰囊括其內。自宋代始道教已活躍於香山縣（澳門地區舊屬香山縣），而自媽祖信仰傳入後，澳門地區逐漸變成「一個屬於道教系統的媽祖信仰圈」[2]。由於媽祖以海上保護神而著稱，且神力無邊，一些屬於道教系統的民間神明便往往以攀附媽祖來提高自己的神力，這樣恰恰又擴大了媽祖的影響力，使得那些懷抱著經濟動機的眾多商民爭相崇拜與媽祖有關的一切神明。這方面比較突出的例子是三婆神。澳門離島氹仔島曾有一座建於道光二十五年（1845年）的三婆廟（今已廢），相傳此神以助剿擊賊，打退來犯海盜，保護地方安寧而著稱，故其廟香火頗盛。但三婆神受崇拜還另有原因，據清人筆記記載，三婆神乃媽祖的第三姊，其誕辰日為陰曆三月二十二日，比媽祖神誕早一天[3]。清末民初乃是澳門近海海盜之患較重的時期，

1 鄭煒明、黃啟臣：《澳門宗教》，澳門：澳門基金會，1994年，第84~85頁、第80~81頁。
2 鄭煒明、黃啟臣：《澳門宗教》，澳門：澳門基金會，1994年，第7頁。
3 俞樾：《茶香室四鈔》卷二〇〇，引許聯昇《粵屑》。轉引自鄭煒明、黃啟臣：《澳門宗教》，第8頁。

澳門商民崇拜三婆神，顯然為防禦海盜計，歸根結底乃與自身之商業利益有關。而三婆神借媽祖顯揚自身，也使得媽祖信仰與商業經濟的互動有了間接的表現形式。

佛教也與媽祖信仰關係密切。在澳門，有幾處重要的佛寺也奉祀媽祖，如以觀音為主神的蓮峰廟和普濟禪院（俗稱觀音堂），也將媽祖奉為重要神明，專設殿堂祀之。筆者在實地考察蓮峰廟時，發現廟內有一方石刻，該石刻無名稱，內容為有關蓮峰廟經濟收入之事，乃廣州、澳門海防軍民府攝理香山縣正堂鍾氏於嘉慶二十三年（1818）九月勒石曉諭眾人。該石刻曰：「……蓮峰神廟為合澳奉祀香火，住持僧潤能等清修安靜，必須代謀衣食之資。所有營地、墟亭、簷外一路地方，既據該縣丞捐廉建廊，批與客民擺賣生理，並關前一帶鋪屋，統歸入廟僧收租，自應如請辦理……為此示意附近紳民人等知悉。自示之後，爾等客民如有情願在墟亭、簷外地方擺賣生理，俱與該寺僧人批租，廊屋損壞亦聽寺僧修復召租。俾等寺僧衣食有出，得以肅奉神明，地方獲福，官民咸賴……」[1] 從寺僧的角度來說，可以借助神明的感召力，招徠商賈前來擺攤設點，從而獲得租金。從商賈的角度來說，亦可借助人們崇拜神明的心理，招攬顧客，從而贏利。在這裡，神明已成為商業活動的中樞。而蓮峰廟所奉神明，觀音居首，媽祖次之。媽祖雖非主神，卻能通過此廟發生影響，其感召力亦不比觀音遜色。因此，媽祖信仰與商業經濟的互動再次有了間接的表現形式。

其次，媽祖信仰和商業經濟的互動，不僅表現在諸如傳教與經商結合這樣的淺層次上，而且表現在這樣一個深層次上，即這一信仰逐漸被澳門中外人士所普遍認同，從而成為一種商業精神。

「宗教會以不同的強度和不同的意義影響人們的經濟態度和行

1　陳衍德：〈澳門蓮峰廟考察記錄〉，1995年12月16日。

為。首先，就誠實、公正、守信用這些個人的和商業的美德而論，它們在經濟生活中是至關重要的，而當宗教能成功地把這些美德灌輸給自己的信徒的範圍內時，宗教便對經濟產生了影響……」[1]媽祖信仰作為一種民間信仰雖與宗教不盡相同，但在對經濟生活的影響方面卻有共同之處。當漳、泉、潮三邑人士組成的媽祖閣執理會主辦各種活動時；當漁民、魚欄、船廠、街坊共同出資舉行慶賀媽祖誕辰的儀式時；當漁民和陸上居民共同組成「媽祖閣水陸演戲會」延請戲班來演戲時，是什麼東西將這些不同地域、不同職業、不同階層的人們匯聚到一起來呢？不可否認，欲與相關人士協調關係、協調利益是重要的動機。但是，如果連一點歸屬性認同都沒有的話，這些各方面都差異很大的人們恐怕是難於走到一起來的。這當中，媽祖女神所代表的那種母性的慈悲，那種公平和正義，正是吸引著各式各樣的人們匯聚到她身邊來的精神引力之所在。受這種精神感召的人們，逐漸把它「內化」為自己的行為規範和道德準則——「一個人的內化是把他或她聽到的、看到的或有意識無意識地考慮到的對他們自己適用的東西都變成自身的一部分」[2]。如此則一種為社會所普遍認同的商業精神便生成並延續下來。這就是媽祖信仰與澳門的商業經濟在更深一個層次上的互動。

這裡還要指出，由於「澳門文化是迄今四百年東西方兩種異質文化逆向交流的獨特產物」[3]，而媽祖文化作為澳門文化的一個組成部分，它在為中國居民所認同的同時，也逐漸為西洋居民所認同。在西洋人眼裡，「在中國找不出第二座像澳門那樣用中國的媽閣神命名的

---

1 羅奈爾得・L・約翰斯通著，尹今黎等譯：《社會中的宗教——一種宗教社會學》，成都：四川人民出版社，1991年，第199頁。

2 羅奈爾得・L・約翰斯通著，尹今黎等譯：《社會中的宗教——一種宗教社會學》，成都：四川人民出版社，1991年，第75頁。

3 黃曉峰：〈澳門的文化視野：世界與中國〉，載澳門《文化雜誌》（中文版），第13、14期合刊，1993年。

城市」[1]。其實一個地名的流行是約定俗成的，媽閣（Macau或Macao）一名在西洋人中流行，取代了其他種種稱呼，正說明媽祖信仰力量的強大，正說明媽祖女神在澳門地區有深入人心的影響。在那樣一種氛圍中，西洋人顯然也被感染了，也不禁對媽祖懷有敬意，「既然他們（葡萄牙人）已經知道了該港的正式名稱，因為他們本身就是海員，儘管阿媽（媽祖）是異教神，可是他們還是願意用漁民保護女神的名字來稱呼該港口」[2]。在這裡，西洋人的航海精神從媽祖女神的深刻意蘊中找到了契合點，而歸根結底，這是一種商業開拓精神，是一種合作進取精神。媽祖信仰與澳門商業經濟的互動從而又得到進一步昇華。

（原載《世界宗教研究》1998年第1期）

從澳門民俗看當地居民的媽祖信仰

在媽祖崇拜這一遍及全球的華人民間信仰現象中，澳門具有特殊的地位。作為東西方文化的薈萃之地，澳門的媽祖崇拜已融入了多種文化成分。但無論如何，媽祖崇拜是否根植於民間社會這一深厚土壤，其最大標識乃在於這種崇拜是否已成為民俗的一部分。本文擬從民俗的角度入手，考察澳門的媽祖崇拜，並與中外各地的媽祖崇拜作適當的比較，以探視其中的差異。

一

和中國東南沿海各地一樣，澳門的漁民也是社會上一個獨特的階

1 C・R・博克薩：《16—17世紀澳門的宗教和貿易中轉港之作用》，《中外關係史譯叢》第5輯，上海譯文出版社，1991年。

2 郁龍餘：〈媽祖崇拜與中外文化交流〉，載澳門《文化雜誌》（中文版）第13、14期合刊，1993年。

層。作為水上居民，他們的生活方式與陸上居民有著明顯的區別。因此，從其特有的民俗所反映出來的對媽祖的崇拜，無論從哪一個角度來看，都具有特殊的意義。

由於漁民被壓在社會底層的歷史所導致的文化素質的低下，使他們的風俗習慣帶有明顯的原始性和落後性。又由於與岸上的現代生活相對隔離，漁民的風俗習慣也更多地保留了古樸淳厚的風尚。由此而反映出來的漁民對神祇的崇拜和信仰，則明顯地具有原始的泛神論和多神教的色彩。

現在就讓我們來看看澳門水上居民的民俗所反映出來的媽祖崇拜是怎樣一種情況吧。

節慶習俗是民俗的集中表現。在傳統的中國節慶中，祭神是一項不可或缺的活動。對於澳門漁民來說，最重要的節慶莫過於春節和媽祖誕辰日。春節前夕，澳門的漁船便紛紛駛抵內港集結下碇，一切捕魚活動皆在此時暫停。在選定的那一天，亦即正月初四，漁民們在各自的船上祭拜祖先、天神和水神，然後所有漁船駛向內港入口處媽閣廟所在地，船首向著媽閣廟，舉行一個行槳儀式，以示對媽祖的崇拜[1]。漁民們以「天傘」作為天神之象徵，以彩色剪紙等作為向天神致敬的裝飾物；以船頭作為「船首神明」之象徵，以鮮花等作為向「船首神明」致敬的裝飾物[2]。據筆者推測，「船首神明」可能代表水神。因為作為水上居民崇拜的水神與陸上居民崇拜的地祇具有同樣重要的地位，必定需要一個象徵物作為祭拜的對象。從漁民拜神的儀式來看，媽祖已被置於與天神、水神同等的地位。

在媽祖誕辰日亦即陰曆三月二十三日那一天，澳門漁民除了將漁船駛向媽閣廟以示敬意外，還延請戲班在媽閣廟前上演傳統戲劇，並

1 路易：〈藝術、傳說和宗教儀式——關於中國南方漁民特性的資料 I〉，載澳門《文化雜誌》（中文版）第5期，1988年。

2 陳衍德：〈澳門海事博物館參觀記錄〉，1995年12月13日。

設宴慶賀。從祭神儀式來看，呈獻給媽閣廟中媽祖神像的祭品有木模船、烤全豬等，此外漁民們還在各自的船上焚燒用紅紙製作的媽祖服飾，以示崇敬[1]。如果說春節時媽祖乃是與天神和水神享受了同等禮遇的話，那麼媽祖在誕辰日則是單獨享受了諸神中的最高禮遇。

澳門漁民不僅崇拜媽祖，而且崇拜其他海神。由於「整個澳門地區，其實是一個屬於道教系統的媽祖信仰圈」[2]，所以其他海神與媽祖之間也就不能不存在著某種關係。換言之，在澳門漁民的心目中，媽祖乃眾海神之首。例如，源於廣東惠州的三婆神是澳門漁民崇拜的一位海神，相傳她是媽祖的第三姊，誕辰日為三月二十二日[3]。這樣，通過紀念諸海神的節慶習俗，也可以間接地反映漁民崇拜媽祖的情況。

在諸海神中，朱大仙誕辰日的節慶最為典型。朱大仙名號不詳，一說名立。其誕辰日不固定，每年春天由占卜決定。賀誕活動持續三天，都在船上舉行。其時漁民用船隻並排連接起來，並於其上建起祭台，延請僧人道士舉行有關儀式，如「建醮超幽法會」等。儀式往往徹夜舉行。其間船上還售賣靈符。為組織紀念慶典，漁民們成立了專門的機構來負責活動的安排，如「大澳龍巖寺朱立大仙澳門分會」等[4]。澳門漁民對其他海神的崇拜，實際上是對媽祖崇拜的補充，所以以此例為代表的節慶習俗，對我們的研究來說不是沒有意義的。

我們說節慶習俗是民俗的集中表現，是因為節慶活動在平時是看不到的，是濃縮地表現人們的思想觀念和行為方式的絕好時機。從上面的論述可知，無論是媽祖的節慶還是其他海神的節慶，都已經形成一定的活動程序或者說一套應該遵守的行事方式。而從這些活動程序

---

1 陳衍德：〈澳門海事博物館參觀記錄〉，1995年12月13日。
2 鄭煒明、黃啟臣：《澳門宗教》，澳門：澳門基金會1994年，第7頁。
3 鄭煒明、黃啟臣：《澳門宗教》，澳門：澳門基金會，1994年，第7~8頁。
4 陳衍德：〈澳門海事博物館參觀記錄〉，1995年12月13日。

或行事方式中，又可以看出澳門漁民崇拜媽祖的廣度和深度。

倘若說節慶習俗如湧泉瀑布，那麼日常習俗便如涓涓細流，後者也許更能體現媽祖崇拜與漁民生活的密切關係。澳門從事遠洋捕魚的漁船無論是出發還是返航，在駛經媽閣廟前的海面時習慣上都要焚燒紙錢、元寶並燃放鞭炮，以此祈求媽祖保佑其出海平安或感謝媽祖使其安全返航。在茫茫大海上，每逢風大浪高時，漁民們也要在顛波中燃香燒紙錢拜媽祖，祈求媽祖保佑其逢凶化吉。若船上有神像，就在神像前祭拜，若沒有神像，就朝著天空拜。在撒網捕魚之前，往往也要拜媽祖，祈求捕到盡可能多的魚蝦[1]。從拜神習俗始終伴隨著出海捕魚的整個過程這一點來看，作為海上保護女神的媽祖，其神力在漁民心目中的發揮可謂淋漓盡致了。

綜上所述，我們可以得出結論說，媽祖崇拜已經成為澳門漁民習俗的一個組成部分，換言之，這種崇拜具有民俗的普遍性，它已經成為澳門漁民生活方式的構成要素。

二

澳門從明中葉被葡萄牙人「租用」為貿易港後，逐漸發展成有別於中國其他海港的港口城市。由於封建控制的相對削弱和西方文化的大舉輸入，無論是居民的構成抑或是人們的風俗習慣，澳門與其他中國城市相比都可謂提前進入了「近代」時期。從居民構成來看，閩粵兩省的商販、游手乃至不軌之徒已成為澳門中國居民的主要成分。史書上所謂「閩之奸徒，聚食於澳，教誘生事者不下二三萬人。粵之盜賊亡命投倚為患者，不可數計」[2]，便是指的這種情況。從風俗習慣來看，用「五方雜處，風俗澆薄」來形容之，恐不為過。當然，這些從封建的立場觀點看來是要不得的東西，恰恰是歷史的進步。也就是

1 陳衍德：〈訪問澳門漁民互助會談話記錄〉，1995年12月19日。

2 《明實錄・崇禎長編》卷三四，崇禎三年五月。

說，從明清以至近現代，澳門的社會變化是快於其他沿海城市的。

那麼，在這樣一種人文環境中，澳門陸上居民的民俗所反映出來的媽祖崇拜是怎樣一種情況呢？

考察澳門陸上居民的節慶習俗，可以發現一個有趣的現象，那就是，在除夕之夜，人們並不是一直待在家裡不外出，而是匯聚到媽閣廟中祈福並相互祝賀新年。一位20世紀70年代從大陸移居澳門的人士是這樣說的：「本地人過年，除夕之夜都要去媽閣廟參拜媽祖，每人買一柱長香，在廟中點燃，帶回家中。媽閣廟是除夕之夜全澳門最熱鬧的地方，我和我太太還有我們的孩子，全家人一起出動，也到媽閣廟去。在那兒我們見到了許多鄉親和熟人，大家互相道賀新年，並將事先準備好的紅包（稱為『利是』）分送給親戚朋友們的子女。」[1] 這裡有兩樣東西是值得注意的，一是香火，一是「利是」。據一位學者的看法，「『香火』和『神明』正是一體的兩面，『香火』視為一種象徵的資源與力量（包含了神的靈力與信眾分享的香灰、香煙和靈氣）……」[2] 上述被訪者談話的引文，正是反映了以一柱在媽閣廟中點燃的長香，將媽祖的靈力帶回家中這樣的信眾分享形式。而在澳門海事博物館中有一件「利是」實物展品，並配有這樣的文字說明：「利是，置於此小信封內之小量金錢，在農曆新年期間贈與，被視作會帶來幸福與運氣的禮物。」[3] 在媽閣廟中贈送紅包，顯然具有借媽祖的神力賜予幸福與運氣的含義。

澳門陸上居民還崇拜許多屬於道教系統的神明，對這些神明的崇拜，與對同屬道教系統的媽祖的崇拜，共同形成了澳門居民的民間信仰。因此，媽祖與這些神明之間便產生了某些聯繫，換言之，二者在信徒的心目中是互補的。在這些神明的節慶當中，紀念譚公道的舞醉

1 陳衍德：〈訪問澳門晉江同鄉會談話記錄〉，1995年12月12日。
2 黃美英：〈媽祖香火與神威的建構〉，載臺灣《歷史月刊》第63期，1993年。
3 陳衍德：〈澳門海事博物館參觀記錄〉，1995年12月13日。

龍節是較為典型的。譚公道是一位源於惠州的神明，在澳門特別受到魚欄商人的崇拜。魚欄是陸上的水產品批發商，在每年陰曆四月初八稱為譚公誕的日子裡，魚欄商人便組織舞醉龍的活動。人們先來到路環島的譚保聖廟舉行祭神儀式，然後參加酒宴。「一些年輕人飲了適量的酒之後，舉起木雕龍頭和龍尾，開始跳醉舞，並走遍市內數間市場及沿岸地區的魚欄，他們沿路一邊飲酒一邊跳舞，步履蹣跚的舞者不時由同伴替代……」[1] 據說這種巡遊活動是為了驅邪，「以保證魚欄或其他與水上活動有經濟關係的機關及設施能繼續順境」[2]。值得注意的是，譚公道還同時受到水上居民的熱烈崇拜，也就是說，其最虔誠的信徒均與水上經濟有關，這一點與媽祖極為相似，故其節慶習俗亦應折射出媽祖節慶習俗的影子。

這裡還要指出，在商品經濟浸潤下的社會人文環境中，澳門居民的節慶習俗也未免染上功利主義的色彩，這是人們的信仰的經濟動機通過民俗這一潛意識的外化所作的有形的和無形的表現；而在深受西方文化影響的海港城市澳門，其民俗節日的「慶祝活動豪放自在，與中國人一向的含蓄內斂性格明顯不同」[3]，實可讓人從中看出有別於中國其他地方的特點。

為了透過澳門居民（陸上居民）的日常習俗體察其媽祖崇拜的方方面面，我們進行了問卷調查。以下我們選擇了問卷中幾個有關的問題，根據其回答情況進行一些分析，以期找出作為民俗和作為民間信仰的媽祖崇拜的相關性。

在回答「您去過媽祖廟（天后宮）燒香嗎？每隔多久去一次？」這一問題的440人中，回答「每月數次」者為4人，占0.9%；回答「每月一次」者為10人，占2.3%；回答「每年一次」者為94人，占21.4%；回

1　澳門政府新聞司：《澳門資料》，1995年，第43頁。
2　陳衍德：〈澳門海事博物館參觀記錄〉，1995年12月13日。
3　澳門政府新聞司：《澳門資料》，1995年，第43頁。

答「偶爾（去燒香）」者為200人，占45%；回答「從未去過」者為132人，占30%。經分析得出的結論是，澳門居民大約有2/3以上去過媽祖廟燒香，由此可見媽祖確實是澳門居民的主要崇拜對象之一；前往燒香頻率越高者人數越少，頻率越低者人數越多，這也符合神明崇拜的一般情況。

在回答：「您在什麼情況下去媽祖廟燒香？（可選擇多項）」這一問題的363人次中，回答「有空時候去」者為38人次，占10%；回答「順便去」者為131人次，占36%；回答「有所求才去」者為34人次，占9%；回答「定期專程去」者為87人次，占24%；不回答者為73人次，占20%。經分析得出的結論是，澳門居民（陸上居民）祭拜媽祖在更多的情況下是出於一種習慣，或者說是遵循一種習俗，而非為了某個具體的目的，這一點與澳門漁民（水上居民）是有一定差別的。

在回答「您在什麼時間去媽祖廟燒香？（可選擇多項）」這一問題的359人次中，回答「每月初一」者為22人次，占6.1%；回答「正月初一前後」者為104人次，占29%；回答「三月二十三前後」者為19人次，占5.3%；回答「九月初九前後」者為10人次，占2.8%；回答「其他日子」者為118人次，占32.9%；不回答者為86人次，占24%。如果把本問題中的資料與第一個問題中的資料作比較，就會發現具有一定的相關性和對應性，從而發現在非節慶的日子裡前往媽祖廟燒香的人會更多一些，因而凸顯了媽祖崇拜的日常性。

在回答「您用何種方式來表達對媽祖的崇敬？（可選擇多項）」這一問題的564人次中，回答「燒香」者為256人次，占45.4%；回答「燒紙錢」者為99人次，占17.6%；回答「上供祭品」者為77人次，占13.7%；回答「捐錢」者為120人次，占21.3%；回答「贊助有關活動」者為12人次，占2.1%。燒香的人數最多，再一次證明了「香火」，與神明為一體的兩面這一點在民俗上的重要性。而捐錢者的人數超過燒紙錢者，說明信眾對實效性的注重程度超過了對表面禮儀的注重程度。

在回答「您覺得遇事求媽祖靈驗嗎？」這一問題的259人中，回答「靈驗」者為89人，占34.4%；回答「一般」者為148人，占57.1%；回答「不靈驗」者為22人，占8.5%。神祇的靈驗與否和由廟像供奉所體現的受重視程度成正比，越是廟大像高、香火旺盛的神祇，據說就越靈驗。既然媽祖是澳門居民的主要崇拜對象之一，媽閣廟又中外聞名，就不由得媽祖不靈驗，所以回答不靈驗者只占很小的比例。另一方面，被人們選中的神祇之所以靈驗，又與人們不自覺地把虛幻的寄託轉化為信心有關。這當中又有人們的從眾心理在作祟，而從眾心理又與風俗習慣對人們的強大影響有關。

在回答「您最初崇拜媽祖受什麼人影響？」這一問題的220人中，回答「家人」者為112人，占50.9%；回答「親戚」者為42人，占19.1%；回答「朋友」者為57人，占25.9%；回答「同事」者為7人，占3.2%；回答「同學」者為2人，占0.9%。民俗源於不斷重複的行為，而人們的行為首先來自模仿。「他或她，特別是一開始，總是模仿或仿效他們所看到的東西。所以，在某種意義上，一個人早在自己理解某些事情以前，就已通過其觀察父母、夥伴及其他人的行動所提供的榜樣的過程吸取了許多模式、規範與價值。」[1] 媽祖崇拜之所以成為澳門居民代代相襲的行為方式，就是這樣首先通過家人，然後通過周圍的其他人，把這種行為「內化」為自己的東西的。

在回答「您了解有關媽祖的事蹟嗎？」這一問題的449人中，回答「知道一些」者為201人，占44.8%；回答「了解得很詳細」者為18人，占4%；回答「不清楚」者為230人，占51.2%。「媽祖從一具有神異性格的里中巫，轉化為神女，而成為列入祀典的夫人、妃」[2]，這樣一

---

1 羅奈爾得・L・約翰斯通著，尹今黎等譯：《社會中的宗教——一種宗教社會學》，成都：四川人民出版社，1991年，第76頁。

2 李豐楙：〈媽祖與儒、道、釋三教〉，載臺灣《歷史月刊》第63期，1993年。

個過程所融入的故事和傳說自然不是一般庶民所能詳盡了解的。澳門居民對於媽祖的事蹟「知道一些」和「了解得很詳細」二者相加已幾近半數，實屬不易。何況媽祖崇拜作為一種信仰風俗，並不要求信眾既知其然又知其所以然。

在回答「您喜歡以何種方式從媽祖得到神示？」這一問題的238人中，回答「抽籤」者為167人，占70.2%；回答「扶乩」者為14人，占5.9%；回答「其他」者為57人，占23.9%。媽祖神格形成的源頭乃是福建莆田的林氏女，「這一林氏女之具有靈巫的性質，可說是閩疆巫文化的宗教現象。巫作為人神之間的靈媒（spirit medium），自也顯現其靈媒能力，諸如預知、醫療等，林氏女也表現出『能知人禍福』的能力」[1]，本問題與第五個問題亦即有關媽祖靈驗與否的問題是有關聯的。媽祖在客觀上成為預知禍福的神祇，正是對信眾主觀上認為她靈驗的回報。此乃信眾欲自其得到神示之前提。至於以何種方式，已無關宏旨。大多數人選擇抽籤，僅是因為方便而已[2]。

對上述問卷的分析表明，澳門居民的日常習俗所反映出來的媽祖崇拜的方方面面，是具有一定研究價值的，因為這些資料為我們提供了測定這樣一種相關性的依據，那就是作為澳門民俗的媽祖崇拜與作為澳門民間信仰的媽祖崇拜的相關性。初步研究表明，二者的相關程度是比較高的。從澳門居民崇拜媽祖的普遍化和潛意識化來看，它具有民俗的特徵。而從澳門居民對媽祖的偶像崇拜和對其靈驗的篤信來看，它又具有民間信仰的特徵。由於這種信仰具有世俗化的特點，所以它已經外化為一種生活方式的要素。正是在這個意義上，澳門居民的媽祖崇拜具有民俗和民間信仰的雙重性。

---

1 李豐楙：〈媽祖與儒、道、釋三教〉，載臺灣《歷史月刊》第63期，1993年。

2 本文中的問卷資料均摘自澳門基金會編：《澳門媽祖信仰與文化研究調查問卷》。問卷設計者為徐曉望、許維勤、陳衍德。在問卷分發與回收的工作中，得到澳門大學容慧坤、何彩雲、李傑輝、劉陸存、鄧志斌等同學的大力協助，特致謝意。

綜上所述，我們可以得出結論：民俗與民間信仰構成了澳門居民媽祖崇拜的一體兩面。如果說節慶習俗更多地表現出一種文化的涵化——融合了古今中外的文化要素，那麼日常習俗則更多地反映出一種歷史的積澱——匯聚了日積月累的通則慣例。這就是我們解析澳門民俗的深層內涵後所概括出的要點。

三

既然媽祖崇拜是一個遍及全球的華人民間信仰現象，就有必要將澳門的媽祖崇拜與中外各地做一番比較。我們打算從民俗的角度來考察一下澳門與其他地方在媽祖崇拜方面的差異。這當中我們又選擇了兩個事項來進行比較，那就是節慶習俗中的娛神活動和信仰風俗中的宗教融合。

先讓我們從娛神活動的視角來比較一下澳門與其他地方的媽祖崇拜。前文已經說過，在傳統的中國節慶中，祭神是一項不可或缺的活動。實際上，祭神活動往往還包括娛神的內容。換言之，節祭乃是由祭祀和娛樂兩個部分組成。「通過一整套的嚴密的法事活動，人們從心獄的桎梏中獲得解放；而又通過一系列的輕快的民俗活動，人們的疲憊不堪的肉體獲得鬆弛。這種靈與肉的雙重愉悅，就是寺廟節祭之於人們的全部誘惑所在。」[1] 娛神的實質是娛人。「在整個節祭活動中，獲得身心享受的恰恰是每一個活生生的人，而不是那些沒有七情六欲的泥塑木雕。所以，從寺廟節祭的角度加以理解，與其把寺廟作為祭壇，不如把它作為娛壇更為恰當。」[2] 這就是節祭之所以能吸引大批信眾和其他群眾，從而成為一種引人注目的民俗現象的秘密之所在。

那麼，與媽祖崇拜有關的澳門地方的娛神活動是怎樣一種情形

---

1 段玉明：《中國寺廟文化》，上海：上海人民出版社，1994年，第720頁。
2 段玉明：《中國寺廟文化》，上海：上海人民出版社，1994年，第726~727頁。

呢？接受我們採訪的澳門漁民互助會理事長馮喜，是這樣描繪媽祖誕辰日的祭神和娛神活動的：「每年農曆三月二十三日在媽閣廟舉行紀念媽祖誕辰的儀式，叫『賀誕』。沒有出海的漁民就和陸上的居民一起到媽閣廟去。按照祭禮，要燒香燒紙錢，供蒸豬等『三牲』。當天下午四五點鐘舉辦盛大的宴會，就在廟門口擺幾十桌酒席，酒菜是向餐館訂的。有時人太多，沒凳子坐，有的人就只好蹲著吃。宴會完畢後就開始由請來的戲班演戲，戲臺就搭在廟門口。延請戲班和演戲的事由漁民和陸上居民共同成立『媽閣廟水陸演戲會』負責籌資和安排。我們漁民互助會並不以組織的名義參加該會，而是由各位理事以個人的名義參加，大部分理事都參加了。演戲之後還要再舉行宴會，稱為『慶功宴』，各方面的負責人、一些頭面人物，還有戲班的演員們一起吃飯。所有這些活動的資金都是由漁民和陸上居民捐出的。漁民們組織了一個機構，負責募捐。我會不負責此事。陸上居民方面，街坊、船廠、魚欄等也都出錢。」[1]

上述描繪中最令我們感興趣的是演戲，可惜由於時間倉促，未能進一步了解演戲的細節。不過演戲的盛況是可想而知的。在我們的問卷調查中，有這樣一個問題：「在紀念媽祖的慶典中您最喜愛何種形式？（可選擇多項）」在回答此問題的373人次中，回答「演戲」者最多，為138人，占37%；其他的回答依次是，「祭典」88人次，占23.6%；「神像出遊」75人次，占20.1%；「其他」72人次，占19.3%。足見演戲乃是最受歡迎的慶典形式。有位學者在考察了澳門民間宗教的廟宇之後也指出：「日益增多的燒香、獻祭者，使捐贈佈施的數額也大大增加，這樣才有可能進行修繕和擴建廟宇的工作，以滿足不斷增多的朝拜者的要求。」[2]

1　陳衍德：《訪問澳門漁民互助會談話記錄》，1995年12月19日。

2　喬納森・彼特：〈中國的民間宗教與澳門的居民〉，載澳門《文化雜誌》（中文版）第10期，1993年。

現在讓我們把視線轉到其他地方。在新加坡，華人普遍崇拜媽祖，但各個方言群的華人都有各自的媽祖廟。福建幫（閩南）有天福宮，潮州幫有粵海清廟，海南幫有天后宮，興化幫有興安天后宮，等等。在媽祖誕辰和其他節日裡，這些廟宇也要祭神，其中少不了演戲這樣的酬神娛樂活動。而演出的戲劇，按方言的不同分別是歌仔戲、潮劇、瓊劇、莆仙戲等等。有位學者考察了興安天后宮某年中元普度（陰曆七月十五日）的演戲經過。演出的劇種是莆田目連戲，演出時間為一個小時，地點在興安天后宮外兩條馬路的交接處。觀眾自然是以莆田、仙遊籍華人為主[1]。

在香港，也有許多媽祖廟，分布在新界、九龍半島、香港島以及其他島嶼上。這些大大小小的媽祖廟，分別屬於不同的社區和鄉族。在媽祖誕辰和其他節日裡，香港的媽祖廟也要舉行各種各樣的祭神酬神活動，其中也包括演戲。有位學者考察了新界大埔舊墟天后廟某年媽祖誕辰日的演戲經過。這一活動是由大埔舊墟等四個村落共同組成的「天后寶誕委員會」組織進行的，其中起主導作用的是來自大埔頭鄧氏的人士。演出的劇種有粵劇、潮劇和惠劇，而以粵劇為主。演出的時間為媽祖誕辰日前後的十天，演出的場所則是天后廟對面搭起的一個可容納兩千人的戲棚。觀眾自然是上述四鄉及周圍鄉里的村民[2]。

將澳門的情況與上述新加坡和香港的情況做一比較，便可發現澳門媽祖崇拜中的娛神演戲活動具有自己的一些特點。

首先，澳門的娛神演戲活動是各社會階層、各方言群、各社區共同組織共同參與的，這一點與新加坡和香港的同類活動有著明顯的不同，後二者的活動是由各方言群或各社區分別進行的。雖然媽祖源於

---

1 容世誠：〈移民集團的宗教活動和演劇文化：以新加坡興化人為例〉，《寺廟與民間文化研討會論文集》(下)，臺北，1995年。

2 田仲一成著，錢杭等譯：《中國的宗族與戲劇》，上海：上海古籍出版社，1992年，第40~47頁。

福建，但澳門媽閣廟的演戲活動並不由福建人獨攬。雖然漁民和魚商是崇拜媽祖最虔誠的階層，但此一活動亦不由他們包辦。據了解，無論是澳門福建同鄉總會還是澳門漁民互助會還是其他社團，均未以組織名義參與其事。神祇是社會群體凝聚力的象徵，而娛神的實質既然是娛人，那麼除了使人感到一般意義上的愉悅以外，是否還有使人產生一種歸宿感的作用呢？回答應該是肯定的。由於媽祖崇拜在澳門具有廣泛性和一致性的特點，所以與此有關的娛神演戲活動也就具有統一而不彼此分割的特點。

其次，澳門的娛神演戲活動是以媽閣廟為中心舞臺進行的。雖然我們不排除其他奉祀媽祖的廟宇也有舉行此類活動的可能性，但有著五百多年歷史的中外聞名的媽閣廟已是公認的澳門媽祖信仰的中心廟宇，所以娛神活動理應以此為中心來進行。從本文所列舉的材料來看，實際上也是如此。相比之下，新加坡和香港便缺乏這樣的中心廟宇，所以娛神活動也就呈分散狀態。神祇的象徵意義會因信奉該神祇的不同群體對其做出不同的解釋而有所不同。在新加坡和香港，信奉媽祖的各方言群和各社區，由於歷史文化背景的不同而對媽祖的象徵意義做出不同的解釋，那是很自然的，因此兩地不存在中心廟宇也就不奇怪了。澳門僅及新加坡的1/37；香港的1/63 [1]。在如此之小的面積內，任何民俗活動在地理空間上趨於集中的可能性均超過趨於分散的可能性。這是澳門的另一個特點。

最後，從演戲本身來說，它既是信眾和觀眾娛樂身心的媒介，又是其文化認同的載體。在新加坡，「來自不同省縣的方言群傾向支持自己的本鄉劇種」，「方言群對本鄉劇種的支持，大都通過寺廟酬神活動為仲介」[2]。香港的情況大體相似，只不過沒有那麼明顯而已。而

1 澳門政府新聞司：《澳門資料》，1995年，第2頁。

2 容世誠：〈移民集團的宗教活動和演劇文化：以新加坡興化人為例〉，《寺廟與民間文化研討會論文集》（下），臺北，1995年。

在澳門，劇種並不成為一個問題，似乎並沒有人關心娛神活動中上演的是什麼劇種。在澳門，中華文化尚且與西方文化產生交融匯合，屬於中國本身的各地域文化便沒有理由不融為一體。所以，文化認同的一致使得對其載體的選擇也趨於一致。這是澳門娛神演戲活動的又一個特點。

再讓我們從宗教信仰相互融合這一角度來比較一下澳門與其他地方的媽祖崇拜。在人類歷史上，基督教（包括天主教和新教）、佛教和伊斯蘭教較早就成為世界性的宗教並發揮著巨大影響，許多地方性的宗教信仰在受到各大宗教影響的同時，它們之間也相互影響。再者，伴隨著近百年來接連不斷的移民浪潮，一些地方性的宗教信仰漂洋過海移殖他鄉，並與各地原有的宗教信仰交滲融匯。以上兩點的共同結果，是出現了一種宗教信仰趨同、融合的情況。媽祖信仰在中國本土傳播時，就受到了儒、道、釋三教的強大影響和滲透，當這一信仰跟隨移居海外的華人傳遍世界各地時，它又與各地的宗教信仰相互融合，形成富有地方特色的媽祖信仰風俗。把澳門的媽祖崇拜置於這一歷史文化的大背景下加以考察，便可發現其與各地媽祖崇拜一樣，也融入了各種宗教信仰的因素，並形成了相容並包的信仰風俗。

澳門的媽祖信仰首先是受到佛教的強大滲透和影響。媽祖崇拜的中心廟宇媽閣廟同時也被認為是一座佛寺。媽閣廟正殿側門之門額，刻有「正覺禪林」四個字。兩旁門框刻聯乃是「靈威昭於日月，震旦辟此乾坤」。而殿內媽祖神位前的框聯則為「南海分香澤播蓮莖開澳表，東洋跡著恩流濠鏡自湄洲」。由此可見，媽閣廟正殿既是一座媽祖女神的行宮，又是一座佛寺。[1] 媽閣廟三奇石之一的海覺石，亦為該廟被視為佛寺之明證。《澳門紀略》稱：「一海覺石，在娘媽角左，

1　肖德釗：〈佛教在澳門〉，《澳門佛教》創刊號，澳門佛教出版委員會，1995年。

壁立數十尋，有墨書『海覺』二字，字徑愈丈。」[1] 媽閣廟另一別稱「海覺寺」即源於此。又，「覺海」為佛教的別稱，佛以覺悟為宗，海喻教義之深廣。以「海覺」為寺名，涵義深遠，既有「覺海」之意蘊，又融山川形勝為一體[2]。

媽祖信仰與佛教的融合，在澳門還表現為媽祖與觀音的交疊。澳門幾處著名的佛寺同時也奉祀媽祖：蓮峰廟前殿奉祀媽祖，後殿奉祀觀音；普濟禪院正殿奉祀觀音，右殿奉祀媽祖，等等。由於觀音和媽祖是澳門居民最為崇拜的兩位神明，以至善男信女們難於區分此二神明。在許多情況下，觀音的服飾與媽祖的裝束十分相像，人們因而經常將兩位神明混為一談[3]。當一位西方的人類學學者向一位澳門漁民提出「誰是天后（媽祖）？」的問題時，得到的是十分肯定的回答：「天后就是觀音。」[4] 神明形象的交疊蘊含著信仰交融的意義。我們的問卷調查有一個問題是這樣的：「您認為媽祖信仰屬於何種性質？」回答此問題的456人當中，有113人的回答是「佛教」，占24.8%。也就是說，有1/4的信眾是真誠地認為媽祖信仰是屬於佛教範疇的。

澳門的媽祖信仰其次還受到基督教的滲透和影響。澳門是中國最早傳入基督教的口岸。當葡萄牙人認可了澳門的媽祖崇拜這一事蹟時，在他們的心目中也就把作為海上保護神的媽祖西方化了。與此同時，澳門的中國居民在崇拜觀音、媽祖、金花夫人等女神的同時，也崇拜聖母瑪利亞，在他們的心目中也把聖母瑪利亞中國化了。「中西方的宗教教義與活動先後傳入澳門……可以用更為形象的方式說，像

---

1 印光任、張汝霖：《澳門紀略》卷上，〈形勢篇〉。

2 章文欽：《澳門與中華歷史文化》，澳門：澳門基金會，1995年，第267~268頁。

3 喬納森・彼特：〈中國的民間宗教與澳門的居民〉，載澳門《文化雜誌》（中文版）第10期，1993年。

4 路易：〈藝術、傳說和宗教儀式——關於中國南方漁民特性的資料I〉，載澳門《文化雜誌》（中文版）第5期，1988年。

漁民的庇護神媽祖、大慈大悲的觀音和聖母瑪利亞這些神祇都是她們所代表的那個世界的象徵，並且都在澳門這個中西文化的交匯點上相會。[1]」

在有華人居住的海外各國，媽祖崇拜也不斷與所在國宗教信仰產生互動和交涉。在菲律賓，媽祖與聖母瑪利亞以及其他天主教女神就不斷地交相疊映。在馬尼拉以東的里薩爾省，人們把旅行者的保護神安智波洛的聖女與海上保護神媽祖視為一體。在呂宋島東南部描東岸市的媽祖天后宮，神龕正中供奉的卻是一尊全然是天主教服飾的女神像，當地菲人視其為地方守護神，而華人則視其為媽祖，華、菲兩個民族的人們就這樣共同供奉著這二位一體的女神。在這個國家，紀念媽祖的儀式中請天主教神父主持彌撒、舉行天主教式的花車遊行等事例屢見不鮮[2]。在東南亞其他國家也有類似情形。

位於中國大陸和東南亞交接處的澳門，同時受到東、西方宗教的強大影響，前者的代表是佛教，後者的代表是天主教。華人的民間信仰有著深深的佛教印記，自不必說。而在天主教堂林立的氛圍中，澳門的居民不能不受到潛移默化的影響。這就是此地信仰風俗中的宗教融合相容東、西的原因之所在。

綜上所述，澳門的媽祖崇拜在與其他地方相比中顯示出來的差異，說明這一崇拜已在本區域內形成了自身的民俗特色。此一民俗特色又是由澳門那樣一種歷史文化背景襯托出來的，亦即它融匯了中華文化的和諧與拉丁文化的浪漫，並渾然成為中西合璧的統一體。

（原載《世界宗教研究》1999年第4期）

---

1 喬納森・彼特：〈中國的民間宗教與澳門的居民〉，載澳門《文化雜誌》（中文版）第10期，1993年。

2 陳衍德：〈試論菲華社會的宗教融合〉，載《世界宗教研究》1995年第1期。

下編

国家管控、 制度变革与社会民生

五 漢唐食鹽專賣制度的演變

漢唐食鹽專賣之比較

漢代首次在全國範圍內大規模推行鹽專賣，唐代則在繼承漢代鹽法的基礎上對專賣之制做了重大改革，並為宋以後鹽法的發展演變規定了方向。因此，漢、唐兩代鹽法是中國鹽政史上兩個具有劃時代意義的里程碑。對二者進行比較研究，其意義是不言而喻的。本文擬從鹽業生產者的身分地位、鹽法中的銷售環節、鹽專賣機構、推行鹽專賣的指導思想這四個方面，比較漢、唐鹽專賣的異同，希望這樣能有助於尋找並發現封建時代鹽政及鹽業經濟的發展規律。

一、漢唐鹽業生產者的身分地位之比較

在西漢王朝尚未推行鹽專賣的年代裡，大鹽商和豪強地主主要靠雇傭勞動者為其從事鹽業生產，受雇者大多是失去土地的農民或亡命之徒，他們受到雇主較強的人身束縛。《鹽鐵論》說經營鹽鐵的「豪強大家」、「大抵盡收放流人民也。遠去鄉里，棄墳墓，依倚大家」[1]，就是指這種人。人數眾多的鹽工聚集於偏遠的濱海之地或山林藪澤從事生產，對封建國家來說顯然是一個不安定的因素。因此，隨著鹽專賣法的推行，這些勞動人手必然被國家爭取過來，成為官方鹽

1 《鹽鐵論》卷一，〈復古第六〉。

場上的勞動者。此外，原先分散的個體鹽民，大部分也可能成為官方鹽場上的鹽工。

在鹽專賣法之下，鹽業生產者與西漢政府之間是一種什麼關係呢？據《史記・平准書》記載，乃是政府「募民自給費，因官器作煮鹽，官與牢盆」。對此歷來有不同的解釋。筆者贊同這樣的解釋，即招募民人自備資金，以官方的器具作坊煮鹽，官方計盆給值收購。這一解釋與《鹽鐵論・刺權》所載「募民自給費，因縣官器，煮鹽予用」是一致的。所謂「予用」，就是給予鹽民生產費用，亦即照值收購之意。這是一種將官方鹽場及設備租賃給私人經營生產，而後由政府收購其產品的做法[1]。鹽鐵會議上賢良文學提到官營冶鐵業的生產者是「卒徒」，他們「煩而力作不盡」，故生產的鐵器「多苦惡」[2]，對鹽業生產者的情況卻隻字未提。很顯然，二者的情況不同，賢良文學尚無法以鹽業生產者的情況作為攻擊鹽鐵專賣的口實。這樣看來，西漢鹽專賣法之下鹽業勞動者的身分地位既不同於封建依附性很強的雇傭勞動者，也不同於完全被束縛於官府手工工廠的工匠。與這兩種人相比，他們的身分地位應該說是略勝一籌的。

唐中葉實行鹽專賣後，有關鹽業生產者的立法規定：「其舊業戶並浮人願為業者，免其雜徭，隸鹽鐵使」[3]；「亭戶自租庸外，無得橫賦」[4]。這是對海鹽生產者亭戶而言。從他們隸屬鹽鐵使，不屬州縣，具有特殊戶籍來看，其身分似較一般編戶為低。然其來源為個體鹽業生產者和逃亡農民，二者在身分上均屬良人而非賤民。再者，亭戶與州縣編戶一樣繳納租庸調或兩稅，僅免徵雜徭。長慶元年（821年）鹽鐵使王播在重申此項規定時且將亭戶與鹽商、亭場官吏相提並論：

1 蘇誠鑒：〈「官與牢盆」與漢武帝的榷鹽政策〉，載《鹽業史研究》1988年第1期。
2 《鹽鐵論》卷六，〈水旱第三十六〉。
3 《舊唐書》卷一二三，〈第五琦傳〉。
4 《唐會要》卷八七，〈轉運鹽鐵總敘〉。

「應管煎鹽戶（此處指亭戶）及鹽商，並諸監院停（亭）場官吏所由等，前後制敕，除兩稅外，不許差役追擾。」[1] 可見亭戶與其他屬良人身分的人在這方面受到平等的對待，他們不屬於賤民階層是顯而易見的。據此，亭戶的地位當介於一般編戶與官府工匠之間。根據唐代鹽法的規定，亭戶是無權支配自己的產品的。不過政府占有其產品的方式，並非全部無償占有，除鹽課外，其餘部分是以收購的方式進行的。因此，亭戶是有一點自己的經濟的。換言之，其生產是獨立進行的，而由官吏加以監督。井鹽生產者灶戶的情況，與亭戶大體類似[2]。

唐代池鹽生產者池戶的情況則與亭戶、灶戶有所不同。他們必須在鹽池四周壕籬圈定的範圍之內，使用官方提供的工具，按既定程序從事生產。池戶沒有自己的經濟，不是獨立從事生產。其產品全部無償歸官所有，官則給予些許報酬。不過池戶亦非賤民，因其來源亦為普通人戶，唐代文書也有將池戶與其他人員並提的。儘管如此，池戶的身分地位依然較亭戶、灶戶為低，而與官府工匠更接近一些[3]。之所以如此，是因為池鹽有相當部分供京師及西北邊區所需，唐朝政府特別予以重視並對其生產加以嚴密的控制。

與漢代相比，唐代鹽業生產者的地位有的上升，有的則下降了。有關唐代亭戶的記載，未提及其使用官方設備器具，大約都有自己的生產工具，說明其生產的獨立性加強了，海鹽生產的民營性質因此更加明顯。另一方面，唐代池戶的生產非但沒有獨立性，而且池鹽生產具有明顯的官營性質。但是，由於海鹽生產構成唐代制鹽業的主要部分，再加上與其情況相類似的井鹽，所以從總的發展趨勢來說，與西漢相比，唐代鹽專賣法之下鹽業生產者的身分地位是提高了。這是符合封建社會人身依附關係逐漸削弱這一發展規律的。

---

1 《舊唐書》卷四八，〈食貨志上〉。

2 參見陳衍德：〈試論唐代食鹽專賣法的演變〉，載《歷史教學》1988年第2期。

3 參見陳衍德：〈試論唐代食鹽專賣法的演變〉，載《歷史教學》1988年第2期。

二、漢唐鹽法中的銷售環節之比較

獨占銷售是專賣制度的中心環節，這一環節包括收購、貯運、加價出售等運營步驟。

如上文所述，漢、唐鹽法中的生產環節具有民營性質（唐之池鹽除外），因此強制收購就成為獨占銷售的前提。倘若政府完全控制了生產過程，便可省去收購這一步驟。既未完全控制生產，便有防止產品繞過政府直接進入市場之必要。西漢政府以酷刑禁止鹽的私售，規定「敢私鑄鐵器鬻鹽者，釱左趾」[1]。唐政府亦發佈了無數詔令條例，嚴禁銷售私鹽。總之，鹽業生產者不得私自出售其產品，而必須由政府統一收購。在這一點上，漢、唐兩代並無太大區別。

從收購產品到加價出售，尚須經過貯運這一中間步驟。鹽場多處濱海之地和山林澤藪，要將食鹽送到消費者手中，尚須費一番周折。西漢鹽鐵會議上賢良文學攻擊鹽鐵專賣時指出：「……故鹽冶之處，大傲皆依山川，近鐵炭，其勢咸遠而作劇……良家以道次發僦運鹽、鐵，煩費，百姓病苦之。」[2] 可見西漢政府是以強行徵調百姓服勞役的方式來運輸鹽鐵產品的。唐代鹽的貯運以何種方式進行，史籍雖未明言，但從唐後期漕運、挽輸所需人力均償付雇值這一點來看，與西漢的情況還是有所不同的。劉晏為節省運輸成本，直接在產鹽之地將鹽售與商人，使運輸事務轉歸商人負擔，亦可反證唐政府原先必須為鹽的運輸墊付資金。

鹽專賣的直接目的是獲取高額壟斷利潤，而這又是通過專賣價格來實現的。因此，專賣價格的制訂乃是專賣業務的中心問題。漢、唐鹽的專賣價格，都是在收購價格的基礎上大幅度提高制訂而成的。西漢未行專賣時，「鹽與五穀同賈（價）」，待行專賣之

1 《漢書》卷二四下，〈食貨志下〉。
2 《鹽鐵論》卷一，〈禁耕第五〉。

後，「鹽、鐵賈（價）貴，百姓不便」，進而導致貧民淡食[1]。兩漢之際的王莽也說，鹽鐵等「非編戶齊民所能家作，必仰於市，雖貴數倍，不得不買」[2]。可見西漢鹽專賣價格至少比原先的市場價格高出數倍。因鹽價太高所引起的一系列問題，也曾迫使西漢政府降低鹽價，如地節四年（前66年）九月漢宣帝詔曰：「……鹽，民之食，而賈（價）咸貴，眾庶重困，其減天下鹽賈（價）。」[3]但降低鹽價終究不利於國家財政，所以鹽價總的來說是趨於上揚的。唐行專賣後鹽的加價幅度又超過西漢。「天寶、至德間，鹽每斗十錢……及（第五）琦為諸州榷鹽鐵使，盡榷天下鹽，斗加時價百錢而出之，為錢一百一十。」[4]實行專賣前後鹽價相差十倍之多。在唐後期推行鹽專賣的150年間，鹽的專賣價格亦非一成不變，先後有每斗110文、310文、370文、250文、300文等幾個價格，總的來說是提價的次數多、降價的次數少；提價的幅度大、降價的幅度小。由於唐後期出現「錢重貨輕」的現象，絹、米的價格持續低落，與居高不下的鹽價形成強烈對照。對於以絹、米換取食鹽的百姓來說，其負擔加重的程度更難以單純用鹽價上升的幅度來衡量[5]。

漢、唐兩代對鹽的銷售進行壟斷的方式也有異同之處。西漢政府包攬了從收購到零售的整個過程，各地鹽官將鹽收購後，或就地發售，或轉運他處發售。唐政府在初行專賣時與漢代的做法基本一致，乃是「就山海井灶收榷其鹽，官置吏出糶」[6]。到了劉晏改革鹽政時，這一方式發生了變化。「晏以為官多則民擾，故但於出鹽之鄉置鹽官，收鹽戶所煮之鹽轉鬻於商人，任其所之，自余州縣不

---

1 《鹽鐵論》卷六，〈水旱第三十六〉。
2 《漢書》卷二四下，〈食貨志下〉。
3 《漢書》卷八，〈宣帝紀〉。
4 《新唐書》卷五四，〈食貨志四〉。
5 參見陳衍德、楊權：《唐代鹽政》，西安：三秦出版社，1990年，第157～160頁。
6 《舊唐書》卷一二三，〈第五琦傳〉。

復置（鹽）官。」[1]政府只控制收購與批發環節，而將轉運零售之權讓渡與特許的鹽商。「官多則民擾」固然必須改革，但唐人也指出，更重要的是，鹽吏「利不關己」，經營作風太差；鹽商「利歸於己」，必然積極運銷[2]。改革之後，政府獲取鹽利的方式發生了變化，由原先直接從消費者手中獲取之，變為假手於商人獲取之。如此既確保了政府獲取利潤的權益，又使其節省了大筆流通費用，而又未改變其壟斷銷售的實質，誠如韓愈所言：「國家榷鹽，糶與商人；商人納榷，糶與百姓，則是天下百姓無貧富貴賤皆已輸錢於官矣，不必與國家交手付錢，然後為輸錢於官也。」[3]另一方面，商人以自身財力為政府運銷食鹽的同時，獲得了參與分割鹽利的權益。雖然他們在運銷上享有一定的自由，但畢竟是封建國家這一專賣主體的附屬物。對百姓而言，商人加價轉售將增加他們的負擔。前述鹽的專賣價格很可能成為鹽政改革後的批發價格，而商人則因時因地制定出相應的零售價格。然而商人運銷食鹽避免了官商經營的種種弊病，消費者或多或少也會得到好處。

分析至此，漢、唐兩代鹽專賣的內容和性質可作如下表述：西漢及唐鹽政改革前所推行的乃是民產官收官運官銷的專賣之制，其性質是純粹的官專賣；唐鹽政改革後所推行的乃是民產官收商運商銷的專賣之制，其性質是混合型的官商聯合專賣。漢唐鹽專賣所經歷的發展變化，是與商品經濟日益發展、其影響日益增大這一社會發展趨勢相適應的。

三、漢唐鹽專賣機構之比較

西漢元狩三年（前120年）開始推行鹽鐵專賣，其主管長官是大農丞領鹽鐵事，屬大農令（後改稱大司農）管轄，後者乃是國家最高財

1 《資治通鑒》卷二二六，建中元年七月。
2 《全唐文》卷五五〇，韓愈：〈論變鹽法事宜狀〉。
3 《全唐文》卷五五〇，韓愈：〈論變鹽法事宜狀〉。

政長官。首任大農丞領鹽鐵事東郭咸陽、孔僅「乘傳舉行天下鹽鐵，作官府」[1]，亦即巡行全國督理鹽鐵專賣事務，並於各地設立管理鹽鐵專賣的機構。當時鹽官和鐵官是分立的，分布也不一致。史籍中有關這方面的記載很少，尤其鹽官的記載更少。《史記·平准書》說：「郡不出鐵者，置小鐵官，便（《漢書》作「使」）屬在所縣。」由此推測，凡產鐵之處的鐵官是直屬大農丞而不屬郡縣的。以此類推，凡產鹽之處的鹽官當亦直屬大農丞，從而形成一套與郡縣官僚機構分立的財政官僚機構。《漢書·王尊傳》說王尊曾「補遼西鹽官長」，如淳注也說「遼西有鹽官長」。可見西漢的鹽官又稱鹽官長。元封元年（前110年）桑弘羊取代孔僅等成為第二任主管鹽鐵專賣事務的長官。當時他正主持推行均輸、平准法，「乃請置大農部丞數十人，分部主郡國，各往往縣（《漢書》無「縣」字）置均輸、鹽鐵官」[2]。桑弘羊是否廢除了其前任所設鹽、鐵官，而自己另搞一套，僅據此難以判斷。但可以肯定的是，他增設了大農部丞以分片管理各郡、國的財政事務（包括鹽鐵專賣）。這樣，包括鹽、鐵官在內的直屬中央的財政官僚系統進一步加強了。

唐乾元元年（758年）第五琦出任鹽鐵使，開始推行鹽專賣法，「鹽鐵名使，自琦始」[3]。由於唐朝並未對鐵製品實行壟斷，所以鹽鐵使這一名稱僅僅是繼承了始於西漢的主管專賣事務的長官之稱呼。鹽鐵使和稍後也參與鹽專賣的度支使，以及戶部使一起，合稱「三司」或「三使」，同為唐後期國家最高財政長官。數年之後，唐政府以鹽鐵使和度支使分別掌管東、西兩大地區的鹽專賣事務，形成中央二使分理鹽政的局面。二使自成系統，不相統屬，但在行政上彼此協調。二使所轄地區，大致以潼關至峽州一線為界，以

1 《史記》卷三〇，〈平准書〉。
2 《史記》卷三〇，〈平准書〉。
3 《舊唐書》卷一二三，〈第五琦傳〉。

東屬鹽鐵，以西屬度支。大體上海鹽產銷區屬東大區；池鹽產銷區屬西大區；井鹽產銷區大部屬西大區，小部屬東大區。在區域劃分的基礎上形成的二使分掌制，是唐後期政治經濟形勢發展的必然結果。簡言之，其制的形成，一是為了適應食鹽生產因地而異的特點，以便於管理；二是不使權力過分集中，以防權臣跋扈；三是安史之亂後藩鎮割據造成各大經濟區在地域上的分隔，也有必要對鹽政實行分區管理。鹽鐵使、度支使管理鹽政的方式，繼承了漢代鹽務管理由中央直貫地方的特點。為適應此種管理方式，鹽鐵、度支二使各自擁有一套下屬機構，分別管理各轄區內的鹽務。由於鹽務的繁劇，管理也日益複雜化，於是逐漸形成分隸於二使的院（巡院）、監（鹽監）、場（鹽場）三級管理機構。各級鹽務機關代表鹽鐵使或度支使在一個地區內行使鹽務管理權，具有派出機構的性質[1]。

總之，唐朝繼承了西漢以中央高級財政長官主管鹽專賣事務的做法，但將其管轄範圍一分為二。唐代地方鹽政管理體系也和西漢一樣，是與地方行政管理體系分立的。另一方面，與西漢相比，唐代地方鹽務機構具有層次多、分工細的特點。

從鹽專賣機構的分布來看，西漢在地方上設置的鹽官共41處，其中海鹽產區19處，包括渤海、黃海之濱16處，東海、南海之濱3處；池鹽產區15處，包括華北、西北各處；井鹽產區7處，包括巴蜀、雲南各處[2]。

唐代地方鹽務機構院、監、場，史書僅擇其主要者加以記載。據《新唐書·食貨志》、《唐會要·鹽鐵使》等文獻所載，海鹽產區有13院、10監、3場；井鹽產區有3院；池鹽產區有鹽池使、巡官等4處。但唐代產鹽之地的數目和分布範圍均超過西漢。據統計，海鹽產區有20州33

1 陳衍德、楊權：《唐代鹽政》，西安：三秦出版社，1990年，第86～102頁。
2 參見馬大英：《漢代財政史》，北京：中國財政經濟出版社，1983年，第118～120頁；羅慶康：《西漢財政官製史稿》，開封：河南大學出版社，1989年，第63～64頁。

縣，包括渤海、黃海之濱（河北、河南道）6州13縣；東海、南海之濱（淮南、江南、嶺南道）14州20縣。池鹽產區有17州（府）26縣，包括京兆府及關內、隴右、河東、河北、山南諸道。井鹽產區有27州68縣，包括山南、劍南、隴右諸道[1]。大致每個產鹽之地均設有級別不等的鹽務機構。

總的來看，與西漢相比，唐代鹽專賣機構分布狀況的變化最突出的有兩點：一是東南沿海鹽務機構的數目大大超過北方沿海，分布重心明顯南移；二是井鹽產區鹽務機構的數目增加了十幾倍之多，分布密度趨於密集化。

四、漢唐推行鹽專賣的指導思想之比較

自戰國以來，隨著商品經濟的發展，農民與市場的聯繫逐漸加強。小農購入的商品中，鹽、鐵占有特別重要的地位。但是，在封建社會初期交通不發達和市場相對閉塞的情況下，商人在經營鹽、鐵這類農民必需的商品時，必然靠欺詐手段追求高額利潤，積累起巨額資本，囿於時代，他們又必然向兼併小農的大地主轉化。小農的破產，歸根結底會損害封建國家的利益。漢武帝時財政狀況一度惡化，說到底就是作為封建政權基礎的小農經濟受到損害的緣故。因此，只有將鹽、鐵這類商品的經營收歸國有，才能扭轉商人兼併小農，損害以農為本的封建國家的利益的有害局面。這就是西漢政府推行鹽鐵專賣的指導思想。桑弘羊在鹽鐵會議上曾反復地、明確地指出這一點。他說：「鼓鑄煮鹽……乘利驕溢，散樸滋偽，則人之貴本者寡。」[2]又說：「今放民於權利，罷鹽鐵以資暴強……則強禦日以不制，而並兼之徒奸形成也。」[3]可見西漢鹽鐵專賣除了彌補財政虧空這一表層原因之外，還有其較為深層的政治、經濟的原因。

1 陳衍德：〈唐代鹽業生產的發展〉，載《鹽業史研究》1988年第4期。
2 《鹽鐵論》卷二，〈刺權第九〉。
3 《鹽鐵論》卷一，〈禁耕第五〉。

總之，通過專賣制度，不僅可以將民間鹽鐵經營者的收益納歸國有，而且還可以將作為專制國家矛盾集中表現的商品生產與流通，也納入國家的控制。因此，專賣制度實際上是專制國家的必然要求[1]。這一點在西漢王朝政策制訂者的意圖中，表現得至為明顯。

西漢鹽法為何未對鹽的生產實行全面的壟斷，而對其銷售則實行全面的壟斷？這裡有個以控制流通來控制生產的指導思想。民間鹽業生產雖有大規模經營的，但它不過是小規模經營在數量上較多的集聚而已，二者並無本質上的區別。然而大鹽商卻通過流通獨占初級市場，支配遠地的流通網，從差價中獲取巨額利潤[2]。

一旦鹽業生產與流通的聯繫被割斷，政府控制了鹽的流通，自然也就控制了其生產。換言之，民間鹽業生產無論規模大小如何，都只能通過政府收購這一環節與流通重新統一起來，才能存在下去，因此政府也就沒有必要直接參與其生產過程了。

歷史進入唐中葉，中國封建社會的商品經濟也渡過了它的初級階段。交通不發達、市場閉塞的情況已大為改觀。西漢初年那種大商人利用價格差獲取利潤的商業形態也不再占主導地位，取而代之的是以商品生產為基礎的、中小商人人數眾多的新的商品交換局面。另一方面，封建地主階級及其政權在政治上、經濟上也進入其成熟階段，其政策的制訂更能兼顧眼前與長遠利益、局部與全域利益。開元九年（721年）左拾遺劉彤提出仿照西漢的辦法推行鹽鐵專賣，卻受到冷遇。究其原因，一是當時的財政狀況尚不致太壞；二是當時並不存在如西漢那樣的危及封建統治的鹽鐵大商人；三是歷史上鹽鐵專賣的弊病不少，教訓頗為深刻。直到安史之亂爆發後的

---

1 參見佐原康夫：〈影山剛著《中國古代的工商業和專賣制》評介〉（日文中譯），載《中國史研究動態》1987年第4期。

2 參見佐原康夫：〈影山剛著《中國古代的工商業和專賣制》評介〉（日文中譯），載《中國史研究動態》1987年第4期。

乾元元年（758年），唐政府才將鹽專賣付諸實施。其原因在於，第一，以安史之亂為觸發點，導致唐朝財政危機的全面爆發，促使封建政府放棄以農業為主要稅源的傳統政策，努力開掘其他稅源；第二，安史之亂後，財權下移，促使封建中央政權實施一種地方難於插手的財政收入方法，來保證其所得不被任意截留；第三，安史之亂後，唐朝財賦倚重地區南移、海鹽取代池鹽成為唐朝的大宗收入，也有必要實施一種便於唐中央遠距離控制海鹽產銷的制度[1]。以上三點都是圍繞著解決財政危機這一核心主旨的。此外，唐政府選擇了投資少、收效快的鹽專賣，而摒棄了投資多、收效慢的鐵專賣，也是比較純粹地從財政經濟的角度考慮問題的。凡此種種，都說明雖然唐與西漢一樣在本質上同為封建專制國家，但唐朝統治者是比較單純地把專賣作為增加財政收入的手段的。與西漢相比，唐代經濟政策的政治倫理色彩有所淡化，這與封建社會超經濟強制逐步減輕的發展趨勢也是一致的。

唐代鹽政改革的結果是變官運官銷為商運商銷，實際上這也是從「奪商之利」到「與商分利」的思想轉變。是單純以行政手法來推動專賣的運行，還是輔之以經營手法，使專賣部分地具有經濟活動的性質？此乃兩種運銷方式的不同之處。顯然，後一種方式更能適應唐代商品經濟發展的情況。這樣，作為商品生產與消費的連接紐帶的商人被包容進專賣體系，也就是在所必然了。而漢代社會經濟的發展水準尚不能導致這種變革要求。宋以後商銷之法的進一步發展完善，證明了唐代鹽專賣法中商運商銷之制的出現是有其歷史必然性的。商品經濟是瓦解封建統治的腐蝕劑，因而必然遭到封建統治者的壓制。逐漸積累起統治經驗的中國封建地主階級，由一味採取單純的抑商政策，轉變為竭力將商品經濟納入封建經濟的軌道，利用它為自身的統治服

1　參見陳衍德、楊權：《唐代鹽政》，西安：三秦出版社，1990年，第47～51頁。

務。從漢的官專賣到唐的官商混合專賣再到宋以後的商專賣，乃是構成這一演變過程的重要側面。

（原載《中國鹽業史國際學術討論會論文集》，成都：四川人民出版社，1991年）

唐代鹽業生產的發展

食鹽生產是古代重要的手工業部門。唐代社會經濟的發展，促使了鹽業生產規模的擴大及其技術的進步。封建統治者視鹽利為重要財源，對鹽業生產的推動亦不遺餘力。本文擬從生產技術、產地分布、食鹽產量等幾個方面論述唐代鹽業生產的發展狀況，每一方面又分別按海鹽、池鹽、井鹽等不同種類加以考察。

一

我國古代製取海鹽的技術，經歷了從煎煮到曬製的發展過程。唐代仍屬於煎煮的階段。到唐中葉，已形成了一套頗有成效的製取海鹽的工序。雖然唐人沒有留下有關煮鹽技術的詳細記載，但我們從宋初的史籍中，仍可觀其概貌。成書年代距唐朝不遠的《太平寰宇記》，對煎煮海鹽的過程做了詳細描述，應是對前人經驗的總結。該書卷一三〇「淮南道海陵監」條下「刺土成鹽法」載，煮海為鹽包括刮鹹、淋鹵、驗鹵、煮鹽等數道工序：

刮鹹也稱「刺土」，即刮取海濱鹹土。辦法是在晴爽天氣，用人或牛牽引刺刀，刮取濱海之地富含鹽分的鹹土，再用爬車將鹹土堆聚於鋪墊茅草之處，成為規則形的土墩，稱為「溜」，其大者高二尺，方一丈以上。

淋鹵就是用海水澆灌鹹土以製取鹵水。先用鐵鍬於溜側挖掘「鹵井」，然後以「蘆箕」舀取海水，自溜頂緩緩向下澆灑，使飽溶鹽分的鹵水，自溜底滲出，流入鹵井。用於淋鹵的海水是經過選擇的。潮汐可把外海高鹽度海水帶進來，這已為當時人所認識。南宋《海鹽澉水志》對澉水鎮鮑郎浦鹽場的記述，便有「潮入汲煮鹽」[1]的說法，而鮑郎浦在唐開元間己是煮鹽之地了[2]。

驗鹵就是檢驗鹵水的含鹽度，因其直接影響著煮鹽的效率。根據鹵水愈濃浮力愈大的經驗，當時人採用了石蓮試鹵法，就是將一定數量的石蓮置於鹵水中，觀察其浮沉，浮者愈多則含鹽度愈高，浮者不超過十分之三的，鹵水便不宜煎煮，必須重新製作。這實際上是一種通過測知比重來獲知含鹽量的方法。

煮鹽是製取海鹽最後的也是最重要的一道工序。首先將通過檢驗、積貯於鹵槽中的鹵水載入灶屋，舀入鹽盤之中，鹽盤有鐵製與竹製兩種，竹制鹽盤尚須以石灰塗抹縫隙。為提高煎煮效率，還要在盤中放入皂角，即皂莢子，因其水解後的生成物會促進鹽水的飽和，加速食鹽的結晶過程。接著便可起火煎煮。當鹵水蒸發掉其大部分水分，鹽液達到其飽和點時，食鹽便開始析出。隨著水分繼續蒸發，鹽結晶體也就漸次沉積於盤底。最後便是停火，收鹽。製取海鹽的過程至此便告完成。一溜之鹵，大致可分為三至五盤煎煮，每盤大約成鹽三至五石。

製取海鹽是一項綜合性的手工業技術，除上述直接進入生產過程的數道工序外，還包括修築捍海工程、搜集燃料、觀測天象等項生產前的準備工作。

修築捍海工程是為了使位於海灘不遠之處的鹵溜和灶屋免受海水浸沒。唐人於沿海各鹽區修築了不少捍海工程。最著名的有大曆年間淮南西道黜陟使李承所建的鹽城常豐堰，長142里，發揮了「遮護民

1 《鹽邑志林》卷一六，《海鹽澉水志》卷下。

2 鮑郎浦唐時名鮑郎市，在鹽官縣東四十里，見《鹽邑志林》卷一一，陸廣微：〈吳地記〉。

田，遮罩鹽灶」[1]的雙重功能。

搜集燃料是煮鹽賴以進行的必要步驟，所謂「煎鹽以蓄草為先務」[2]者，是也。煮鹽耗費的燃料主要來自濱海之地的蘆葦草蕩。沿海各鹽區有專門從事搜集燃料的人丁，他們「駕高車」，「掛著牛犢，鐵權鉤搭於草場，取采蘆柴芀草之屬」[3]，以備隨時煎煮之需。

觀測氣象首先是為了獲取含鹽度高的海水。海水含鹽度與蒸發量有關，而蒸發量又與氣溫、日照時間、風向風力等都有關係。只有密切注意這些氣象因素，才能掌握適當的取水時機。其次是為了獲取燥濕適宜的鹹土。劉晏任鹽鐵使時，「以鹽生霖潦則鹵薄，暵旱則土溜墳，乃隨時為令，遣吏曉導，倍於勸農」[4]。蓋久雨則所製鹵水必然稀薄，久旱則鹹土中的鹽分不易溶解，只有「晴雨得所」，方能「所收益多」[5]。

總之，唐代已形成了一套分工細密、環環相扣的煮鹽工序，表明這一時期製取海鹽的技術發展到了一個新水準。

我國古代的池鹽生產以河東安邑、解縣的鹽池（兩池）較為典型。河東池鹽生產的技術進步在唐以前是較為緩慢的。《鹽法通志》卷三三〈制法〉曰：「河東鹽池古惟集工撈采，收自然之利，無所謂澆曬也。至唐始有治畦澆曬之法。」雖然治（墾）畦澆曬之法出現很早，並非唐始，但至唐乃成為比較完善的產鹽方法，從而使池鹽生產出現了新局面，卻是事實。

所謂墾畦澆曬，就是在鹽池之旁開墾鹽田，營建水畦，而後將鹽

1 《宋史》卷九七，〈河渠志七〉，《新唐書》卷一四三，〈李承傳〉。
2 《鹽法通志》卷三三，〈制法〉。
3 《太平寰宇記》卷一三〇，〈淮南道・海陵監〉。
4 《新唐書》卷五四，〈食貨志四〉。
5 《太平寰宇記》卷一三〇，〈淮南道・海陵監〉。

池內的天然鹵水灌入畦內，利用日光的照射，使鹵水蒸發成鹽，綜合諸史籍記載，這一生產方法包括墾地建畦、引入鹵水、蒸發凝結等數道工序。

墾地建畦是生產前的基本建設。先於鹽池之旁開墾鹽田，其狀有如平田，亦有如梯田。再於鹽田中開挖水畦。崔敖〈大唐河東鹽池靈慶公神祠碑〉對此記述說：「五幅為塍，塍有渠。十井為溝，溝有路。梟之有畦，釃之為門。」[1] 塍就是水畦，約一丈一尺見方為一畦。各畦之間有渠相通，以便灌鹵。九畦成一「井」字形，十井又有溝相連。溝以畦的平面為准，有自己的排水流路，在分鹵導流時有閘門控制[2]。畦岸畦底尚須修治平整，所謂「廣岸砥平而可礪，修畦綺分以如織」[3] 者是也。

引入鹵水就是將鹽池內的鹵水導入畦內。兩池鹵水是由鹽類長期沉澱所結成的池底厚鹽層與池水融合所生成。鹵水經溝、渠灌入畦內的情景，柳宗元記其所見曰：「俄然決源釃流，交灌互澍，若枝若股，委屈延布。」直至大小水畦都注滿鹵水，「偃然成淵，漭然成川」[4]。引入的鹵水應避免濁水摻入。大曆時有一年曾淫雨不斷，鹽池中混入濁水，嚴重影響了池鹽的生產。據沈括解釋，此乃「濁水入鹵中，則淤澱鹵脈，鹽遂不成」[5]。亦即食鹽結晶的條件受到了破壞。

蒸發凝結就是鹵水經日曬風吹而蒸發，最終凝結成鹽。每年四至八月，是蒸曬池鹽的季節。畦中鹵水經烈日暴曬五、六日之後，再經南風吹拂，便可出鹽。兩池食鹽有一種特點，須待南風而後

---

1 《全唐文》卷六一四，崔敖：〈大唐河東鹽池靈慶公神祠碑〉。
2 陳國燦：〈唐代的鹽戶〉，《中國古代史論叢》第3輯，福州：福建人民出版社，1982年。
3 《全唐文》卷五一九，梁肅：〈鹽池記〉。
4 《柳宗元集》卷一五，〈晉問〉。
5 《夢溪筆談》卷三，解州鹽澤條。

成。而兩池所處的中條山又恰有一風谷。夏季南風應時而至，水畦內達到飽和度的鹵水，經南風一夕吹拂，其中的氯化鈉遇熱結晶，鹽粒便告生成。

池鹽生產除上述數道工序外，還包括修築堤防、觀測氣象等生產前的準備工作。

修築堤防是為了阻止洪水淹沒鹽池和阻攔泥沙入池，以保持鹵水的濃度和純度，同時也有防止食鹽走私的作用。唐代兩池曾多次築堤、修堤。如貞元十三年（797年）築「護寶長堤」，東西長近五十里，高十二尺，基厚十五尺，頂寬九尺，全部用黃土築成，是當時防止中條山洪水入池的唯一屏障[1]。

觀測氣象對於池鹽生產的重要性在於，氣候條件在某種程度上決定著其生產活動的成功與否。前面已提到兩池之鹵須有南風始能結成鹽，假使遇東北或西南風，鹽便不能成，須刮去另行灌畦。因此，預測風向的工作對於提高產鹽效率便十分重要。

總之，唐代兩池墾畦澆曬之法的完善，是這一時期池鹽生產技術提高的重要標誌。

我國古代的井鹽生產以四川地區最為集中。唐代四川井鹽生產技術的進步，可以從鑿井、汲鹵、煎製這三道主要工序得到反映。

鑿井方面。北宋中葉發明卓筒井以前，四川鹽區開鑿的都是大口徑鹽井。唐代仍屬大井生產階段。當時最著名的大口徑鹽井是劍南道陵州仁壽縣的陵井（狼毒井）。其直徑達四丈，深五百四十尺[2]。其井筒結構為「上土下石，石之上凡二十餘丈，以楩楠木四面鎖迭，用障其土。土下即鹽脈，自石而出」[3]。這種大井的鑿井方

1 〈運城鹽湖簡介〉，載《運城師專學報》1985年第1期。

2 《太平廣記》卷三三九〈鹽井〉，引《陵州圖經》。《雲笈七籤》卷一一九，杜光庭：〈道教靈驗記〉作深五百七十尺。

3 文瑩：《玉壺清話》卷三。

式是人力挖掘。開井時工匠要進入腔內操作，使用鍬、鐵釬一類的工具。唐代鹽井的深度已大大超過前代[1]，由於缺乏更為有效的固定井壁的技術，要開深井就得相應增大井徑，從而施工難度也比前代大為增加。

汲鹵方面。從出土的四川漢代畫像磚來看，漢代四川已採用轆轤式滑車提升吊桶的方式從鹽井中汲鹵。這種汲鹵方式在唐代自然也得到採用。由於唐代鹽井加深，汲鹵量加大，因此有的地方用自重更輕、容量更大的牛皮囊代替了木桶，作為汲鹵的工具。《元和郡縣志》卷三三曰：陵井汲鹵「以大牛皮囊盛水引出之，役作甚苦」。勞動負荷增大，使提升工具也有了相應改變，由大絞車代替了較小的轆轤滑車。沈括就說陵井「井側設大車絞之」[2]。可見唐代的汲鹵效率明顯提高了。

煎製方面。值得注意的是，由於唐代鹽井大大加深，根據鹽井愈深，含鹽量愈高的自然規律，當時所汲得的鹵水濃度一般較前代為高，因而煎煮的效率也隨之提高了。煮鹽的燃料除柴草外，還有利用天然「火井」的。四川盆地多處蘊藏有天然氣，從晉代起便有以天然氣煮鹽的記載[3]。唐代劍南道邛州有火井縣，縣有鹽井[4]，當時以天然氣煮鹽是完全可能的。又瀘州富義縣有富義鹽井，產量為劍南道之最，這恐怕與當地蘊藏有天然氣也有關係[5]。以火井煎煮，成鹽時間大大快於以柴草煎煮，其生產效率的提高是不言而喻的。

總之，唐代井鹽生產技術在總結前代經驗的基礎上，進步是顯

---

1 晉代鹽井的深度可能已達三十丈，見《輿地紀勝》卷一六七，《富順鹽井古跡》。唐時達五十餘丈，遠過之。

2 《夢溪筆談》卷一三，陵州鹽井條。

3 張華：《博物志》卷九，臨邛火井條；常璩：《華陽國志》卷三，〈蜀志〉臨邛縣條。

4 《元和郡縣志》卷三一，〈劍南道上・邛州火井縣〉。

5 《元和郡縣志》卷三三，〈劍南道下・瀘州富義縣〉。參見夏湘蓉等：《中國古代礦業開發史》，北京：地質出版社，1980年，第408頁。

著的。

綜合以上唐代鹽業生產技術的發展情況，聯繫我國古代鹽業技術的發展史，可以看出，鹽業生產技術的進步，到唐代確實進入了一個新階段。

二

唐代海鹽產地比前代大為增加，分布範圍也大為擴展。其特點是，東南沿海的食鹽產地急劇增加，超過了北方沿海食鹽產地的數目。綜合《新唐書·地理志》和《元和郡縣志》的記載，現將唐代海鹽產地列表，見表1。

表1 唐代海鹽產地表

道	州（府）	縣	道	州（府）	縣
河南	萊	掖	河北	棣	渤海
	萊	膠水		棣	蒲台
	萊	即墨		滄	清池
	密	莒		滄	鹽山
	密	諸城		滄	魯城
	密	高密	淮南	揚	海陵
	青	千乘		楚	鹽城
	登	牟平	嶺南	廣	東莞
江南	蘇	嘉興		廣	新會
	杭	鹽官		潮	海陽
	明	鄮		瓊	瓊山
	台	黃岩		振	寧遠
	台	寧海		儋	義倫
	福	侯官		端	高要
	福	長樂			
	福	連江			
	福	長溪			
	泉	晉江			
	泉	南安			

如表1所示，淮南、江南、嶺南3道共有14州20縣產鹽，而河北、河南2道只有6州13縣產鹽，東南沿海的食鹽產地明顯多於北方沿海。

據《漢書·地理志》記載，漢代海鹽產地絕大多數分布於淮河以北。漢、唐兩代相比，可以看出海鹽生產的重心已自渤海沿岸移至東海沿岸。另據《新唐書·食貨志》記載，大曆年間劉晏主持鹽政時所設置的專門負責海鹽生產、銷售的9監、4場中，除泗州漣水場屬河南道之外，其餘9州12監、場均屬淮南、江南道[1]。此亦可證海鹽生產重心之南移。

上述海鹽產地分布的變化，是與唐代經濟重心開始南移，特別是與這一時期東南地區人口的迅速增長密切相關的。安史之亂以後，在北方各地人口普遍下降的同時，東南諸州的人口卻直線上升。例如，地處沿海的蘇州、泉州和廣州，元和時的戶數分別比天寶時增加了30％、40％和80％[2]，東南沿海人口的急劇增加，必然促使這一地區海鹽資源的開發。這是因為，一方面，人口增長，耗鹽量增加，直接推動了食鹽市場的擴大，另一方面，眾多的人口也為煎煮海鹽這種繁重的勞動提供了充足的勞力。

唐代東海沿岸食鹽產地的增多，還與這一時期河流入海及受其影響的海岸線狀況有關。由於河口海水鹽度一般較低，因此納潮取鹵地段一般不能位於較大河流或排洪溝道的附近。在1128年黃河奪淮入海以前，蘇北海岸相對穩定，海水鹽度較高，不存在夾雜大量泥沙的黃河河水使海岸淤漲、海水變淡的問題。這種情況對製取海鹽十分有利。隨著食鹽需求量的增大，唐中葉至北宋，以鹽城為中心的淮南制鹽業便日益興盛起來。唐代僅鹽城縣境內的鹽亭即多達123所[3]。有的河流入海處情況比較特殊。如錢塘江河口因成喇叭口形，加上其他原因，海潮強度大，鹽度高。特別是該河口在北大門未開

---

1 十二監、場是：楚州鹽城監；揚州海陵監；蘇州嘉興監；杭州新亭監，臨平監，杭州場；越州蘭亭監，越州場；溫州永嘉監；明州富都監；湖州湖州場；福州侯官監。

2 黃盛璋：〈唐代戶口的分佈與變遷〉，載《歷史研究》1980年第6期。

3 《新唐書》卷四一，〈地理志五·楚州鹽城縣〉。

時，潮汐由南大門出入，水道順直，潮勢強勁，海門以內，鹽度遠較後世為高[1]。唐代地處錢塘江河口南北兩側的杭、越2州制鹽業發達，境內設有3監2場，占海鹽產區監、場總數的35.7%，與上述情況顯然有關。

我國古代西北和華北的鹽池分布地區，大致與現代的乾旱—半乾旱氣候帶相一致。即西起新疆，東經青海、西藏、陝西、甘肅、寧夏、內蒙古、山西至吉林和黑龍江境內[2]。而古代文獻中關於鹽池分布的記載，「惟《唐書》與《明史·地理志》徵引尤博」[3]。可見唐

表2 唐代池鹽產地表

道	州（府）	縣	道	州（府）	縣
隴右	伊	長道	關內	同	朝邑
	成	前庭		同	奉先
	西	納職		靈	回樂
	涼	姑臧		靈	靈武
	沙	敦煌		靈	懷遠
	甘	張掖		靈	溫池
	肅	酒泉		會	會寧
	肅	福祿		鹽	五原
	肅	玉門		鹽	白池
河東	河中	解		夏	朔方
	河中	安邑		豐	長澤
河北	邢	鉅鹿		京兆	富平
山南	均	武當		京兆	櫟陽

注：京兆府為中央直轄區，後又設京畿道。

1 《中國自然地理·歷史自然地理》，北京：科學出版社，1982年，第241頁。
2 夏湘蓉等：《中國古代礦業開發史》，北京：地質出版社，1980年，第361頁。
3 章鴻釗：《石雅》，再刊本，第186頁。

代鹽池的開發比前代有所增加。綜合《新唐書·地理志》和《元和郡縣志》的記載，現將唐代池鹽產地（不包括羈縻州）列表，見表2。

如表2所示，鹽池分布最密集的地區是關內道（包括京兆府），有13個縣的鹽池得到了開發，占全國擁有鹽池的縣之半數。這種情況，首先與關內道是唐代人口密度最高的地區之一有關。京兆府為首都所在，戶口特多，是該地區人口密集的重要原因。安史之亂前，京兆府有1960188口，362921戶，口數戶數均居全國各州、府之冠。安史之亂後，京兆府戶數尚在24萬以上，仍遠遠超過其他州、府[1]。由於關內道距海較遠，其食鹽供應主要仰賴本道的鹽池及鄰近的河東兩池，人口的增加必然促使鹽池的開發。其次，關內道北部、西部靠近邊境地區常年屯駐著數量龐大的軍隊，也促使了這些地區鹽池的開發，宣宗〈收復河湟德音〉明確指出：靈州「溫池鹽利，可贍邊陲」[2]；豐州胡落池亦隸屬河東供軍使[3]，都透露了這方面的資訊。

從我國井鹽的開發史來看，鹽井的分布雖不限於四川地區，但歷代四川境內鹽井數量之多，密度之大，均遠超過其他地區。四川境內的幾個產鹽地區，於唐代進入了全面開發的時期[4]。綜合《新唐書·地理志》和《元和郡縣志》的記載，現將唐代井鹽產地列表，見表3。

---

1 黃盛璋：〈唐代戶口的分佈與變遷〉，載《歷史研究》1980年第6期。
2 《唐大詔令集》卷一三〇，宣宗：〈收復河湟德音〉。
3 《唐會要》卷八八，〈鹽鐵使〉。
4 夏湘蓉等：《中國古代礦業開發史》，北京：地質出版社，1980年，第367頁。

表3　唐代井鹽產地表

道	州	縣	道	州	縣	道	州	縣	道	州	縣	道	州	縣
山南	歸	秭歸		果	南充		巂	昆明			蓬溪			籍
		巴東			相如		雅	盧山		綿	巴西		榮	應靈
	夔	奉節			西充		維	薛城			魏城			旭川
		雲安	江南	黔	彭水			鹽溪			羅江			公井
		大昌		潭	湘鄉		松	鹽泉		普	安嶽			和義
	忠	臨江	劍南	邛	蒲江		梓	郪			普慈			資官
	萬	南浦			火井			通泉			安居			威遠
	成	上祿		簡	陽安			玄武			普康		瀘	江安
	通	宣漢			平泉			鹽亭			樂至			綿水
	開	萬歲		資	磐石			飛烏		渝	巴			富義
	閬	閬中			銀山			永泰			壁山	隴右	渭	鄣
		南部			資陽			涪城		陵	仁寺			隴西
		新井			內江		遂	方義			貴平			
		新政			龍水			長江			井研			

表中所列68個分布鹽井的縣，除歸州秭歸、巴東縣，黔州彭水縣，潭州湘鄉縣，渭州隴西、鄣縣之外，其餘均屬四川地區。

唐代四川地區鹽井分布的高度集中，與唐代這一地區人口的急劇增加有關。以四川地區的主要部分劍南道而言，唐貞觀十三年（639年）的戶數比隋大業五年（609年）增加了60%，天寶元年（742年）又比貞觀十三年增加了50%。安史之亂後，蜀中人口又大增。直至唐末和五代初，蜀地的戶口仍在繼續增加[1]。由於蜀道艱難，海鹽、池鹽均難於運入，因此蜀地人口的急劇增加，必然促使本地區井鹽資源的加速開發。唐代四川地區鹽井口數大大超過前代，而且唐後期又超過了唐前期，如自貢鹽區的鹽井從唐元和時的

1　參見謝元魯：〈唐五代移民入蜀考〉，載《中國社會經濟史研究》1987年第4期。

28口增至北宋太平興國時的57口[1]，增加了一倍以上。又如川北鹽區，其中今綿陽地區的三台縣一帶，在唐、宋兩代鹽井最多[2]。

唐代四川地區鹽井分布的高度集中，與這一地區的地形地貌、地質構造也有密切關係。四川盆地北倚岷山、大巴山，東扼大巴山、巫山，南屏武陵山、大婁山，西亙邛崍山、大涼山，中央低窪，是東北西南向的菱形盆地，其地形平緩，地質構造簡單，岩層分布穩定，基本上沒有經受強烈的褶皺變動，是地質構造比較穩定的單元，為各種礦產資源，包括鹵水資源的貯存創造了有利條件[3]。

綜合以上唐代食鹽產地分布的情況，無論是東部沿海的海鹽產地，還是北部、西北部的池鹽產地，抑或西北部、西南部的井鹽產地，其數目及分布的範圍，都超過了前代，說明我國古代食鹽資源的開發利用，至唐代確實進入了一個新的發展時期。

三

唐代食鹽產量，以海鹽為最多，池鹽次之，井鹽又次之。唐代東南沿海食鹽產地超過北方沿海，已見前述。其必然結果，是海鹽生產重心的自北南移。當時淮南、浙江東、浙江西、福建、嶺南等道已成為海鹽產量最多的地區。其中又以淮南鹽業生產最盛。《宋史》卷一八二〈食貨志下四〉指出淮鹽產量多於他處的原因，「蓋以斥鹵彌望，可以供煎煮，蘆葦阜繁，可以備燔燎」。亦即海岸寬闊平緩，海鹽資源豐富，又遍佈蘆葦草蕩，燃料隨處可取。唐代情況亦無二致。

唐代淮南道揚州海陵監的食鹽產量位居全國之首。南宋王象之《輿地紀勝》卷四〇引《元和郡縣志》曰：「今海陵縣官置鹽監一，歲煮鹽六十萬石，而楚州鹽城，浙西嘉興、臨平兩監所出次焉。」終

1 《元和郡縣志》卷三三，榮州；《太平寰宇記》卷八八，榮州。
2 夏湘蓉等：《中國古代礦業開發史》，北京：地質出版社，1980年，第371頁。
3 吳天穎：〈中國井鹽開發史二三事〉，載《歷史研究》1986年第5期。

唐一代，海陵監的產量一直是很高的。五代末南唐為後周所敗，海陵監割屬後周，南唐則每歲得以支取「贍軍鹽三十萬石」[1]，當時海陵監的產量當不遜於唐中葉。

同屬淮南道的楚州鹽城監，其產量位居第二。《輿地紀勝》卷三九引《元和郡縣志》曰：「今官中置鹽監以收其利，每歲煮鹽四十五萬石」，即指鹽城監。這樣，僅海陵、鹽城二監年產即達百萬石以上，加上其他地方，淮南鹽產總數當極為可觀。

可以毫不誇張地說，淮南是當時全國最大的食鹽產銷中心。唐政府的鹽鐵轉運使曾長期駐於淮南道首府揚州。大曆時，「吳、越、揚、楚鹽廩至數千，積鹽二萬餘石」[2]，這不過是當時食鹽產量的一小部分。開成時，入唐求法的日本僧人圓仁親眼看到從沿海產鹽地區至揚州的水路上「鹽官船積鹽，或三四船，或四五船，雙結續編，不絕數十里，相隨而行，乍見難記」[3]。揚州已成為淮鹽的集散地、南鹽北運的樞紐。

浙鹽產量雖遜於淮鹽，但也頗為可觀。浙東越州蘭亭監的食鹽產量在全國亦居前列。南宋施宿《嘉泰會稽志》卷一七曰：「唐越州有蘭亭監……配課鹽四十萬六千七十四石一斗。」前文提到浙西嘉興、臨平兩監（地屬蘇、杭二州）產鹽位居海陵監之後，而與鹽城監相近，惜此二監食鹽產量具體數目無從查考，只能推測二者年產額大約分別在40萬石至45萬石之間。開成年間，嘉興監所屬3所鹽場曾劃歸蘇州地方政府經營，所收鹽額達13萬石[4]。考慮到當時每監所轄鹽場均有多所，則上述估計數字當屬可信。這樣，浙江東道蘭亭、浙江西道嘉興、臨平三監的年總產量亦在百萬石以上。

---

1 《十國春秋》卷一六，〈南唐二·元宗本紀〉。
2 《新唐書》卷五四，〈食貨志四〉。
3 圓仁：《入唐求法巡禮行記》卷一。
4 《冊府元龜》卷四九四，〈邦計部·山澤二〉。

閩鹽產量雖無任何具體數字可考，但中唐以後閩鹽產量的提高是可以肯定的。大曆時，劉晏主持鹽政，設侯官監於福建，下轄閩縣、長樂、連江、長溪、晉江、南安6縣鹽場多所[1]。寶曆時，閩地鹽官有貪贓達30萬者[2]，足見閩鹽收入數目可觀。

廣鹽產量在唐前期可謂默默無聞，至後期則有較大提高。咸通時唐、越交兵，宰相鄭畋「請以嶺南鹽鐵委廣州節度使韋荷，歲煮海取鹽直四十萬緡，市虔、吉米以贍安南……軍食遂饒」[3]。足見唐末廣鹽收入相當令人矚目。

唐代北方海鹽生產落後於南方，但並非一蹶不振。從一些零星的記載來看，北方沿海的鹽業生產仍能滿足本地區的需要，間或還有外運。建中三年（782年）河北數鎮連叛，時程日華守滄州，參軍事李宇勸其自保歸順朝廷，指出：「今州十縣瀕海，有魚鹽利自給……」[4]渤海沿岸產鹽區，還能向內陸調運食鹽。大中時杜中立出任義武節度使，治所定州「舊徭車三千乘，歲輓鹽海瀕，民苦之，中立置『飛雪將』數百人，具舟以載，自是民不勞，軍食足矣」[5]。咸通十年（869年），唐軍與龐勳起義軍戰於徐州，時幽州節度使張允伸「進助軍米五十萬石，鹽二萬石」[6]，以助唐軍。這些事實說明，北方海鹽產量尚不致太低。

推算唐代海鹽總產量是有困難的。以現存的鹽利收入錢數來換算成食鹽產量是不科學的，一則鹽價隨運輸路途的遠近差別甚大；二則有相當部分的食鹽是供官府和軍隊消費，並未投入市場。但是，分析鹽利收入錢數，仍可看出唐代海鹽產量的升降趨勢。史載

---

1 《新唐書》卷四一，〈地理志五〉。
2 《舊唐書》卷一六二，〈盧簡辭傳〉。
3 《新唐書》卷一八五，〈鄭畋傳〉。
4 《新唐書》卷二一三，〈程日華傳〉。
5 《新唐書》卷一七二，〈杜兼傳附杜中立傳〉。
6 《舊唐書》卷一八〇，〈張允伸傳〉。

永泰元年（765年）海鹽之利為60萬貫，大曆十四年（779年）增至600萬貫。15年中增長10倍。此間官訂鹽價並未上漲，保持在每斗110文的水準。應該說，鹽產量大致亦有相應增長。元和三年（808年），海鹽之利增為727萬餘貫，但此時官訂鹽價已上升為每斗250文，故扣除漲價因素，鹽產量實有減無增。總之唐代海鹽產量的變動大致成馬鞍形，以大曆末為最高峰，在此之前呈上升趨勢，在此之後呈下降趨勢[1]。

唐朝境內各處鹽池，以河東兩池的產量為最高。兩池產鹽雖歷史悠久，但唐初產量卻不高。開元六年（718年）姜師度任蒲州刺史，始有起色。「先是，安邑鹽池漸涸，師度發卒開拓，疏決水道，置為鹽屯，公私大收其利。」[2]從此兩池鹽產量節節上升。《通典》卷一〇〈鹽鐵·開元二十五年倉部格〉載：「蒲州鹽池，令州司監當，租分與有力之家營種之，課收鹽。每年上、中、下畦，通融收一萬石。」因稅率無從查考，故無法以鹽稅數額推算出鹽的產量。假設所收為什一之稅，其產量當不會超過10萬石。另有一部分為士卒營種的鹽屯，所產之鹽當全部歸國家所有。兩部分加起來，兩池的總產量當不低。總之，開元以後兩池鹽產量的提高當無疑問。代宗時鹽法改課稅為專賣後，唐政府全面控制了兩池的產銷。大曆末，兩池鹽利為80萬貫，其產量可能達到高峰。元和初，增至160萬貫，但扣除鹽價上漲因素，其實際產量當有減無增。此後兩池鹽利繼續呈下降趨勢，只是大中時略有回升[3]。

其他鹽池的產量，據《唐會要》卷八八「鹽鐵使」載：豐州胡落池「每年采鹽一萬四千餘石」；鹽州烏池「每年糶鹽收榷博米，以一十五萬石為定額」，按當時鹽、米比價，烏池年產鹽約2.5萬

---

1 參見陳衍德：〈唐代專賣收入初探〉，載《中國經濟史研究》1988年第1期。
2 《舊唐書》卷一八五，〈姜師度傳〉。
3 參見陳衍德：〈唐代專賣收入初探〉，載《中國經濟史研究》1988年第1期。

石[1]。別處鹽池的產量，皆不見記載。估計多者數萬石，少者數千石而已。

井鹽產量歷來遠低於海鹽和池鹽，特別在尚未發明卓筒井從而未能使產量大幅度提高的唐代，井鹽產量更是有限。這是因為大口徑鹽井的挖掘和汲鹵制鹽需要大量勞力和資金。儘管如此，唐代井鹽產量還是有所提高，劍南、山南百姓大多食井鹽，即可為證。唐中葉推行專賣制度之後，海鹽、池鹽、井鹽都各有劃定的行銷區域，不許越界，亦可說明井鹽產地及其附近地區食鹽大體上可以自給。元和六年（811年）曾特許河東池鹽運銷洋、興、鳳、文、成及興元六州、府[2]，此六州、府雖屬井鹽行銷區，但從地理上來看，實與北面的關中、河東聯繫較為密切，因此不能據此說明當時劍南、山南對外地的食鹽有太大的依賴程度。

據《元和郡縣志》卷三三〈劍南道下〉載，瀘州富義縣有鹽井八所，其中最大的「月出鹽三千六百六十石，劍南鹽井，唯此最大」。此井年產量高達四萬三千九百二十石。又同書同卷載，陵州仁壽縣有陵井，「益部鹽井甚多，此井最大」。但不知此二井何者為大。然陵井產量當亦不低。《通典》卷一〇〈鹽鐵〉記開元二十五年（737年）「蜀道陵、綿等十州，鹽井共九十所，每年課鹽都當錢八千五十八貫」[3]，當時鹽價為每斗10文，按此計算，陵、綿等州每年上交的鹽課高達87510石，而實際產量當比此數更多。此為唐前期的情況。根據海鹽、池鹽的產量均以大曆時為最高來推斷，唐後期井鹽的產量當亦超過前期，前引有關富義鹽井產量的記載，可為佐證。

綜合以上唐代各地食鹽產量的情況，無論是海鹽、池鹽，還是井

1 此處所引為長慶元年（821年）三月敕文。按：元和末、長慶初，鹽每斗300文，米每斗50文，鹽、米比價為六比一。

2 《唐會要》卷八八〈鹽鐵〉，元和六年閏十二月盧坦奏。

3 按《通典》所列各州鹽課相加，實為8751貫，此處數字有誤。

鹽，唐後期的產量都超過了前期。由於缺乏具體數字，無法將唐代鹽產量與前代相比較。但從技術的提高、產地的增加來看，唐代鹽產量高於前代是沒有疑問的。

以上本文從技術、產地和產量三方面論述了唐代鹽業生產的發展。鹽業是商品性生產很強的行業，又是封建政權傳統的統制行業之一，它的發展，勢必影響到古代社會政治、經濟的各個方面。同時，政治、經濟的變化又會對鹽業生產發生種種反作用。只有透過紛繁複雜的社會現象，才能探索出鹽業生產發展的規律。限於篇幅，本文主要是從生產力的角度對唐代鹽業生產的發展加以探討的。

（原載《鹽業史研究》1988年第4期）

唐代食鹽專賣法的演變

食鹽專賣，濫觴於春秋，完備於西漢，變革於唐代。宋以後鹽法，乃唐制之沿襲與發展。本文試圖從唐政府對產製運銷的獨占程度及專賣價格的制訂調整這兩個角度，分別論述唐代海鹽、池鹽和井鹽專賣的實施情況，以便勾畫出唐代鹽法演變的輪廓，從而加深對中國經濟史上這一重要問題的認識。

唐初承隋制，食鹽無稅[1]，隨後漸向有稅過渡。劍南鹽井，武周時期便有課稅；至遲到睿宗時，池鹽亦有課稅[2]。開元九年（721年），左拾遺劉彤奏請行鹽鐵專賣[3]，此乃唐代專賣之首議。然而朝廷未予採納，只派員欲將原屬州縣之鹽稅收歸中央，此舉亦因「頗多

1 《隋書》卷二四，〈食貨志〉。
2 《太平廣記》卷三九九，〈鹽井〉；《冊府元龜》卷四八三，〈邦計部總序〉。
3 《全唐文》卷三〇一，劉彤：〈論鹽鐵表〉。

沮議者」[1] 而作罷。

安史之亂起，財政拮据。乾元元年（758年），鹽鐵使第五琦始立鹽法。《舊唐書·第五琦傳》載其法為：

就山海井灶收榷其鹽，官置吏出糶。其舊業戶並浮人願為業者，免其雜徭，隸鹽鐵使。盜煮私市罪有差。百姓（《唐會要·轉運鹽鐵總敘》作「亭戶」）自租庸外，無得橫賦。

政府以獨占的方式承辦鹽的收購與銷售，不許他人參與，並設立專門機構以經營其事，從此開始了鹽專賣法的推行。又《新唐書》卷五四〈食貨志四〉載：

天寶、至德間，鹽每斗十錢……及琦為諸州榷鹽鐵使，盡榷天下鹽，斗加時價百錢而出之，為錢一百一十。

每斗10文為乾元以前鹽的市場價格，行專賣後政府大概即以此為收購價格，然後每斗加價100文出售[2]，是為專賣價格。專賣價格除包括專賣品的成本、利潤外，還包括該物品原來的稅收，即所謂「寓稅於價」[3]。它是一種人為制定的價格，不受競爭的影響。加以專賣品多為生活必需品，其需求彈性甚微，「雖貴數倍，不得不買」，[4] 致使政府得以大幅度加價。唐代行鹽專賣前後，其價相差十倍，原因在此。

---

1 《舊唐書》卷一八五下，〈姜師度傳〉。

2 劉肅：《大唐新語》卷一〇稱第五琦「奏准天下鹽斗收一百文」，此處100文可能即為扣除收購成本10文以後的收入。

3 吳立本：《專賣通論》，重慶：正中書局，1943年，第79頁。

4 《漢書》卷二四下，〈食貨志下〉。

由於海鹽、池鹽、井鹽的生產各具特點，政府對三者的獨占程度並非完全相同，三者的專賣價格也不盡一致，以下分論之。

一、海鹽

唐宋時曬鹽之法尚未發明，海鹽須煎煮而成，生產成本較高，產地也較分散，故其「煎煉，般運費用，倍於顆鹽（池鹽）」[1]。唐鹽法雖上承西漢，但此時國力不如漢武帝時，故未照搬其全面獨占產製運銷之法，而是稍加變通。前述海鹽生產者亭戶「隸鹽鐵使」，不屬州縣，而具有特殊戶籍，其身分似較一般編戶為低。然其來源為「舊業戶並浮人」，即個體鹽業生產者和逃亡農民，二者均為良人。又亭戶與州縣編戶一樣繳納租庸調或兩稅，僅免徵雜徭。長慶元年（821年）鹽鐵使王播重申此前規定：「應管煎鹽戶及鹽商，並諸監院停（亭）場官吏所由等，前後制敕，除兩稅外，不許差役追擾。」[2] 他並將亭戶（鹽戶）與鹽商、亭場官吏等相提並論，亦可證其不為賤民。可見亭戶的地位當介於一般編戶與官府工匠之間。從政府「收榷其鹽」來看，亭戶是無權支配自己的產品的。不過政府占有其產品的方式，並非全部無償占有，除鹽課外，其餘部分是以「收榷」亦即收購的方式進行的。若政府完全控制生產過程，便無此必要。因此，亭戶是有一點自己的經濟的，換言之，其生產是獨立進行的。當然，官吏對其亦加以監督[3]。至於亭戶所納兩稅，唐史未詳載。據北宋「皇祐專法」規定，其應納兩稅「計實值價錢折納鹽貨」[4]，此制恐源於唐。以上分析表明，當時政府對海鹽的獨占是局部的，即獨占其運銷而未獨占其產製，或可稱之為民製官收官運官銷的局部專賣法。自乾元元年至廣德二年（758—764年），海鹽產區均行此法。

---

1 《五代會要》卷二六，〈鹽〉。
2 《舊唐書》卷四八，〈食貨志上〉。
3 陳國燦：〈唐代的鹽戶〉，《中國古代史論叢》第3輯，福州：福建人民出版社，1982年。
4 李心傳：《建炎以來系年要錄》卷四三，紹興元年四月乙未。

永泰元年至建中元年（765—780年）劉晏主持海鹽鹽政期間，對乾元鹽法進行了改革。其具體措施為：

（1） 變官運官銷為商運商銷。專賣較之徵稅，有經營型與非經營型的差別。專賣收入雖比同一種物品的稅收為多，但專賣手續的繁雜、人員的眾多，也都在徵稅之上。尤其鹽具有無處不需、銷售零碎化的特點，政府包攬各地零售，開支龐大，從而使專賣利潤相應減少。並且官商作風也影響了經營效果[1]。劉晏正是從革除此弊入手，來變革鹽法的。《資治通鑒》卷二二六建中元年七月條曰：

晏以為官多則民擾，故但於出鹽之鄉置鹽官，收鹽戶所煮之鹽轉鬻於商人，任其所之，自餘州縣不復置（鹽）官。

政府控制收購與批發環節，而將轉運零售之權讓渡與特許商人[2]，這樣既確保了居間取利的權益，又節省了大筆流通費用。此制之精義在於專賣所有權與經營權的部分分離。這種分離不僅沒有改變國家作為專賣事業的所有者這一實質，而且使其所獲專賣利潤有所增加。韓愈說：「國家榷鹽，糶與商人；商人納榷，糶與百姓。則是百姓無貧富貴賤皆已輸錢於官矣，不必與國家交手付錢，然後為輸錢於官也。」[3] 對此制做了精當的概括。劉晏此項改革，使鹽專賣法的內容和性質都有所變化：內容上，從民製官收官運官銷變為民製官收商運商銷；性質上，從官專賣變為官商混合專賣。

（2） 慎重而又靈活地運用價格手段。專賣業務的中心問題乃專賣價格的制訂與調整。官運官銷時，專賣價格表現為零售價，消費者

1 《全唐文》卷五五〇，韓愈：〈論變鹽法事宜狀〉。
2 這種政府特許鹽商，具有特殊的戶籍，亦即「鹽籍」，見《白居易集》卷六三，〈議鹽法之弊〉。
3 《全唐文》卷五五〇，韓愈：〈論變鹽法事宜狀〉。

均按此價購入食鹽。商運商銷時，政府特許的鹽商按專賣價格購入食鹽，再加價轉售於消費者。此時專賣價格主要以批發價的形式出現，同時還存在著市場價格，亦即鹽商售鹽的零售價。見下圖：

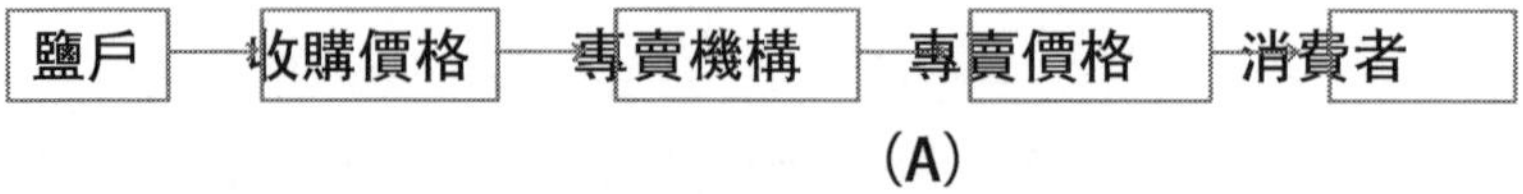

民製官收官運官銷法

民製官收官運官銷法

如圖所示，鹽商的利潤來自（C）、（B）二者的差價，故（C）在很大程度上取決於（B），因而劉晏始終將專賣價格穩定在每斗110文的水準，亦即使（B）不高於（A），從而將（C）限制在一定的水準之內，以免過分增加消費者的負擔。由於流通費用減少，（B）雖保持與（A）相同的水準，政府的實際收入卻已增加。再者，商人重利，大都趨易避難，偏遠之地，不免供不應求，致使鹽價上漲。劉晏遂以常平鹽為補救辦法：「其江嶺間去鹽鄉遠者，轉官鹽於彼貯之。或商絕鹽貴，則減價鬻之，謂之常平鹽。官獲其利而民不乏鹽。」[1] 這是以直接出售官鹽來平抑鹽價。總之，劉晏在保持鹽價平穩的同時，又因時因地對其作出調整，從而以價格為調節盈虛、平衡供需的手段，達到專賣品流通無阻、專賣收入增加的目的。

（3）調整專賣機構，創立巡院制度。劉晏調整了第五琦所設機構，於江淮等地設十監四場，經營收購與批發業務，並從事對亭戶的

1 《資治通鑒》卷二二六，建中元年七月。

技術指導。又在各地設置巡院十三所，作為隸屬於鹽鐵使的地方最高鹽務機關，收納、管理鹽利，並從事緝私工作。專賣機構經此調整，行政效率大為提高[1]。

以上措施的實行，使海鹽專賣收入大幅度增長[2]。而劉晏改革鹽法的影響，則大大超越了時空界限。

建中元年至貞元二十年（780—804年）因專賣價格有增無已，海鹽專賣很不景氣。建中三年（782年），政府批發給鹽商的價格由每斗110文驟增至310文，不久又增至370文[3]，較前提高了236%。此價保持至永貞元年（805年）。鹽商加價轉售，市場價格更高：「江淮豪賈射利，或時倍之。」[4]因一般物價自貞元初便呈下降趨勢，鹽價之高昂更顯得十分突出，百姓多以實物換鹽，負擔成倍加重。售價猛漲的同時，收購價格卻未做調整，也激起生產者不滿。於是，一方面官鹽流通阻滯，一方面私販蜂起，專賣經營出現嚴重危機[5]。

永貞元年至元和十五年（805—820年），經李巽等人大力整頓，情況有所好轉。其措施，首先是降低鹽價。永貞元年（805年），批發價由每斗370文降至250文[6]，較前減少32%。次年鹽鐵使李巽又奏：「每州所貯鹽，若遇價貴，斗至二百二十，減十文出糶，以便貧人，公私不缺。」[7]此乃仿效常平鹽，由政府以低於市場價格的售價，直接零售與百姓[8]，以平抑鹽價。可見自商運商銷之法行後，政府手中

---

1 關於專賣機構及其職能，筆者另有專文〈唐代專賣機構論略〉加以論述，茲不贅。

2 《資治通鑒》卷二二六，建中元年七月。

3 《新唐書》卷五四，〈食貨志四〉。

4 《新唐書》卷五四，〈食貨志四〉。

5 《新唐書》卷五四，〈食貨志四〉。

6 《冊府元龜》卷四九三，〈山澤一〉。

7 《冊府元龜》卷四九三，〈山澤一〉。專賣價格為250文，市場價格複高於此，故220文不能算貴，二者當有虛錢、實錢之別。參見劉淑珍：〈中晚唐之估法〉，載《史學集刊》1950年第6期。

8 常平鹽價及政府直接零售之鹽價亦為專賣價格表現形式之一，然不居主要地位。

一直掌握著部分貯鹽，用於直接零售，以補鹽商運銷之不足。調低專賣價格以及政府低價糶鹽，促使市場價格也趨於下降，從而使官鹽流通恢復正常，專賣收入重新增加[1]。其次是調整專賣機構。為使鹽的購銷網趨於合理、嚴密，此間對原有機構或裁併，或增設，從而形成一個由巡院、監、場、鋪、亭等組成的、多層次的專賣業務經營網路。機構的調整也促使了專賣收入的增加。

長慶年間，海鹽專賣又走下坡路。長慶元年（821年），鹽鐵使王播「奏請諸道監院糶鹽付商人，每斗加五十文，通舊三百文價」[2]，專賣價格重又提高20%。商銷的同時，仍有部分官銷，其價亦升：「諸處煎鹽場停（亭），置小鋪糶鹽，每斗加三十文，通舊一百九十文價。」[3]法定加價外，尚有臨時性加價。如同年「鹽鐵使奏請江淮糶鹽加價有差，以助軍用，至軍罷日停。從之」[4]。此外長慶初規定，「糶鹽價中，須納見錢者，亦與時估匹段及斛斗」[5]，在那錢重貨輕的時代，這無異於變相加價。專賣價格以各種方式上漲，市場價格也隨之提高，於是流通不暢，走私複熾，鹽政狀況再次逆轉。

開成年間，在繼續實行商銷的同時，官銷的成分有所增加。《舊唐書·盧商傳》載：

開成初，出為蘇州刺史……初，郡人苦鹽法太煩，奸吏侵漁。商至，籍見戶，量所要自售（《新唐書·鄭肅傳附盧商傳》作「計口售鹽」），無定額，蘇人便之……

---

1 《舊唐書》卷一二三，〈李巽傳〉。
2 《冊府元龜》卷四九三，〈山澤一〉。
3 《冊府元龜》卷四九三，〈山澤一〉。橫山裕男：〈唐代的鹽商〉（日文版，載《史林》第43卷第4期，1960年）一文認為，190文為實收，前文的300文則為虛估，這是有道理的，因為糶鹽付商人收虛錢含有鼓勵商人運銷的意思，而小鋪糶鹽乃直接零售與百姓，故收實錢。
4 《冊府元龜》卷四九三，〈山澤一〉。
5 《唐大詔令集》卷七〇，〈長慶元年正月南郊改元赦〉。

據此，盧商接管鹽務前，蘇州行官銷而非商銷，盧商仍行官銷，不過略為變通而已。上文論及政府在實行商銷的同時，始終有官銷與之並行，如常平鹽、小鋪糴鹽等，但在整個州的範圍內統一實行官銷，在此之前似未見之。蘇州的情況是否為特例，不得而知。但有一點是肯定的，那就是官銷的成分比以前增加了。

大中年間，經過鹽鐵使裴休的整頓，海鹽專賣經營又趨好轉，收入再度增加[1]。此後直至唐末，鹽政日益敗壞，其頹勢再也無法扭轉了。

二、池鹽

池鹽係天然結成，只需劃畦灌水，「畦水耗竭，土自成鹽」[2]。生產成本較低，產地也相對集中，易於為政府控制。唐前期，河東、關中一些主要鹽池相繼為政府掌握，或供京師所需，或收其稅[3]。

乾元鹽法行後，政府便於河東安邑、解縣兩池「晝野標禁、塹川為壕」，「滌場圃」，「完廥倉」，[4]亦即設置壕籬，整飭設施，組織生產。代宗時又正式將安邑、解縣人戶六百定為池戶（或稱畦戶），隸屬兩池鹽務機構[5]。作為保護鹽池屏障的壕籬，由「防池官健」把守[6]，十分嚴密。五代時，「兩池禁棘峻阻，不通人行，四面各置場門弓射，分劈鹽池地分居住，並在棘圍裡面，更不別有差遣，只令巡護鹽池」[7]，此法當沿襲自唐。池戶即於壕籬圈定之範圍內從事生產。生產設施的管理、生產程序的安排亦由有關官吏負責[8]。池戶

1 呂夏卿：《唐書直筆》卷四，〈新例須知〉。
2 《水經注》卷六，〈涑水〉。
3 《冊府元龜》卷四八三，〈邦計部總序〉；《新唐書》卷五四，〈食貨志四〉；《通典》卷一〇〇，〈鹽鐵〉。
4 《全唐文》卷六一四，崔敖：〈大唐河東鹽池靈慶公神祠碑〉。
5 《全唐文》卷六一四，崔敖：〈大唐河東鹽池靈慶公神祠碑〉。
6 《唐會要》卷八八，〈鹽鐵使〉。
7 《五代會要》卷二六，鹽鐵雜條上。
8 劉禹錫：《劉賓客文集》卷三，〈清河縣開國男贈太師崔公神道碑〉。

使用官方提供的工具，按既定程序從事生產。池戶雖非賤民[1]，但他們沒有自己的經濟，不是獨立從事生產。其產品全部無償歸官所有，官則給予些許報酬[2]。其人身自由也受到限制。可見池戶地位低於亭戶，池鹽生產也與海鹽不同，完全處於政府控制之下[3]。總之，政府全面獨占了池鹽的產製運銷，此乃官產官銷的全部專賣法[4]。

劉晏於海鹽產區推行商運商銷法並取得成效後，池鹽產區也仿效之。大曆時，兩池「商通而薦至，吏懼而循法」，「吏廉商通，歲倍其贏」[5]。貞元時，兩池專賣頗為景氣，史稱「事以道自集，商以仁自來」[6]。長慶時，兩池仍是「歲出利流，給雍、洛二都三十郡，其所會貿，皆天下豪商猾估」[7]。可見自大曆年間始，池鹽已改行官製官收商運商銷的局部專賣法。

乾元時池鹽專賣價格與海鹽同為每斗110文。大曆時，海鹽價格不變，池鹽價格卻有所提高[8]。建中時，海鹽價格提高至每斗370文，池鹽價格亦提至相同水準[9]。可見乾元至建中，池鹽專賣價格一直呈上升趨勢。貞元時，海鹽價格保持不變，池鹽價格卻有所下降。《冊府

1 兩池池戶來自安邑、解縣人戶；又崔敖所撰神祠碑有「兩池官吏及畦戶等請勒豐碑」云云，將畦戶與官吏並提，可見其不為賤民。

2 《續資治通鑒長編》卷九七，引《國史志》：「解、安邑兩池……籍州及旁州民給役……複其家，戶歲出夫一……歲給戶錢四萬，日給夫米二升。」陳國燦：〈唐代的鹽戶〉一文認為，此制恐源於唐。

3 上述材料雖均關於兩池，然烏池、溫池等亦設有防池官健（見《唐會要》卷八八，〈鹽鐵使〉），可見其生產亦為政府所控制。

4 大曆以前池鹽的轉運零售是否由政府控制，史無明文，然據唐以前歷代情況（見《魏書・食貨志》、《隋書・食貨志》），似可推斷其是。又唐代池鹽轉運零售歸於特許商人顯然在海鹽之後。

5 劉禹錫：《劉賓客文集》卷三，〈清河縣開國男贈太師崔公神道碑〉。

6 《全唐文》卷六二〇，劉宇：〈河東鹽池靈慶公神祠碑陰記〉。

7 《全唐文》卷七三六，沈亞之：〈解縣令廳壁記〉。

8 《資治通鑒》卷二二六，建中元年七月條：「其河東鹽利，不過八十萬緡，而價複貴於海鹽。」又，妹尾達彥：〈唐代河東池鹽的生產與流通〉（日文版，載《史林》第65卷第6期，1982年）一文記779年（大曆十四年）池鹽專賣價格為每斗170文。

9 《新唐書》卷五四，〈食貨志四〉。

元龜》卷四九三〈山澤一〉載：

永貞元年……九月癸酉，度支使奏：「江淮鹽每斗減錢一百二十，榷二百五十；其河中兩池鹽，請斗減錢二十六，榷三百。」

據此，海鹽每斗370文的價格一直保持到永貞元年（805年）九月，而前此池鹽價格已降至每斗326文，至此又再降至每斗300文。然因降價幅度小，此時每斗反比海鹽高出50文。長慶元年（821年）海鹽每斗複升至300文，池鹽不見提價之記載，二者價格又趨一致。韓愈於長慶二年（822年）說：「今鹽價，京師每斤四十（文）。」[1]京師長安屬池鹽行銷區，其時池鹽價格可據此推算。宋制：「顆、末鹽皆以五斤為斗。」[2]唐制當與此同，則其時池鹽價格為每斗200文。與海鹽價格相比，此價嫌低，疑二者有虛、實錢之別。無論如何，貞元至長慶，池鹽專賣價格一直呈下降趨勢。上文提及的貞元、長慶時池鹽專賣頗為景氣之狀，便是池鹽價格穩中有降使然。

由於海鹽、池鹽、井鹽價格各異，至遲到貞元年間（785—804年）便實行三者各自劃區運銷的辦法[3]。元和六年（811年）以前，池鹽行銷地區為京畿、鳳翔、陝、虢、河中、澤、潞、河南、許、汝等十五州、府。以後由於井鹽供不應求，又許池鹽行銷於洋、興、鳳、文、成、興元等六州、府，該地區便成為井鹽、池鹽混合行銷區[4]。中國鹽政之「引岸」制度，肇始於此[5]。

---

1 《全唐文》卷五五〇，韓愈：〈論變鹽法事宜狀〉。
2 《宋史》卷一八一，〈食貨志三〉。
3 《唐會要》卷八八，〈鹽鐵〉。
4 《唐會要》卷八八，〈鹽鐵〉。
5 《皇清續通考》卷三九，〈徵榷一一〉。

三、井鹽

生產井鹽，須先鑿井，自井中汲出鹵水，方能加以煎煉。故比之海鹽、池鹽，其成本最高，產量最低。武周時期，劍南鹽井便有課稅。開元時，既有屬於地方政府的官營鹽井，又有按額納課的民營鹽井[1]。

乾元鹽法行後，井鹽生產者灶戶所煎鹽「皆隨月督課」[2]，此法源於開元時的「隨月徵納」[3]。然此時除鹽課外，灶戶複須將所煎鹽全數賣官[4]。此時井鹽產區所行為民製官收官運官銷的局部專賣法。永泰、大曆間，屬東區鹽鐵使管轄的山南東道井鹽和海鹽同在劉晏主持下改行商運商銷法[5]。隨後，屬西區鹽鐵使管轄的劍南、山南西道井鹽，和池鹽一樣，也仿效東區行商運商銷法[6]。

有關井鹽專賣價格的記載極其缺乏。不過有一點可以肯定，即井鹽、池鹽、海鹽三者的價格各不相同，後二者每次加價或減價均不包括前者在內，已如前述。前者的價格變動亦不包括後二者在內。元和十年（815年）度支使皇甫鎛奏：「加峽內四監、劍南東西川、山南西道鹽估，以利供軍。」憲宗准奏[7]。此即為一例。不過井鹽、池鹽既可混合行銷於同一地區，二者價格相差當不至太多。

綜上所述，唐代食鹽專賣法主要沿著兩條線索演變：（1）政府獨占程度由強到弱，即由官運官銷到商運商銷的轉變。這表明，儘管專賣制度是政府行政命令的產物，但是其運營卻不能不受商品經濟發展

---

1 《太平廣記》卷三九九，〈鹽井〉；《新唐書》卷一二五，〈蘇瑰傳附蘇頲傳〉；《通典》卷一〇〈鹽鐵〉。

2 《新唐書》卷五四，〈食貨志四〉。

3 《通典》卷一〇，〈鹽鐵〉。

4 陳國燦：〈唐代的鹽戶〉，《中國古代史論叢》第3輯，福州：福建人民出版社，1982年。

5 鹽務分東、西二區，各屬一使管轄，詳見拙文〈唐代專賣機構論略〉。又劉晏所設十監之一的大昌監，位於山南東道夔州。此監當與其他九監同行一法。

6 井鹽與池鹽既能混合行銷於同一地區，前者當與後者一樣行商運商銷之法。若二者所行之法各異，便不可能有此現象。

7 《舊唐書》卷四八，〈食貨志上〉。

規律的支配。（2）專賣價格的高低錯落，形成「漲價—降價—漲價」的循環往復。這是作為經濟活動的專賣經營，和作為人為產物的專賣價格，二者矛盾運動的反映。而食鹽專賣法的演變之所以沿著這樣兩條線索進行，又是由唐後期商品經濟的發展所決定的。

（原載《歷史教學》1988年第2期）

唐代中央與地方分割鹽利的鬥爭

封建時代中央與地方分割財政收入的鬥爭，既體現了封建政治的集權性與封建經濟的分散性的矛盾，又體現了封建統治階級的整體利益與局部利益的矛盾。一方面，鹽利作為封建國家財政的一項大宗收入，在其徵納過程中便充滿了中央與地方分割其利的鬥爭。尤其是在唐代藩鎮割據、地方勢力強大的歷史條件下，這一鬥爭的激烈程度更非其他時期所能比擬。另一方面，鹽利的徵納有別於一般的賦稅，它受食鹽專賣經營所遵循的經濟規律的制約。唐代中央與地方的鹽利之爭，在很大程度上受到這種規律的支配。因此，這一時期的鬥爭，其複雜性也是空前的。

唐前期在鹽稅徵收的問題上，便存在著中央與地方的矛盾和鬥爭。當時除了池鹽大部分控制在中央政府手中之外，井鹽、海鹽多由地方政府收取其稅上納中央。按照規定，井鹽之稅乃各州根據中央所定課額，對其所屬各灶戶按產量的一定比例徵課。所課鹽稅須全部上繳中央，除非遇特殊情況，地方不得截留。開元八年（720年），因蜀地饑荒，百姓流亡，玄宗特許劍南節度使蘇頲「收劍南山澤鹽鐵自贍」[1]，顯然鹽稅在一般情況下不歸地方。但鹽稅徵課比例既由地方政

1 《新唐書》卷一二五，〈蘇瓌傳附蘇頲傳〉。

府制訂，便不能排除高訂其比例而取得餘額的可能。海鹽之稅乃由個體鹽戶納於地方政府，再由其轉買輕貨上納中央，這當中不僅存在著與井鹽相似的問題，而且地方政府還可壓價收購輕貨，從中獲利。這樣，各地鹽稅實際上便有一部分為地方政府所占留[1]。

開元九年（721年），左拾遺劉彤向玄宗奏〈論鹽鐵表〉時，提出改徵稅為專賣的革新鹽政之議。玄宗「令宰臣議其可否。咸以鹽鐵之利，甚益國用」。他隨即下令姜師度、強循二人以御史中丞的身分，會同諸道按察使，「檢校海內鹽鐵之課」，以便為決策提供依據。但這一行動遇到來自地方的阻力，在所謂「使人」、「侵尅」的託辭之下，地方政府激烈反對此舉[2]。顯然，中央檢校鹽鐵之課，反映了控制鹽稅徵收環節的意圖；而以監察機關介入鹽政事務，其整肅鹽政的用意也至為明顯。雖然專賣的實施與否尚無定論，但僅就這一行動而言，便已觸及地方的利益。在此阻力面前，玄宗改變初衷，改由各州刺史委派其上佐一人，檢校鹽鐵之課[3]。這樣，地方政府控制鹽稅徵收環節的情況依然如故，而劉彤的改徵稅為專賣的建議自然也就被束之高閣了。在中央財政對於地方處於優勢，而鹽稅又尚未成為舉足輕重的財政收入之情況下，事態的這一發展是可以理解的。

安史之亂爆發後，中央財政權削弱，地方財政權增強，原屬中央的賦稅收入被地方大量占留。在嚴酷的事實面前，唐朝的理財家們終於醒悟到必須採取特殊的方式來充實中央財政。而40餘年前劉彤所建議的食鹽專賣之制，正是這樣一種中央易於控制、地方難於插手的財政收益方式。於是，鹽專賣法始得正式推行。

鹽專賣收入具有直接上納與來源廣泛的特點。所謂直接上納，係

1 有關唐前期鹽稅徵收情況，見《通典》卷一〇，〈鹽鐵〉；《新唐書》卷五四，〈食貨志四〉。

2 《唐會要》卷八八，〈鹽鐵〉。

3 《唐會要》卷八八，〈鹽鐵〉。

指鹽利大多由中央專使及其所屬機構直接收納，而非由各地地方政府層層上繳，從而得以免遭層層克扣[1]。所謂來源廣泛，係指劉晏推行官收商銷之法後，中央政府可從專賣商手中間接取得鹽利，而不必從消費者手中直接獲取之。這樣，通過專賣商的販運，唐廷從那些僅擁有有限權力的地區，以及那些無法建立起有效的賦稅徵收系統的地區，都能或多或少地取得鹽利[2]。

但是，唐後期地方勢力強大的歷史條件，決定了中央必然允許地方政府在一定程度上參與鹽政，以保證專賣經營的正常運行。欲壑難填的藩鎮，也必定對鹽利拼命爭奪。封建商人的投機本性，亦必然使專賣商依違於唐廷與藩鎮之間，伺機取利。這樣，在唐後期鹽利歸屬的問題上同樣存在著中央與地方的矛盾和鬥爭，而且和唐前期的鹽稅之爭相比，矛盾更加複雜，鬥爭更加尖銳。

唐後期中央與地方分割鹽利的鬥爭，大體可分為兩個階段。自鹽專賣法開始推行至黃巢起義前（乾元元年至咸通十四年，758—873年）為第一階段；自黃巢起義爆發至唐亡（乾符元年至天祐四年，874—907年）為第二階段。

在第一階段中，唐中央尚有相當實力，各種地方勢力對其既有抗拒的一面，又有服從的一面。在此前提下，專賣經營所遵循的經濟規律使唐中央在鬥爭中居於較為有利的地位。專賣雖係以政權的力量強制推行，但在實施中它採取的是經營的方式，本質上是一種經濟活動，因此有其客觀規律可循。具體來說，首先，專賣經營是以壟斷銷售為中心的，包括產製、收購、貯運等環節的經濟活動。受生產決定流通、流通又反作用於生產這一規律的制約，推行專賣的主體能否同時控制產、銷兩地，對其經營的成敗至關重要。尤其是食鹽這種商

---

1 陳衍德：〈唐代專賣機構論略〉，《唐史學會論文集》第3輯，西安：三秦出版社，1989年。
2 D.G.Twichett, *Financial Administration under the Tang Dynasty*, Cambridge Press, 1970, p.49.

品，其運銷無遠不至，其生產卻非處處皆有。地方或割據政權要麼無法控制產地，要麼控制了產地卻難於推銷。只有擁有相當幅員的中央政權，才可能使專賣經營環環相扣，順利地實現其利潤。其次，專賣收入的方式，以售價為唯一手段，即所謂「寓稅於價」[1]。因此，專賣價格的制訂，成為專賣經營的中心問題。像鹽這樣的生活必需品，其需求彈性甚微，「雖貴數倍，不得不買」[2]，因此它的專賣價格有背離價值規律的趨向。但鹽這種專賣品既是作為商品投入市場，其價值就必須通過交換才能實現，因此它的專賣價格又不能完全背離價值規律。地方或割據政權易於從眼前的、局部的利益出發，大幅度加價，致使專賣品滯銷；中央政權所處的地位，使其較能考慮長遠的、全域的利益，從而適當控制加價幅度，務使產銷基本平衡。所以專賣價格的制訂者，亦以後者為優。總之，客觀經濟規律決定了推行專賣的主體以中央政權為宜，因而唐中央在與地方分割鹽利的鬥爭中，處於較為有利的地位。

在第一階段中，中央與地方分割鹽利的鬥爭採取了幾種不同的形式。

第一種形式是爭奪專賣經營權，這主要發生於藩鎮割據嚴重的兩河地區。河北方面，「自天寶末兵興以來，河北鹽法，羈縻而已。暨元和中，用皇甫鎛奏，置稅鹽院，同江淮、兩池榷利」[3]。皇甫鎛於河北設巡院以前，該地區鹽專賣經營權為藩鎮所擅有，中央因而無法取得固定而足額的鹽利，各鎮時或以「上貢」名義將部分鹽利送納中央，中央對其只是「羈縻」而已。如成德節度使王承宗強占德、棣二州後，「歲出鹽數十萬斛」的棣州蛤垛鹽池[4]，遂為其據有。之後王

1 吳立本：《專賣通論》，重慶：正中書局，1943年，第79頁。
2 《漢書》卷二四下，〈食貨志下〉。
3 《唐會要》卷八八，〈鹽鐵〉。
4 《舊唐書》卷一二四，〈李正己傳附李師古傳〉。

承宗因吳元濟被滅而自懼，故「獻德、棣之名部，發囷奉粟，並灶貢鹽」[1]。元和中，唐中央挾平定淮西之餘威，將巡院制度推行於河北，經營鹽專賣。然所遇阻力頗大，「人苦犯禁，戎鎮亦頻上訴」[2]。長慶元年（821年）三月，穆宗不得不下詔：「其河北榷鹽法宜權停。仍令度支與鎮、冀、魏博等道節度審察商量，如能約計課利錢數都收管，每年據數付榷鹽院，亦任穩便。」[3]中央放棄了專賣經營權，改由藩鎮收取鹽稅，按額交納巡院。唐政府雖做出讓步，但畢竟能取得定額鹽利，與河北賦稅尺帛斗粟不入於中央的情況相比，不可同日而語。而藩鎮之所以分利於中央，乃在於河北所需食鹽部分靠外地運入，中央若卡之，便有不足之虞。大曆十年（755年）十二月，「元載、王縉奏魏州鹽貴，請禁鹽入其境以困之」[4]，雖未獲代宗批准，但足以說明問題。河北的情況表明，食鹽專賣的推行，既受經濟規律的支配，也受政治權力的制約。

河南方面，大曆時劉晏於各地設巡院13所，其中8所集中於河南[5]，巡院分布的這種狀況，表明中央對河南鹽政的重視。這一地區既是藩鎮林立之地，又是海鹽、池鹽重要的行銷區，還是鹽利轉運的樞紐，因而唐廷特別加強了此地專賣機構的設置[6]。儘管如此，地方勢力仍無孔不入地與中央爭奪專賣權益，雙方經歷了反復的較量才見分曉。以兗、鄆地區為例，元和前期，兗、鄆等州雖為李師道所盤踞，但鹽鐵使仍能從該處取得專賣收入。元和三、五、六、七各年（808、810、811、812年）鹽鐵使奏上鹽利數額，其所出地區均包括兗

---

1 《舊唐書》卷一四二，〈王武俊傳附王承宗傳〉。
2 《唐會要》卷八八，〈鹽鐵〉。
3 《唐會要》卷八八，〈鹽鐵〉。
4 《資治通鑑》卷二二五，大曆十年十二月。
5 《新唐書》卷五四，〈食貨志四〉。
6 日野開三郎：〈關於兩稅法以前唐朝的榷鹽法〉（日文版），載《社會經濟史學》第26卷第2期，1960年。

鄆在內[1]。可見此間兗鄆巡院（前述13所巡院之一）仍在行使其經營專賣的職權。不過李師道也奪取了該地區的部分鹽利，他曾以鄆州之鹽饋贈淮西吳元濟[2]，即可為證。元和後期兗鄆巡院的停廢，當是在李師道的逼迫之下發生的。元和十四年（819年）三月，李師道被唐廷攻滅後，唐政府將其轄區分為鄆、青、兗三道，每道各設巡院一所，經營鹽專賣。但因原先藩鎮取自該地區的鹽利頗為豐厚，悉歸中央後不免引起地方怨恨，所謂「自鹽鐵使收管以來，軍府頓絕其利」[3]，就是指這一情況。長慶二年（822年）五月穆宗下詔曰：「其鹽鐵先於淄青、袞、鄆等道管內置小鋪糶鹽、巡院納榷，起今年五月一日已後，一切並停。仍各委本道約校比來節度使自收管，充軍府逐急用度，及均減管內貧下百姓兩稅錢數。」[4]這是唐廷考慮到三道曾長期為節帥所踞，其勢力一朝難除，且歸其利權，「務安反側」[5]，兼可減輕百姓對地方經費的負擔，以養民力。然此乃權宜之計，一旦情勢穩定，必伺機收回。大和五年（831年），當平盧軍節度使、淄青登萊觀察使王承元「首請鹽法，歸之有司」[6]時，唐廷便乘機將兗、鄆諸鎮鹽利之權一併收回了。這樣，兗鄆地區的鹽專賣經營權幾度易手，又複歸中央。唐代河南本地所產食鹽不敷需要，相當部分要從河東、江淮調入，而唐政府在這一帶的軍事力量也較強，這就決定了中央對河南食鹽專賣經營權的掌握要比河北強固得多。在這裡，經濟規律和政權力量對專賣經營的支配和制約同樣得到充分的表現，只不過此處的社會政治經濟狀況有異於河北，因此這種支配和制約的程度也有所不同。

---

1 《冊府元龜》卷四九三，〈山澤一〉。
2 《舊唐書》卷一四五，〈吳少誠傳附吳元濟傳〉；《新唐書》卷二一四，〈吳少誠傳附吳元濟傳〉。
3 《舊唐書》卷四八，〈食貨志上〉。
4 《舊唐書》卷四八，〈食貨志上〉。
5 《舊唐書》卷一六五，〈殷侑傳〉。
6 《舊唐書》卷一四二，〈王武俊傳附王承元傳〉。

中央與地方分割鹽利的第二種形式表現為設卡與反設卡的鬥爭。這主要發生於淮南、江南地區。官收商銷之法實行後，本來專賣商按規定價格向政府納錢帛後，即可自由從事食鹽的販運。「然諸道加榷鹽錢，商人舟所過有稅」[1]，地方當局設卡收稅，從中獲利，而專賣商複加售價，致使鹽價上漲滯銷，於是部分鹽利曲折地轉入地方政府之手。劉晏「奏罷州縣率稅，禁堰埭邀以利者」[2]，正是針對這種情況採取的措施。當國家鹽政由強有力的理財家執掌時，地方設卡與中央爭奪鹽利的問題是不難解決的。但是當鹽鐵使由江淮大鎮的節度、觀察使兼任時，這一問題就愈發嚴重了。權力的膨脹使得這些一身兼任二職的官員自覺或不自覺地走上與中央抗衡的道路，從而使其在本質上代表了地方的利益，來與中央爭奪鹽利[3]，而設卡收稅之風也就愈演愈烈了。例如，貞元十五年（799年）二月，李錡以浙西觀察使兼領鹽鐵使，此後，「鹽院津堰，供張侵剝，不知紀極；私路小堰，厚斂行人，多是錡始」[4]。以致中央所得鹽利大減。直到元和初李巽為鹽鐵使後，「大正其事，其堰埭先歸浙西觀察使者，悉歸之（鹽鐵使）；因循權置者，盡罷之」[5]，才制止了地方設卡收稅之風的惡性發展。

然而地方當局對於曾經得到過的好處是不會輕易放棄的。關卡既廢，它們又另立名目，巧為徵斂，變堰埭為邸舍，改徵過稅為住稅，便是表現之一。元和十三年（818年）鹽鐵使程異奏：「應諸州府先請置茶、鹽店收稅，伏准今年正月一日赦文……事非常制，一切禁斷者，伏以榷稅茶、鹽，本資財賦，贍濟軍鎮，蓋是從權……其諸道先所置店，及收諸色錢物等，雖非擅加，且異常制，伏請准赦文勒

---

1 《新唐書》卷五四，〈食貨志四〉。
2 《新唐書》卷五四，〈食貨志四〉。
3 D. G. Twichett, *Varied Patterns of Provincial Autonomy in the Tang Dynasty, Essays on Tang Society,* Netherlands, 1976, pp.90 ～ 109.
4 《唐會要》卷八七，〈轉運鹽鐵總敘〉。
5 《唐會要》卷八七，〈轉運鹽鐵總敘〉。

停。」[1]元和中唐廷對藩鎮用兵，中央對一些州府設邸舍課取茶、鹽等居停之稅的做法權且認可，意在使其借此籌措軍資，以助中央平叛。一旦兵罷，中央便勒令其停止，以防止這種變相的設卡收稅繼續發展下去。元和以後，地方私設關卡之風仍不時抬頭，使中央不得不經常加強反設卡的措施。

地方當局設卡收稅，專賣商複加售價轉嫁負擔於消費者，唐政府亦因漲價引起的滯銷而蒙受損失。地方當局的這種手法實際上是通過變相的加價間接地與中央分割鹽利。但是，江淮畢竟是唐廷有效控制的地區，這種手法所起的作用在時間上、空間上是有限的。而當鹽價超過一般消費者所能負擔的程度時，專賣商的販運量會隨之減少，這種手法也就越來越不靈驗了。在這裡，專賣經營受到政治權力與經濟規律的雙重制約，同樣是顯而易見的。

中央與地方分割鹽利的第三種形式表現為提價與壓價的鬥爭。這也發生於江淮地區。本來食鹽專賣價格是中央統一規定的，但是，由於政府批發食鹽的地點離產地有遠有近，因此專賣價格不可能完全劃一，再加上地方政府的干預，因此容易形成局部性的漲價，有時還會由此引發全域性的漲價。如建中年間，「淮南節度使陳少游奏加民賦，自此江淮鹽每斗亦增二百，為錢三百一十，其後複增六十」[2]，其他地區的鹽價也隨之漲到每斗370文的水準。此間唐中央正忙於對付四鎮聯叛與涇原兵變，無暇他顧，陳少遊等地方勢力得以一時得逞，從鹽價上漲中得到好處。但高昂的鹽價難於持久，而中央政權重新得到加強後也會迅速採取措施平抑鹽價。元和初李巽主持鹽政後，即將專賣價格降至每斗250文[3]，食鹽由滯銷變為暢銷，中央所得鹽利因而迅速增加。提價與壓價的鬥爭之實質，同樣是鹽利在中央與地方之間的

1 《唐會要》卷八八，〈鹽鐵〉。
2 《新唐書》卷五四，〈食貨志四〉。
3 《冊府元龜》卷四九三，〈山澤一〉。

分配與再分配。政權力量與經濟規律對專賣經營的支配作用，在這裡又一次得到表現。

以上分析了唐後期中央與地方分割鹽利的鬥爭之第一階段。在本階段中，中央居於較為有利的地位，它不僅確保了全國各地大部分的鹽利，而且在大曆末與元和中還兩次使鹽利數額達到空前的高水準[1]。在第二階段中，情況發生了巨變，唐中央在黃巢起義的打擊下急劇衰弱下去，各地藩鎮利用鎮壓起義的機會極力擴充自己的勢力，益發強大起來，它們對於中央服從的一面逐漸為抗拒的一面所取代。除了河北強藩之外，原先受中央控制的地區也紛紛割據稱雄，抗拒朝命。「朝廷號令所行，惟河西、山南、劍南、嶺南數十州而已。」[2]拒不向中央輸納賦稅的地區，從河北擴大到了河南、江淮等地。「是時藩鎮各專租稅，河南、河北、江淮無複上供，三司轉運無調發之所，度支惟收京畿、同、華、鳳翔等數州租稅，不能贍國。」[3]此時的唐政權，從嚴格意義上來講，已不再是一個全國性政權了。

唐中央作為推行食鹽專賣的主體，其權力行使有效程度的急劇降低，以及權力行使範圍的急劇縮小，必將使專賣經營日益失去存在的依據，因而專賣經營所遵循的經濟規律也就無從發揮作用。在與地方分割鹽利的鬥爭中，唐中央原先具有的較為有利的地位也就日漸喪失了。

當時兩河地區已成軍閥廝殺的戰場，專賣經營無法正常進行自不待言。江淮方面，中和二年（882年）淮南節度使高駢被唐廷罷去所兼鹽鐵使後，即與唐廷公開決裂，截留鹽利。中央在江淮地區的專賣機構即便繼續存在，也必受藩鎮挾制無法正常行使其職權。加以各級官吏公然掠奪專賣商，遂使情況進一步惡化。僖宗於光啟三年（887

1 陳衍德：〈唐代專賣收入初探〉，載《中國經濟史研究》1988年第1期。
2 《資治通鑒》卷二五六，光啟元年三月。
3 《資治通鑒》卷二五六，光啟元年閏三月。

年）七月詔曰：「江淮商賈，業在舟船，如聞近日官中擄借甚苦……非理滯留，散失財貨……自今以後，委所在長吏，切加禁斷……如有茶、鹽舟船，關係三司榷課者，任准元敕處分。」[1]舟船被掠，財物散失，專賣商自無力再為政府販運食鹽。此時中央號令已形同空文，這種情況斷難制止。足見江淮地區的鹽利也漸告枯竭。在這種形勢之下，唐廷對鹽利的關注便集中到關輔近鎮。然而近鎮藩帥亦是驕橫跋扈，唐廷既無法以其他手段迫使其就範，唯有與之兵戎相見。因此，在本階段中，中央與地方對鹽利的分割，主要便是以武裝鬥爭的形式出現。

兩池鹽利之爭便是這樣一次具有代表性的武裝衝突。兩池即河東安邑、解縣鹽池，由於地近京師，產鹽頗豐，歷來為中央大宗收入，唐廷因而對其極為重視。自黃巢起義後，河中節度使王重榮盤踞該地區，遂專兩池之利，每年僅以鹽三千車上供中央，餘則據為己有[2]。對此，唐廷自然無法接受。光啟元年（885年）閏三月，當時實際控制著唐廷的宦官、觀軍容使田令孜以禁軍「賞賚不時，士卒有怨」[3]，奏請「兩池榷課，直屬省司，以充贍給」[4]。僖宗於是詔曰：「近京贍國之資，榷鹽為本，法禁久廢，奸蠹實繁，誤陷藩方，依憑城社，須知根柢，乃可改張。」[5]下令收回兩池利權。同年四月，田令孜兼兩池榷鹽使。然而王重榮「抗章論列」[6]，拒不交出利權。五月，令孜奏請自河中徙重榮於兗州，重榮又拒赴別鎮。十月，令孜調邠寧、鳳翔兵及神策軍討伐重榮，重榮求助於河東節度使李克用，克用率軍逼京師。十二月，令孜挾僖宗奔鳳翔。自此至文德元年（888年）二月，僖

1 《唐大詔令集》卷八六，僖宗：〈光啟三年七月德音〉。
2 《資治通鑒》卷二五六，光啟元年閏三月。
3 《資治通鑒》卷二五六，光啟元年閏三月。
4 《舊唐書》卷一八二，〈王重榮傳〉。
5 《冊府元龜》卷四九四，〈山澤二〉。
6 《舊唐書》卷一八四，〈田令孜傳〉。

宗顛沛在外達兩年之久。而關中再遭兵燹，京師「複為亂兵焚掠，無孑遺矣」[1]。代價雖如此慘重，然中央於兩池利權「卒不能奪」[2]。天複元年（901年）三月，朱全忠奏：「河中節度使歲貢課鹽三千車，臣今代領池場，請加二千車，歲貢五千車。候五池完葺，則依平時供課額。」[3]可見直至唐亡，兩池專賣經營權一直操於藩鎮之手，朝廷分得些許餘利而已。

兩池鹽利之爭的結果表明，唐中央已喪失了推行專賣從而獲取鹽利的起碼實力。至此，在全國範圍內，鹽利已為各地藩鎮瓜分殆盡。以後，朱全忠又數度覬覦鹽鐵使這一職位，企圖奪取鹽政的最高領導權。天祐三年（906年），亦即唐朝滅亡的前一年，唐廷被迫授予朱全忠「鹽鐵、度支、戶部三司都制置使」一職[4]，唐政府在名義上所擁有的鹽政領導權也就不復存在了。

以上分析了唐後期中央與地方分割鹽利的鬥爭之第二階段。在本階段中，中央的地位每況愈下，其鹽利逐漸被地方勢力用武力和其他方式劫奪淨盡。

唐後期中央與地方圍繞著鹽利歸屬問題進行了反復的較量，最後以唐中央的失敗而告終。唐中央專賣主權的喪失，實質上是為繼之而起的新政權所取代。再者，正如前文所指出的，由於食鹽的生產受地區限制，因而並非每個割據政權都能壟斷它；又由於分裂局面阻礙了食鹽的流通，即便有的割據政權壟斷了它，也無法在正常的條件下經營取利。唐末五代的歷史證明了這一點。唐朝失去全國性政權的地位後，專賣經營所遵循的經濟規律不再對其有利，也就不難理解了。

通過對唐代中央與地方分割鹽利的鬥爭之分析，我們可以看到封

---

1 《資治通鑒》卷二五六，光啟元年十二月。
2 《新唐書》卷五四，〈食貨志四〉。
3 《舊唐書》卷二〇上，〈昭宗紀〉。
4 《資治通鑒》卷二六五，天祐三年三月。

建社會錯綜複雜的政治經濟矛盾的一個側面。

封建專制國家是建立在分散的自然經濟的基礎之上的，因此商品生產與流通必然成為封建專制國家矛盾的集中表現。封建國家推行專賣制度固然首先著眼於財政收入，但將一些最有利可圖的商品控制在自己手中，不使其對自然經濟起分化瓦解作用，卻也是它的主觀願望之一。然而專賣經營的大範圍推行，在客觀上又會損害到比中央政權更深地根植於自然經濟土壤中的地方政權的利益，從而引起中央與地方的抗爭。封建社會政治經濟矛盾的複雜性在這裡得到充分的展現。

（原載《江海學刊》1989年第2期）

六 唐代的酒類專賣與茶法

唐代的酒類專賣

唐代諸項專賣收入中，鹽居首位，酒類次之。然而，就專賣形式的多樣及其演變的複雜而言，酒類又在其他專賣品之上。唐代的鹽專賣前人已有些許研究，相比之下，酒類專賣的研究還很不夠。筆者不揣學歷淺薄，擬就這方面的諸問題，包括酒類專賣的演變和發展、酒類專賣的機構及其收入等，做一些初步的探討。

酒類專賣始於西漢武帝天漢三年（前98年）的「初榷酒酤」[1]，那次實行的時間雖然只有18年，但在扭轉西漢中期的財政危機中，發揮了不小的作用。此後歷代統治者多有仿效，如新莽時作為「六筦」之一的榷酒，南朝陳文帝天嘉年間從臣下之請行榷酤[2]，等等。隋朝立國之初承北周之制，「官置酒坊收利」，至開皇三年（583年）「罷酒坊」[3]，「與百姓共之」[4]。唐前期繼續推行任百姓酤釀的政策，唯遇饑荒時，在局部地區實行臨時性的禁酒。可見，唐中葉以前，酒類專賣還不曾長期持續推行過。

---

1 《通典》卷一一，〈榷酤〉。
2 《通典》卷一一，〈榷酤〉。
3 《隋書》卷二四，〈食貨志〉。
4 《通典》卷一一，〈榷酤〉。

安史亂起，唐中央財政拮据。為了開闢新的財源，唐政府於乾元元年（758年）開始推行鹽專賣，收效頗為顯著。這一成功為專賣範圍的擴大創造了條件，6年之後，酒類專賣也開始施行。唐代酒類專賣的形式多種多樣，以下分論之。

首先來看酒戶納課之制，也就是特許專賣制。《通典》卷一一〈榷酤〉：

大唐廣德二年十二月，敕：「天下州各量定酤酒戶，隨月納稅。除此外，不問官私，一切禁斷。」

從形式上看，這是一種課稅制度。然而，繳納酒稅的是專門從事釀造、銷售酒類的酒戶，其他任何人，不論公私，一概不許參與酒的產銷，其中已有獨占的含意。這裡，獨占酒類產銷經營的雖然是酒戶，但是這種經營權是經國家特許認可的，其主權仍然掌握在國家手中，因此，這種獨占歸根結底乃是國家的獨占。所以，廣德二年（764年）所頒行的酒戶納課之制，就其實質而言，乃是一種專賣制度。由於國家是通過特許商人的經營來達到獨占酒類產銷的目的，並且以收取特許商人的酒稅來實現其專賣收入，因而我們不妨稱之為特許專賣制。

大曆六年（771年）二月，政府對此制又做了更具體的規定：酒戶「量定三等，逐月稅錢，並充布絹進奉」[1]，從《唐大詔令集》卷五〈改元天複赦〉所云「仰度支、京兆府依舊例，於酒店量戶大小，逐月納榷沽酒錢」可知，「量定三等」的依據是經營規模的大小。酒戶即按所定等第繳納數量不等的酒稅。其具體稅額，可能是據銷額最高的月份，按一定的比率加以確定的[2]。其所納錢幣，則由地方當局

1 《通典》卷一一，〈榷酤〉。
2 參見丸龜金作：〈唐代的酒的專賣〉（日文版），載《東洋學報》第40卷第3期，1957年。

轉市絹帛等輕貨，上供中央。

在特許專賣制之下，政府只坐取稅收，不參與專賣經營，因而沒有必要設立專門的經營管理機構。酒戶納稅事宜，乃由各道租庸鹽鐵使兼掌，如裴諝為河東道租庸鹽鐵使，兼管榷酤之利[1]。永泰元年（765年）各道租庸鹽鐵使停罷後，收納酒稅之權又移於諸道節度、觀察、都團練等使[2]。

其次來看官酤，亦即全部專賣制。大曆十四年（779年）五月德宗即位，七月下令罷酒專賣[3]。這是新帝登基時常用的安撫手法。兩年半之後，亦即建中三年（782年）閏正月，時值兵戎屢興，財政窘迫之際，德宗便又下令重行酒專賣。《通典》卷一一〈榷酤〉：

建中三年制：「禁人酤酒，官司置店自酤收利，以助軍費。」

又《舊唐書》卷四九〈食貨志下〉：

建中三年……天下酒悉令官釀。斛收直三千，米雖賤，不得減二千，委州縣綜領。漓薄私釀，罪有差。

綜合兩書記載，可知這一次政府獨占了酒的釀造和銷售，禁民私釀私酤，亦即完全控制了酒的生產和流通。在此意義上，我們稱之為全部專賣制。其具體辦法是：政府設置酒店出售官釀酒；官訂的專賣價格為每斛三千文，即使原料再便宜，亦不得低於二千文；專賣業務的經營由各州縣政府具體負責；民間有私釀薄酒以謀利者，須量罪懲處。又據《舊唐書·食貨志》、《新唐書·食貨志》載，建中酒專賣

1 《舊唐書》卷一二六，〈裴諝傳〉。
2 《全唐文》卷四七，代宗：〈命諸道入錢備和糴詔〉。
3 《唐大詔令集》卷一一二，德宗：〈放天下榷酒敕〉。

法的施行範圍不包括京師長安在內。究其原因，在於長安乃四方輻輳之地，官僚富商麇集其間，私釀至多，官釀官酤難以施行，因而政府做出讓步[1]。不過，建中四年（783年）八月前後，長安也曾一度施行酒專賣，這大概和同時實行的稅間架、算除陌一樣，是一種籌措軍費的應急措施[2]。建中酒專賣法實施兩年之後，德宗因「涇原兵變」避難奉天，下令停罷稅茶、榷鐵等名目，酒專賣並不在罷除之列[3]，可見其法此後仍繼續推行。關於州縣榷酤機構，將在下文與榷麴機構一併說明。

全部專賣制實行後不久，特許專賣制又重新興起。《唐會要》卷五九〈尚書省諸司下·度支使〉：

（貞元）二年十二月，度支奏：「請於京城及畿縣行榷酒法，每斗榷一百五十文。其酒戶並蠲免雜役。」從之。

同書卷八八〈榷酤〉又載太和八年（834年）二月九日敕節文：

京邑之內，本無酤榷。自貞元用兵之後，費用稍廣，始定戶店等第，令其納榷。

據以上記載，貞元二年（786年）在京師實行的酒專賣法，基本上同於廣德之法，亦即特許專賣制。所不同者，又增加了兩項規定，一是酒戶免於負擔雜徭；一是酒戶所納課額，按每出售一

---

1 《全唐文》卷七五，文宗：〈太和八年疾愈德音〉：「京邑之中……萬方所聚，私釀至多，禁令既不可施，榷利自無所入」，可藉以說明建中時情況。

2 建中四年八月，陸贄奏請「其京城及畿縣所稅間架、榷酒、抽貫、貸商、點召等諸如此類，一切停罷」。（《陸宣公翰苑集》卷二，〈論關中事宜狀〉。）

3 《唐大詔令集》卷五，德宗：〈奉天改興元元年赦〉。

斗酒繳納一百五十文比率確定。關於後者，馬端臨評論道：「昔人舉杜子美詩，以為唐酒價每斗為錢三百，今榷為百五十錢，則輸其半於官矣！」[1]馬氏所言，給人以官、商各得專賣收入之半的感覺，其實不然。由於酒戶所得尚須扣除成本，即使在斗酒三百文的情況下，其利潤肯定也少於一百五十文，何況斗酒三百文在至德年間就是偏高的價格[2]，貞元初年以後糧價趨於下降，酒價必然隨之跌落，在斗酒低於三百文的情況下，酒戶所得利潤就更少了。總之，酒價是浮動的，課額是固定的；酒價又不能像鹽價那樣無限制地提高，所以在這種專賣收入再分配的形式之下，政府所得一般要比商人為多。據史籍記載，貞元之法的實施範圍似不限於京師一地[3]，它可能是與建中之法交錯而行或同時並存的。

綜合廣德、大曆、貞元有關的規定來看，酒戶的地位類似於專賣商，而且是在產銷結合的基礎上經營專賣的[4]。不過，政府除了向它收取酒稅之外，還時有干預或參與其事。如「唐己未年—辛酉年（899—901年）歸義軍衙內破用布・紙曆」載：

同日（六月十日），支與酒戶陰加晟、張再集二人洲酒鹿布壹疋。[5]

政府為酒戶提供部分生產資料，這種提供自然不是無償的，可見酒戶所擁有的專賣經營權並非絕對完整。

---

1 《文獻通考》卷一七，〈榷酤〉。杜甫詩「偪仄行贈畢曜」有「速須相就飲一斗，恰有三百青銅錢」句。

2 杜甫同一詩又有「街頭酒價常苦貴」句，所雲為至德年間事。

3 《新唐書》卷五四，〈食貨志四〉；《文獻通考》卷一七，〈榷酤〉。

4 《新唐書》卷一五三，〈段秀實傳〉：「俄而（郭）晞士十七人入市取酒，刺酒翁，壞釀器……」可證酒戶兼營產銷。

5 池田溫：《中國古代籍帳研究・錄文》，東京：東京大學東洋文化研究所，1979年，第605～606頁。

談過了特許專賣制和全部專賣制，我們再來看酒專賣的第三種形式——榷酒錢。《全唐文》卷五三德宗〈放免諸道積欠詔〉：

其諸道州府應欠負貞元八年、九年、十年兩稅及榷酒錢，總五百六十萬七千餘貫，在百姓腹內，一切並免。如已徵得在官者，宜令所司具條疏聞奏。

榷酒錢系於具體年代者，以此為最早。但據《冊府元龜》卷五〇四〈榷酤〉：

榷酒錢舊皆隨兩稅徵眾戶，自貞元已來，有土者競為進奉，故上言：「百姓困弊，輸納不充，請置官坊酤酒，以代之。」

則貞元以前，似已徵收榷酒錢。然其時間上限，尚不甚明。從其「隨兩稅徵眾戶」來看，它是作為一項獨立的稅目，與兩稅一起徵收的。與此相類似的稅目，還有青苗錢。而青苗錢是先於兩稅法而存在的，並且史書上青苗錢、榷酒錢並提的記載相當多，因此我們推論，榷酒錢的徵收，建中元年（780年）以前當亦有之。

榷酒錢出現的原因何在？它經歷了怎樣的發展過程？我們知道，由於釀酒技術簡單，原料不受地區限制，因此政府對其產銷實行獨占經營有相當的困難。即便在特許專賣制之下，酒戶出售的酒仍無法暢銷。因為具備釀酒能力的人戶，均能自給自足，只要不公開出售，政府便無從察覺。這樣一來，酒戶的收入便受到影響，政府的稅收也隨之減少。《全唐文》卷七五文宗〈大和八年疾愈德音〉：

京邑之中……貞元……始定店戶等第，令其納榷。況萬方所聚，私釀至多，禁令既不可施，榷利自無所入，徒立課額，殊非惠人。

應該說，各地區各時期都程度不等地存在這種情況。有鑑於此，政府便以普遍徵收酒稅，亦即徵收榷酒錢的辦法，來補充特許專賣制的不足。因此，榷酒錢一開始是作為其他酒專賣形式的輔助形式而出現的，關於這方面的具體情況，《舊五代史》卷一四六〈食貨志〉中的一條材料為我們提供了一點線索：

後唐天成三年七月，詔曰：「應三京、鄴都、諸道州府鄉村人戶，自今年七月後，於是秋田苗上，每畝納麴錢五文足陌，一任百姓自造私麴，釀酒供家……縣鎮坊界內，應逐年買官麴酒戶，便許自造麴，醞酒貨賣……逐戶計算都買麴錢數內，十分只納二分，以充榷酒錢……榷酒戶外，其餘諸色人亦許私造酒麴供家，即不得衷私賣酒。如有故違，便即糾察，勒依中等酒戶納榷。其坊村一任沽賣，不在納榷之限。」

這是說，在城鎮，民戶納榷麴錢後只能私釀供家，不得酤酒取利。酤酒仍由酒戶專事之；在鄉村則一任民戶納榷麴錢後釀造酤賣。這種做法很可能是沿用唐代的政策。建中年間，全部專賣制亦即官酤推行後，民間「逃酤」[1]的現象嚴重，納榷酒錢之法遂在各地沿用不改，在不少地方甚至取代了官酤。這樣，榷酒錢便由一種酒專賣的輔助形式發展為獨立形式。

關於榷酒錢的徵納辦法，《冊府元龜》卷五〇四〈榷酤〉有這樣的記載：

（元和）十四年七月，湖州刺史李應奏：「先是，官酤代百姓納榷，歲月既久，為弊滋深。伏望許令百姓自取酤，登舊額，仍許入兩

1 《新唐書》卷五四，〈食貨志四〉。

稅，隨貫均出，依舊例折納輕貨送上都。」許之。

從中可知，榷酒錢的徵收對象是全體普通人戶，各戶在繳納榷酒錢的同時，被允許私釀私酤[1]。一個地區所應繳納的榷酒錢數額，視該地區官酤舊額而定，然後將其額攤配於眾民戶。攤配標準視各戶所納兩稅貫數而定。有的地方亦視青苗錢數而定[2]，每貫按一定比率增納錢額。各地比率不盡相同。元稹〈同州奏均田狀〉說，當地每畝收地頭、榷酒錢共21文[3]，其中15文為青苗地頭錢[4]，榷酒錢為6文。二者之比為5：2，即每納青苗錢一貫，須納榷酒錢400文。以上論述了榷酒錢的起始時間、產生緣由、發展過程以及徵納辦法。要言之，榷酒錢的形式雖表現為賦稅，但就其內容而言，仍然代表專賣收入，故或稱之為「專賣稅」[5]。

最後，我們來看酒專賣的第四種形式——榷麴。《新唐書》卷五四〈食貨志四〉：

貞元二年……獨淮南、忠武、宣武、河東榷麴而已。

這是見於記載的最早的榷麴。榷麴就是政府對釀酒的發酵劑——

1 榷酒錢在作為其他酒專賣形式的輔助形式時，民戶納榷酒錢後只許私釀不許私酤，這裡既允許私釀私酤，表明榷酒錢已是一種酒專賣的獨立形式。

2 《元稹集》卷三六，〈中書省議賦稅及鑄錢等狀〉曰：「今請天下州府榷酒錢，一切據貫配入兩稅。」《唐會要》卷八八，〈榷酤〉曰：「元和六年京兆府奏：『榷酒錢除出正酒戶外，一切隨兩稅、青苗錢據貫均率。』從之」。

3 《元稹集》卷三八，〈同州奏均田狀〉。

4 有關青苗錢每畝徵收數額，以及青苗錢、地頭錢、青苗地頭錢三種名稱混用的記載，詳見《舊唐書・食貨志》、《新唐書・食貨志》。

5 日野開三郎：《唐代租調庸的研究》II，《課輸篇上》（日文版），東京：汲古書院，1975年，第49頁。關於榷酒錢的徵收機構，由於是和兩稅一起徵收的，故似可斷定其機構是與州縣兩稅徵收機構合一的，茲不贅述。

酒麴——的銷售實行獨占經營[1]，百姓從官府買得酒麴，即可自行釀酒酤酒，他們按官價付麴值，便等於繳納了酒稅，因此，其實質乃無異於寓稅於價的酒專賣法。所不同者，它以對酒的部分原料實行專賣，代替對酒本身實行專賣。榷麴的地區，一般位於交通要道之處，如上述淮南，忠武（陳許等州）、宣武（汴、宋、潁、亳等州）及河東，均位於漕運路線及其附近，這些地點四方輻輳，私釀至多，酒專賣不易實行。榷麴地區尚須具備造麴作物的生產能力，否則行之難久[2]。可見其實行地點的選擇並不是任意的。麴的專賣價格，唐代史籍不詳。五代時訂麴價先後有每斤80文、150文、120文三種[3]。唐代麴價可能也在這個範圍之內。榷麴以獨占釀酒所必不可少的發酵劑，來間接地控制酒的產銷，然百姓於納麴值之後，畢竟可自由從事酒的產製運銷。因此，榷麴可視為酒專賣法當中介於官釀官酤與民釀民酤之間的一種過渡形態[4]。

關於官酤與榷麴的機構，唐代史籍付諸闕如。鞠清遠先生認為：「擔負榷酒或榷麴任務的官吏，大概都有衙門，稱之為榷酒務」[5]，其根據為，《桂苑筆耕集》一書中載有一些「榷酒務」官員的委任狀[6]。我們從五代史籍中亦可窺其大略。《五代會要》卷二六〈麴〉：

周顯德四年七月敕：「諸道州府麴務，今後一依往例，官中禁法

1　至於這種獨占是否擴大到生產領域，則因時因地而異。大和時湖南榷曲，官府所賣曲系「遠處求糴」（《冊府元龜》卷五〇四，〈榷酤〉）；昭宗時京城禁軍賣麴取利則自製出售。（《唐大詔令集》卷五，〈改元天複敕〉）

2　大和四年七月湖南觀察使韋詞奏：「當州土宜，少有曲麥，州司遠處求糴，般運甚難，伏請停榷曲」（《冊府元龜》卷五〇四，〈榷酤〉）。

3　《舊五代史》卷四七，《唐末帝紀中》，清泰二年正月庚申；《舊五代史》卷七六，〈晉高祖紀第二〉，天福元年十一月己亥。

4　參見丸龜金作：〈唐代的酒的專賣〉（日文版），載《東洋學報》第40卷第3期，1957年。

5　鞠清遠：《唐代財政史》，上海：商務印書館，1940年，第74頁。

6　如《桂苑筆耕集》卷一三有「諸葛殷知榷酒務」；卷一四有「徐苺充榷酒務專知」，「柳孝謙知白沙榷酒務」等等。

賣麴，逐處先置都務處，候敕到日，並仰停罷，據見在麴數，準備貨賣，兼據年計合使麴數，依時踏造，候人戶將到價錢，據數給麴，不得賒賣抑配於人。其外酒場務，一切仍舊……」（注：先是，晉、漢以來，諸道州府皆榷計麴額，置都務以沽酒。民間酒醋皆漓薄，上知其弊，故命改法。）

可見麴務是政府經營麴專賣的機構，都務則是經營酒專賣的機構，場務作為都務或麴務的分支機搆，行官酤時則賣酒，行榷麴時則賣麴[1]。這種制度當源於唐代。

從上面的論述中，我們看到，建中、貞元年間，酒專賣法有趨於多樣化的傾向，官酤、酒戶納課、榷酒錢、榷麴諸種形式，或交錯而行，或同時並存，呈現出紛繁複雜的局面。可以說，代宗、德宗時期，酒專賣法的演變，主要表現為酒專賣形式由單一化向多樣化轉變。而德宗以後，這種演變，則主要表現為各種酒專賣形式兩兩之間互為轉化，以下就後者詳論之。

首先談官酤與榷酒錢的相互轉化。榷酒錢轉化為官酤與進奉之風直接有關。進奉導致聚斂，榷酒錢徵有定額，地方政府難以誅求，它與兩稅一樣，劃分為上供中央與地方留成兩部分[2]，益此必然損彼。官酤則不然，它雖也有上供定額，但其經營頗有迴旋餘地，易於上下其手，便於官府聚斂[3]，從而得以「羨餘」進奉，以邀其寵。貞元年間，各地方官府紛紛以榷酒錢使「百姓困弊，輸納不充」為由，「請置官坊酤酒以代之」[4]。按政府規定，將榷酒錢轉換成官

1 場務冠以「酒」字，其賣官酒無疑。又《五代會要》卷二七，〈鹽鐵雜條下〉：「凡買鹽、麴，並須於官場務內買」，則場務亦賣官麴。

2 《冊府元龜》卷四八八，〈賦稅二〉；《舊唐書》卷一六五，〈殷侑傳〉。

3 《元稹集》卷三六，〈中書省議賦稅及鑄錢等狀〉：「置店酤酒……上供既有定額，餘利併入使司」。《舊唐書》卷一七四，〈李德裕傳〉：「……榷酒，上供之外，頗有餘財」。

4 《冊府元龜》卷五〇四，〈榷酤〉。

酤的辦法是：「州府長官，據當處錢額，約米、麴時價收利，應額足即止」[1]，即官酤取利的數額，應以該地區原先繳納的榷酒錢數額為限；其專賣價格應參照當地米、麴的時價加以制訂。當然，在地方政府掌握專賣經營權的情況下，對此規定的執行是要打很大折扣的，因此，官酤不免弊病叢生，從而促使其再轉化為榷酒錢。元和二年（807年），憲宗下令：「官酤酒及雜榷率，並同禁斷。」[2] 應該說，許多地區因而將官酤轉換成榷酒錢了，所以元和末元稹才會說：「今天下十分州府，九分是隨兩稅均配（榷酒錢），其中一分置店沽酒。」[3] 當然，元稹只是言其大略，官酤比例恐大於此。直至元和十五年（820年），江西，浙江兩地十數州仍行官酤[4]，又元和十四年（819年）七月湖州刺史李應奏罷該州官酤時，「議者謂：宰臣能因湖州之請，推為天下之法，則其弊革矣」[5]，言官酤為天下之弊，可見其所行地區不至太少。不過，從穆宗至文宗期間，官酤轉換為榷酒錢的趨勢仍在繼續，如穆宗即位後，浙西觀察使竇易直奏罷當道六州官酤，改納榷酒錢；江西道在十年間也兩度改官酤為納榷酒錢[6]。元稹為薛戎所作碑文中[7]，有一段話頗能說明這種趨勢繼續發展的原因：

所部郡皆禁酒，官自為壚。以酒禁坐死者，每歲不知數。而產生祠祀之家，受酒於官，皆漓偽滓壞，不宜複進於杯棬者。公即日奏罷之。

---

1 《唐會要》卷八八，〈榷酤〉。
2 《唐大詔令集》卷七〇，憲宗：〈元和二年南郊赦〉。
3 《元稹集》卷三六，〈中書省議賦稅及鑄錢等狀〉。
4 《舊唐書》卷一九〇下，王仲舒傳；《冊府元龜》卷五〇四，〈榷酤〉。
5 《冊府元龜》卷五〇四，〈榷酤〉。
6 《舊唐書》卷一九〇下，《王仲舒傳》；《冊府元龜》卷五〇四，〈榷酤〉。
7 《元稹集》卷五三，《唐故越州刺史兼御史中丞浙江東道觀察等使贈左散騎常侍河東薛公神道碑文銘》。

官酤的弊害，一是禁民酤釀，法令嚴酷，「閭閻之人，舉手觸禁」[1]；一是官酒質差，「酒味薄惡」[2]，而且售價昂貴，元和末江西竟有「穀數斛易斗酒」[3]者。犯禁者多，可見私釀盛行；官酒質差價高，又必然滯銷。與其行官酤而坐失其利，不如罷之而將其利攤配於眾戶，其理甚明。因此，自大和以至唐末，這種發展趨勢基本不變。雖然武宗、宣宗時採取增強獨占程度的政策，一度在浙西、浙東、鄂岳等處複行官酤，在另一些地區複行榷麴[4]，但也改變不了這種趨勢。《全唐文》中文宗至僖宗諸朝有關蠲免榷酒錢的令文表明，自京師至諸道州縣，其間大多行納榷酒錢之制，見表1。

表1 文宗至僖宗諸朝蠲免榷酒錢情況表

蠲免時限	蠲免地區	《全唐文》卷數與篇名
大和六年	京兆府	卷七四，文宗《賑卹諸道旱災敕》
開成五年終以前	京兆府諸縣	卷七八，武宗《加尊號後郊天赦文》
大中七年以前	京兆府	卷八五，懿宗《即位赦文》
咸通三年以前	諸道州縣	卷八五，懿宗《大赦文》⑤
咸通四年至七年	諸道州縣	卷八五，懿宗《大赦文》⑥
咸通十一年以前	京兆府	卷八六，僖宗《南郊赦文》

官酤轉換為榷酒錢趨勢之發展，表明在諸種酒專賣形式中，榷酒錢已從次要形式上升為主要形式。

其次，榷麴與官酤的相互轉換。《冊府元龜》卷五〇四〈榷酤〉：

1 《冊府元龜》卷五〇四，〈榷酤〉。
2 《冊府元龜》卷五〇四，〈榷酤〉。
3 《新唐書》卷一六一，〈王仲舒傳〉。
4 《唐會要》卷八八，〈榷酤〉。
5 赦文下令蠲除「既存簿書，不免徵剝」者。
6 赦文重申「有准赦蠲者」，「不得因此重徵」。

文宗大和四年七月湖南觀察使韋詞奏：「前使王公亮奏請榷麴，收其贏利，將代上供……但芷挾頗易，掛陷頗多，兼當州土宜，少有麴麥，州司遠處求糴，般運甚難。伏請停榷麴，任商旅將至當州，州司准榷酒元敕，及洪州、鄂州流例，於州縣津市官酤……」可之。

據此，湖南原行官酤，後改榷麴，但因酒麴不易為官府所壟斷，加之當地缺乏造麴作物的生產能力，遂再改行官酤。可見榷麴與官酤，亦可相互轉換。

最後，榷酒錢與榷麴的相互轉換。《唐會要》卷八八〈榷酤〉：

會昌六年九月敕：「揚州等八道州府，置榷麴並置官店酤酒，代百姓納榷酒錢，並充資助軍用。各有榷許限。揚州、陳許、汴州、襄州、河東五處榷麴；浙西、浙東、鄂岳三處，置官店酤酒……」

敕文中所列五個榷麴地區，有四處在貞元時便實行過這種專賣形式。大約在元和以後改為納榷酒錢，至此複行榷麴，且增襄州一處。可見榷酒錢與榷麴，同樣可以相互轉換。

至此，我們知道，官酤、榷麴、榷酒錢這三種酒專賣形式，兩兩之間都存在著互為可逆的轉換關係，如下圖所示：

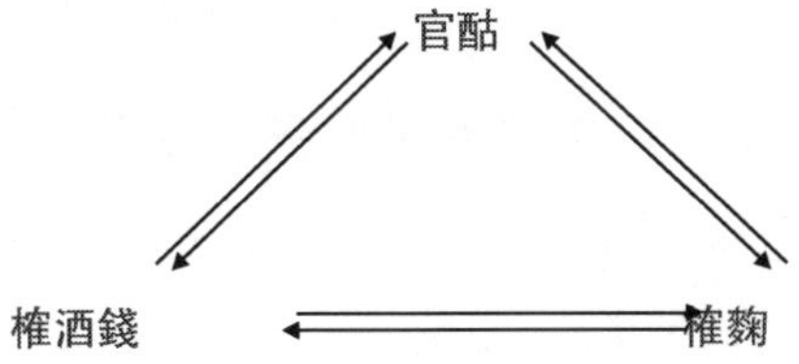

酒類專賣便是借助於這種三角轉換關係而不斷進行自我調節的。

德宗以後，各種酒專賣形式在相互轉換的同時，還存在著兩兩同時並存的關係。首先是官酤與榷酒錢的並存。如貞元時李錡為浙西觀察使，「百姓除隨貫出榷酒錢外，更置官酤，兩重納榷，獲利至厚」[1]。又元和十二年（817年）四月戶部奏：「準敕文，如配戶出榷酒錢處，即不待更置官店榷酤。其中或恐諸州府先有不配戶出錢者，即須榷酤。」[2]又穆宗〈長慶元年正月南郊改元赦〉曰：「榷酒錢已有分配百姓處，又置酒店官酤，並諸色榷率，切宜禁斷。」[3]政府一再重申不得二制並存，足見這種現象並非限於一時一地，而有其普遍性。

其次是榷酒錢與酒戶納課、酒戶納課與官酤的並存。元和六年（811年），京兆府奏：「榷酒錢除出正酒戶外，一切隨兩稅、青苗錢據貫均率。」[4]這裡，酒戶所納課額與普通人戶所納專賣稅統稱為榷酒錢，可見其時京兆府是酒戶納課與百姓納榷酒錢二制並存的。又大和五年（831年）六月江西觀察使裴誼奏請改官酤為納榷酒錢時說：「當管洪州停官店酤酒，其錢已據數均配訖，並不加配業戶。」[5]業戶者，專業酒戶也，可見在此之前，洪州是官酤與酒戶納課並行，在此之後，則是百姓納榷酒錢與酒戶納課並行。

前文已經指出，之所以出現兩種專賣形式同時並行的情況，原因在於：當一種專賣形式有漏洞時，政府便輔之以另一種專賣形式。久而久之，雖然其中的輔助形式已具備獨立推行的條件，但為了增加專賣收入，原有的形式仍被保留下來，二制並存的做法就這樣一直被沿用下來。

關於酒類專賣的收入，由於其專賣形式複雜多樣，因時因地而

---

1 《舊唐書》卷一七四，〈李德裕傳〉。
2 《唐會要》卷八八，〈榷酤〉。
3 《唐大詔令集》卷七〇，穆宗：〈長慶元年正月南郊改元赦〉。
4 《唐會要》卷八八，〈榷酤〉。
5 《冊府元龜》卷五〇四，〈榷酤〉。

異，故史籍對其收入的記載十分零亂，有關的具體數字更十分罕見，這就給我們的定量分析造成很大困難，據現有史料，只能描述其大概而已。唐代全國性的酒專賣收入數額，僅見於三條史料的記載。如表2顯示，（2）、（3）兩數所系年代大體一致，然相差頗多，由於大中年間宣宗採取了增強專賣獨占程度的政策，其收入當不會少於文宗太和年間，因此，對照數（1），當以數（3）較為可信。

表2　唐代全國性酒類專賣收入數額表

年代	酒利數額（貫，緡）	資料來源
太和八年	（1）1030000＋[1]	《新唐書》卷五四，〈食貨志四〉。
大中七年	（2）820000＋	《資治通鑒》卷二四九，大中七年十二月條，引〈續皇王寶運錄〉。
大中中	（3）1379091	呂夏卿：《唐書直筆》卷四，〈新例須知〉。

表3　唐代地區性酒類專賣收入數額表

年代	地區	酒利數額（貫）	資料來源	備註
元和十五年	江西	（1）90000	《全唐文》卷五六二，韓愈：〈江西觀察使王公神道碑〉	奏罷額
太和五年	洪州	（2）50000	《冊府元龜》卷五〇四，〈榷酤〉	應納額
太和八年	京兆府	（3）15010.8	《全唐文》卷七五，文宗：〈大和八年疾愈德音〉	蠲免額

檢索史籍，尚可發現幾個地區性的酒專賣收入數額，或可補全域之不足，見表3。其中數（1）為江西道行官酤時歷年積欠的酒利上供額；數（3）為京兆府酒戶積欠的酒稅數額，意義都不大。數（2）為「洪州每年合送省榷酒錢」數額，可以說明兩個問題：一是五萬貫可

1　原文為「凡天下榷酒，為錢百五十六萬餘緡，而釀費居三之一」，據此推算出。

能是東南州、府每年應上繳中央的榷酒錢之一般定額；二是各地酒專賣收入除上供中央外，尚有部分留成，而後者是不包括在全國性的酒利歲入數額之內的。

本文主要通過對各種酒專賣形式的相繼出現及其相互關係的探討，來闡明唐代的酒類專賣的演變過程。從中我們可以看到：酒戶納課之制的實施雖有間斷，然其所行時間較長，範圍亦較廣；官酤逐步從酒專賣的主要形式下降為次要形式；納榷酒錢之制在從輔助形式發展為獨立形式的同時，也從次要形式上升為主要形式；榷麴實施的時、空範圍都有限，它是一種過渡性質的專賣形式。從這一演變過程當中，我們還可以看到，唐代酒類專賣具有如下特性：第一，多樣性——存在種種不同的專賣形式；第二，複雜性——專賣形式的兩兩並存，不同形式的頻繁轉換；第三，間斷性——專賣的實行在時間上、空間上出現過空白；第四，開放性——酒戶納課之制下專賣主權與經營權的分離，榷麴與納榷酒錢之制下百姓被允許私釀私酤。上述酒類專賣的演變過程及其特性，可說是唐代商品經濟日益發展的必然結果和反映。

（原載《中國社會經濟史研究》1986年第1期）

唐代的茶法

茶葉是唐代新出現的一項大宗商品。茶樹在唐代開始得到大量栽培。至遲到唐中葉，飲茶已成為社會各階層的普遍嗜好[1]。在這種情況下，唐政府始對茶葉課之以稅收，繼而又對其行之以專賣。然諸史籍的有關記載或語焉未詳，或相互牴牾，使人對唐代茶法的形成和演

1 張澤咸：〈漢唐時期的茶葉〉，《文史》第11輯，北京：中華書局，1981年。

變不甚了然。因此，有必要廓清謬誤，還其本來面目，以便對中國財政史上這一重要問題有一個比較清楚的認識。

首先來考察唐代稅茶的情況。《唐會要》卷八八〈倉及常平倉〉引建中三年（782年）九月戶部侍郎判度支趙贊條奏：

諸道津要、都會之所，皆置吏，閱商人財貨，計錢每貫稅二十文；天下所出竹、木、茶、漆，皆什一稅之，以充常平本。

此乃稅茶之始。這裡，茶稅的稅率為10%，比一般商稅稅率2% 高出許多，表明政府開始意識到它在財政收入上的意義。不過，此時稅茶乃一時權宜，既無詳細章程，收入亦不固定[1]，前後不過一年餘，便告停止[2]。

貞元九年（793年）正月，鹽鐵使張滂又奏請稅茶。《唐會要》卷八七〈轉運鹽鐵總敘〉：

張滂奏立稅茶法。郡國有茶山，及商賈以茶為利者，委院司分置諸場，立三等時估為價，為什一之稅。

又同書卷八四〈雜稅〉：

張滂奏曰：「……伏請於出茶州縣，及茶山外商人要路，委所由定三等時估，每十稅一……」

此次稅茶，有較為詳細的規定：鹽鐵、度支巡院（院司）於各茶

1 鮑曉娜：〈茶稅始年辨析〉，載《中國史研究》1982年第4期。
2 《唐大詔令集》卷五，德宗：〈奉天改興元元年赦〉：「其墊陌及稅間架、竹、木、茶、漆、榷鐵等諸色名目，悉宜停罷。」按，興元元年為784年。

葉產地及其必由之路設置稅場，茶葉交易悉於其中進行[1]，由主掌官吏（所由）按質論價，十一稅之。其稅率雖仍為10%，然據以課稅之價格係由官定，且分三等；茶商雖能自產地購運茶葉，卻必須在有關機構的監督之下進行。這都表明，政府的控制程度增強了。

長慶元年（821年），茶稅稅率有所提高，茶務且仿鹽務以東、西二區分屬二使管轄。《新唐書》卷五四〈食貨志四〉：

鹽鐵使王播……乃增天下茶稅，率百錢增五十。江淮，浙東、西，嶺南，福建，荊襄茶，播自領之。兩川以戶部領之。

隨著其稅率從10%提高到15%，茶稅收入在政府財政中的地位提高了。而稅茶事務仿效鹽專賣法[2]，也表明政府對其控制的進一步加強。

其次來考察唐代茶專賣初行的情況。大和九年（835年），唐政府變稅茶為專賣。《舊唐書》卷一七下〈文宗紀下〉大和九年十月癸酉條：

王涯獻榷茶之利，乃以涯為榷茶使。茶之有榷稅，自涯始也。

「榷稅」含意雖不甚明，然宋人章如愚在其《山堂群書考索·後集》卷五六「榷茶」條中說：「茶之有稅，起於唐之趙贊；茶之有榷，又起於唐之王涯。」章氏明確地將「榷」與「稅」區分開來[3]，因

1 參見金井之忠：〈唐的茶法〉（日文版），載《文化》第5卷第8期，1938年。

2 永泰元年（765年），鹽鐵使一分為二，分管東西兩大地區鹽專賣事務。詳見《唐會要》卷八八，鹽鐵使。

3 張澤咸認為：「關於榷與稅，章如愚把二者加以區分乃是無可厚非的……王涯建議稅茶的一套辦法符合漢代以來專賣的涵義。不過，《舊唐書》的記載仍有混亂……其他《唐會要》、《新唐書》、《資治通鑒》、《冊府元龜》等書所記唐代稅茶之事，也常將『榷』與『稅』二者混用……唐宋人對榷與稅之區分已不如漢朝人那樣嚴格講究了。」（〈漢唐時期的茶葉〉）又，加藤繁認為：「榷就是一手承辦買賣，不使別人參與，壟斷它的利益的意思。」（加藤繁著，吳傑譯：《中國經濟史考證》第1卷，北京：商務印書館，1959年，第143頁。）

此，王涯所行為專賣，當可肯定。《舊唐書·文宗紀》所記頗為簡略，其中詳情尚須參考其他記載。《冊府元龜》卷五一〇〈重斂〉：

文宗大和九年九月，鹽鐵轉運使王涯奏請變江淮、嶺南茶法，[1]並請加稅，以贍邦計。

其中有一點值得注意，即「變法」與「加稅」是密切相關的。所謂「加稅」，疑其意即為加價。同年十一月下旬令狐楚接任鹽鐵使後在其奏文中有「唯納榷之時，須節級加價」語，按行課稅之制時，商人並非自政府手中買得茶葉，對政府而言，「加價」無從談起，因此所謂「加價」，只能是王涯在推行專賣後採取的措施，亦即在原有的茶稅之上，加上專賣利潤，形成專賣價格。還有一點，十月所行茶法，並不完全如王涯於九月所議。當時深受文宗寵信的鄭注，亦曾提出自己的變法主張。《舊唐書》卷一六九〈鄭注傳〉：

上訪以富人之術，乃以榷茶為對。其法：欲以江湖百姓茶園，官自造作，量給直分，命使者主之。

又《新唐書》卷一七九〈鄭注傳〉：

其法欲置茶官，籍民圃而給其直，工自擷暴，則利悉之官。

其法大要為：改民營茶園為官營，置茶官專司其事，茶樹的栽培、茶葉的採摘與曬製，悉於其中進行，售茶所得悉入官，茶農所得

1 兩川茶法是否有相應改變，史無明文，然似應以改變為是。

唯工值[1]。此乃官製官銷的全部專賣法。對於鄭注所議，王涯「心知不可，不敢爭」[2]，可見二人主張不盡相同。王涯主張榷茶，亦即政府獨占茶的銷售，鄭注亦主張官銷，對此兩人並無分歧。顯然，雙方分歧在於茶的產製方面。鄭注主張官製，王涯身為宰相，對實際情況尚有一定了解，對此不以為然。其所主張，當為民製官銷的局部專賣法。

大和九年（835年）十月，文宗採納了鄭注之議，下〈授王涯開府儀同三司充諸道榷茶使制〉，曰：

朕以茶法稍弊，理須變更，凡斯重難，悉以資委……可開府儀同三司，充諸道鹽鐵轉運、榷茶等使。[3]

茶的全部專賣之制便開始推行。此時王涯乃改變初衷[4]，「表請使茶山之人，移樹官場，舊有貯積，皆使焚棄」[5]。這種「有同兒戲，不近人情」[6]的做法，理所當然地招致廣泛的反對，「朝班相顧而失色，道路以目而吞聲」[7]。且不說手段的強暴，即使就此法本身而言，其推行就是對茶葉產銷的不適當干預，因而必然招致巨大阻力。史稱「及詔下，商人計鬻茶之資，不能當所榷之多……江淮人什二三以茶為業，皆公言曰：『果行是敕，止有盡殺使，入山反耳！』」[8]新定

1 又，《冊府元龜》卷五一〇，〈重斂〉：「複以江淮間百姓茶園，官自造作，量給其直，分命使者主之。」
2 《新唐書》卷一七九，〈王涯傳〉。
3 《全唐文》卷六九，文宗：〈授王涯開府儀同三司充諸道榷茶使制〉。
4 《資治通鑒》卷二四四，太和七年九月條：「王涯之為相，（鄭）注有力焉」，故涯曲意相從。又鄭王集團此時與宦官集團對峙，自不宜意見不和。
5 《唐會要》卷八七，〈轉運鹽鐵總敘〉。
6 《舊唐書》卷一七二，〈令狐楚傳〉。
7 《舊唐書》卷一七二，〈令狐楚傳〉。
8 《冊府元龜》卷五一〇，〈重斂〉。觀其文意，此處的「商人」 當不同於下文將提及的專賣商，否則不可能出現售茶虧本的現象。

的專賣價格高於原先的市場價格，販茶商人若維持原價，則不僅無利可圖，反將虧折本錢；若隨之提價，亦將因「價高則市者稀」[1]而遭受損失，他們自然拼命反對。茶農面臨喪失自己獨立經濟的威脅，反對就更為激烈。此法所行時間之短[2]，固然與其提倡者鄭王集團的覆滅有關，但社會經濟規律的懲罰不能不是一個重要的原因。

再次來考察唐代茶專賣的演變情況。大和九年（835年）十一月下旬，鄭王集團覆滅後[3]，令狐楚接任鹽鐵使，遂變茶法。《舊唐書》卷一七二〈令狐楚傳〉：

> 先是，鄭注上封置榷茶使額，鹽鐵使兼領之，楚奏罷之，曰：「……昨者忽奏榷茶，實為蠹政……豈有令百姓移茶樹於官場中栽植，摘茶葉於官場中造作……微臣蒙恩，兼領使務，官銜之內，猶帶此名……伏乞……除此使額……伏望……一依舊法，不用新條。唯納榷之時，須節級加價，商人轉賣，必校稍貴，即是錢出萬國，利歸有司，既不害茶商，又不擾茶戶……」從之。

據此，政府不再對茶的生產加以獨占，當無疑問。問題在於，對其銷售的獨占是否亦完全放棄？仔細推敲令狐楚的奏文，茲提出兩點加以討論。

第一，「唯納榷之時，須節級加價，商人轉賣，必校稍貴」。「加價」釋意，已見前文。這裡再將此句與長慶元年（821年）李珏所云對照來看。《舊唐書》卷一七三〈李珏傳〉：

---

1 《舊唐書》卷一七三，〈李珏傳〉。

2 自大和九年（835年）十月乙亥（初三）行之，至同年十二月壬申（初一）罷之，前後僅57天。見《舊唐書》卷一七下，〈文宗紀下〉。

3 鄭、王等人在「甘露之變」中被宦官集團所殺，事見《資治通鑒》卷二四五，太和九年十一月。

今增稅既重，時估必增……山澤之饒，出無定數，量斤論稅，所冀售多，價高則市者稀，價賤則市者廣，歲終上計，其利幾何？

李玨所言，為商人購茶於產地，向政府納稅（論稅），然後運銷各處。令狐楚所言，則為茶商按官價自政府手中購得茶葉（納榷），再加價轉販四方。兩種運銷方式明顯不同。

第二，「既不害茶商，又不擾茶戶」。大中年間（847—859年）鹽鐵使裴休所說的「正稅茶商」[1]，恐肇始於此時。其地位與作用，當與取得鹽籍的鹽商類似[2]，亦即政府特許其販運專賣品的商人。茶戶之名前此未見，這種茶戶，可能就是大和九年十月茶專賣法頒行之後，政府專為「以茶為業」[3]者設立的戶籍，以將其納入官營茶園的管轄範圍，故其又稱「園戶」[4]。政府對茶葉產銷的獨占若完全廢止，此種特殊的戶籍自應隨之取消。這裡既被保留下來，說明此時對茶葉生產者尚有加以控制的必要。在放棄官產、允許商銷的情況下，政府控制生產者的目的只能是為了壟斷其產品的收購權，從而割斷生產與銷售的直接聯繫，以便居間取利。從存在這種茶商與茶戶的情況來看，其運銷方式的性質也是很清楚的。

為了進一步論證此間茶法的性質，我們還可以將其與鹽、酒的專賣法加以比較。《全唐文》卷七四文宗〈追收江淮諸色人經紀本錢敕〉：

如聞皆是江淮富家大戶，納利殊少，影庇至多，私販茶鹽，頗撓

---

1 《唐會要》卷八四，〈雜稅〉。

2 有關具有鹽籍的鹽專賣商，見《白居易集》卷六三，〈議鹽法之弊〉；裴庭裕：〈東觀奏記〉卷下，畢諴條。

3 《冊府元龜》卷五一〇，〈重斂〉。

4 《冊府元龜》卷四九四，〈山澤二〉，開成五年十月鹽鐵司奏。

文法，州縣之弊，莫甚於斯，宜並勒停。

這裡茶、鹽並提，重申不得私販。江淮海鹽實行的是民製官收商運商銷之法，可見茶法當與此同。又開成四年（839年）二月宣州觀察使崔鄲奏：「茶法非便於人，請兩稅錢上隨貫紐率」[1]，此乃意欲模仿徵收榷酒錢這樣一種酒專賣的形式[2]。這一建議，顯然是基於茶法與酒專賣法性質相同這一事實。

考索宋人的有關著述，也有助於我們弄清此間茶法的性質。《李覯集》卷一六〈富國策第十〉：

茶非古也，源於江左，流於天下，浸淫於近代……有國者從而籠之，利一孔矣……每歲之春，芽者既掇，焙者既出，則吏呼而買之，民挽而輸之矣……鹽始於漢，茶始於唐，取以濟時，事非師古。

從這裡可以清楚地看出，政府將民間生產的茶葉全部加以收購，這樣的做法確實始於唐代。又，王栐《燕翼詒謀錄》卷二〈沿江榷貨務〉條：

國初沿江置務收茶，名日榷貨務，給賣客旅如鹽貨，然人不以為便。淳化四年二月癸亥，詔廢沿江八處，應茶商並許於出茶處市之。未幾，有司恐課額有虧，複請於上。六月戊戌，詔復舊制。

宋初多沿用唐制，茶法當不例外。可見唐制確是政府收購茶葉後

1 《冊府元龜》卷四九四，〈山澤二〉。

2 D. C. Twitchett, *Financial Administration under the Tang Dynasty*, second edition, Cambridge University Press, 1970, p.64. 有關徵收榷酒錢這樣一種酒專賣形式的詳情，見陳衍德：〈唐代的酒類專賣〉，載《中國社會經濟史研究》1986年第1期。

再賣給茶商。再者，淳化四年（993年）一度允許茶商直接於產茶區買茶，這種做法也與唐代推行專賣以前的情況一樣；未幾復舊制，不過是重複了唐代茶法由課稅而專賣的轉變而已。

通過以上分析，我們得出結論：令狐楚奏請實施的茶法為民製官收商運商銷的局部專賣法，他在放棄獨占生產的同時，對專賣的中心環節——獨占銷售，只做了部分更動，沒有改變茶專賣的實質。因此，其奏文所謂「一依舊法，不用新條」云云，固然有變更茶法的含意（變全部專賣制為局部專賣制），但畢竟是誇大其辭，故作姿態，以適應當時政治形勢的變化[1]。明了這一點，我們便不可據此認定其變法乃廢專賣而複稅茶。

令狐楚奏請實行的茶專賣法，至唐末不再有實質性變動，只是在大中時裴休任鹽鐵使期間，「立稅茶法十二條」[2]，主要是嚴密了反走私的措施[3]。然而茶法雖嚴，走私日熾，唐末大亂中，茶專賣法也就破壞殆盡了。

最後來考察唐代茶戶（園戶）的具體狀況，以便加深對大和九年以後茶專賣法的認識。《冊府元龜》卷四九四〈山澤二〉載開成五年（840年）十月鹽鐵司奏：

伏以江南百姓營生，多以種茶為業……但於店鋪交關，自得公私通濟……其園戶私賣茶，犯十斤至一百斤，徵錢一百文，決脊杖二十；至三百斤，決脊杖二十（按：疑有誤），徵錢亦如上。累犯累科，三犯以後，委本州上曆收管，加重徭役，以戒鄉閭……若州縣不

---

1 〈舊唐書〉卷一六九，《王涯傳》：「乃腰斬（涯）於子城西南隅獨柳樹下。涯以榷茶事，百姓怨恨，詬罵之，投瓦礫以擊之。」百姓乘鄭王集團覆滅之機，公開起來反抗其所行茶法，是完全可能的。因此主政者不得不標榜其改弦更張，以平民憤，以攬民心。

2 《舊唐書》卷一七七，〈裴休傳〉。此處《舊唐書》再次將「榷」與「稅」二者混用。

3 《新唐書》卷五四，〈食貨志四〉；《唐會要》卷八四，〈雜稅〉。

加把捉，縱令私賣園茶，其有被人告論，則又砍園失業，當司察訪，別具奏聞，請准放（仿）私鹽例處分。

於此可見，園戶所產茶葉，應於指定地點賣官，若私賣，則視其數量多寡，予以輕重不等的懲處。因所訂條例嚴酷，致園戶有私賣被告發者，寧可砍掉茶園，以隱瞞身分，逃避刑罰。州縣官對私賣茶葉防範不力者，按縱容私鹽例處分。據此，園戶地位當類似鹽戶，亦即封建國家控制下的專賣品生產人戶，他們雖能獨立從事生產，對自己的產品卻無支配權。

不過，上引奏文中又有「官司量事設法，惟稅賣茶商人」句，此外開成四年（839年）二月，文宗在駁斥宣州觀察使崔鄲所提出的隨兩稅徵茶課的建議時也說：「榷茶本率商旅，紐貫涉於加稅」[1]，都不免給人這樣一種印象：園戶除兩稅外，並無其他負擔。那麼，園戶在賣茶與官府的同時，是否還無償地向政府繳納茶課呢？對此史籍語焉不詳。但從一些蛛絲馬跡中，尚可探其究竟。如《新唐書》卷一七九〈何易於傳〉載其為益昌令時，「鹽鐵官榷取茶利，詔下，所在毋敢隱。易於視詔書，曰：『益昌人不徵茶且不可活，矧厚賦毒之乎？』」同書卷一七七〈敬晦傳〉亦載：「大中……南方連饉，有詔弛榷酒茗，官用告覂。」這種茶課徵收面頗廣，徵收量頗大，民間疾苦、水旱災情等均能影響其徵課，顯然與茶商所納榷價不同，當為茶葉生產者所繳納。另據《宋史》卷一八三〈食貨志下五〉所載：

在淮南則蘄、黃、廬、舒、光、壽六州，官自為場，置吏總之……六州採茶之民皆隸焉，謂之園戶。歲課作茶輸租，餘則官悉市之……又民歲輸稅願折茶者，謂之折稅茶。

---

1 《冊府元龜》卷四九四，〈山澤二〉。

宋代園戶有兩種負擔：一是以茶納歲課，一是以茶折納兩稅，二者有明確的區別。可見其賣茶與官府的同時，尚須納茶課。此制當源於唐[1]。據以上分析，唐代園戶除兩稅外，尚須繳納茶課，此點當無疑問。前述唐代官方文獻所謂「榷茶本率商旅」，「惟稅賣茶商人」云云，顯然是避開茶的徵購階段，僅就其出糶階段而言，因而無法據以看出園戶的實際負擔。

通過以上對茶戶具體狀況的考察，我們對唐政府如何以徵課和強制收購的方式來壟斷茶葉貨源，從而割斷茶葉生產與銷售的直接聯繫，便有了更清楚的認識。

綜上所述，唐代茶法的形成和演變經歷了「課稅—全部專賣—局部專賣」這樣一個過程。茶稅和茶專賣一方面是封建政府主觀意志的產物；另一方面卻也不能不依賴於茶葉的商品化程度，從而受到社會經濟發展規律的制約。唐代茶法中，政府控制程度的由弱到強，再由強到弱，正是封建政府的主觀意志和經濟發展的客觀規律二者矛盾運動的結果。

（原載《中國社會經濟史研究》1987年第2期）

1　唐、宋茶葉政策大體一致。參見張澤咸〈漢唐時期的茶葉〉一文。

七 唐代的專賣制度與國計民生

唐代的專賣機構

唐中葉，隨著政府相繼對鹽、酒、茶實行專賣，在國家財政系統中逐漸形成專賣與賦稅兩個子系統並列的局面。專賣就是國家獨占某種或數種商品的買賣權利，它與賦稅不同，是一種經營活動，其收入方式為寓稅於價，即將稅收隱蔽於售價之中。為此，國家設置了一套專門機構以司其事。另一方面，專賣與賦稅同為國家以政權力量強制推行，專賣又是從賦稅中蛻變出來，因此，兩者在機構上往往相互關聯，或交叉重疊，或合二為一。

本文擬論述唐代鹽、酒、茶專賣機構的形成與變動，其職能的演進，其與賦稅系統各級機構的關係諸問題，以期進一步認識封建國家控制經濟生活的機能。

一、鹽的專賣機構

乾元元年（758年），第五琦任鹽鐵使，始行鹽專賣法。「鹽鐵名使，自琦始。」[1] 鹽鐵使和後來相繼參預專賣事務的度支使、戶部使一起，合稱「三司」或「三使」，成為唐代國家專賣事業的最高領導機關，同時也是包括賦稅在內的國家財政的最高領導機關。鹽鐵使初

1 《舊唐書》卷一二三，〈第五琦傳〉。

置時，於各地設分支機構，亦稱鹽鐵使，而冠以地名，其職由所在地租庸使兼任。如廣德初，穆寧「為鄂州刺史、鄂岳沔都團練使及淮西鄂岳租庸鹽鐵沿江轉運使」[1]；裴諝「為河東道租庸鹽鐵等使」[2]。第五琦又「立監院官吏」，經營「收榷」[3]與「出糶」[4]食鹽的業務，監院便是專賣的經營機構。由於戰時草創，此間專賣機構遠未完備。永泰元年（765年）以後，方日益完備起來。《唐會要》卷八八〈鹽鐵使〉：

永泰元年正月，劉晏充東都，淮南，浙江東、西，湖南，山南東道鹽鐵使；第五琦充京畿、關內、河東、劍南、山南西道鹽鐵使。

鹽鐵一職分置二使，一是適應食鹽生產因地而異的特點，以便於管理；一是不使權力過於集中，以防權臣跋扈。以兩個平行的領導機構分別管理東、西兩大地區的鹽專賣事務[5]，整個唐後期基本沿用此制。按二使所轄區域，海鹽屬東區，池鹽屬西區，而井鹽則分屬東、西二區。

劉晏主持東區鹽政期間，調整改革了專賣機構。首先是創立巡院制度。「自江淮北列置巡院」[6]，共13所，見表1。

---

1 《舊唐書》卷一五五，〈穆寧傳〉。
2 《舊唐書》卷一二六，〈裴諝傳〉。
3 《唐會要》卷八七，〈轉運鹽鐵總敘〉。
4 《舊唐書》卷一二三，〈第五琦傳〉。
5 據諸史書記載，劉晏、第五琦還分領東、西兩大地區租庸、鑄錢、轉運、常平等事務，故《舊唐書•德宗紀》曰：「至是天下財賦始分理焉。」
6 《唐會要》卷八七，〈轉運鹽鐵總敘〉。

表1　劉晏所設巡院表

巡院名	所在道名	巡院名	所在道名	巡院名	所在道名	巡院名	所在道名
汴州	河南	陳許	河南	宋州	河南	泗州	河南
鄭滑	河南	兗鄆	河南	甬橋	河南	淮西	河南
白沙	淮南	廬壽	淮南	揚州	淮南	浙西	江南
嶺南	嶺南						

資料來源：《新唐書・食貨志》；日野開三郎：〈關於兩稅法以前唐朝的榷鹽法〉（日文版），載《社會經濟史學》第26卷第2期，1960年。

巡院為隸屬鹽鐵使之地方最高鹽務機關。其職能，一是禁捕私鹽，防止奸盜。各地設巡院後，「捕私鹽者，奸盜為之衰息」[1]。二是招徠商賈，推銷官鹽。劉晏「搜擇能吏以主之（巡院），廣牢盆以來商賈」[2]。三是了解市場情況，給鹽鐵使的決策提供依據。劉晏「自諸道巡院距京師，重價募疾足，置遞相望，四方物價之上下，雖極遠不四、五日知，故食貨之重輕，盡權在掌握」[3]。這實際上是一種資訊回饋，如圖1所示：

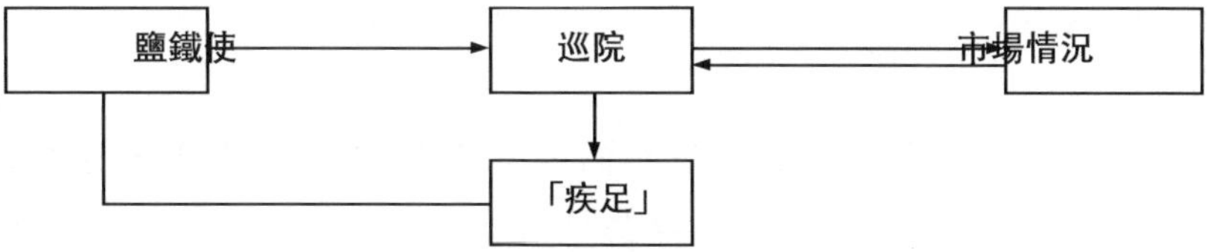

圖1　使、院資訊回饋框圖

鹽鐵使根據巡院所反映的市場物價（包括鹽的市場價格）狀況，

1 《新唐書》卷五四，〈食貨志四〉。
2 《舊唐書》卷四八，〈食貨志上〉。
3 《舊唐書》卷一二三，〈劉晏傳〉。

調整此前制訂的對策，以調節盈虛，平衡供需。四是收納鹽利，上繳鹽鐵使。穆宗曾詔曰：「其鹽鐵使先於淄青、兗、鄆等道管內，置……巡院納榷。」[1] 即為一例。五是監視藩鎮，不使犯禁。13所巡院有8所集中於藩鎮林立的河南地區，即此用意。此外，因此間鹽鐵、轉運合為一使，故巡院又兼轉運的職能。

其次是調整監院，建立10監4場，見表2。

表2 劉晏所設監、場表

監場名	所在州名	所在道名	監場名	所在州名	所在道名
鹽城監	楚　州	淮　南	海陵監	揚　州	淮　南
嘉興監	蘇　州	江南東	新亭監	杭　州	江南東
臨平監	杭　州	江南東	蘭亭監	越　州	江南東
永嘉監	溫　州	江南東	富都監	明　州	江南東
侯官監	福　州	江南東	大昌監	夔　州	山南東
漣水場	泗　州	河　南	湖州場	湖　州	江南東
越州場	越　州	江南東	杭州場	杭　州	江南東

資料來源：《新唐書・食貨志》；日野開三郎文，同表1注；妹尾達彥：〈唐後期江淮鹽稅機關的駐地與機能〉（日文版），載《史學雜誌》第91卷第2期，1982年。

由於劉晏改官運官銷為商運商銷，監、場的職能較之監院也有相應改變，即一般不復行運輸與零售之職，僅經營收購與批發業務。其事務既有減輕，遂得以抽出力量從事對亭戶的技術指導。「晏又以鹽生霖潦則鹵薄，暵旱則土溜墳，乃隨時為令，遣吏曉導，倍於勸農。」[2] 監、場一般設於產鹽地或其近鄰。如淮南道楚州鹽城縣「有鹽亭百二十三，有監」，是為鹽城監；江南道福州

1 《舊唐書》卷四八，〈食貨志上〉。
2 《新唐書》卷五四，〈食貨志四〉。

侯官縣「有鹽官」，是為侯官監，鄰近的長樂、連江、長溪諸縣均「有監」，此數處當屬侯官監管轄範圍[1]。監、場為巡院之下屬機構。《全唐文》卷七三六沈亞之〈杭州場壁記〉曰：「國家……使吏曹計其入，於郡縣近利之地，得為院、監、場之署。」場一般為監之下屬機構。宋《嘉泰會稽志》卷一七〈鹽〉曰：「唐越州有蘭亭監，官場五，曰會稽東場、會稽西場、余姚場、懷遠場、地心場。」明指蘭亭監下轄五場。又，《太平廣記》卷三〇五〈李伯禽〉曰：「貞元五年，李伯子伯禽充嘉興監徐浦下場糴鹽官。」可知徐浦下場為隸屬嘉興監的鹽場之一。但地處交通要道、購銷量大的鹽場，其地位與監相似。上引沈亞之文又曰：「顧杭州雖一場耳，然則南派巨流，走閩禺甌越之賓貨，而鹽魚大賈所來交會，每歲入官三十六萬千計……自是汲利之官益重矣。」此類鹽場並非監的下屬機構。《新唐書·食貨志》將杭州等4場與10監並列，乃此道理。

最後是始設留後。留後即留守官，代鹽鐵使管治一方專賣事務，包括仲裁商人與專賣機構之間的糾紛。杜牧《樊川文集》卷一三〈上鹽鐵裴侍郎書〉曰：「……江淮自廢留後已來，凡有冤人，無處告訴……今若蒙侍郎改革前非，於南省郎吏中擇一清慎，依前使為江淮留後……即自嶺南至於汴宋，凡有冤人，有可控告，姦贓之輩，動而有畏，數十州土鹽商，免至破滅……」留後多設於水陸交通發達之處，以便控制四方。如揚州，劉晏曾表奏屯田員外郎韓洄「知揚子留後」[2]。

經此改革調整，唐代專賣機構的模式得以確立，且被推廣至西部地區。由於永泰元年（765年）第五琦以戶部侍郎判度支的身分充西區

1 《新唐書》卷四一，〈地理志五〉。
2 《新唐書》卷一二六，〈韓休傳附韓洄傳〉。

鹽鐵使，大曆六年（771年）韓滉仍以此身分繼任西區鹽鐵使，故西區主管專賣的使職稱謂逐漸變成度支使，而東區則仍稱鹽鐵使，致有鹽鐵、度支分理天下鹽務之說。

大曆末至貞元中，專賣機構經歷了一系列變動。大曆十四年（779年）五月，劉晏兼領西區鹽務。建中元年（780年）正月，劉晏罷諸使，其職亦廢。三月，復舊制[1]。貞元二年（786年）正月，宰相崔造奏：「諸道水陸運使及度支巡院、江淮轉運使等並停，其度支、鹽鐵委尚書省本司判。」鹽鐵、度支二使及其所屬巡院遂被停罷。然朝廷旋又下令：「諸道有鹽鐵處依舊置巡院勾當。」稍後韓滉「以司務久行，不可遽改」，請復鹽鐵、度支之職。同年十二月，「以滉專領度支、諸道鹽鐵轉運等使，（崔）造所條奏皆改」[2]。至此二使復設。貞元八年（792年），複以鹽鐵、度支二使分領東、西兩區賦稅及專賣事務。《唐會要》卷八七〈轉運鹽鐵總敘〉：

（貞元）八年詔：「東南兩稅財賦，自河南、江淮、嶺南、山南東道至渭橋，以戶部侍郎張滂主之。河東、劍南、山南西道，以戶部尚書、度支使班宏主之……」由是遵大曆故事，如劉晏、韓滉所分。

從此二使分領東、西兩區專賣事務遂為定制，終唐一代基本不變。

這裡對專賣機構的選官、編制稍作說明。鹽鐵、度支為理財重臣，常由宰相兼任，其職由皇帝任命。二使下屬機構的官吏，由充使者自擇，或直接委任，或奏請皇帝任命，不受吏部銓選制

1 《舊唐書》卷一二，〈德宗紀上〉。
2 以上見《舊唐書》卷一三〇，〈崔造傳〉。

度約束，且其編制無定員。《唐大詔令集》卷七二僖宗〈乾符二年南郊赦〉曰：「天下州縣，銓司注擬，便有選自朝廷。何故三司監院官，索州縣承迎，云是制院，恐嚇州縣。」《舊唐書》卷一二三〈班宏傳〉曰：「江淮兩稅，悉宏主之，置巡院。然令宏、滂共擇其官……每置院官，宏、滂更相是非，莫有用者……遂令分掌之。」均可為證。海鹽方面，對院、監、場的官職、編制記載頗略，大約院有知院官、招商官等[1]；監、場有糶鹽官、管榷吏等[2]。池鹽方面，記載較詳，如《唐會要》卷八八〈鹽鐵使〉對兩池、烏池、溫池等官吏編制所記頗詳，現據以列成表3。根據「兩池鹽務隸度支，其職視諸道巡院」[3]的記載，巡院的官職編制與表3所列當大致相同，唯兩池榷鹽使的級別略高[4]。烏池、溫池榷稅使的級別則相當於巡院負責官員。又如劉宇作於貞元十三年（797年）的〈靈慶公神堂碑陰記〉[5]，對隸屬兩池各場場官所記亦詳，見表4。

表3　兩池、烏池、溫池吏員編制表

吏員／人數／池名	榷鹽（稅）使	推官	巡官	院官	胥吏
兩池	1	1	6	2	若干
烏池	1	1	2		130
溫池	1	2	2		39

1　見《冊府元龜》卷四九三，〈山澤一〉；《雲笈七籤》卷一二一，〈蘇州鹽鐵院招商官修神咒道場驗〉；《全唐文》卷六二，憲宗：《亢旱撫恤百姓德音》。
2　《太平廣記》卷三〇五，〈李伯禽〉；《新唐書》卷一六二，〈獨孤及傳附獨孤郎傳〉。
3　《舊唐書》卷四八，〈食貨志上〉。
4　《唐會要》卷八八，〈鹽鐵使〉。
5　《金石萃編》卷一〇三。

表4 兩池各場官職表

場名	官職名	場名	官職名	場名	官職名	場名	官職名
方集	勘會官場官	監宗	勘會官監官	東郭	勘會官	常滿	場官
監北	場官	青鼻	場官	分雲	場官	柳谷	檢閱官
紫泉	場官	下封	場官	資國	場官		

元和以後，專賣機構的變動表現為以下幾方面：

（一）地方的參與

專賣機構與賦稅機構並非毫不相干。首先，鹽鐵使、度支使兼有專賣和賦稅兩方面的領導權。其次，巡院、監、場等各級專賣機構與府、州、縣等各級賦稅機構的許可權也往往交叉重疊，甚至在機構上合二為一。元和以後專賣經營業務日益繁雜，各級地方政府也日益頻繁地參與專賣事務。以下分述海鹽、池鹽、井鹽的情況。

（1）海鹽。隨著專賣業務的擴大，一些收入不太多的專賣機構，其職始由州縣官兼任。專賣機構所在的州縣，也以經費和人員支援其業務的開展。如元和元年（806年）五月鹽鐵使李巽奏：「……其鹽倉，每州各以留州錢造一十二間，委知院官及州縣官一人同知。」[1] 更重要的是，若無州縣的配合，專賣機構的緝私將遇到不可克服的困難。《冊府元龜》卷四九四〈山澤二〉載大中元年（847年）閏三月鹽鐵使奏：

伏以私鹽厚利，煎竊者多，巡院弓矢力微，州縣人煙遼敻，若非本界縣令同立堤防，煎販之徒無繇止絕。

1 《冊府元龜》卷四九三，〈山澤一〉。

所言可概括唐後期的情況。因此地方政府參與緝私勢在必行。李巽對各地行政長官除多方勸諭外，還「許以別設方略，大為堤防」之權[1]，以促使他們參預其事，此舉收效甚佳[2]。對怠慢貽誤者，則加以彈劾[3]。以後地方官對緝私負有直接責任，便成定制[4]。開成年間，地方參與鹽務的情況又有所發展。《冊府元龜》卷四九四〈山澤二〉載開成二年（837年）三月鹽鐵使奏：

得蘇州刺史盧商狀：「分鹽場三所，隸屬本州。元糶鹽七萬石，加至十三萬石。倍收稅額，直送價錢。」

蘇州為江淮鹽務要據之地，劉晏設嘉興監於此，歲煮鹽四十萬石以上[5]，上述三所鹽場當原屬此監，至此劃歸州行政長官管轄。可見地方官監管鹽務，已不限於次要之地。然監管鹽務的地方官在業務上仍受鹽鐵使領導，故蘇州刺史須上狀鹽鐵使彙報專賣收入情況。

（2）池鹽。河東、關中、河隴屯駐重兵，時有戰亂，除河東兩池外，該區池鹽專賣，地方軍政當局參與的程度高於他處。現據《唐會要》卷八八《鹽鐵使》所載有關情況，列成表5。如表所示，西北鹽池多隸屬地方軍政當局。此舉當為便於就近供軍之故[6]。

1 《全唐文》卷六二七，呂溫：〈代李侍郎與徐州張尚書書〉。
2 《全唐文》卷六二七，呂溫：〈代李侍郎與宣武韓司空書〉。
3 《全唐文》卷六二七，呂溫：〈代李侍郎賀德政表〉。
4 《新唐書》卷五四，〈食貨志四〉。
5 《全唐文》卷五二九，顧況：〈嘉興監記〉；王象之：《輿地紀勝》卷三九，〈楚州〉；卷四〇〇，〈泰州〉。
6 《唐大詔令集》卷一三〇，宣宗：〈收復河湟德音〉。

表5 西北鹽池隸屬情況表

鹽池名	所在州名	隸屬情況
烏池	鹽州	度支使
白池	鹽州	河東節度使
溫池	靈州	陷吐蕃前隸度支。收復河隴後，大中四年隸度支，六年改隸威州。
胡落池	豐州	河東供軍使

(3) 井鹽。元和中盧坦為劍南東川節度使，「盡蠲山澤鹽井榷率之籍」[1]。節度使對專賣收入擁有放免權，表明並非一般地參與鹽務，而是擁有某種領導權。元和時黔州彭水縣有左右鹽泉，「本道官收其課」[2]。大中二年（848年）七月，中書門下奏：「黔中鹽鐵使判官，開成中已停減不置。臣等商量，望黔中置經略推官一員，其鹽鐵使判官，望令依舊額卻置。」[3] 宣宗准奏。「黔中鹽鐵使判官」，疑即上述「本道官」。以地方官充鹽鐵使屬員，亦為地方參與專賣之一例。

地方政府參與專賣經營的同時，各級專賣機構也參與賦稅的徵收，這樣，專賣與賦稅兩個子系統之間便形成了互相配合、互為補充的關係，從而使封建國家的財政系統成為一個具有內部交往的多階層序系統，如圖2所示。比之一個無內部交往的多階層序系統（假設去除圖中的虛線部分），前者效率更高，自我調節的機制亦更佳。

1 《舊唐書》卷一五三，〈盧坦傳〉；《新唐書》卷一五九，〈盧坦傳〉。
2 《元和郡縣志》卷三〇，〈江南道六・黔州觀察使〉。
3 《唐會要》卷七九，〈諸使下・諸使雜錄下〉。

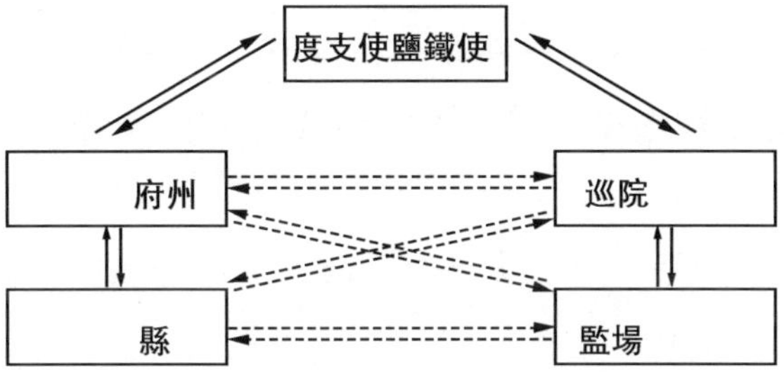

圖2　中央專使之下的賦稅與專賣多階層序系統關係框圖

（二）機構的增減

（1）巡院。建中後巡院設置經過調整，至貞元中每道至少有一院[1]。元和後隨中央與藩鎮勢力之消長，巡院亦時有增減。河南方面，元和十四年（819年）三月，「鄆、青、兗三州各置榷監院」[2]。劉晏所設兗鄆巡院，前此恐一度停廢，至李師道被滅，朝廷分其地為三道[3]，各道遂自設一院。然未幾此三院又告停廢。長慶二年（822年）五月敕：「其鹽鐵使先於淄青、兗、鄆等道管內置小鋪糶鹽及巡院納榷，起長慶二年五月一日以後，一切並停。」此乃朝廷以其地初平，務安反側，將專賣經營權暫讓與地方當局。至大和五年（831年），又收其權，時當另置巡院。河北方面，「自天寶末兵興以來，河北鹽法，羈縻而已。暨元和中，用皇甫鏄奏，置稅鹽院，同江淮、兩池榷利」，元和中亦增設河北巡院。然長慶元年（821年）二月又令河北鹽專賣仍歸節度使經營，巡院收取部分榷利而已[4]。

（2）監。《新唐書》卷五四〈食貨志四〉曰：「增雲安、渙陽、

1　見陸贄：《陸宣公奏議》卷一二，〈請以稅茶錢置義倉以備水旱〉。
2　《唐會要》卷八八，〈鹽鐵〉。以下出處同者不注。
3　《資治通鑒》卷二四一，元和十四年二月。
4　《舊唐書》卷四八，〈食貨志上〉。

涂澮三監。」此為元和初事。又同書卷四〇〈地理志四〉山南道夔州條曰：「奉節……有永安井鹽官。雲安……有鹽官……大昌……有鹽官。」此當為元和中事。二志所列五處鹽官，後統稱之為「峽內五監」[1]。

⑶ 小鋪。商運商銷之法行後，政府手中仍掌握部分貯鹽，以備官銷，用來平抑鹽價。由於零售給百姓和批發給商人不同，於是便另設機構，以專司其事，是為小鋪。前引長慶二年五月敕文有「淄青、兗、鄆等道管內置小鋪糶鹽」云云，即一例。元和之前小鋪為數似不多，元和之後其數似有增加。茲再舉二例。長慶元年（821年）鹽鐵使王播奏：「……諸處煎鹽停（亭）場，置小鋪糶鹽，每斗加二十文……」[2]長慶二年（822年）韓愈上〈論變鹽法事宜狀〉，曰：「今令州縣人吏，坐鋪自糶……不得見錢及頭段物，恐失官利，必不敢糶。」[3]

⑷ 留後。除劉晏所設揚子留後外，建中以後又相繼設置河陰、江陵、東都、上都留後。

（三）級別的升降

《冊府元龜》卷五一一「邦計部貪污門」載：「權長孺為鹽鐵福建院官，元和四年七月，坐贓一萬三百餘貫。」劉晏於福建設侯官監，元和時該監已升格為巡院。又《唐會要》卷八八「鹽鐵」載：長慶元年（821年）三月鹽鐵使王播奏「揚州、白沙兩處納榷場，請依舊為院」，穆宗准奏。劉晏曾於揚州、白沙各設巡院一所，大約建中至元和間某時，二所巡院降格為場，至此復升為院。又據同書同卷載，大和四年（830年）五月文宗敕「東都、江陵鹽鐵轉運留後，並改為知院者」，此乃將二留後降格為巡院。

---

1 《唐會要》卷八七，〈轉運鹽鐵總敘〉。
2 《舊唐書》卷四八，〈食貨志上〉。
3 《全唐文》卷五五〇，韓愈：〈論變鹽法事宜狀〉。

（四）權力的增損

元和以後，各級專賣機構擁有獨立的司法權，「悉得以公私罪人」，甚而「自致房收系，州縣官吏不得聞知」[1]，從而引起地方政府不滿，中央不得不剝奪其部分權力。又元和四年（809年）十二月御史中丞李夷簡奏：「諸州使有兩稅外雜榷率及違敕不法事，請諸道鹽鐵轉運、度支巡院察訪，狀報台司，以憑聞奏。」憲宗准奏，並於次年詔曰：「今度支、鹽鐵……各有分巡，置於都會……政有所弊，事有所宜，皆得舉聞，副我憂寄。」[2]巡院遂被授予監察權。此後不少院官都以侍御史兼之，如寶曆初羅立言以侍御史兼鹽鐵河陰院官[3]。「侍御史掌糾舉百僚，推鞫獄訟」[4]，權力是很大的，足見院官兼侍御史是巡院擴權的重要步驟。至開成二年（837年）十月，文宗敕曰：「鹽鐵、戶部、度支三使下監院官，皆郎官、御史為之。使雖更改，官不得移替。」[5]巡院擁有監察權便制度化了。

（五）轄區的伸縮

鹽鐵、度支二使轄區之變動，一為中央重新控制的地區歸於何者。如元和時李師道平，其地鹽務歸屬鹽鐵使；河北歸順，其地鹽務歸屬度支使。二為井鹽產區歸於何者。井鹽產區為劍南、山南西、山南東3道，前二者為度支使轄區，包括3院、21州、640井[6]，見表6。表中所列兩道三院始終隸於度支使，而山南東道的歸屬卻屢有變動。

---

1 《全唐文》卷七五七，殷侑：〈請禁度支鹽鐵等官收系罪人奏〉。

2 《唐會要》卷八七，〈轉運鹽鐵總敘〉。

3 《舊唐書》卷一六九，〈羅立言傳〉。

4 《唐六典》卷一三，〈御史台〉。

5 《唐會要》卷八八，〈鹽鐵〉。以下出處同者不注。

6 《新唐書》卷五四，〈食貨志四〉。三院合計639井，《新唐書・食貨志》作640井系取整數。據古賀登考證，黔、巂二州鹽井不屬山南西院管轄，又640井這個數字不可靠，可能是依據宋代的資料類推的，見古賀登：〈續唐代井鹽考〉（日文中譯），載《井鹽史通訊》1981年第1期。

元和五年（810年）詔：「峽內煎鹽五監，先屬鹽鐵使，今宜割屬度支。」[1] 將鹽鐵使所轄山南東道峽州以西五個監劃歸度支使管轄。又大和二年（828年）敕：「潼關以東度支分巡院，宜併入鹽鐵江淮河陰留後院。」可見此前原屬鹽鐵使管轄的山南東道東部（位於潼關以東）之鹽務曾一度劃歸度支使，至此復歸鹽鐵使。

表6　劍南、山南西道鹽井分布表

巡院名	所轄州境	所轄井數
劍南西川院	邛、眉、嘉	13
劍南東川院	梓、遂、綿、合、昌、渝、瀘、資、榮、陵、簡	460
山南西院	黔、成、巂、果、閬、開、通	166

從以上五個方面，可大致了解元和以後鹽專賣機構的變動情況。

二、酒的專賣機構

唐於廣德二年（764年）始行酒專賣，此時所行乃特許專賣制，亦即由政府所特許的酒戶專擅酒的產銷，並向官府納稅，故政府無設置專門機構加以經營之必要。酒戶繳納酒稅事宜，乃由各道租庸鹽鐵使兼掌[2]。永泰元年（765年）各道租庸鹽鐵使停罷後，收納酒稅之權遂移於諸道節度、觀察、都團練等使[3]。德宗即位後，罷酒專賣，至建中三年（782年）複行之，且改特許專賣制為全部專賣制，亦即官釀官酤。其事務「委州縣綜領」[4]，即授權地方政府經營酒的專賣。此後，官釀官酤、酒戶納課、榷麴（官府壟斷酒麴的產銷）、百姓納榷酒錢（專賣稅）等酒類專賣形式的實行，因時因地而異，其事一般

1 《唐會要》卷八七，〈轉運鹽鐵總敘〉。
2 《舊唐書》卷一二六，〈裴諝傳〉。
3 全唐文》卷四七，代宗：〈命諸道入錢備和糴詔〉。
4 《舊唐書》卷四九，〈食貨志下〉。

均由地方政府負責。各地設置何種機構以司其事，唐代史籍付諸闕如。鞠清遠先生認為：「擔負榷酒或榷麴的官吏，大概都有衙門，稱之為榷酒務。」[1]其根據為，《桂苑筆耕集》中載有「榷酒務」官員的委任狀，如「諸葛殷知榷酒務」，「徐苺充榷酒務專知」，「柳孝謙知白沙榷酒務」等。此說當可成立。又，《五代會要》卷二六〈麴〉載：

周顯德四年七月敕：「諸道州府麴務，今後一依往例，官中禁法賣麴，逐處先置都務處，候敕到日，並仰停罷。據見在麴數，準備貨賣，兼據年計合使麴數，依時踏造，候人戶將到價錢，據數給麴，不得賒賣抑配於人。其外酒場務，一切仍舊……」（注：先是，晉、漢已來，諸道州府皆榷計麴額，置都務以估酒。民間酒醋皆漓薄，上知其弊，故命改法。）

由此可知，「務」這種機構又包括了麴務、都務、場務等。麴務是經營麴專賣的機構，都務是經營酒專賣的機構，場務作為都務或麴務的分支機構，行官酤時則賣酒，行榷麴時則賣麴[2]。此制當源於唐。另外，《文獻通考》卷一九〈徵榷考四·雜徵斂〉載：「坊場即墟市也，商稅、酒稅皆出焉。」《宋史》卷一六七〈職官志七〉亦載：「鎮、寨官。諸鎮置於管下人煙繁盛處，設監官，管火禁或兼酒稅之事。」唐代收納酒戶所繳酒稅、百姓所繳榷酒錢的機構，當與此相若。

上述情況表明，酒務機構不似茶務、鹽務機構，後二者為鹽鐵、度支巡院及其下屬監、場等，前者則由地方官另外組成。其原因，一

1 鞠清遠：《唐代財政史》，上海：商務印書館，1940年，第74頁。
2 場務冠以「酒」字，其賣官酒無疑。又，《五代會要》卷二七〈鹽鐵雜條下〉：「凡買鹽、麴，並須於官場務內買」，則場務亦賣官麴。

是酒類生產具有與鹽、茶不同的特點，它不受地區限制，遍佈各地，產品一般不需長途販運，鹽鐵、度支巡院及其下屬監、場等既無法又無需處處顧及；二是酒類專賣不似鹽、茶專賣那樣已完全由賦稅系統中蛻變出來，而是兼有專賣和徵稅兩項內容，因而由地方政府代為經營專賣、課取稅收較為適宜。不過酒類專賣收入作為專項收入，並未與其他賦稅收入相混同[1]，可見機構的不同並未改變其專賣的性質。再者，巡院、監、場等仍有權參預酒類專賣收入的徵納，乃至其專賣業務的經營[2]，可見酒的專賣機構實際上被置於地方政府與三司分支機構的雙重領導之下。

三、茶的專賣機構

唐於貞元九年（793年）始行茶稅，其事務「委院司分置諸場」[3]處置。院即巡院；司即使司，亦即三司或三使；諸場乃院司屬下之稅務機構。所收茶稅，乃經由諸道巡院上納戶部。

大和九年（835年），鹽鐵使王涯議改稅茶為專賣，鄭注亦獻官製官銷之策。十月，文宗「乃以涯為榷茶使」[4]。此為負責茶專賣事務之專使，然非專人擔任，而由鹽鐵使兼領[5]。對各地茶園，榷茶使又「分命使者主之」[6]。十二月，改官製官銷為民製商銷，政府則控制收購與批發環節，榷茶使遂廢而不置[7]，其下屬諸使當亦廢之。取代王涯任鹽鐵使的令狐楚「以是年（大和九年）茶法大壞，奏請付州縣，而入其租於戶部」[8]，茶專賣經營權遂移於地方政府，

---

1 《唐大詔令集》卷七二，僖宗：〈乾符二年南郊赦〉。
2 《舊唐書》卷一一九，〈崔祐甫傳附崔植傳〉。
3 《唐會要》卷八七，〈轉運鹽鐵總敘〉。
4 《舊唐書》卷一七下，〈文宗紀下〉。
5 《舊唐書》卷一七二，〈令狐楚傳〉。
6 《冊府元龜》卷五一〇，〈重斂〉。
7 《舊唐書》卷一七二，〈令狐楚傳〉。
8 《唐會要》卷八七，〈轉運鹽鐵總敘〉。按，「茶法大壞」指王涯、鄭注推行官製官銷之法，激起茶農、茶商強烈反對。

其收入則依茶稅例納於戶部。開成元年（836年）四月，李石繼任鹽鐵使，又「以茶稅皆歸鹽鐵」[1]，茶專賣經營權複歸三司分支機搆，乃由先前掌管稅茶事務的院、場主持其事，然此時場已非稅務機構，而是專賣機構了。未幾情況又有變動。《冊府元龜》卷四九四〈山澤二〉：

（開成二年）九月，浙江觀察使盧商奏：「常州自開成元年七月二十六日敕以茶務委州縣，至年終所收，以溢額五千六百六十九貫，比類鹽鐵場、院正額元數，加數倍以上。伏請增加正額，詔戶部、鹽鐵商量，並請依州司所奏。」從之。

據此，開成元年（836年）七月下旬，常州的茶專賣經營權又自院、場移至州、縣，然三司仍受納其所入，且參與其業務規劃的制定。這種情況恐不限於常州一地。武宗即位後，於開成五年（840年）九月敕曰：「稅茶法，起來年卻付鹽鐵使收管。」可見此前茶專賣均系地方政府經營。武宗後情況未見再變。

一如鹽專賣的情況，茶專賣事務亦劃分為東、西兩大地區，由兩個平行的領導機構分別加以管理。鹽鐵使之下，有諸鹽鐵巡院分領東區各地茶專賣業務；戶部使之下，有諸度支巡院分領西區各地茶專賣業務[2]。各巡院之下，則有場、鋪等專賣經營機構[3]，其中鋪為場的下屬機構。要之，從茶專賣機構的結構層次來看，依次為使、院、場、鋪。必須指出，總領一方茶、鹽專賣事務的巡院，其機構是合一的；而經營鹽專賣的監、場，與經營茶專賣的場、鋪，其機構則是分

1 《新唐書》卷五四，〈食貨志四〉。按：唐人常將「榷」與「稅」二者混用，以致混淆了專賣與課稅的含意，此處茶稅實指茶專賣。

2 《冊府元龜》卷五〇四，〈關市〉。

3 《冊府元龜》卷四九四，〈山澤二〉；《舊五代史》卷一〇，〈梁末帝紀下〉。

開的。

茶專賣自賦稅系統中蛻變出來，較鹽專賣為遲，且其推行所遇阻力與曲折，亦較鹽專賣為甚，因而需要地方政府更多的協助，故其雖終屬專賣系統，然與賦稅系統之關係，較之鹽專賣更為密切。

綜合本文所論，雖然唐代經營各種專賣品的機構既有合一的，又有分離的；既有直屬三司的，又有隸屬州縣的，但是，綜觀全域，各級專賣機構還是形成了一個比較嚴密的系統，由中央最高財政機構——三司總領之。唐政府正是依靠這樣一個遍布各地的網路組織，使專賣這部巨大的機器得以正常運轉，從而大大增強了封建國家控制經濟生活的機能。並且，由於專賣機構與賦稅機構之間有著密切的聯繫，因而使得整個財政系統的效率更高，自我調節的機制亦更佳（參見圖3）。唐政權自安史之亂後能經受各種衝擊而生存一個半世紀之久，與此不無關係。

圖3　唐代專賣機構關係框圖

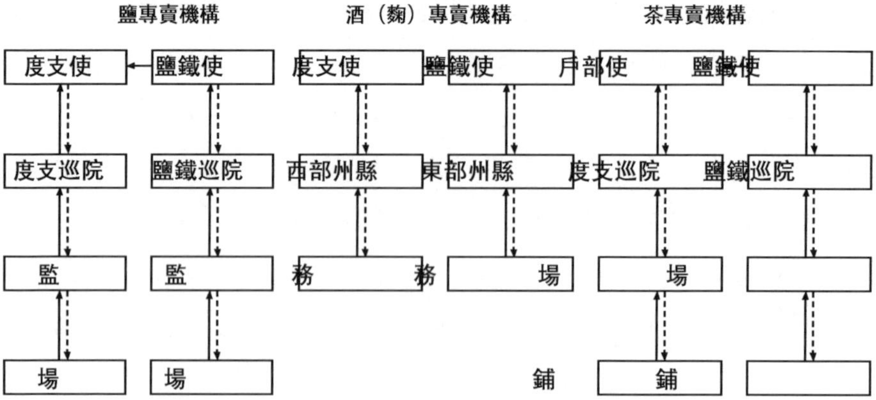

注：——表示專賣收入由此達彼
-----表示指令由此達彼

（原載《中國唐史學會論文集》，西安：三秦出版社，1989年）

唐代的專賣收入

唐代繼漢代之後又一次大規模推行專賣制度，專賣收入成為漢、唐中央財政的重要支柱。漢代專賣收入缺乏具體數位的記載，難於對其做出定量分析。唐宋史籍卻給我們留下了有關唐代專賣收入的一些寶貴資料，有利於我們對其做出定量分析。本文擬從這些資料入手，對唐代鹽、酒、茶等各項專賣收入及其有關問題略予探討。

一、鹽的專賣收入

鹽的專賣收入構成唐代專賣收入的最主要部分，其中又以海鹽為最。以下分別論述海鹽、池鹽和井鹽的專賣收入，而著重海鹽方面，並穿插著對專賣收入中「虛估」問題的分析。

（一）海鹽的專賣收入

乾元元年（758年）鹽專賣法推行後，效果是顯著的。史稱「軍用饒雄」[1]，「人不益稅而上用以饒」[2]。但是，考察其專賣價格，可以發現其專賣收入尚不太多。其時規定的鹽的專賣價格為每斗110文，比原先的市場價格每斗10文高出十倍[3]。然而，乾元鹽法推行後的第七年，即廣德二年（764年），全國鹽利收入僅60萬貫，顯然並未隨其價格同步增長。究其原因，在於此間實行的是民產官收官運官銷之法，流通費用龐大，加以戰時草創，專賣機構尚不完備，故其收入數額受到限制。

永泰元年（765年），劉晏與第五琦分領東、西兩大地區鹽務[4]。

1 《新唐書》卷一五三，〈顏真卿傳〉。

2 《舊唐書》卷一二三，〈第五琦傳〉。

3 《新唐書》卷五四，〈食貨志四〉：「天寶、至德間，鹽每斗十錢……及（第五）琦為諸州榷鹽鐵使，盡榷天下鹽，斗加時價百錢而出之，為錢一百一十。」

4 《唐會要》卷八八，〈鹽鐵使〉：「永泰元年正月，劉晏充東都、淮南、浙江東、浙江西、湖南、山南東道鹽鐵使；第五琦充京畿、關內、河東、劍南、山南西道鹽鐵使。」海鹽產銷區域歸劉晏管轄。

劉晏在其轄區內實行鹽法改革，變官運官銷為商運商銷[1]，從而為政府節省了大筆流通費用。雖然專賣價格保持不變，政府的實際收入卻增加了。劉晏又對專賣機構進行整頓，提高其行政效率。這樣，專賣收入便以比前一時期快得多的速度增長起來。《資治通鑒》卷二二六建中元年七月條曰：「其始江、淮鹽利不過四十萬緡」；《新唐書》卷五四〈食貨志四〉亦云：「晏之始至也，鹽利歲才四十萬緡。」從中可以清楚地看出這筆鹽利收入的時間與地域。換言之，此乃劉晏就任的前一年，即廣德二年（764年），江、淮等東部地區的鹽利收入。《舊唐書》卷一二三〈劉晏傳〉：「及晏代其任……初歲入錢六十萬貫，季年所入逾十倍（《冊府元龜》卷四九三作『季歲十倍』）……大曆末，通計一歲徵賦所入總一千二百萬貫（《冊府元龜》卷四九三作『一千三百萬貫』），而鹽利且過半。」「初歲」所限定的時間範圍，顯然是有別於「其始」、「始至」的，此乃劉晏就任後的第一年，即永泰元年（765年）。其地域範圍，當然也只能是劉晏轄下的東部地區。簡言之，劉晏上任一年後，就使江淮等地的鹽利歲入從四十萬貫增至六十萬貫，其年增長率為50%。「季年」乃大曆十四年（779年），此年鹽利所入為六百餘萬貫，十倍於永泰元年所入。

問題在於，這六百餘萬貫為全國鹽利歲入抑或東部地區歲入？史籍中多將此數與當年中央財政總收入作比較，言其「鹽利過半」，似乎其為全國鹽利總數。又劉晏於大曆十四年（779年）閏五月兼領西部地區鹽務，則此數為全國歲入，更似順理成章。然史籍所言「十倍其初」，乃是與永泰元年（765年）東部地區所入之六十萬貫相比較，則此數亦應就同一地區而言。又《資治通鑒》卷二二六建中元年七月條：「其始江、淮鹽利不過四十萬緡，季年乃六百萬緡……其河

1 《資治通鑒》卷二二六，建中元年七月條：「晏以為官多則民擾，故但於出鹽之鄉置鹽官，收鹽戶所煮之鹽轉鬻於商人，任其所之，自餘州縣不復置（鹽）官。」

東鹽利，不過八十萬緡。」明確指出此六百萬緡為江淮等東部地區鹽利歲入，河東等西部地區不包括在內。又《舊唐書》卷一二三〈李巽傳〉：「榷筦之法，號為難重，唯大曆中僕射劉晏雅得其術，賦入豐羨，巽掌使一年，徵課所入，類晏之多歲，明年過之，又一年加一百八十萬貫。」而李巽在奏上鹽利數額時明確指出，其所出地區為江淮、河南、河內、兗鄆、嶺南等[1]，亦即東部地區。既如此，則與之相類比之劉晏所入，當亦出自同一地區。據以上分析，大曆十四年六百餘萬貫的鹽利收入，應是出自東部地區，而非全國，諸史籍將此數與當年中央財政總收入相較，實乃此數已占全國鹽利的絕大部分，西部地區不計入亦無妨。即便此時劉晏總領全國鹽務，東部地區的鹽利也還是單獨結算，正如元和時全國鹽利入於度支使，而鹽鐵使轄下的東部地區鹽利仍單獨結算一樣。因此，這六百餘萬貫非為全國鹽利總數，當無疑問。

基於以上分析，我們列出表1：

表1　劉晏任鹽鐵使期間部分年度鹽利收入表

地域 / 鹽利歲入（貫） / 時間	東部地區	西部地區	全國
廣德二年（764）	400000	200000①	600000
永泰元年（765）	600000		
大曆十四年（779）	6000000＋	800000②	6800000＋③

注：資料①據日野開三郎〈關於兩稅法以前唐朝的榷鹽法〉（日文版）（載《社會經濟史學》第26卷第2期，1960年）一文所記。資料②為河東鹽利，不包括西部其他地區。資料③當略低於實際數額。

1　見《冊府元龜》卷四九三，〈山澤一〉。

據表中數額推算，東部地區鹽利在全國鹽利歲入中所占的百分比，廣德二年為66.6%，大曆十四年為85.7%。這筆收入不僅作為漕運經費[1]，而且「宮闈服御、軍餉、百官祿俸皆仰給焉」[2]。由於東部地區絕大部分為海鹽產銷區，故海鹽專賣收入在國家財政中的重要地位，於此可見。

考察了海鹽專賣的總收入，我們再來看看各鹽監、鹽場的收入，以便相互印證。《新唐書》卷五四〈食貨志四〉在談到劉晏主持鹽政的情況時說：「吳、越、揚、楚鹽廩至數千，積鹽二萬餘石。有漣水、湖州、越州、杭州四場；嘉興、海陵、鹽城、新亭、臨平、蘭亭、永嘉、大昌、侯官、富都十監，歲得錢百餘萬緡，以當百餘州之賦。」所列場、監，除大昌監外，均屬海鹽產區。其中又有幾個地位特別重要。《全唐文》卷五二九顧況〈嘉興監記〉：「淮海閩駱，其監十焉，嘉興為首……前使張侍郎滂、王尚書緯，總其卜式、宏羊之計，遂有采山煮海之役。十年六監興課特優，至是末期，從百萬至三百萬。鹽人賈人，各得其所。」所說為貞元八年至十七年（792—801年）事[3]。暫不論文中所舉六監歲入數額的可靠性，先考此六監為何者。南宋王象之《輿地紀勝》卷四〇〈淮南東路·泰州·古跡〉：「《元和郡縣志》云：……今海陵縣，官置鹽監一，歲煮六十萬石。而楚州鹽城，浙西嘉興、臨平兩監，所出次焉。」據此，海陵、鹽城、嘉興、臨平為歲入最多的四個監。又同書卷三九《淮南東路·楚州·風俗形勝》：「唐鹽課四十五萬石。《元和郡縣志》云：今官中置鹽監，以收其利，每歲煮鹽四十五萬

1 《唐會要》卷八七，〈轉運鹽鐵總敘〉：「晏始以鹽利為漕傭」。
2 《新唐書》卷五四，〈食貨志四〉。
3 文中末尾有「貞元十七年歲在辛巳正月朔記」。又張滂自貞元八年三月至十年十一月任鹽鐵使；王緯自貞元十年十一月至十四年八月任鹽鐵使（見嚴耕望：《唐僕尚丞郎表》，臺北，1956年，第798頁），則文中所談「十年」當指貞元八年至十七年。

石。」文中「鹽監」係鹽城監無疑[1]。嘉興、臨平二監歲入當與此相去未遠。又南宋施宿《嘉泰會稽志》卷一七《鹽》：「唐越州有蘭亭監……配課鹽四十萬六千七十四石一斗」。則蘭亭監當名列上述四監之後。尚有一監，因史料缺乏，暫付闕如。貞元中六監歲入究竟幾何？現將有歲煮鹽數位可考的三個監，按不同時期的鹽價各別計算出其歲入，列為表2。

表2　大曆至元和年間海鹽三大鹽監歲入表

年代	鹽價(文/斗) ＼ 歲入（貫） ＼ 歲煮鹽（石） ＼ 監名	海陵	鹽城	蘭亭	合計
		600000	450000	400000①	1450000
大曆	110	660000	495000	440000	1595000
貞元	370	2220000	1665000	1480000	5365000
元和	250	1500000	1125000	1000000	3625000

資料來源：大曆、貞元、元和鹽價分見《新唐書》卷五四〈食貨志四〉；《冊府元龜》卷四九三〈山澤一〉。

注：①數原為406074石，表中取整數。

分析表中合計欄數字，唯大曆之數較為可信。[2] 因此，《輿地紀勝》所引《元和郡縣志》及《嘉泰會稽志》所載三監歲入，可能是大曆舊額。而〈嘉興監記〉所記貞元六監歲入，恐為溢美之詞，疑乃借大曆以喻貞元。又《全唐文》卷七三六沈亞之〈杭州場壁記〉：「顧杭州雖一場耳，然則……每歲官入三十六萬千計。」所說為元和時

1　鹽城監唐時地屬淮南道楚州。

2　《冊府元龜》卷四九三記貞元二年東區鹽利歲入為6596000貫，且為虛錢，故三監歲入5365000貫，似無可能。又同書同卷記元和時東區最高歲入為7278160貫，則三監歲入3625000貫，所占比例過高，可能性亦不大。

事[1]，然大曆時該場歲入當不低於此。上述三監一場歲入已近兩百萬貫，故《新唐書・食貨志》所云十監四場歲入百餘萬貫，其數偏低，而大曆末東部地區鹽利歲入六百餘萬貫之說，其可靠性也就毋庸置疑了。

建中三年（782年）以後，專賣價格高昂，商人複大幅度加價出售，致使官鹽滯銷，私販盛行，且專賣收入多以虛錢計，因而鹽利歲入從大曆末的高峰上跌落下來，直至貞元末仍未明顯回升。元和時，經整頓鹽務，削減鹽價，鹽利歲入方得以漸次回升，並形成繼大曆之後的又一次專賣收入的高峰[2]。現據《冊府元龜》卷四九三〈山澤一〉所載元和四、五、六、七、八年鹽鐵使所奏數額，列成表3。表中所示，元和三、五、六、七年鹽利系東部地區歲入數額，其餘各年雖未注明出自何處，然其同為鹽鐵使所奏，故當亦出自東部地區[3]。

表3　貞元至元和年間東部地區部分年度鹽利收入表

時間	鹽專賣收入（貫）		鹽專賣收入所出地區	備註
	實錢	虛錢		
貞元二年（786）		6596000		
永貞元年（805）		7530000		
元和元年（806）		11280000		
元和二年（807）		13057300		
元和三年（808年）	7278160	27815807	江淮、河南、河內、兗鄆、嶺南	虛钱系比量未改法已前旧盐利总约时价四倍加抬计成，原文二千万误为一千万，据《唐会要・转运盐铁总序》改。又，河内恐为峡内之误。

1　文中有「是時尚書職方郎崔稜為揚子留後」云云，查《唐會要》卷八七：「（元和）六年，以崔倰為揚子留後。」崔倰即崔稜，可見此文作於元和年間。

2　《新唐書》卷五四，〈食貨志四〉。

3　由於永泰元年第五琦是以戶部侍郎判度支的身分充西區鹽鐵使的，大曆六年韓滉仍以此身分繼任西區鹽鐵使，故西區主管專賣的使職稱謂逐漸變為度支使，而東區則仍稱鹽鐵使。

续表				
時間	鹽專賣收入（貫）		鹽專賣收入所出地區	備註
	實錢	虛錢		
元和四年(809)		18053600		原文年代作元和元年，然鹽鐵使所奏時間系元和五年，故當指前一年，即元和四年，據改。
元和五年(810 年)	6985500	17463700	江淮、河南、峽內、嶺南、兗鄆	原文年代作元和元年，然盐铁使所奏时间系元和五年，故当指前一年，即元和四年，据改。
元和六年(811)	6859200	17127100	除峽內鹽井外	虛錢計法同上。
元和七年(812)	6784400	17178900	江淮、兗鄆等	原文虛錢為 12170090 貫，然奏文曰：其 2186300 貫充糴鹽本，其 14992600 貫充榷利，二數之和為 17178900 貫，據改。虛錢計法同上。

表3顯示，各年度鹽利普遍以虛錢計，足見分析專賣收入時，不能不涉及虛錢以及虛估的問題，下面擬就此展開討論。納稅虛估的起因，在於貞元初年以後，「物價既日以跌落，依價折稅，就使取各地月平為估，人民亦實不堪命矣。於是折納始加一部虛價」[1]。鹽利虛估的手段雖同於此，目的卻全異，其出現的時間亦更早。《新唐書》卷五四〈食貨志四〉：「劉晏鹽法既成，商人納絹以代鹽利者，每緡加錢二百，以備將士春服。」鹽商如納絹以代鹽價者，每絹價一千提高二百，以鼓勵商人購運，並藉以籌辦將士春服所需的材料[2]。此可謂鹽利虛估之濫觴。又同書同卷：「包佶為……鹽鐵使，許以漆器、瑇瑁、綾綺代鹽價，雖不可用者亦高估而售之，廣虛錢以罔上。」[3]奢侈品既得以進獻而邀寵，又得以高估其值而增鹽利之數，目的雖與劉晏不同，鹽利虛估之法漸至成形。至貞元時，鹽政紊亂與鹽利虛估互為因果，愈演愈烈。同書同卷：「方是時，（李）錡盛貢獻以固

1 劉淑珍：〈中晚唐之估法〉，載《史學集刊》1950年第6期。

2 胡寄窗：《中國經濟思想史》中冊，上海人民出版社，1963年，第393頁。

3 文中「售」字與前後文意矛盾。「不可用者」，必無人買之，何售之有？疑乃「買」之誤。鹽鐵使為「廣虛錢以罔上」，遂「高估而買之」，此則文通意順。

寵，朝廷大臣，皆餌以厚貨。鹽鐵之利，積於私室，而國用耗屈，榷鹽法大壞，多為虛估，率千錢不滿百三十而已。」實錢一百三十文可加抬計成虛錢一千文，虛估竟為實估的7.69倍，鹽利實際收入自然大幅度減少。又《全唐文》卷六二憲宗〈亢旱撫恤百姓德音〉：「鹽鐵使下諸監院，舊招商所由欠貞元二年四月以前鹽稅錢，及永貞元年變法後，新鹽利輕貨折估錢，共二十八萬七千七百五十六貫文，並宜放免。」可知鹽利自永貞元年（805年）以後均以布帛輕貨之價計之。又據上表，永貞元年（805年）、元和元年（806年）及二年（807年）鹽利皆以虛錢計，可知此虛錢乃布帛輕貨虛估之價錢也。

李巽為鹽鐵使後，對此加以改革。元和四年（809年）二月李巽奏：「去年收鹽價緡錢七百二十七萬，比舊法張其估二千七百八十餘萬，非實數也。今請以其數，除為煮鹽之外（《冊府元龜》卷四九三作「除准舊例充鹽本外」），付度支收其數。」[1]可知自元和三年起，鹽利不按「舊法」以虛錢計，而改以實錢計。不過，這是就鹽鐵使的收入而言，至於交付度支使收管及充鹽本的數目，仍以虛錢計。其虛估為實估之3.82倍，二者的比率較貞元時降低一半。從中我們可以看到一個奧秘，那就是，在鹽利收入與支付均以虛錢計的情況下，前者的損失可以從後者得到彌補，從而至少使損益相抵消；在收入以實錢計，支付以虛錢計的情況下，則是有益而無損了。此乃鹽利虛估得以長期存在之原因。正由於此，李巽之後，不僅鹽利在用於支付的場合普遍用虛錢[2]，而且在收入時以虛錢計的情況也重新出現了。如《新唐書》卷一四二〈崔祐甫傳附崔植傳〉所載：「元和中……時皇甫鎛判度支……又請天下所納鹽、酒利增

---

1 《唐會要》卷八七，〈轉運鹽鐵總敘〉。

2 政府以充鹽利之虛估匹段償付和雇、和糴之值的例子所在多有。見《元稹集》卷三七，〈為河南府百姓訴車狀〉；《唐會要》卷五九，〈尚書省諸司下・度支使〉，元和十四年六月判度支皇甫鎛奏。

估者，以新准舊，一切追償。」所謂「增估」，即為虛估也。總之，鹽利中的「虛估」與實際收入是有差別的，亦即少於實際所得。而虛估的作用是複雜的，它既有利於招徠商賈，促進流通，又便於各級專賣機構上下其手，從中漁利。不過，從收入虛估基於支付虛估這一點來看，它歸根結底是增加了人民的負擔，因而不宜予以肯定。

穆、文、武宗三朝，鹽政又趨紊亂，專賣價格上漲，專賣機構冗員冗費，走私活動猖獗，藩鎮將帥截留鹽利，都促使專賣收入趨於下降[1]。雖然這一時期並無全國性或大區性的鹽利數額可資查考，但專賣收入低於元和年間是可以肯定的[2]。宣宗大中年間（847—859年），鹽鐵使裴休整頓鹽政，情況有所好轉，專賣收入因此又有所增加[3]。懿、僖、昭宗及哀帝四朝亦均無全國性或大區性的鹽利數額可資查考，但從這一時期唐政權日趨沒落的形勢來看，其鹽利歲入恐在不斷減少。不過個別地區的專賣收入仍時有增長。如咸通年間（860—873年）唐朝與安南發生戰爭，宰相鄭畋「請以嶺南鹽鐵委廣州節度使韋荷，歲煮海取鹽直四十萬緡，市虔、吉米以贍安南……軍食遂饒」[4]。然所入多為應軍需之急，由地方政府直接動用，而非將其上繳中央。

以上所闡述的唐代海鹽專賣收入的幾度升降起伏，若以曲線描繪之，可以看出它先後出現了大曆、元和、大中三個高峰，而介於這三者之間及前後則是平緩的低谷。

（二）池鹽的專賣收入

池鹽專賣收入以河東兩池為大宗，見表4。

---

1 《新唐書》卷五四，〈食貨志四〉。

2 開成初蘇州售鹽「加至十三萬石，倍收稅額」（《冊府元龜》卷九四九，〈山澤二〉），此為特例，無助於說明整個東部地區的情況。

3 宋人呂夏卿著《唐書直筆》卷四〈新例須知〉記唐大中中鹽利為480萬餘貫，扣除河東兩池歲入100萬～120萬貫（據《冊府元龜》卷四九四，〈山澤二〉），其餘380萬～360萬貫大部分為海鹽歲入，此數亦頗可觀。

4 《新唐書》卷一八五，〈鄭畋傳〉。

表4 大曆至大中年間河東兩池部分年度鹽利收入表

時間	鹽專賣收入（貫）	資料來源	備註
大曆十四年（799）	800000	《資治通鑒》卷二二六，建中元年	
元和初（806～）	1600000	《元和郡縣志》卷一二，〈河東道〉	
元和三年（808）	1500000＋	《新唐書》卷五四，〈食貨志四〉	
太和三年（829）	1000000	《冊府元龜》卷四九四，〈山澤二〉	此為政府所定課額，並規定，以實錢繳納
大中二年（848）	1000000	《冊府元龜》卷四九四，〈山澤二〉	此亦為定額，但可取匹段精好者充，不必計舊額錢數
大中六年（852）	1215000＋	《冊府元龜》卷四九四，〈山澤二〉	此為實收數額

表中顯示，兩池鹽利數額以元和時為最高，此前僅及其二分之一，此後僅及其三分之二。大中時雖又有所上升，然亦差元和時頗多。由於兩池歲入佔據了池鹽歲入的大部分，因此表中所示亦可視為池鹽歲入的升降狀況。

有關其他鹽池的收入，見於《唐會要》卷八八〈鹽鐵使〉：「胡落池……每年采鹽一萬四千餘石，給振武、天德兩軍，及營田水運官健」；長慶元年（821年）三月敕：「烏池每年糶鹽收榷博米，以一十五萬石為定額。」[1] 等等。大約除兩池外，其他鹽池的歲入多以實物形態繳納，有的則以鹽易米，這是由於河東、關中、河隴一帶多屯駐重兵，為了就近贍軍的緣故。

（三）井鹽的專賣收入

井鹽專賣收入沒有具體數位記載，只能從有關史料中加以推測。《冊府元龜》卷四九三〈山澤一〉載元和六年（811年）鹽鐵使

1 胡落池屬豐州；烏池屬鹽州，其一十五萬石為米數而非鹽數。

王播奏：「江淮、河南、峽內、嶺南、兗鄆等鹽院，元和五年糶鹽都收價錢六百九十八萬五千五百貫。」峽內鹽院所統為井鹽產區，大約在元和五年（810年）年底，該地劃歸西部地區，由度支使管轄[1]，故元和七年（812年）王播奏上前一年東部地區鹽利收入時，峽內已經被扣除在外：「元和六年糶鹽，除峽內鹽井外，計收鹽價錢六百八十五萬九千二百貫。」[2]假設元和五年、六年江淮、河南、嶺南、兗鄆等地區的歲入基本相同，那麼上述兩個數字的差額126300貫，即為峽內井鹽歲入的近似額。唐代井鹽產區為劍南道、山南西道和山南東道，然而《新唐書·食貨志》只列出劍南道和山南西道的鹽井數，這可能是因為山南東道的鹽井為數不多的緣故。若如此，則劍南道和山南西道的井鹽歲入勢必遠大於上述峽內（山南東道）的歲入數額，或數倍於此亦未可知，惜無從查考。

二、酒的專賣收入

酒專賣初行時，一次，河東租庸鹽鐵使裴諝入計，代宗「問諝：『榷酤之利，一歲出入幾何？』諝久之不對，複問之」[3]，可見其收入一開始便在財政上居於重要地位，因而為最高統治者所關注。然而，由於酒專賣的形式複雜多樣，因時因地而異，故史籍對其收入的記載十分零亂，有關的具體數字更是十分罕見，這就給我們的定量分析造成很大困難，據現有史料，只能描述其大概而已。

關於唐代全國性的酒專賣收入數額，《新唐書》卷五四〈食貨志四〉曰：「太和八年……凡天下榷酒，為錢百五十六萬餘緡，而釀費居三之一，貧戶逃酤不在焉。」據此，太和八年（834年）政府經營酒專賣所得，扣除釀造成本後，純收入為一百零三萬餘貫。又宋人呂夏卿所著《唐書直筆》卷四〈新例須知〉曰：「酒錢，

1 《唐會要》卷八七，〈轉運鹽鐵總敘〉，元和五年詔。
2 《冊府元龜》卷四九三，〈山澤一〉。
3 《舊唐書》卷一二六，〈裴諝傳〉。

大中中一百三十七萬九千九十一緡二百八十六文。」但此處未指明是否包括釀造成本，因此便有兩種可能性，一是已扣除成本，一百三十七萬餘緡即為純收入；一是未扣除成本，若按三分之一的比例扣除之，則純收入為九十一萬餘緡。兩種可能未知孰是，暫且存疑。

檢索史籍，尚可發現幾個地區性的酒專賣收入數額，或可補全域之不足。見表5：

表5　元和、太和年間部分地區酒專賣收入表

時間	地區	酒專賣收入（貫）	資料來源	備註
元和十五年（820年）	江西	90000 ①	《全唐文》卷五六二，韓愈：〈江西觀察使王公神道碑〉	奏罷額
太和五年（831年）	洪州	50000 ②	《冊府元龜》卷五〇四，〈榷酤〉	應納額
太和八年（834年）	京兆府	15010.8③	《全唐文》卷七五，文宗：〈太和八六年疾愈德音〉	蠲免額

數據①為江西道行官酤時歷年積欠的榷酤錢上供額；資料③為京兆府酒戶積欠的納榷錢數額，二者均不能反映此二地區的酒利歲入。資料②「為洪州每年合送省榷酒錢」數額[1]，可以說明兩個問題：（1）五萬貫可能是東南州府每年應納榷酒錢的一般定額；（2）各地酒專賣收入除上供中央外，尚有部分留成，而後者是不包括在全國性的酒利歲入數額之內的。

三、茶的專賣收入

太和九年（835年）以前，茶行課稅之制而非專賣，然了解茶稅所入，對分析茶行專賣後的收入，不無益處。貞元九年（793年）稅茶之

1　唐代酒專賣有數種形式：官酤、酒戶納課、百姓納榷酒錢等，詳見陳衍德：〈唐代的酒類專賣〉，載《中國社會經濟史研究》1986年第1期。

法行後，其年稅茶額幾何，史書記載各不相同，見表6：

表6 部分年代全國茶稅收入表

關於茶稅歲入的記載	資料出處
自此（貞元九年）每歲得錢四十萬貫	《唐會要》卷八四，〈雜稅〉；《舊唐書》卷四九，〈食貨志下〉。
是歲（貞元九年）得緡四十一萬	《唐會要》卷八七，〈轉運鹽鐵總敘〉。
近者有司奏稅茶，歲得五十萬貫	《陸宣公奏議》卷一二，〈請以稅茶錢置義倉以備水旱〉。

據表可知全國茶稅歲入在四十萬至五十萬貫（緡）之間。又《新唐書》卷五四〈食貨志四〉載：「兵部侍郎李巽為（鹽鐵）使……天下糶鹽稅茶，其贏六百六十五萬緡。」按鹽、茶收入九比一的比率計算[1]，元和初茶稅歲入為六十六萬餘貫。考慮到其時僅饒州浮梁縣一地即「每歲出茶七百萬馱，稅十五萬餘貫」[2]，此數大致可信。

太和九年茶行專賣後，由於專賣收入不僅包括專賣物品原有的稅收，而且包括專賣經營的利潤在內，所以其歲入當比茶稅歲入為高。開成年間（836—840年），坑冶歲入「舉天下不過七萬餘緡，不能當一縣之茶稅」[3]，從側面反映出此間有的縣份茶利歲入相當可觀。如常州於開成元年（836年）「以茶務委州縣，至年終所收……比類鹽鐵場院正額元數，加數倍以上」[4]，當州歲入倍增於前，其數自不少，惜無具體數字可考。呂夏卿《唐書直筆》卷四〈新例須知〉云：「茶錢，大中中六十萬三千三百七十緡九十七文。」這是有關全國茶專賣年收

1 金井之忠：〈唐的茶法〉（日文版），載《文化》第5卷第8期，1938年。文中有「貞元九年鹽、茶收入之比為九比一」之說。又，D. C. Twitchett 亦有「四十萬貫茶稅約當其時鹽利的12%」之說，見其所著Financial Administration under the Tang Dynasty，p.63.

2 《元和郡縣志》卷二八，〈江南道〉。

3 《新唐書》卷五四，〈食貨志四〉。

4 《冊府元龜》卷四九四，〈山澤二〉。

入總額的唯一記載。此數額高於貞元九年稅茶數而低於元和時稅茶數。然據《新唐書》卷五四〈食貨志四〉稱，大中時，「天下稅茶增倍貞元」，則其時茶利歲入當在八十萬貫至一百萬貫之間。兩書所載未知孰是，姑且存疑。

唐政府還有另一種茶葉收入來源，即官營茶園與貢焙以實物形態上貢的產品。錢易《南部新書》戊卷曰：「唐制，湖州造茶最多，謂之顧渚貢焙，歲造一萬八千四百八斤……大曆五年以後，始有進奉。至建中二年，袁高為郡，進三千六百串……後開成三年，以貢不如法，停刺史裴充。」此即其一例。這種茶葉雖然一般供皇室消費與賞賜之用，然亦有投入市場以換取貨幣的情況。如元和十二年（817年）五月，「出內庫茶三十萬斤，付度支進其直」[1]，因而構成財政收入的一部分。若欲將其視為專賣收入之一部分，亦無不可。

在結束本文之前，我們將大中年間（847—859年）鹽、酒、茶三項專賣品之歲入加以比較，並進而將專賣與賦稅兩大系統之歲入加以比較，見表7：

表7　大中年間唐朝各項財政歲入數額及所占比例表

<table>
<tr><th colspan="2">系統及項目</th><th colspan="2">歲入數額（緡）</th><th colspan="2">占中央財政收入的 %</th></tr>
<tr><td colspan="2">賦稅</td><td colspan="2">8592062</td><td colspan="2">55.84</td></tr>
<tr><td rowspan="3">專賣</td><td>鹽</td><td rowspan="3">67974902</td><td>4812441</td><td rowspan="3">44.16</td><td>31.28</td></tr>
<tr><td>酒</td><td>1379091</td><td>8.96</td></tr>
<tr><td>茶</td><td>603370</td><td>3.92</td></tr>
<tr><td colspan="2">合計</td><td colspan="2">15386964</td><td colspan="2">100</td></tr>
</table>

資料來源：呂夏卿：《唐書直筆》卷四，〈新例須知〉。

注：《資治通鑒》卷二四九，大中七年十二月條：「度支奏：『自河、湟平，

1 《冊府元龜》卷四九三，〈山澤一〉。

每歲天下所納錢九百二十五萬餘緡，內五百五十萬餘緡租稅，八十二萬餘緡榷酤，二百七十八萬餘緡鹽利』。」其中無茶利數錢，且租稅、榷酤、鹽利數額皆偏低，恐不確，今不取。

各項專賣收入中，鹽利居首位，其次是酒利，而茶利居末位，且酒、茶二項合計尚不及鹽利之半。可以說，這是反映了唐代三種主要專賣品收入的比例之一般狀況。就專賣與賦稅相比較而言，大曆時那種專賣收入超過了賦稅收入的情況[1]雖已不復存在，但專賣收入在國家財政中仍不失其重要地位。這反映了漢、唐以來封建政府努力開拓農業以外財源之總趨勢。

（原載《中國經濟史研究》1988年第1期）

唐政府與專賣商的關係[2]

商品經濟是瓦解封建統治的腐蝕劑，因而必然遭到封建統治者的壓制。逐漸積累起統治經驗的中國封建地主階級，由一味採取單純的抑商政策，到竭力將商品經濟納入封建經濟的軌道，利用它為自身的統治服務。漢的官專賣和唐的官商混合專賣以及宋以後的商專賣，則構成這一演變過程的重要側面。了解這一點，無疑有助於我們認識中國封建地主階級對社會經濟的發展既違抗又適應的兩重性，商人資本對封建經濟既腐蝕又維護的兩重性，以及這種兩重性對中國封建社會長期延續所起的重大作用。

唐以前歷代專賣事業的推行，是靠完全剝奪普通商人對幾種最有

1　這種情況系僅就中央財政收入而言，若將地方財政一併加以考慮的話，賦稅收入的比例肯定是大於專賣收入的。

2　凡未特別指明，本文中的「商人」均指專賣商。

利可圖的商品的經營權來實現的。這種情況到唐代開始發生變化，唐乾元元年（758年）實行鹽專賣時，面臨藩鎮割據、天下紛擾之勢，商品經濟的發展在廣度和深度上，則超過前代的水準。因此，照搬漢以來全面壟斷生產和銷售的鹽專賣法，已不可能。第五琦主持鹽政期間（乾元元年至廣德二年，758—764年），實行民製官收官銷之法。劉晏主持鹽政期間，又對鹽法進行改革，實行「國家榷鹽，糶與商人；商人納榷，糶與百姓」[1]的制度。具體做法是，政府「但於出鹽之鄉置鹽官，收鹽戶所煮之鹽轉鬻於商人，任其所之」[2]；亦即政府控制收購與批發，而將零售之權轉讓與商人，此乃民製官收商銷之法，為中國歷史上首創之官商混合專賣制度。自此至唐末，鹽專賣均行此制，後來茶專賣亦仿效之，酒類專賣則由政府授權酒戶經營，亦屬於官商混合專賣性質。

這樣，在唐代專賣事業中便逐漸形成一個有別於普通商人的專賣商階層，他們獲得政府的特別許可從事各類專賣品的販運，具有特殊的身分。鹽專賣方面，有身隸「鹽籍」的鹽商。《白居易集》卷六三〈議鹽法之弊〉曰：「自關以東，上農大賈，易其資產，入為鹽商……身則庇於鹽籍，利盡入於私室。」又裴庭裕《東觀奏記》卷下「畢諴條」曰：「畢諴本估客之子，連升甲乙科，杜悰為淮南節度使，置幕中，始落鹽籍。」所舉即為此種鹽商。茶專賣方面，有所謂「正稅茶商」。《唐會要》卷八四〈雜稅〉引大中六年正月鹽鐵轉運使裴休奏：「今又正稅茶商，多被私販茶人侵奪其利」，這種「正稅茶商」自有專門戶籍，以區別於「私販茶人」。酒類專賣方面，則有酒戶。《通典》卷一一〈榷酤〉引廣德二年十二月敕：「天下州各量定酤酒戶」，其戶籍自有別於普通民戶。這些專賣商在唐代專賣事業

1 《全唐文》卷五五〇，韓愈：〈論變鹽法事宜狀〉。
2 《資治通鑒》卷二二六，建中元年七月。

中居於十分重要的地位，他們是溝通專賣品所有者與消費者的管道，政府仰之以取得專賣收入。他們財力雄厚，如劉禹錫所言：「五方之賈，以財相雄，而鹽賈尤熾」[1]；對專賣經營有很大的支配力量，如獨孤鬱所說：「夫榷鹽之重弊，失於商徒操利權。」[2] 封建政府與專賣商的關係，是一種既合作又鬥爭的關係。當合作的成分多於鬥爭時，專賣經營便得以較順利地開展；當鬥爭的成分多於合作時，專賣經營便受到干擾和破壞。分析二者的這種關係，便可從一個側面了解和認識唐代專賣事業的演變和發展。

首先我們來分析唐政府與專賣商合作的必然性，以及具體情況。

唐政府為了減少專賣經營費用，加快專賣品的流通，乃改民製官收官銷為民製官收商銷，從而必須仰仗專賣商的經濟力量。專賣商為了排除競爭，獲取高額利潤，也必須依靠政府的政治權力。於是，在政府讓渡一部分利潤與專賣商的基礎上，二者攜起手來了。對於政府與商人合作的必要性，宋人有不少精闢的議論。如歐陽修說：

夫興利廣則上難專，必與下而共之，然後流通而不滯……夫大商之能蓄其貨者，豈其錙銖躬自鬻於市哉？必有販夫小賈就而分之。販夫小賈無利則不為，故大商不妒販夫之分其利者，恃其貨博，雖取利少，貨行流速，則積少而多也。今為大國者，有無窮不竭之貨，反妒大商之分其利，寧使無用而積為朽壤，何哉？故大商之善為術者，不惜其利而誘販夫；大國之善為術者，不惜其利而誘大商。此與商賈共利，取少而致多之術也。[3]

儘管商人分國家之利，國家還是不能不與之合作，因為借助其

1　劉禹錫：《劉賓客文集》卷二一，〈賈客詞・引言〉。
2　《全唐文》卷六八三，獨孤鬱：〈對才識兼茂明於體用策〉。
3　歐陽修：《歐陽文忠公全集》卷四五，〈通進司上書〉。

力，可使「貨不停留利自生」，國家終能舍小利而獲大利。對此必要性，唐人雖不曾像宋人那樣從宏觀上加以論述，但他們無疑是認識到這一點的。如韓愈在反駁張平叔改商銷為官銷之議時說：

臣今通計所在百姓……多用雜物及米穀博易，鹽商利歸於己，無物不取……今令州縣人吏，坐鋪自糶，利不關己，罪則加身，不得見錢及頭段物，恐失官利，必不敢糶……自然坐失鹽利常數……鄉村遠處，或三家五家，山谷居住，不可令人吏將鹽，家至戶到……計其往來，自充糧食不足。比來商人，或自負擔斗石，往與百姓博易，所冀平價之上，利得三錢兩錢，不比所由為官所使，到村之後，必索百姓供應。[1]

「利歸於己」與「利不關己」，道出了商人與鹽吏經營效果不同的奧秘，亦即前者有經濟利益作動力，而後者無之。再者，由於食鹽銷售的零碎化，官銷得不償失，且擾百姓，商銷則無此等弊病，劉晏改革鹽法，「官多則民擾」[2]即為理由之一。這是從專賣品運銷的具體情況，來考察官、商經營的不同效果，因而政府須借商人之手，方能使專賣品流通無阻。又如杜牧在談到監院胥吏對鹽商敲詐勒索的情況時說：

江淮自廢留後以來，凡有冤人，無處告訴。每州皆有土豪百姓，情願把鹽每年納利，名曰土鹽商……自罷江淮留後已來，破散將盡，以監院多是誅求……況土鹽商皆是州縣大戶，言之根本，實可痛心……今若……依前使為江淮留後……數十州土鹽商，免至破滅，除

---

1 《全唐文》卷五五〇，韓愈：〈論變鹽法事宜狀〉。
2 《資治通鑒》卷二二六，建中元年七月。

江淮之太殘……莫過於斯。[1]

「州縣大戶」，財力頗雄，食鹽運銷，依之而行，故言其破散而痛心。這是從商人財力為政府所用的角度，來論證國家保護其利益的必要性。

既然如此，政府採取什麼措施來保障專賣商的權益，以使其在專賣經營中正常地發揮作用呢？

一是免其差役。長慶元年（821年）三月，鹽鐵使王播奏：「應管煎鹽戶及鹽商，並諸監院停（亭）場官吏所由等，前後制敕。除兩稅外，不許差役追擾。今請更有違越者，縣令奏聞貶黜，刺史罰一季俸錢。再犯者，奏聽進止。」[2]武宗在赦文中也重申：「茶、油（酒？）、鹽商人，准敕例條，免戶內差役。」[3]可見專賣商除納兩稅外，例免州縣差役。對於違反此規定的各級官員處罰甚重，表明政府決心做到令行禁止。

二是禁止各地私設關卡、邸舍向專賣商徵收過稅和住稅。按政府規定，專賣商按榷價（專賣價格）繳納錢帛後，即可自由從事鹽、茶等專賣品的販運。「然諸道加榷鹽錢，商人舟所過有稅」[4]，商人複加售價，轉嫁負擔於消費者，導致專賣品滯銷，政府收入減少。劉晏「奏罷州縣率稅，禁堰埭邀以利者」[5]，正是針對這種情況採取的措施。以後歷任鹽鐵使也都不斷廢止地方當局所設關卡，停徵過稅，便利商人的運銷。地方當局則改換手法，變堰埭為邸舍，改徵過稅為收住稅，使商人繼續受到困擾。政府於是一再重申此亦非法之舉，如大

---

1 杜牧：《樊川文集》卷一三，〈上鹽鐵裴侍郎書〉。
2 《唐會要》卷八八，〈鹽鐵〉。
3 《全唐文》卷七八，武宗：〈加尊號赦文〉。
4 《新唐書》卷五四，〈食貨志四〉。
5 《新唐書》卷五四，〈食貨志四〉。

中六年（852年）鹽鐵使裴休奏：「諸道節度使、觀察使置店停止茶商，每斤收搨地錢，並稅經過商人，頗乖法理，今請釐革橫稅，以通舟船。」[1] 宣宗准奏，並駁斥了淮南、浙西等地意欲「依舊稅茶」的無理要求[2]，保障了專賣商運銷管道的暢通，政府最終亦受其益。

三是加緊取締走私商販，消滅專賣商的競爭對手。走私商販以高於政府的收購價格向專賣品生產者購入產品，又以低於市場價格的售價向消費者出售產品，然因其不必向政府繳納高額榷價，故所獲利潤仍不低於專賣商，從而導致「亭戶冒法，私鬻不絕」，「私糴犯法，未嘗少息」[3]；「正稅茶商，多被私販茶人侵奪其利」[4] 的情況層出不窮，對政府和專賣商雙方都構成巨大威脅。政府於是採取嚴厲措施取締走私商販，以嚴刑峻法對付私販鹽、酒、茶者。如規定私販鹽二石、茶三百斤者皆處死[5]；一些地方還有「觸酒禁者罪當死」[6] 的法規。對於一般私販，時或輔之以招誘，許其自首[7]；對於武裝私販，則一概嚴懲不貸，逢有大赦，甚至不把其包括在赦免之列[8]。

四是禁止各級官吏侵奪專賣商之利。商人納榷，時有拖欠，監院官吏，多所誅求，以至「一年之中，追呼無已，至有身行不在，須得父母妻兒錮身驅將，得錢即放」[9]，其間不免敲詐勒索。杜牧由是建議複置鹽鐵使留後，負責仲裁商人與榷吏之糾紛，使「凡有冤人，有可控告，奸贓之輩，動而有畏」[10]。建議是否被採納，雖不得而知，然畢

---

1 《唐會要》卷八四，〈雜稅〉。
2 《唐會要》卷八四，〈雜稅〉。
3 《新唐書》卷五四，〈食貨志四〉。
4 《唐會要》卷八四，〈雜稅〉。
5 《唐會要》卷八八，〈鹽鐵〉；《新唐書》卷五四，〈食貨志四〉。
6 《新唐書》卷一六四，〈薛戎傳〉。
7 《唐會要》卷八四，〈雜稅〉。
8 《全唐文》卷七八，武宗：〈加尊號後郊天赦文〉。
9 杜牧：《樊川文集》卷一三，〈上鹽鐵裴侍郎書〉。
10 杜牧：《樊川文集》卷一三，〈上鹽鐵裴侍郎書〉。

竟反映出此問題已引起政府有關人士的重視。再者，商人舟船被各級官府強徵派用，致使其遭受「非理滯留，散失財貨」[1]之苦，政府針對此弊，一再重申不得擄借滯留「茶鹽舟船，關係三司榷課者」[2]，以保證商人運輸的暢通。

以上諸措施，是基於這樣一個出發點，即在專賣品流通領域中政府與商人利益的一致。就商人而言，在一般情況下，他們遵守政府法令，按時如數繳納榷價，同樣也是出於他們和政府利益的一致。但是這種利益的一致只構成二者關係的一個方面的內容，而利益的對立則構成其另一個方面的內容。所以，接著我們再來分析政府與商人爭鬥的必然性。

封建政權的抑商本質，商人的貪婪本性，必定使二者在專賣事業中進行合作的同時，又產生矛盾和鬥爭。因為，「重農抑商」是唐朝統治者推行專賣的主觀願望。早在開元九年（721年）左拾遺劉彤建議推行鹽鐵專賣時就毫不含糊地指出：

夫煮海為鹽，采山鑄金，伐木為室者，豐餘之輩也；寒而無衣，饑而無食，庸賃自資者，窮苦之流也。若能收山海厚利，奪豐餘之人，蠲調斂重徭，免窮苦之子，所謂損有餘而益不足，帝王之道，可不謂然乎！[3]

可見唐政府中，持有和漢代桑弘羊相同看法的不乏其人。誠然，安史亂後唐政府將專賣付諸實施，主要是著眼於增加財政收入，但是，「奪商人之利」不能不是其客觀後果。所以，後世有這樣的評論：「漢之桑弘羊，唐之劉晏，籠絡鹽鐵，使富商大賈不得其利，農

---

1 《唐大詔令集》卷八六，僖宗：〈光啟三年七月德音〉。
2 《唐大詔令集》卷八六，僖宗：〈光啟三年七月德音〉。
3 《全唐文》卷三〇一，劉彤：〈論鹽鐵表〉。

民不被其害」[1]；「劉晏抑商賈而籠天下之貨，與桑弘羊等也」[2]，可說是道出了漢唐之制的共同本質。所不同者，唐制許專賣商分享其利，而漢制則排斥所有商人。以上是從政府的角度來考察其與商人的鬥爭之不可避免。就商人而言，取得最大限度的利潤是其活動的唯一目的。雖然商銷之法使其得以和政府分享專賣利潤，但他們並不會因此滿足，他們一方面剝削消費者，一方面與政府爭利，故時人稱之為「無厭之商」[3]；「豪商猾估（賈）」[4]。因此，從商人的角度加以考察，亦可見其與政府之鬥爭必不可免。

那麼，政府與專賣商各自採取哪些手段來與對方爭鬥呢？

專賣商對付政府的手法，其一是利用特權，兼營他業，逃避徭役，以富其私。政府給予專賣商免役特權，意在使其專門致力於專賣品之販運。專賣商卻暗中從事其他商品的販運，有的甚至虛有其名而專事他業。如白居易〈議鹽法之弊〉所說，「自關以東，上農大賈，易其資產，入為鹽商。率皆多藏私財，別營稗販；少出官利，唯求隸名；居無徭役，行無榷稅；身則庇於鹽籍，利盡入於私室」[5]。又如武宗〈加尊號赦文〉所云，「天下州縣豪宿之家，皆名屬倉、場、鹽院，以避徭役。或有違犯條法，州縣不敢追呼」[6]。政府既無法從他們身上徵得徭役，又無從得到其別營他業所應繳納的稅收，財政上的損失是雙重的。

其二是利用專賣制度的諸種弊端，少納榷價，多得羨物。專賣機構各級官吏的考課，乃以獲利多少為標準，其結果是，「院、場既多，則各慮其商旅之不來也，故羨其鹽而多與焉；吏職既眾，則各懼

1　胡維遹：《紫山大全集》卷二二，〈論聚斂〉。
2　沈與求：《龜溪集》卷一一，〈召試館職策題〉。
3　《白居易集》卷六三，〈論鹽法之弊〉。
4　《全唐文》卷七三六，沈亞之：〈解縣令廳壁記〉。
5　《白居易集》卷六三，〈論鹽法之弊〉。
6　《全唐文》卷七八，武宗：〈加尊號赦文〉。

其課利之不優也，故慢其貨而苟得焉」[1]。這裡又牽涉到另一項制度，即政府許「商人納絹以代鹽利」，甚至「許以漆器、玳瑁、綾綺代鹽價」[2]。各級官吏以此為據，雖無用之物亦高估入之；另一方面，在批發過程中又做手腳，讓商人多得，以此競相招徠商人。入無用之物，無異少納榷價；獲多與之貨，亦即額外多得。商人兩頭得益，政府兩頭遭損。白居易詩〈鹽商婦〉曰：

壻作鹽商十五年，不屬州縣屬天子。每年鹽利入官時，少入官家多入私。官家利薄私家厚，鹽鐵尚書遠不知。[3]

所言確非誇張之辭。這種情況的出現，是專賣制度固有的弊病為商人所利用的緣故。

其三是仰仗官僚，甚至投靠藩鎮，尋求各種政治勢力的庇護，以作為其與政府爭利的後盾。元稹〈估客樂〉一詩這樣描繪官商勾結：

城中東西市，聞客次第迎。迎客兼說客，多財為勢傾……先問十常侍，次求百公卿。侯家與主第，點綴無不精……市卒醉肉臭，縣胥家舍成。豈唯絕言語，奔走極使令。大兒販材木，巧識梁棟形。小兒販鹽鹵，不入州縣徵。一身偃市利，突若截海鯨。[4]

專賣商賄賂官吏，官吏庇護專賣商，非法牟利，政府無如之何。韓愈反對改商銷為官銷，理由之一為：「鹽商納榷，為官糶鹽，父子相承，坐受厚利……今既奪其業，又禁不得覓求職事……若必行此，

1 《白居易集》卷六三，〈議鹽法之弊〉。
2 《新唐書》卷五四，〈食貨志四〉。
3 《白居易集》卷四，〈鹽商婦〉。
4 《元稹集》卷二三，〈估客樂〉。

則富商大賈，必生怨恨，或收市重寶，逃入反側之地，以資寇盜，此又不可不慮也。」[1] 商人投靠藩鎮之例，所在多有[2]，韓愈發此議論，並非無的放矢。政府利用專賣商將專賣品販運至藩鎮控制地區，專賣商則利用藩鎮對中央時叛時依的態度，依違其間，伺機取利。

其四是亦官亦商，打入專賣機構內部，從中獲利。唐代雖有商人不得為宦的規定，但執行並不嚴格。李德裕曾指出：「三司皆有官屬，分部以主郡國。貴悻得其賓賂，多托賈人汙吏處之。」[3] 商人因賄得官，三司所屬機構為其把持，如此則利權盡歸商賈矣！

政府對付商人的措施，其一是檢責專賣商名籍，實行定量包銷。武宗時規定：「應屬三司及茶、鹽商人，各據所在場、監正額人名，牒報本貫州縣……其茶、鹽商，仍定觔石多少，以為限約。」[4] 一方面防範其兼營他業或影庇他人，以杜隱漏之門；一方面督促其足額納榷，以確保政府收入。

其二是組織商綱，加強對專賣商的控制。「凡茶商販茶，各以若干為一綱而輸稅於官」[5]，是為茶綱。政府規定每一茶綱必須按額納利，不足額者，輕則補納，重則囚繫。宣宗曾下敕：「度支、鹽鐵、戶部三司茶綱，欠負多年，積弊斯久，家業蕩盡，無可徵索，虛繫簿籍，勞於囚繫者，複委本司各條流疏理聞奏。」[6] 專賣商被納入官辦同業組織，其自由活動的餘地大為縮小，與政府爭利的可能性也就大大減少了。

其三是整頓吏治，對專賣機構中的貪官污吏繩之以法。唐制：「內外文武官犯入己贓，絹三十匹，盡處極法」，惟三司官吏享有特

1 《全唐文》卷五五〇，韓愈：〈論變鹽法事宜狀〉。
2 參見魏承思：〈略論五代商人和割據勢力的關係〉，載《學術月刊》1984年第5期。
3 《全唐文》卷七〇九，李德裕：〈食貨論〉。
4 《全唐文》卷七八，武宗：〈加尊號赦文〉。
5 《資治通鑒》卷二四三，太和二年六月條，胡三省注。
6 《全唐文》卷八二，宣宗：〈受尊號赦文〉。

權，「破使物數雖多，隻遣填納，盜使之罪，一切不論」，助長了其貪污受賄之風。有鑑於此，武宗下詔新定條法：三司官吏及行綱腳家，「如隱使官錢，計贓至三十疋，並處極法」，並規定政府損失錢物，須以犯法吏員家產抵充，不得以新徵榷稅充納[1]。贓官是不法商人的庇護者，清算贓官，無異堵死商人向國家爭利的一條管道。

其四是限制商人為宦，以防其把持專賣機構要職。時至唐末，商人為宦已是既成事實，政府只能稍加限制而已。僖宗曾下赦：「刺史、縣令如是本州百姓及商人等，准元敕不令任當處官……百姓、商人亦不合為本縣鎮將。」[2]由於州、縣地方官往往兼管當地專賣機構事務，因而此舉能在一定範圍內起到防止商人對專賣機構的滲透乃至控制的作用。

總而言之，唐政府與專賣商這種既合作又鬥爭的關係，反映了中國封建地主階級對社會經濟的發展既違抗又適應的兩重性。就其適應的一面而言，乃與地主階級統治經驗的長期積累、自我調節機制的逐步完善有很大關係。唐以後，隨著社會經濟生活的日益複雜，這種適應性又有所發展，如宋代的鈔鹽制度，實質上是一種政府進一步放鬆控制的商專賣制度。不可否認，這種適應性部分抵消了地主階級違抗社會經濟發展規律所產生的消極作用。唐政府與專賣商既合作又鬥爭的關係，又反映了商人資本對封建經濟既腐蝕又維護的兩重性。就其維護的一面而言，乃與商人資本不是脫離而是依附於封建地產有關。這種維護性部分抵消了商品經濟腐蝕封建統治的積極作用。我們認為，這是中國封建社會得以長期延續的重要原因之一。

（原載《學術月刊》1988年第6期）

1 《全唐文》卷七六，武宗：〈定鹽鐵、度支等官贓罪詔〉。
2 《唐大詔令集》卷七二，僖宗：〈乾符二年南郊赦〉。

專賣制度與唐後期階級矛盾

促使唐後期階級矛盾趨於激化、階級鬥爭深入發展的諸多因素中，專賣制度的推行是一個重要因素。在專賣制度之下，鹽、酒、茶等專賣品的生產者為勞動人民，自不待言；其消費者大部分亦為勞動人民。然而，專賣品的所有權屬於封建政府，專賣收入的實現，是政府對專賣品生產者與消費者兩頭剝削的結果。政府的專賣收入愈多，百姓所受的剝削愈重，二者的利益是尖銳對立的。再者，在專賣品的流通過程中，封建政府與一部分走私商販，特別是武裝私販的對立，也是不可調和的。這樣，在專賣品的整個生產、流通、消費過程中，便不能不伴隨著階級矛盾和階級鬥爭。對其加以分析，有助於我們對唐後期政治、經濟形勢的發展變化做出符合實際的，令人信服的解釋。由於階級矛盾和階級鬥爭對專賣的推行又產生重大的影響，因此，對其加以分析，也有助於我們理解唐代專賣制度的演變和發展。

在專賣制度之下，專賣價格的制定，既是專賣經營的中心問題，又是促使階級矛盾發展變化的關鍵和樞紐。由於專賣品往往是生活必需品，而專賣價格是人為的壟斷價格，封建政府立足於增加財政收入，便總是利用生活必需品需求彈性小，「雖貴數倍，不得不買」[1]的特點，一味抬高專賣價格，以牟取高額利潤。專賣價格高漲，其結果必然是人民生活水準下降，階級矛盾激化。然而，在唐後期特殊的歷史條件下，諸多政治、經濟因素相互制約，致使階級矛盾的激化表現為一個漸進的過程。

乾元元年（758年），鹽專賣法始行，政府所訂專賣價格為每斗110文，比原先的鹽價高出十倍之多[2]，高昂的鹽價頓成百姓的沉重負

---

1 《漢書》卷二四下，〈食貨志下〉。
2 《新唐書》卷五四，〈食貨志四〉。

擔。然而，此舉在當時並未引起人民的激烈反抗，究其原因，在於時值戰亂之際，百物翔貴，鹽價的上漲因而並不顯得十分突出；安史之亂給百姓帶來的痛苦，也暫時掩蓋了人民與唐政府之間的矛盾。

安史之亂後，鹽的專賣價格保持不變，並且由於商運商銷法的推行，商人售鹽的市場價格複高於專賣價格，百姓的負擔因而加重，走私也開始出現，然而亦未釀成大亂。究其原因，在於經過劉晏的一系列改革，專賣機構健全，管理比較完善；商人願與政府合作，不致過分加價；食鹽流通暢順，供需基本平衡；並且此時百物價格尚高，鹽價仍不顯得過分突出。

到了建中年間（780—783年），鹽的專賣價格再次大幅度上漲。而貞元初（785年後）以後，百物的價格趨於下跌。除了元和年間（806—820年），在建中三年（782年）以後的相當長的時期內，鹽價的波動與米價、絹價的波動是呈背離狀態的。而絹、米的價格可視為市場上一般物價的代表。這樣，鹽專賣價格的高昂便和一般物價的低落形成強烈的對照。

上述現象意味著什麼呢？我們知道，百姓買鹽，多用穀帛雜物，正如韓愈所說：「百姓貧多富少，除城郭外，有見錢糴鹽者，十無二三，多用雜物及米穀博易。」[1]韋處厚論及山南西道鹽務時亦云：「興元巡管，不用見錢。山谷貧人，隨土交易。布帛既少，食物隨時。市鹽者，一斤麻或一兩絲，或蠟或漆，或魚或雞，瑣細叢雜者，皆因所便。」[2]這樣，即使鹽價不漲，在錢重貨輕的情況下，百姓以同樣數量的布帛雜物，也只能換到較以前為少的鹽，而鹽價的大幅度上漲，更使百姓的負擔加重幾倍乃至幾十倍。

從大曆（766—779年）到元和（806—820年），在不到60年的時間

1 《全唐文》卷五五〇，韓愈：〈論變鹽法事宜狀〉。
2 《全唐文》卷七一五，韋處厚：〈駁張平叔糶鹽法議〉。

內，每換一斗鹽所需要的米量和絹量分別增加了四十多倍與十多倍。必須指出，這裡尚未將商人加價的因素考慮在內。陸贄於貞元初說百姓「至有以穀一斗，易鹽一升」[1]，則當時百姓要從商人手中換取一斗鹽須用一石米，可見其實際負擔比以上論述要重得多。用於食鹽消費的支出在全部生活費用中的比例大為增加，迫使貧苦人戶不得不減少其消費量，以至淡食。貞元時，「遠鄉貧民困高估，至有淡食者」[2]；長慶時，「百姓貧家，食鹽至少，或有淡食，動經旬月」[3]。與此同時，走私問題也日益嚴重。總之，建中以後，鹽價數倍於前，加以百姓以實物換鹽，「錢重貨輕」使百姓負擔更重，這樣，百姓與政府之間在鹽價問題上的矛盾，經過長期的蓄積之後，便趨於白熱化了。

酒方面，由於沒有全國統一的專賣價格，各地官府更是任意加價。如元和末，江西有「穀數斛易斗酒」[4]者。元和十五年（820年）閏正月穆宗赦曰：「不酤官酒，有益疲人」[5]，可見百姓為酒價所困之狀。並且，一些地方的百姓在以高價酤酒於官的同時，尚須隨兩稅納榷酒錢，如貞元時李錡為浙西觀察使，「百姓除隨貫出榷酒錢外，更置官酤，兩重納榷，獲利至厚」[6]。這種雙重負擔，也使百姓不堪忍受。

茶方面，消費者的負擔也頗為不輕。太和九年（835年）鹽鐵使令狐楚奏：「……唯納榷之時，須節級加價，商人轉賣，必校稍貴」[7]，可見百姓在政府和商人的雙重盤剝下苦不堪言。

1 陸贄：《陸宣公翰苑集》卷四，〈議減鹽價詔〉。
2 《新唐書》卷五四，〈食貨志四〉。
3 《全唐文》卷五五〇，韓愈：〈論變鹽法事宜狀〉。
4 《新唐書》卷一六一，〈王仲舒傳〉。
5 《冊府元龜》卷五〇四，〈榷酤〉。
6 《舊唐書》卷一七四，〈李德裕傳〉。
7 《舊唐書》卷一七二，〈令狐楚傳〉。

總而言之，專賣價格的高昂，導致廣大人民生活水準的下降甚至趨於惡化，這表明，封建國家專賣利潤對自耕農、佃農以及城鎮平民的必要勞動部分的掠占，比一般的商業利潤更加殘酷[1]，廣大人民的激烈反抗因而不可避免。

人民群眾反抗專賣剝削的主要形式是走私。首先來看走私的條件。在專賣價格上升的同時，政府收購專賣品的價格卻未提高。生產者遭到沉重的剝削，甚至得不償失，便暗中以較高的價格將產品賣給走私商販。如走私茶商「有江南土人相為表裡，校其多少，十居其半」[2]，就是指二者這種暗中的買賣關係。這樣，專賣品的生產者便成為走私活動的商品來源。另一方面，苦於專賣價格高昂的廣大百姓，也樂意以較低的價格從走私商販手中購買物品[3]。這樣，專賣品的消費者便成為走私活動的商品市場。既有來源，又有市場，走私活動便日益興旺起來，日益成為專賣制度的一股強大破壞力。

其次來看走私的發展過程及其形式。德宗、憲宗時期，為走私的興起階段。貞元時，私鹽日滋，「亭戶冒法，私鬻不絕，巡捕之卒，遍於州縣……私糴犯法，未嘗少息」[4]。元和時，酒的私釀私酤也開始盛行起來，如江西「民私釀，歲抵死不絕」[5]。文、武、宣三朝，為走私的發展階段，正如《全唐文》卷七四文宗〈追收江淮諸色人經紀本錢敕〉所說，當時「江淮富家大戶，納利殊少，影庇至多，私販茶鹽，頗擾文法，州縣之弊，莫甚於斯」。走私的方式是多種多樣的，其中之一是私販、牙人、胥吏三者互相串通，以呈其私。《冊府元龜》卷四九四〈山澤二〉載開成五年（840年）十月鹽鐵司奏：

---

1 參見胡如雷：《中國封建社會形態研究》，北京：三聯書店，1979年，第226頁。

2 杜牧：《樊川文集》卷一一，〈上李太尉論江賊書〉。

3 走私商販購進茶、鹽等的價格較政府的收購價格為高，售賣價格較專賣價格為低，然因其不必向政府繳納高額榷價，故所獲利潤仍較合法商人為多。

4 《新唐書》卷五四，〈食貨志四〉。

5 《新唐書》卷一六一，〈王仲舒傳〉。

……今則事須私賣，皆是主人、牙郎中裏誘引，又被販茶奸黨分外勾牽，所由因此為奸……興販私茶，群黨頗眾，場鋪人吏，皆與通連。

武裝私販也在這時開始出現。杜牧《樊川文集》卷一一〈上李太尉論江賊書〉曰：

夫劫賊徒……所劫商人，皆得異色財物，盡將南渡，入山博茶……得茶之後，出為平人，三、二十人，挾持兵杖，凡是鎮戍，例皆單弱，止可供億漿茗，呼召指使而已。

說的是武宗時的情況。《新唐書》卷五四〈食貨志四〉曰：

是時江、吳群盜，以所剽物易茶、鹽，不受者焚其室廬，吏不敢枝梧，鎮戍、場鋪、堰埭以關通致富。

說的是宣宗時的情況。懿宗以後，是走私的全盛階段，政府逐漸失去對局勢的控制，武裝私販越來越成為走私活動的主要形式。

最後來看政府反走私手法的變換。走私活動使政府損失了大筆專賣收入。宣宗時鹽鐵使裴休說：「今又正稅茶商，多被私販茶人侵奪其利。」[1] 政府通過正稅商人取得專賣收入，他們的損失亦即政府的損失。所以政府自然對走私問題極為重視，採取種種措施加以防備禁絕。劉晏實行穩定專賣價格、平衡供需的政策，故能防範於未然。後之主政者則越來越求助於嚴刑峻法，然而法愈嚴，私販愈多，矛盾愈熾。於是政府被迫改變手法，稍馳其刑，輔以招誘，然而未幾酷法又

1 《唐會要》卷八四，〈雜稅〉。

興，如此往復不已。

鹽方面。貞元十九年（803年）規定，犯鹽「一石已上者，止於決脊杖二十，徵納罰錢足」；至太和四年（830年）改為「二石以上者，所犯人處死」，並罪及居停、船載、擔負之人；開成元年（836年）鹽鐵使奏「近日決殺人轉多，榷課不加舊」[1]，請依貞元舊條，同時又規定犯三石以上者發配邊疆。然會昌時，法又轉酷，複行連坐之制[2]。由於兩池鹽與海鹽不同，其生產由政府直接控制，故其法特嚴。《新唐書》卷五四〈食貨志四〉對此有較為系統的記載：

貞元中，盜鬻兩池鹽一石者死；至元和中，減死流天德五城。（皇甫）鎛奏論死如初。一斗以上杖背，沒其車驢……鬻兩池鹽者，坊市居邸主人、市儈皆論坐……州縣團保相察，比於貞元加酷矣。

至大中時，「更立新法」，規定壞兩池壕籬者及「鬻五石，市二石，亭戶盜糶二石，皆死」，並行保、社連坐之法[3]。

酒方面。中央沒有統一規定[4]，然各地禁令亦甚嚴酷。如元和時，浙東「所部州觸酒禁者，罪當死」[5]，其時各地「嚴設酒法，閭閻之人，舉手觸禁」[6]。由於民怨沸騰，宣宗即位後不得不放寬酒禁。《全唐文》八一宣宗〈寬私禁酤敕〉曰：

如聞禁止私酤，過於嚴酷，一人違犯，連累數家，閭里之間，

1 《唐會要》卷八八，〈鹽鐵〉。
2 《全唐文》卷八二，宣宗：〈大中改元南郊赦文〉。
3 《新唐書》卷五四，〈食貨志四〉。由於鹽池附近多堿土，故百姓多私煎堿土為鹽，或以水柏柴燒灰煎鹽。對此政府亦規定了嚴厲的懲辦條例：「盜刮堿土一斗，比鹽一升」；「采灰一斗，比鹽一斤論罪。」（《新唐書》卷五四，〈食貨志四〉。）
4 《全唐文》卷八二，宣宗：〈大中改元南郊赦文〉：「榷酤之例，諸道權宜……」
5 《新唐書》卷一六四，薛戎傳。
6 《冊府元龜》卷五〇四，〈榷酤〉。

不免諮怨。宜從今以後，如有人私酤酒，及置私麴者，但許罪止一身……鄉井之內，如不知情，並不得追擾。其所犯之人，任用重典，兼不得沒入資產。

可見在此之前，各地對私酤者一直行連坐及財產沒官之法。而在此之後，酷法亦未盡除。《全唐詩》卷六九七韋莊詩「官莊」引言曰：「江南富民悉以犯酒沒家產，因以此詩諷之。」其詩曰：

誰氏園林一簇煙，路人遙指盡長歎。
桑田稻澤今無主，新犯香醪沒入官。

可見直至唐末，仍行犯禁沒入資產之法。

茶方面。開成五年（840年）十月規定：「其園戶私賣茶，犯十斤至一百斤，徵錢一百文，決脊杖二十。至三百斤，決脊杖二十（按：疑有誤），徵錢亦如上。累犯累科，三犯已後，委本州上曆收管，重加徭役，以戒鄉閭。」[1]後又改犯十斤至百斤者決脊杖十五，沒入其茶及隨身物，三百斤以上則處以極刑[2]。大中時，嚴刑與招誘雙管齊下，一方面規定「私鬻三犯皆三百斤，乃論死；長行群旅，茶雖少皆死；雇載三犯至五百斤，居舍儈保四犯至千斤者，皆死」[3]，一方面又許私販自首，「於出茶山口，及廬、壽、淮南界內，佈置把捉，曉諭招收，量加半稅，給陳首帖子，令其所在公行」[4]。企圖以網開一面，來防止私販的鋌而走險。

政府的法禁雖時有寬嚴，但有一點是不變的，即對武裝私販一概

---

1 《冊府元龜》卷四九四，〈山澤二〉。
2 《冊府元龜》卷四九四，〈山澤二〉。
3 《新唐書》卷五四，〈食貨志四〉。
4 《唐會要》卷八四，〈雜稅〉。

嚴懲不貸。文宗時規定：「挾持軍器，與所由捍敵，方就擒者，即請準舊條，同光火賊例處分。」[1] 武宗在大赦中，不把其包括在赦免之列：「如聞江淮諸道，私鹽賊盜，多結群黨，兼持兵杖劫盜，及販賣私鹽，因緣便為大劫。江賊有杖者，雖未殺人，不在該恩之限。」[2] 宣宗時所訂之兩池新法中亦規定，「鹽盜持弓矢者亦皆死刑」[3]。可見封建統治者已經意識到，這種武裝私販不僅是專賣制度的破壞者，而且還威脅到其政權的生存了。

走私是專賣這種殘酷的掠奪手法的必然產物，因此為任何酷法所制止不了。王安石在評論宋政府的禁私茶政策時說：「夫奪民之所甘，而使不得食，則嚴刑峻法有不能止者，故鞭撲流徒之罪未嘗少弛，而私販、私市者亦未嘗絕於道路也。」[4] 這裡正可借其來說明唐代的情況。

走私品的消費者——苦於專賣價格高昂的貧苦百姓；走私品的生產者——苦於收購價格低賤的專賣品生產人戶，二者均為勞動人民，其與封建政府的矛盾屬階級矛盾無疑。問題在於，走私商販與政府的矛盾究竟是何性質？走私商販與正稅商人的區別在於，後者為依附於封建政權的商人集團，他們享有政府給予的特權，可以合法地參與對專賣收入的瓜分；而前者為與封建政權對立的商人集團，他們沒有特權，對專賣收入的攫取只能採取非法的形式。顯然，不宜把走私商販與政府，以及正稅商人與政府這兩對矛盾[5]等同起來，籠統地都看作剝削階級的內部矛盾。應當看到，生產者與消費者雖構成走私活動的基礎，但若無走私商販做仲介，走私活動便難以展開。這樣，在封建

1 《唐會要》卷八八，〈鹽鐵〉。
2 《全唐文》卷七八，武宗：〈加尊號後郊天赦文〉。
3 《新唐書》卷五四，〈食貨志四〉。
4 王安石：《王文公文集》卷三一，〈議茶法〉。
5 正稅商人與政府既有合作的一面，又有矛盾鬥爭的一面，關於此問題，筆者另文闡述。

政府與平民百姓這對立的兩極中，走私商販客觀上是站在平民百姓一邊。因此，他們與政府的矛盾客觀上具有階級矛盾的性質。

另一方面，我們也必須看到，走私商販成分複雜，當階級鬥爭深入發展時，他們便會走上不同的道路，他們與政府的矛盾也就隨之向不同的方向轉化。其中一些中小商人，他們力量單薄，容易為政府所招誘，從而轉化為正稅商人。杜牧說，每年「茶熟之際，四遠商人，皆將錦繡繒纈、金釵銀釧，入山交易」[1]；韓愈也說，「比來商人，或自負擔斗石，往與百姓博易」[2]。其中不乏為政府招誘的私商。他們與政府的矛盾，是朝著緩和的方向發展，朝著二者根本利益趨於一致的方向發展，最終轉化為封建地主階級的內部矛盾。

走私商販中有力量與政府相抗衡，堅持與之爭奪專賣之利的，是那些地方豪強。《全唐文》卷四一三常衮〈授李棲筠浙西觀察使制〉曰：

震澤之北，三吳之會，有鹽井銅山，有豪門大賈。利之所聚，姦之所生，資於大才，濟我難理，加以中憲，雄茲按部。

又《新唐書》卷一六七〈王播傳附王式傳〉曰：

余姚民徐澤專魚鹽之利，慈溪民陳瑊冒名仕至縣令，皆豪縱，州不能制。

所說就是這些人。只有他們才有財力羅致亡命，發展成武裝私販，如唐未朱瑄「父慶，里之豪右，以攻剽販鹽為事，吏捕之伏法」[3]。封

1 杜牧：《樊川文集》卷一一，〈上李太尉論江賊書〉。
2 《全唐文》卷五五〇，韓愈：〈論變鹽法事宜狀〉。
3 《舊五代史》卷一三，〈朱瑄傳〉。

建政府對他們往往感到十分棘手，其與政府的矛盾，是朝著激化的方向發展。

然而，這些人當中又有不同。有的逐漸和貧苦農民接近，最後與他們匯合在一起，如黃巢「世鬻鹽，富於貲」，「喜養亡命」[1]，「與（王）仙芝皆以販私鹽為事」[2]，相繼成為農民起義的領袖。正如韓國磐先生所指出的那樣，「這種鹽販武裝，是以後農民起義中一個重要成分」[3]。因此，這類走私商販與政府的矛盾發展到最終，不論在主觀上還是在客觀上都具有了階級矛盾的性質。

有的豪強私販，則轉而與封建統治階級相接近，最後變成其中的一員，在唐末階級鬥爭的大風暴中，他們中的一些人充當了鎮壓農民起義的劊子手，並進而發展成割據一方的藩帥，如王建、錢鏐等人[4]，這類走私商販與政府的矛盾發展到最終，乃轉化為封建地主階級的內部矛盾。

總結本文所論，專賣的推行導致封建政府與各階層人民的廣泛對立，是唐後期階級矛盾的新特點；反抗專賣剝削的鬥爭，是唐後期階級鬥爭的新內容。王夫之論及唐史時說：「天子失道以來，民之苦其上者，進奉也，複追蠲稅也，額外科率也，榷鹽稅茶也。」[5]足見專賣給人民帶來的痛苦並不亞於賦稅，且遭此痛苦者範圍更為廣泛：唐政府推行專賣，在生產和消費領域從勞動人民身上榨取了高額利潤，在流通領域剝奪了大部分商人的權益。其結果是，階級矛盾激化，社會動盪不安。面對人民的反抗，唐政府不斷變換手法，一方面採取較為隱蔽的剝削形式和較為適應商品經濟發展的形式來推動專賣[6]，

---

1 《新唐書》卷二二五下，〈黃巢傳〉。

2 《資治通鑒》卷二五二，乾符二年六月。

3 韓國磐：《隋唐五代史綱》，北京：人民出版社，1979年，第378頁。

4 《十國春秋》卷三五，〈前蜀一・高祖本紀上〉；卷七七，〈吳越一・武肅王世家上〉。

5 《讀通鑒論》卷二七，〈僖宗〉。

6 劉晏推行商運商銷法，就是一個突出的例子。

一方面採取高壓政策，殘酷鎮壓這種反抗鬥爭。然而，廣大百姓反抗專賣制度的鬥爭並沒有停止，而且從小到大，最後匯入唐末階級鬥爭的洪流，促使專賣制度及其推行者——李唐政權，在鬥爭中急劇地覆滅了。

（原載《社會科學家》1987年第3期）

八 遼元的賦役制度與農村社會

遼朝的賦稅制度

一、官私田租

遼朝賦稅制度是中原已有的先進制度與契丹族原有落後內容的混合體。與遼朝對峙的北宋當時已是封建租佃制社會，而遼朝社會經濟中仍保留著許多農奴制內容。表現在賦稅方面，就是遼統治地區又出現了大量人頭稅。

《遼史》卷五九〈食貨志上〉有關遼朝官私田租的記載如下：

……在屯者力耕公田，不輸稅賦，此公田制也。餘民應募，或治閒田，或治私田，則計畝出粟以賦公上。統和十五年（997年），募民耕灤河曠地，十年始租，此在官閒田制也。又詔山前後未納稅戶，並於密雲、燕樂兩縣，占田置業入稅，此私田制也。

從中可知，遼的官田包括屯田和無主荒地。屯田由戍兵耕墾，所獲無償入官，因而「不輸稅賦」。無主荒地募民耕墾，納租於官，其所納具有租稅合一的性質。遼的私田主要分布在漢人占多數的農業地區，如南京、西京道。這些地區在入遼前土地私有制已有很長歷史，也有一套與之相適應的賦稅制度。對此類私田，遼的稅制大體上仿效中原王朝，間或有所損益。隨著封建經濟成分的增加，東京、上京、中京諸道的私田逐漸增多，漢人農業地區稅制亦推行及此。

遼朝的屯田是其官田的重要組成部分，它們主要分布於遼境西北、西南和東北各邊區，多為軍屯。如《遼史》卷九一〈耶律唐古傳〉載：「西番來侵，詔議守禦計，命唐古勸督耕稼以給西軍，田於臚朐河側，是歲大熟。明年，移屯鎮州，凡十四稔，積粟數十萬斛，斗米數錢。」這是在與西夏交界處所設的屯田。又蕭陽阿曾做過烏古敵烈部屯田太保[1]，該部地處東北女真人居住地區。遼的屯田，也和歷代王朝的屯田一樣，屬國有土地。在屯田上從事耕作的軍士，一般是將其全部產品交給國家，而得到一份口糧衣物。這實際上是一種勞役地租。

「在官閒田」是遼朝官田的另一個組成部分。它包括以前未經開墾的土地，以及因戰事和其他原因被原業主拋棄的土地。《遼史》卷一三〈聖宗紀四〉統和十五年（997年）三月條載：「戊辰，募民耕灤州荒地，免其租賦十年。」可見耕種「在官閒田」者必須納租於官，他們實際上是作為國家佃農向官府繳納實物地租的。此外，屬於官田範疇的還有皇莊和貴族官僚領地，其賦稅問題詳下文。至於以遊牧經濟為主的契丹、奚、女真、室韋等部落的土地占有關係，大體上是在國家的最高所有權之下，以私人占有權為補充的部落公有制，在廣義上亦屬官田範疇。其所納賦稅主要是牧稅，乃是計畜科徵，與農業稅的計畝出粟類似，這當中半農半牧的部民或許也以糧食來完納賦稅[2]。

遼朝對私田所實行的賦稅制度，既受唐宋之制的影響，又有自身的特點。《遼史》卷五九〈食貨志上〉曰：「夫賦稅之制，自太祖任韓延徽，始制國用。」韓延徽是幽州人，官僚出身，幽州又為唐盧

---

1 《遼史》卷八二，〈蕭陽阿傳〉。

2 張正明：《契丹史略》，北京：中華書局，1979年，第95～96頁。

龍節鎮治所，因此韓延徽教耶律阿保機沿用唐中期稅制，亦即楊炎創立的兩稅法，來統治漢人，是完全有可能的[1]。再者，與遼相始終的北宋，對遼制亦有所影響。但是，遼的社會經濟畢竟與中原王朝有許多不同之處，因此，其稅制又有特異之處。考慮到遼制對後來的金元之制又有所影響，在論述遼的賦稅制度時，將其與唐宋之制作一些比較，對於縱觀宋遼金元時期賦役制度的演變，便很有必要。

從納稅依據來看，唐兩稅法對所有的民戶都按資產徵稅錢；按田畝徵斛斗，又按戶口及資產別戶等以定稅額。宋朝則改為一切以田產為准，錢米並出於田畝；亦分戶等，但只據以定役。遼實行「計畝出粟以賦公上」的制度，似與宋朝相同。實際情況卻是「遼人士庶之族賦役等差不一」[2]。可見遼的課稅依據既有田產的多寡，又有門第、官品的高下。如果說唐兩稅法的精神是以貧富為差（儘管實際執行不盡如此），那麼遼兩稅法的精神又加上以貴賤為等差，而且受到優待的不是低等級而是高等級[3]。遼稅制在實際執行中如何克服上述兩個原則所造成的矛盾，因史料缺乏不得而知。

從納稅內容來看。唐兩稅法在實行中，錢帛、斛斗三大色是並徵的，三者的交納比重，視政府的需要而定，因此政府不可避免地要民戶折納其所需，並且折納主要是折錢。五代時，後唐為改革此弊端，規定兩稅以「本色輸納」[4]，禁止折納。遼賦稅的徵收，亦有折納之法，所不同者，並非以物折錢，而是以錢折物。《遼史》卷五九《食貨志上》曰：

南京歲納三司鹽鐵錢折絹，大同歲納三司稅錢折粟。開遠軍故

1 羅繼祖：〈遼代經濟狀況及其賦稅制度簡述〉，載《歷史教學》1992年第10期。
2 《金史》卷四七，〈食貨志二〉。
3 參見張正明：《契丹史略》，北京：中華書局，1979年，第90頁。
4 《五代會要》卷二五，〈租稅〉。

事，民歲輸稅，斗粟折五錢，耶律抹只守郡，表請折六錢，亦皆利民善政也。

「鹽鐵錢折絹」；「稅錢折粟」，無疑是以錢折物。「斗粟折五錢」；「折六錢」，乃是斗粟抵稅額五錢或六錢，也是以錢計稅，以粟完納。對於民戶，特別是農民，以錢折物，較易完稅，故稱為「善政」。

從納稅期限來看。唐兩稅法規定了夏稅、秋稅的繳納期限，分別不過六月和十一月。五代時後唐調整了兩稅繳納期限，將其轄境劃分為「節候常早」、「節候較晚」、「節候尤晚」三類地區，據此分別規定了兩稅的繳納期限[1]。宋代亦沿此制，分區劃定兩稅徵收期限。遼兩稅（及雜稅）的徵收亦有期限之規定。《遼史拾遺》卷一五引〈宣府鎮志〉曰：

契丹統和十八年（1000年），詔北地節候頗晚，宜從後唐舊制，大小麥、䴰麥、豌豆，六月十日起徵，至九月納足。正稅匹帛錢、鞋、地、榷麴錢等，六月二十日起徵，十月納足。

詔令所稱「後唐舊制」，乃是後唐天成四年（929年）五月戶部所作規定，其中關於幽定、鎮滄、晉隰、慈密、青鄧、淄萊、邠寧慶衍等七處「節候尤晚」地區夏稅的徵收期限，乃是「大小麥、䴰麥、豌豆六月十日起徵，至九月納足」[2]。上述地區之一部分在後晉時已入遼，故遼循此制。所不同者，錢類的徵收期限又延展了一個月，即從九月延展至十月。這可能是考慮到當時遼境內的農業區已進一步

1 鄭學檬：《五代兩稅述論》，載〈中國社會經濟史研究〉1988年第4期。
2 《五代會要》卷二五，〈租稅〉。

向北擴展了。

從稅外增稅來看。唐建中之法規定租庸雜徭悉省，併入兩稅，但不久後又出現了許多兩稅之外的苛捐雜稅。五代時更興起許多愈出愈奇的雜稅。宋朝雖加以整頓，但雜稅名目仍不少。遼在行兩稅法時，也沿襲了中原王朝正稅之外的一系列雜稅。將《遼史拾遺》所引《宣府鎮志》與《五代會要·租稅》加以對照，可以發現遼的許多雜稅乃直接承襲唐、五代的雜稅。如鞋錢，乃是照畝數納軍鞋若干雙，再依定價折錢，源於五代，遼沿襲不改；地錢又叫地頭錢，乃是唐為補百官俸而加，於正稅外每畝另納錢若干文，五代沿襲不改，遼又沿襲五代；榷麴錢，唐中葉出現的酒類專賣稅，五代承襲之，遼又承襲五代。此外，遼的一些正稅之外的稅目，雖非直接承襲唐、五代，但仍有其內在的淵源關係。如義倉之稅，遼於統和十三年（995年）詔諸道各置義倉，以備災年賑濟之用。統和十五年（997年）「詔免南京舊欠義倉粟」[1]，可見義倉完全由官府掌管，農民納粟義倉，實與納稅無異。這種變相徵稅之法，與唐時義倉納粟演變為地稅如出一轍。又如鹽鐵之稅，遼曾屢申嚴禁私販鹽鐵，上京稅務機關亦徑稱為鹽鐵司，可見鹽鐵錢在稅賦中的重要地位，這與唐五代以來國家重視鹽鐵收入的傳統，也是一致的。

由於遼朝稅制法令不明，隨意性比較強，所以其剝削量因時因地而有較大的差異。一方面，在某些時期某些地區，百姓賦稅負擔不太沉重，且朝廷常有減免賦稅之舉。如據《遼史》所載，聖宗一朝燕雲或其部分地區減免賦稅達八次。又如興宗時，遼以北宋「歲幣」五分之一的數額減燕雲賦稅；道宗時，又悉以北宋「歲幣」全部數額（銀、絹二十萬兩、匹）減燕雲賦稅[2]。這是遼朝以減輕賦稅為手段

---

1 《遼史》卷五九，〈食貨志上〉。

2 陸遊：《老學庵筆記》卷七。

爭取佔領區內漢人的歸服，但客觀上也使百姓的負擔得以減輕。對遼中葉比較太平的一段時期裡的賦稅情況，宋人的評價是：「契丹之法簡易，鹽麴俱賤，科役不煩」[1]；燕地「賦稅役頗輕，漢人亦易於供應」[2]。另一方面，在某些時期某些地區，特別是因戰爭之需而急徵供給的地區，賦稅加重及稅外加徵又是司空見慣的：「每有急速調發之政，即遣天使帶銀牌於漢戶須索。縣吏動遭鞭箠，富家多被強取，玉帛子女不敢愛惜，燕人最以為苦。兼法令不明，賕鬻受獄習以為常，此蓋夷狄之常俗。」[3]這種情況隨著遼朝末日的逼近而愈益嚴重，所以宋金聯合滅遼後，宋朝詔諭燕京管內吏民百姓說：「收復之後，蕃漢一等待遇，民戶除二稅外，應該差徭科率無名之賦，一切除放。」[4]因此，考察遼的賦稅剝削，應因時因地具體分析，以免偏頗。

二、頭下戶和二稅戶

頭下戶和二稅戶是遼朝一般編戶和部民之外的特殊的人戶，其存在是以頭下軍州這種契丹特有的制度為前提的。頭下軍州是在國有土地上建立的，是臣屬於朝廷的領主的領地。在這種土地上從事生產並負擔賦役的人戶就是頭下戶和二稅戶。

有關頭下戶與二稅戶的關係，史學界有不同的看法。一種意見認為，從主要方面來看，二稅戶是由頭下戶演變而來的。其根據是，頭下軍州最早建立於契丹政權初創時期，州內置以俘掠的人戶，即頭下戶，他們是私有的奴隸，後來遼朝普遍推行賦稅制度，使這些人戶所繳賦稅部分納於主人，部分納於官府，從而演變為負擔兩重賦稅的「二稅戶」[5]。另一種意見認為，不能說二稅戶是從頭下戶演變而來

1 《宋史》卷一八一，〈食貨志下三〉。
2 蘇轍：《欒城集》卷四一，〈二論北朝政事大略〉。
3 蘇轍：《欒城集》卷四一，〈二論北朝政事大略〉。
4 《三朝北盟會編》卷五〇。
5 蔣松岩：〈遼金二稅戶及其演變〉，載《北方論叢》1981年第2期。

的，也不能說早期的頭下戶不是二稅戶，因為遼初頭下軍州建立的時候，頭下戶就是輸租於官、納課於主的二稅戶。言外之意，頭下戶與二稅戶名稱雖不同，卻無本質的區別[1]。

我們認為，前一種意見比較接近事實。遼代前期的頭下軍州，大多是貴族將領用私俘來創立的，後來這種做法逐漸受到朝廷的限制。到遼代後期，頭下軍州大多是朝廷封賜給貴族的[2]。因此，頭下軍州的賦役制度必然也有一個與上述變化相適應的演變過程。

《遼史》卷三七〈地理志一〉載：「以征伐俘戶建州襟要之地，多因舊居名之，加以私奴置投下州」；「頭下軍州，皆諸王、外戚、大臣及諸部從征俘掠，或置生口，各團集建州縣以居之」。私奴或生口，包攄家奴、家兵、部曲在內，為頭下主私人所有。由私奴組成的私莊，不向國家輸租稅，也不隸州縣。因為與國家利益發生矛盾，所以朝廷不斷加強對這些貴族領地的控制，包括派官治理：「其節度使朝廷命之，刺史以下皆以本主部曲充焉。」[3]這樣，頭下軍州就成為由契丹的頭目制與中原的州縣制相結合而成的一種特殊制度。在這種制度之下，國家必然參與分割對生產者的剝削所得。元好問《中州集》卷二〈李承旨晏〉曰：

初，遼人掠中原人，及得奚、渤海諸國生口，分賜貴近或有功者，大至一、二州，少亦數百，皆為奴婢，輸租為官，且納課給其主，謂之二稅戶。

二稅戶繳納給國家的是租，因為頭下軍州的土地實際上是國有土地。而其繳納給貴族領主的是稅，是分割出來的一部分官租，因為這

1　修家江：〈關於遼金二稅戶〉，載《內蒙古大學學報》1984年第1期。
2　參見張正明：《契丹史略》，北京：中華書局，1979年，第114～115頁。
3　《遼史》卷三七，〈地理志一〉。

些頭下主是在國有土地上食稅，類似於歷代食封的貴族[1]。元好問雖未說明二稅戶由頭下戶演變而來，但對於二稅戶所納租與稅的區分還是清楚的。封建國家與一般私人地主對農民生產物的分割，表現為地主取得地租而國家取得賦稅。與此相反，遼朝國家政權與頭下主對二稅戶生產物的分割，表現為遼政府取得地租而頭下主取得賦稅。

還有一類屬於寺院的二稅戶，其賦稅繳納情況與上述屬於頭下軍州的二稅戶不同。《金史》卷四六〈食貨志一〉載：「初，遼人佞佛尤甚，多以良民賜諸寺，分其稅一半輸官，一半輸寺，故謂之二稅戶。」「以良民賜諸寺」，必然是將普通農戶連同其土地一起賜予寺院。因為「良民」不同於「生口」、「奴婢」，一般都有自己的產業。這樣，寺院主就成為土地的實際所有者，由普通農戶轉化而來的二稅戶繳納給寺院主的就是地租，而遼朝政府複將寺院主上繳的賦稅之半再割讓與原主，實際上是減免其賦稅之半。有的論者指出，寺院主是土地的實際所有者，又得賦稅之半，而其租國家無所得，複歸寺院主[2]。所言是也。寺院主既得到地租又取得賦稅之半，其所得遠超過頭下主，此乃遼朝對寺院主的優待。遼統治者本身既佞佛，又需要以佛教為麻醉劑去平息人民的反抗，故對寺院主優待有加。而寺院主在實力地位上不如貴族領主，不似後者那樣對遼政權構成威脅，也是遼朝在經濟上對其加以優待的原因之一。

由私奴構成的頭下軍州演變為由二稅戶構成的頭下軍州之後，除了農業戶口之外，頭下軍州還出現了一些非農業戶口。這樣，就產生了對這部分人徵稅的問題。《遼史》卷三七〈地理志一〉「頭下軍州條」曰：「官位九品之下及井邑商賈之家，徵稅各歸頭下，唯酒稅課納上京鹽鐵司。」又，《遼史》卷五九〈食貨志上〉曰：「凡市井之

---

1 參見張博泉：〈遼金「二稅戶」研究〉，載《歷史研究》1983年第2期。
2 張博泉：〈遼金「二稅戶」研究〉，載《歷史研究》1983年第2期。

賦，各歸頭下，惟酒稅赴納上京，此分頭下軍州賦為二等也。」這兩段文字，前者將農業稅與工商稅籠統地一併提及（「官位九品之下」顯然也包括一般農戶在內），後者則只提及工商稅。但無論如何，都證明頭下軍州亦須繳納工商稅。頭下軍州同時繳納農業稅和工商稅這兩種性質不同的稅收，是其經濟成分由單一的農業經濟演變為農、工、商多種經濟成分的必然反映。井邑商賈之家負有向頭下主和官府納稅的雙重義務，表明其同樣對貴族領主和國家都存在某種依附關係，只是程度可能不像二稅戶那麼嚴重而已。順便提及，有的論者指出「賦為二等」與「二稅戶」兩者不能混同[1]，這是十分正確的。

三、工商之稅

遼的食鹽專賣，始於太宗耶律德光從石敬瑭手中取得燕雲十六州之後。《遼史》卷六〇〈食貨志下〉曰：

會同初…… 晉獻十六州地，而瀛、莫在焉，始得河間煮海之利，置榷鹽院於香河縣，於是燕、雲迤北暫食滄鹽，一時產鹽之地如渤海、鎮城、海陽、豐州、陽洛城、廣濟湖等處，五京計司各以其地領之。

可見遼得燕雲之地後實行了鹽專賣，特設專門機構——榷鹽院以管轄之。以後又將這一制度推廣於契丹故地。遼朝鹽專賣的具體做法不詳，正如《遼史‧食貨志下》所說，「其煎取之制，歲出之額，不可得而詳矣」。一般認為，遼朝實行的是比較鬆散的鹽專賣制度。遼朝效法石晉。石晉為籠絡人心曾於天福中放鬆了鹽專賣，其措施乃是將原來鹽界分場務年糶鹽約十七萬餘貫的收入，轉變為食鹽數額，分等配徵於民戶，從上戶千文至下戶二百文，共分五等，俵配後任人逐便

1 張博泉：〈遼金「二稅戶」研究〉，載《歷史研究》1983年第2期。

興販，商人運銷食鹽，另交商稅[1]。遼有鹽鐵錢，如「南京歲納三司鹽鐵錢折絹」[2]，統和四年（986年）六月「南京留守奏百姓歲輸三司鹽鐵錢，折絹不如直，詔增之」[3]。這種鹽鐵錢就是效法石晉配徵於民戶的食鹽錢。在這種鬆散的專賣制之下，加上海鹽產量多，遼的鹽價便較為平賤。北宋政府曾對遼鹽大量走私入宋深感頭痛。為與遼鹽競爭，北宋曾先後對漳河以北、以南地區開放鹽禁，將鹽利均攤於兩稅中附帶徵收。宋仁宗時有人建議河北複行官賣，反對者便指出：「且今未榷，而契丹常盜販不已，若榷則鹽貴，契丹之鹽益售，是為我斂怨，而使契丹獲福也。」[4]此亦可反證遼實行的是一種非直接官賣，而以徵收鹽稅為形式的鹽專賣之制[5]。

遼對礦冶的經營與控制，始於阿保機即可汗位的第五年，即後樑乾化元年（911年）。這一年「太祖征幽、薊，師還，次山麓，得銀、鐵礦，命置冶」[6]。這是契丹創立的第一個礦冶。此後，遼朝先後設立了十餘處礦冶。這些礦冶的經營方式，大多是以具有特殊戶籍的人戶進行采煉，所得產品，或以賦稅方式納官，或直接歸官所有。采煉人戶大多是被征服的漢人和其他少數族人。東京道尚州「東平縣，本漢襄平縣故地，產鐵礦，置采煉者三百戶，隨賦供納」[7]；上京道饒州「長濼縣，本遼城縣名，太祖伐渤海，遷其民，建縣居之，戶四千，一千戶納鐵」[8]。這是以漢人為采煉人戶，使其納鐵以為賦。中京道「澤州廣濟軍……本漢土垠縣地，太祖俘蔚州民，立寨居之，采

1 《五代會要》卷二六，〈鹽〉。
2 《遼史》卷五九，〈食貨志上〉。
3 《遼史》卷一一，〈聖宗紀二〉。
4 《宋史》卷一八一，〈食貨志下三〉。
5 參見吳慧：〈遼金元鹽法考略〉，載《鹽業史研究》1988年第1期。
6 《遼史》卷六〇，〈食貨志下〉。
7 《遼史》卷六〇，〈食貨志下〉。
8 《遼史》卷三七，〈地理志一〉。

煉陷河銀冶」[1]；中京道「打造部落館，有蕃戶百戶，編荊籬，鍛鐵為兵器」[2]；東京道曷術部，「『曷術』，國語鐵也。部置三冶，曰柳濕河，曰三黜古斯，曰手山」[3]，這是以漢人或少數族人戶從事采煉，產品直接為官占有。遼朝從礦冶業取得豐厚收入。《遼史·食貨志下》曰：聖宗太平年間（1021—1030年）「於黃河北陰山及遼河之源各得金銀礦，興冶采煉，自此以迄天祚，國家皆賴其利」，此外銅鐵的收入也很可觀。

遼有商稅之徵。《遼史》卷六〇〈食貨志下〉曰：

徵商之法，則自太祖置羊城於炭山北，起榷務以通諸道市易。太宗得燕，置南京，城北有市，百物山偫，命有司治其徵；餘四京及它州縣貨產懋遷之地，置亦如之。

遼朝商稅大體上包括關稅、市稅，以及酒、木、茶諸物之稅，統和元年（983年）九月，「南京留守奏，秋霖害稼，請權停關徵，以通山西糴易。從之」[4]，這便是關稅。上引《遼史·食貨志》言五京及諸州縣市中交易皆徵之，則為市稅。二者與宋朝的過稅、住稅相似。

前述頭下軍州井邑商賈之家均須繳納酒稅，則普通州縣民戶亦應繳納酒稅；文獻中也見到稅木臨使、茶酒臨使等官名[5]，足見酒、木、茶諸物皆有稅。遼朝商稅之徵因時因地而有輕重之別。工商業較發達的南京、西京路，商稅較重。經濟較落後的上京、中京路，商稅則較輕，那裡有些州縣商稅開徵較晚，如貴德、龍化、儀坤、雙、

1 《遼史》卷三九，〈地理志三〉。
2 《宋會要輯稿・蕃夷二》，引王曾：《上契丹事》。
3 《遼史》卷六〇，〈食貨志下〉。
4 《遼史》卷一〇，〈聖宗紀一〉。
5 《宋會要輯稿・蕃夷一》。

遼、同、祖七州，直到開泰元年（1012年）才開徵商稅[1]。東京路「東遼之地，自神冊附，未有榷酤鹽麴之法，關市之徵亦甚寬」，但是後來也加重了[2]。

（原載《中國社會經濟史研究》1994年第3期）

元代農村基層組織與賦役制度

筆者在參與《中國賦役制度史》[3]一書的撰寫時，注意到元代農村基層組織與賦役制度的關係問題，但限於該書的體例和篇幅，無法就這一問題展開論述。本文擬就此進行一些探討。

元代農村的基層組織是社，社的編制以自然村為基礎。在中國封建社會中，社一方面具有以自然村落為基礎而結成的民間鄉村組織的性質，同時也長期被封建國家利用，成為農村中的基層行政設施。就後者而言，其主要功能之一便是向封建國家提供賦役。

中國歷史上的「社」，源遠流長。西周時，邑、里奉祀社神（土神）的地方稱為「社」，於是這種農村公社組織也有徑稱為「社」的。春秋戰國時期，作為基層政權的里與作為農村公社殘留的社是結合在一起的。漢代仍然繼續了戰國以來的里、社合一的制度。漢時，里普遍立社，乃至窮鄉僻壤也有里社，即以里名為社名，稱某某里社。與此同時，在傳統的里社之外出現了私社，那是出於私人之間組織起來進行生活互助的需要。社開始趨於私人化、自願化，里、社開始出現了分離的趨向。到了兩晉南北朝，私社更形發達，而傳統的里

1 《遼史》卷一五，〈聖宗紀六〉。

2 《遼史》卷一七，〈聖宗紀八〉。

3 鄭學檬主編：《中國賦役制度史》，廈門：廈門大學出版社，1994年。

社則更進一步呈現了里、社分離的趨勢[1]。

由於私社很容易發展為反抗封建奴役的組織形式，所以歷代統治者都在維持傳統的里社及禁斷私社方面做過一些努力。他們出於自己的政治需要，總想借行政力量把社置於官府控制之下。隋開皇五年（585年）五月，因關內亢旱，「強宗富室，家道有餘者，皆競出私財，遞相賙贍」，朝廷以「經國之理，須存定式」為由，「令諸州百姓及軍人，勸課當社，共立義倉……於當社造倉窖貯之。即委社司，執帳檢校……當社有饑饉者，即以此穀賑給」[2]。這裡的社以及唐代的村[3]，與漢以來以自然村為基礎的農村基層組織是一脈相承的。民間私人互助之不見容於官府，亦由此可見。隋唐時期社倉（義倉）系統的為官府所掌握，並最終成為正稅的一部分，突出地反映了封建政府控制民間村社組織並加強其賦役徵調功能的意圖。

北宋前期，鄉村中形式上既有「鄉」，又有「管」。以區域而言，是一鄉之內有若干管，一管之內有若干村或里。村和里是鄉村中並列的最基層的聚居單位。此時「社」的名稱也用得極為普遍，以致有些村莊徑以某某社為村名[4]。由於鄉、管實際上尚未發揮基層政權的職能，所以村、里和它們並沒有行政上的統屬關係。直到北宋中期推行保甲制度之後，「都保」成為鄉以下一個行政單位，實際上取代了「管」，而「鄉」也逐漸加強基層行政機構的職能，村、里或社才被置於一個比較完善的鄉村統治體制之內[5]。這裡同樣可以看到與前朝如出一轍的加強對民間村社組織的控制之趨勢。

---

1 參見寧可：〈漢代的社〉，《文史》第9輯，北京：中華書局，1980年。

2 《隋書》卷二四，〈食貨志〉。

3 「（唐代）與里並存的同級基層單位還有村。村應該就是我們現在所說的自然村。」（王永興編：《隋唐五代經濟史料彙編校注》第一編下，北京：中華書局，1987年，第993頁。）

4 《宋史》卷六七，〈五行志〉，天禧五年九月丙寅；卷八九，〈地理志〉，天水軍；卷九五，〈河渠志〉，熙寧七年十一月。

5 吳泰：〈宋代「保甲法」探微〉，《宋遼金史論叢》第2輯，北京：中華書局，1992年。

金代自然村或稱為「村」，或稱為「社」，泛稱「村社」。金政府在鄉村地方基層的設施即以村社為單位。自章宗泰和六年（1206年）以後其制為：「村社則隨戶眾寡為鄉，置里正以按比戶口，催督賦役，勸課農桑。村社三百戶以上則設主首四人，二百戶以上三人，五十戶以上二人，以下一人，以佐里正禁察非違。置壯丁以佐主首巡警盜賊……」[1] 值得一提的是，宋代許多社的組織和活動呈現了新的內容，其中最重要的是具有了地方武裝組織的職能，但是金的統治穩定後，原來宋統治下的北方鄉社一般不再擁有武裝了[2]。這是金人軍事統治與宋代文官政治的一個顯著區別，也是少數民族政權與漢人政權在對待基層組織的態度上的不同。

元代農村的基層組織「社」，便是在上述歷史淵源的基礎上形成，而又具有其時代特徵的。金元之際北方再度陷入大規模的戰亂，蒙古滅金後北方農村仍一片凋零，民間結社互助自保之勢再度興盛。當時北方農村的地主紛紛倡辦「義社」，開倉賑濟離散貧民，糾集勞動人手，以圖恢復生產。王惲〈故蠡州管匠提領史府君行狀〉記：

兵後歲饑疾……即出蓋藏粟五百餘石，計口而惠之，賴安活者甚眾。其散而複業者，往往力殫具乏，公為假牛畜耒耜壙種。有困疾田蕪不克治者，公乃侶結義社相救助。[3]

這種「義社」的實質是使勞動力和生產資料重新結合起來，以恢復遭到破壞的地主經濟，然而畢竟帶有幾分民間互助自救的色彩。當時還有一種耕作上的互助結社：

---

1 《金史》卷四六，〈食貨志一〉。
2 寧可：〈述「社邑」〉，載《北京師範學院學報》1985年第1期。
3 王惲：《秋澗先生大全文集》卷四七。

其北方村落之間多結為鋤社，以十家為率，先鋤一家之田，本家供其飲食，其餘次之，旬日之間，各家田皆鋤治……間有病患之家，共力助之。故苗無荒穢，歲皆豐熟……名為鋤社。[1]

這種民間自發的結社，互助自救的色彩更濃一些，當是自耕農為恢復生產攜手並進的一種形式。元政府正是從北方農村既存的這兩種互助方式得到啟發，由國家來宣導結社，在恢復並發展農業生產的同時，既可利用這類互助來解決一部分社會救濟問題，又可將民間自發的互助結社納入政府控制的軌道。所以至元二十三年（1286年）頒佈的立社令文中說：

本社內遇有病患凶喪之家不能種蒔者，仰令社眾各備糧飯器具並力耕種，鋤治收割，俱要依時辦集，無致荒廢。其養蠶者亦如之。壹社之中災病多者，兩社並助。外據社眾使用牛只，若有倒傷，亦仰照依鄉原例均助補買。比及補買以來，並牛助工。如有餘剩牛只之家，令社眾兩和租賃。[2]

中國民間社會歷來有「出入相扶，守望相助」的傳統，元政府立社時企圖借此以增強對社眾的吸引力，從而增強社的凝聚力。當然其中也反映了地主的要求，如所謂「兩和租賃」就說明提供幫助並非都是無償的。

元政府的初衷是力圖使「社」成為促進農業生產的基層單位，所以立社令文的首條即著重強調社的生產職能：

1 王禎：《農書》卷三，〈鋤治篇〉。按：該書成於皇慶二年（1313年），但其中所述「鋤社」決非此時才有，當始於更早的時候。

2 《通制條格》卷一六，〈田令・農桑〉。

諸縣所屬村疃，凡伍拾家立為壹社，不以是何諸色人等，並行入社，令社眾推舉年高、通曉農事、有兼丁者，立為社長。如壹村伍拾家以上只為壹社，增至伯家者另設社長壹員。如不及伍拾家者，與附近村分相並為壹社。若地遠人稀不能相並者，斟酌各處地面，各村自為壹社者聽。或三村或伍村並為壹社，仍於酌中村內選立社長。官司並不得將社長差占別管餘事，專一照管教勸本社之人務勤農業，不致惰廢。[1]

這裡充分考慮到了農業生產的分散性，所以並不強調社的大小整齊劃一，而是因地制宜，使其規模具有很大的伸縮性。以擔任社長的條件而言，並不考慮資產的情況，也不規定任期，而是強調必須具有豐富的農業生產經驗，以及戶內有兼丁，以便有充足的時間管教勸農。並且，元制將金代里正的勸課農桑一責劃分出來，專由社長承擔，從而確立了農業生產這一社的中心任務的地位。令文中對社長督導職責的規定是具體入微的：「今後仰社長教諭，各隨風土所宜，須管趁時農作」；「仍於地頭道邊各立牌橛，書寫某社某人地段，仰社長時時往來點覷，獎勵誡諭，不致荒蕪。」[2]早在北魏時也有「所種者於地首標題姓名」[3]的做法，但此時又增加了社里的名稱並突出了社長的監督作用。

立社之初，元政府大約還沒有想到以社來徵調賦役，所以立社令文對此隻字未提，而是另設里正、主首以催督賦役。元代縣以下設鄉，鄉有里正；以鄉統都，都有主首。都實際上就是村社。至元二十八年（1291年）頒行的《至元新格》規定：「諸村主首，使佐里正催督差稅，禁止違法」；「諸社長本為勸農而設……今後凡催差辦

1 《通制條格》卷一六，〈田令・農桑〉。
2 《通制條格》卷一六，〈田令・農桑〉。
3 《魏書》卷四下，〈恭宗紀〉。

集，自有里正、主首。其社長使專勸課……」[1]重申了社長與里正、主首各司其職的初衷。可是，既然社是當時普遍推行的唯一的農村基層組織，主首之職又置於村社之中[2]，把社作為徵調賦役的最基層的單位勢成必然。元政府設置基層設施的最終目的不外乎二：政治上約束農民，使其固著於土地之上，以成天下之治；經濟上取得賦役，使農民自其居處有條不紊地提供實物和勞役，以保證國家機器的運轉。就此而言，特別是就後者而言，社也必然成為徵調賦役的基本單位。

元代徵調賦役的依據是鼠尾簿，該簿的制定和其後據簿徵調差科諸事，均與社長有關。鼠尾簿上，「各戶留空紙一面於後，凡丁口死亡，或成丁，或產業孳畜增添消乏，社長隨即報官，於各戶下令掌簿吏人即便標注」；政府責成「鄰佑、主首、社長互相保結，不實者罪之」；當差科依簿派定後，便由主首、社長催督徵收[3]。此外社長還負有裁處「諸論訴婚姻、家財、田宅、債負」等民事糾紛之責[4]，其中凡牽涉到分家析產事由，亦每每與徵調差科之依據有關。所以，當元政府「令社長不管餘事，專一勸課農桑」[5]時，它實際上是自相矛盾的。在某種程度上講，正是元政府改變了其「元（原）立社長之意」[6]，使社長深深地捲入差科徵調諸事。

社制推行之後，元政府在實際上既已把社作為徵調賦役的工具，社長的職責也必然從勸課農桑擴展到催徵賦役。但起初社長畢竟還只是作為里正、主首的助手參與徵調差科的，然而後來社長在這方面的作用卻越來越大，以致有取代里正、主首而擔當主角的趨勢。如大

1 《通制條格》卷一六，〈田令・理民〉。

2 後來有些地方索性廢除主首，保留里正、社長二職，實際上是以社長代替主首（參見陳高華：〈元代役法簡論〉，《文史》第11輯，北京：中華書局，1981年），亦可證都與社、主首與社長名稱雖異實質乃同。

3 胡祗遹：《紫山大全集》卷二三，〈縣政要式〉。

4 《通制條格》卷一六，〈田令・理民〉。

5 《通制條格》卷一六，〈田令・立社巷長〉。

6 《通制條格》卷一六，〈田令・理民〉。

德六年（1302年）「通州（今南通）一州靖海、海門兩縣最極東邊下鄉，其間見有勾集人戶編排引審，次序支請，盡系社長居前，里正不預……州縣官員同辭而對：『目今諸處通例如此。』」[1]而元政府於立社之後所設置的《農桑文冊》，則「令按治地面，依式攢造，路府行之州縣，州縣行之社長、胥吏，社長、胥吏家至戶到，取勘數目」[2]，竟未提及里正、主首。由此看來，作為農村基層組織的社同時成為差科起徵的基本單位，越來越得到元政府的確認，而社長在這方面所起的作用，也越來越確定無疑了。

以社為單位徵調差科的具體做法，因元代史料語焉未詳而難於盡知。元朝地方官胡祗遹說，在編制鼠尾簿的基礎上，「凡遇差發、絲銀、稅糧、夫役、車牛、造作、起發當軍，檢點簿籍，照各家即目今增損氣力分數科攤」[3]，大約就是以社為單位徵調差科的一般程序。對元政府來說，通過社的組織徵集役夫尤為便利。按社徵集役夫的辦法，不僅用在興修水利、滅蝗等與農業生產直接相關的工役上，其他如修築城壘、平治道路、修建廟府等工役，亦皆按社徵派役夫。社成了地方官府徵調夫差的方便的工具[4]。

在探討元代農村基層組織「社」與賦役制度的關係時，還會遇到一個重要問題，那就是社長一職的性質問題，換言之，社長是不是職役？其根據是什麼？對於這一問題，史學界有兩種不同的看法。

一種看法認為，社長是職役，不是官職。其根據是，元政府立社令文對充任社長的條件和社長的權益作出的規定，說明社長是職役。令文指出，社長由「社眾推舉年高通曉農事有兼丁者」充任，職在「勸農」，「官司並不得將社長差占別管餘事，專一照管教勸本社之

---

1 《元典章》卷二三，〈社長不管余事〉。
2 許有壬：《至正集》卷七四，《農桑文冊》。
3 胡祗遹：《紫山大全集》卷二三，〈縣政要式〉。
4 楊訥：〈元代農村社制研究〉，載《歷史研究》1965年第4期。

人務勤農業」，「與免本身雜役，年終考較，有成者優賞，怠廢者責罰」[1]。令文雖沒有說明社長職事的性質，但《元典章》卷二四〈曉諭軍人條畫十四款〉規定軍戶免去「人夫、倉官、庫子、社長、主首、大戶車牛等一切雜役」，將社長列入雜役。一些元代地方志也將社長與坊正、里正、主首等一起列入戶役或役法[2]。可見社長是役。立社令文之所以免去社長「本身雜役」，是因為社長本身已經是役[3]。

另一種看法認為，職役有兩個特點，一是按各戶財產情況輪流充當，有一定期限；二是不能領取薪俸。如果不符合這兩條，就不能算作職役。以社長來說，按照元政府初立社時的規定，它並非按資產情況輪流充當，因而不能算做職役。擔任社長之後，「仍免本身雜役」，更足以說明社長一職與職役是兩回事[4]。

對令文中「仍免本身雜役」一句，上述兩種看法作出不同的解釋。筆者認為，還是後一種解釋較符合令文本意。換言之，立社之初，社長確非職役。但是，後來情況發生了變化。持後一種看法者也承認：後來社長往往被指派「催差辦集」，和里正、主首的職責沒有多大區別，有些地方在實際上以社長取代主首，而且社長職務也和里正、主首一樣定期輪流差選[5]。持前一種看法者則指出：社長雖說不依資產狀況攤派，實際上還是離不開一定的財產條件。這是因為社長職事繁忙，又無公俸，謀生艱難的貧下戶是無法充任的，而且官府只願找那些有資產「抵保」的人充任此職。所以擔任社長的往往是小地主或富裕農民[6]。綜合上述兩種看法，筆者認為，與立社之初不同，社長到後來實際上已經成為職役之一種，因為它無論從充任條件還是

1 《通制條格》卷一六，〈田令·農桑〉。
2 《至順鎮江志》卷一三，〈戶役〉；《永樂大典》卷二二七七，錄《吳興續志》。
3 楊訥：〈元代農村社制研究〉，載《歷史研究》1965年第4期。
4 陳高華：〈元代役法簡論〉，《文史》第11輯，北京：中華書局，1981年。
5 陳高華：〈元代役法簡論〉，《文史》第11輯，北京：中華書局，1981年。
6 楊訥：〈元代農村社制研究〉，載《歷史研究》1965年第4期。

從職責權力來說，都與作為職役的里正和主首毫無二致了。至於元朝官方文書為何對於社長的性質沒有明確的記載，筆者認為其原因是，立社之初社長雖非職役，然而已含有職役之內涵，故難以明確界定；而當社長實際上已演變為職役時，元朝政令已紊亂，無法將實際情況在官方文書中反映出來了。

中國歷代的地方行政，一般來說，以縣為最下級的行政單位。然而一個縣所管轄的範圍相當大，在這種情形下，政府想有效地統治地方上的人民，實不可能。所以歷代統治者都在縣以下設有類似地方自治的村社組織，以補縣的不足。廣土眾民的鄉村，自古以來便是立國之本，扮演著重要的角色，如政府的稅收、勞役、兵員的補給；地方秩序之維持及提供其他各項服務等等，皆是維持國家命脈之重要因素。所以歷代政府莫不想盡辦法來組織廣大的農村，以維繫政權於不墜[1]。這種農村基層組織就是「社」。

村社組織的結構，因各代之地理環境及政治形勢不同，也發生過不少變化，但其基本的方面則是一脈相承的。在其功能方面，更是萬變不離其宗。本文開頭提到隋代曾於村社設立社倉，後來義倉（社倉）逐漸演變成正稅的一部分，也不再由村社控制。但是到了宋元，設於村社的義倉重新出現。元政府立社令文中明確規定：

每社立義倉，社長主之。如遇豐年收成去處，各家驗口數，每口留粟壹斗，若無粟抵斗，存留雜色物料，以備歉歲就給各人自行食用。官司並不得拘檢借貸動支，經過軍馬亦不得強行取粟。[2]

由此可見村社固有的功能總要頑強地表現出來，封建政府固然可

1 參見張哲郎：〈鄉遂遺規——村社的結構〉，《中國文化新論・社會篇》，臺北：聯經出版事業有限公司，1983年。

2 《通制條格》卷一六〈田令・農桑〉。

憑藉政權力量在一段時期內改變它，但只要情況允許，它又會重新發揮作用。

封建政府既要利用村社組織，就要因應其特點。「從基層上看去，中國社會是鄉土性的」，而「鄉土社會的生活是富於地方性的。地方性是指他們活動範圍有地域上的限制，在區域間接觸少，生活隔離，各自保持著孤立的社會圈子」。所以「這是一個『熟悉』的社會，沒有陌生人的社會」，它的「信用並不是對契約的重視，而是發生於對一種行為的規矩熟悉到不加思索時的可靠性」[1]。封建政府利用村社組織作為徵調賦役的基本單位，就是因應了村社組織是一個由熟人組成的社會這樣一個特點。在這樣的社會裡，彼此的底細都很清楚，要逃避賦役是不容易的，除非鄉族勢力有意庇護逃稅行為。就元代的情況而言，還有一點必須指出，那就是社長是「推舉」出來的。儘管在許多情況下，所謂「推舉」不外是依當地官吏和該社有勢力人家的意志指派，但是，社長的權力基礎畢竟不是完全來自上級官府，而是部分根植於鄉土社會，這就很有利於他履行徵調賦役的職責。

綜合本文所論，總結如下：歷代的村社都具有民間自治組織和政府基層設施的雙重性質。隨著治亂興衰的交替演進，私社的興起與政府將它們納入其控制軌道這兩個過程也交織在一起。元初，政府為了恢復發展農業，重新制定了社制，此時社的中心任務是從事農業生產。但由於元代的社在組織上遠較金代的村社嚴密，所以社在客觀上成為政府控制基層的工具。又由於賦稅是國家存在的經濟體現，所以社又必然成為元政府徵調差科的基本單位。隨著農業的恢復與元政府法禁的嚴密，社傳統的自治與互助的特點逐漸削弱，與一般的地方基層行政機構的差別日益縮小。這一方面最顯著的表現是社長職能的變遷。社長的職能從勸課農桑擴及徵調賦役，以後又演變成為封建政府

1　費孝通：《鄉土中國》，北京：三聯書店，1985年，第1、4、6頁。

地方基層組織的職事人員。從社的變質過程中，可以看到社這一農村基層組織與國家賦役制度之間的關係日益清晰化。元政府因應了社具有的鄉土社會的特點，使社長一職成為根植於鄉土社會的政府代理人，從而在賦役徵調上取得實效。

馬克斯·韋伯認為，東方封建制度「產生了一種次生的、合理化的農業共產主義，它具有農民公社對包稅人、官吏和軍人負有連帶責任、具有共耕及人身依附土地等特點。東方制度和西方制度的差異清楚地反映在這樣一個事實上，即東方沒有領主保有地經濟的出現，而以強制攤派占支配地位」。而在西方封建制度下，「實際王室收入的方法，就是把這種職能委託給酋長或地主。這樣，王公就規避了行政組織的問題。他把徵稅，有時也把徵兵的工作轉移給一種早已存在的私人性質的機構」[1]。以中國的情況而言，筆者的理解是，封建政府對賦役的徵調是一竿子插到民間基層社會的，然而它又是以村社組織和封建政府的基層職事人員「負有連帶責任」的方式進行的。這種理解正確與否，還有待於專家指正。

（原載《中國社會經濟史研究》1995年第4期）

1　馬克斯·韋伯：《世界經濟通史》，上海：上海譯文出版社，1981年，第52～53頁。

後　記

在廈門大學國學研究院的資助下，本書終於得到出版，本人也實現了多年的夙願。

1982年我有幸成為韓國磐先生的弟子，師從韓先生從事中國古代史專業的學習。1985年畢業留校任教後，又成為鄭學檬老師帶領下的中國經濟史與隋唐史研究團隊的一員。收入本書的系列論文，大部分即為韓先生和鄭老師指導下從事相關研究的成果。

本書中的系列論文初始發表的時間為1983年至2000年。最早發表的〈宋代福建礦冶業〉一文，是由我的本科畢業論文改寫而成的。最後發表的〈民國時期華僑在廈門經濟生活中的作用〉一文，是我將華僑史與中國社會經濟史結合起來進行研究的成果，因當時我已涉足華僑史領域。

我的碩士論文題為《唐代鹽酒茶專賣的研究》，本書中有關唐代專賣制度的論文，均為這一研究的延續和深化。畢業留校後若干年，因感到當時研究中國古代消費問題的成果不多，因此寫了有關唐代消費經濟的3篇論文，此次一併收入本書。區域經濟史研究是廈大歷史系的傳統。20世紀80年代後期，鄭學檬老師負責組織編寫《福建經濟發展簡史》，作為寫作成員之一，我在完成任務過程中又隨興趣所至寫了幾個單篇，因此有了此次收入本書的唐宋福建社會經濟之系列論文。這一興趣後來又發展成對宋以後福建及相鄰的浙、粵等省社會經濟文化的關注，因此選擇了幾個題目作了些粗淺的探索並有幸發表，此次亦將其收入本書。1995年，澳門基金會委託福建社科院進行的項目「澳門媽祖文化研究」邀請我參加，在赴澳門進行田野調查的基礎上寫成了有關媽祖信仰與當地經濟社會的3篇論文，完成項目之外我又寫作了有關澳門商貿與人口的兩篇論文。此5篇亦收入本書。20世紀90年代初，鄭學檬老師主編的《中國賦役制度史》開始寫作，我負責遼金元部分。因以前沒有這方面的基礎，不得不重新學習並勉力為之。在此過程中，又產生了對少數民族政權所推行之經濟社會政策的興趣。在從事此專案之餘，我寫了有關遼、元兩朝之經濟制度與社會組織的2篇論文，成為本書28篇論文的最後兩篇。

上述寫於不同時期、分屬不同專題的論文，是否存在某種貫穿其間的線索呢？為了回答這一問題，我寫了本書的緒言，認為對中國社會經濟史的探察，存在著多個視角，而從有選擇的幾個視角切入，再匯聚於幾個提煉出來的焦點，這些焦點便構成本書諸篇論文的共同要素，亦可視之為貫穿其間的線索。由於諸論文的寫作時間，最近的離現在也有十幾年，而緒言則寫於近日，這一關於貫穿諸論文線索的說法，是否就沒有人為雕琢的痕跡呢？對此我並無絕對的把握，只能讓讀者來評判了。

鄭學檬老師在為本書所寫的〈序〉中說：「學術研究是無止境的，本集文稿大多寫於20世紀的80—90年代，時至今日，許多問題已有了新資料、新觀點，值得我們繼續關心，以便隨時彌補自己的不足，不斷完善、思考，以求止於至善。」確實如此，本書諸篇寫作於多年以前，尚未趕上當今時代的步伐。但為了保持諸篇的原貌，在本書出版時，除了對明顯的錯、漏、衍字加以訂正，其餘一概不動，以便讓讀者了解作者當年的水準。這樣或許能為後來者提供一個參照，以便他們繼續探索，哪怕這個參照有諸多不足之處，卻有可能引出令人滿意的東西。另外，初始發表的論文，因各期刊規範不同，難免有不統一之處，特別是在注釋方面，如對方志版本與文集作者是否應標明等，要求不盡一致。此次結集出版，一般也不加更動。

本書得以出版，首先要感謝廈門大學國學研究院常務副院長陳支平教授的理解和支持。其次，我也想以此來告慰已故的韓國磐先生，是他引導我進入了中國古代史特別是唐史的學術殿堂。我從心底裡懷念並感激韓先生。再次，我要特別感謝鄭學檬老師為本書所寫精彩的〈序〉，雖然我沒有像他所說的那麼出色。〈序〉中關於「小小的唐史研究集體」的寥寥數語勾起了我的許多記憶。鄭學檬老師、楊際平老師、陳明光師兄等，作為這一集體的主要成員，不僅在學術上提攜我、幫助我，而且為我樹立了人格的榜樣，使我受益終生。在人生道路上與他們相遇，實乃一大幸事，在此無法簡單地以「感謝」二字來表達我的心情。最後，我想起了我的本科畢業論文指導老師傅宗文教授。如果沒有他的嚴格要求和精心指導，就沒有我的第一篇正式發表的論文，因為它正是從本科畢業論文中提煉出來的，從此開了一個好頭。傅老師還是我在研究生期間教學實習的指導老師，他的言傳身教，使我很快適應了大學課堂的講授工作。同樣地，說聲「感謝」並不足以表達我對他的謝意。我想，如果我的工作還有一點價值的話，或許能以此作為我對上述諸位老師和學長的些許報答。

在書稿交給出版社後，我即遠赴美國。廈大歷史系的陳遙博士代我做了許多聯絡和溝通工作，特致謝忱。廈大歷史系的劉永華教授則為本書的英文目錄做了許多有益的訂正，他在我的前幾本書出版時也提供了同樣的幫助，在此一併致謝。

其餘要感謝的人還很多，在此不一一指出，我只能以本書的出版來作為對所有曾經幫助過我的人的一點小小謝意。

陳衍德

2013年3月28日